高等教育工业机器人课程实操推荐教材

工业机器人实操与应用技巧

叶　晖　管小清　编著

机 械 工 业 出 版 社

本书围绕着从认识到熟练操作 ABB 机器人，能够独立完成机器人的基本操作，以及根据实际应用进行基本编程这一主题，通过详细的图解实例对 ABB 机器人的操作、编程相关的方法与功能进行讲述，让读者了解与操作和编程作业相关的每一项具体操作方法，从而使读者对 ABB 机器人从软、硬件方面都有一个全面的认识。联系 296447532@qq.com 可获取 ABB 机器人初级应用教学演示 PPT。

本书适合于从事 ABB 机器人应用的操作与编程人员，特别是刚接触 ABB 机器人的工程技术人员，以及普通高校和高职院校自动化专业学生。

图书在版编目（CIP）数据

工业机器人实操与应用技巧/叶辉，管小清编著．—北京：机械工业出版社，2010.9（2017.1 重印）
高等职业教育工业机器人课程实操推荐教材
ISBN 978-7-111-31742-5

Ⅰ.①工… Ⅱ.①叶…②管… Ⅲ.工业机器人—高等学校：技术学校—教材
Ⅳ.①TP242.2

中国版本图书馆 CIP 数据核字（2010）第 171321 号

机械工业出版社（北京市百万庄大街 22 号　邮政编码 100037）
责任编辑：周国萍　　责任印制：刘　岚

北京富生印刷厂印刷

2017 年 1 月第 1 版第 13 次印刷
184mm×260mm · 17.75 印张 · 438 千字
38001—43000 册
标准书号：ISBN 978-7-111-31742-5
定价：46.00 元

凡购本书，如有缺页、倒页、脱页，由本社发行部调换

电话服务
服务咨询热线：010－88379833
读者购书热线：010－88379649

网络服务
机 工 官 网：www.cmpbook.com
机 工 官 博：weibo.com/cmp1952
教育服务网：www.cmpedu.com
金 书 网：www.golden-book.com

前　言

生产力的不断进步推动了科技的进步与革新，建立了更加合理的生产关系。自工业革命以来，人力劳动已经逐渐被机械所取代，而这种变革为人类社会创造出巨大的财富，极大地推动了人类社会的进步。时至今天，机电一体化、机械智能化等技术应运而生。人类充分发挥主观能动性，进一步增强对机械的利用效率，使之为我们创造出更加巨大的生产力，并在一定程度上维护了社会的和谐。工业机器人的出现是人类在利用机械进行社会生产史上的一个里程碑。在发达国家中，工业机器人自动化生产线成套设备已成为自动化装备的主流及未来的发展方向。国外汽车行业、电子电器行业、工程机械等行业已经大量使用工业机器人自动化生产线，以保证产品质量，提高生产效率，同时避免了大量的工伤事故。全球诸多国家近半个世纪的工业机器人的使用实践表明，工业机器人的普及是实现自动化生产、提高社会生产效率、推动企业和社会生产力发展的有效手段。

全球领先的工业机器人制造商瑞典 ABB 致力于研发、生产机器人已有 40 多年的历史，是工业机器人的先行者，拥有全球超过 17.5 万多台机器人的安装经验，在瑞典、挪威和中国等地设有机器人研发、制造和销售基地。ABB 于 1969 年售出全球第一台喷涂机器人，于 1974 年发明了世界上第一台工业机器人，并拥有当今种类最多、最全面的机器人产品、技术和服务，以及最大的机器人装机量。

在本书中，以 ABB 机器人为案例对象，就如何正确使用与操作机器人进行详细的讲解，力求让读者对 ABB 工业机器人的操作有一个全面的了解。书中的内容简明扼要、图文并茂、通俗易懂，适合于从事工业机器人操作，特别是刚刚接触 ABB 机器人的工程技术人员阅读参考。全书由叶晖、管小清编著。中国 ABB 机器人市场部为本书的撰写提供了许多宝贵意见，在此表示感谢。尽管编著者主观上想努力使读者满意，但在书中肯定还会有不尽人意之处，欢迎读者提出宝贵的意见和建议。

编著者

目　录

第1章 概述

- ABB 工业机器人在中国
- ABB 机器人的型号
- 怎样用好 ABB 机器人
- ABB 机器人安全注意事项

自工业革命以来，人力劳动已经逐渐被机械所取代，而这种变革为人类社会创造出巨大的财富，极大地推动了人类社会的进步。时至今天，机电一体化、机械智能化等技术应运而生。人类充分发挥主观能动性，进一步增强对机械的利用效率，使之为我们创造出更加巨大的生产力，并在一定程度上维护了社会的和谐。工业机器人的出现是人类在利用机械进行社会生产史上的一个里程碑。工业机器人的出现将人类从繁重单一的劳动中解放出来，而且它还能够从事一些不适合人类甚至超越人类的劳动，实现生产的自动化，避免工伤事故和提高生产效率。随着生产力的发展，必然促进相应科学技术的发展。工业机器人未来将广泛地进入人们的生产生活领域。

1.1 ABB 工业机器人在中国

ABB 致力于研发、生产机器人已有 40 多年的历史，拥有全球 17.5 万多台机器人的安装经验。ABB 是工业机器人的先行者以及世界领先的机器人制造厂商，在瑞典、挪威和中国等地设有机器人研发、制造和销售基地。ABB 于 1969 年售出全球第一台喷涂机器人，1974 年发明了世界上第一台工业机器人，并拥有当今种类最多、最全面的机器人产品、技术和服务，以及最大的机器人装机量。图 1-1、图 1-2 分别为世界上第一台喷涂机器人和第一台工业机器人。

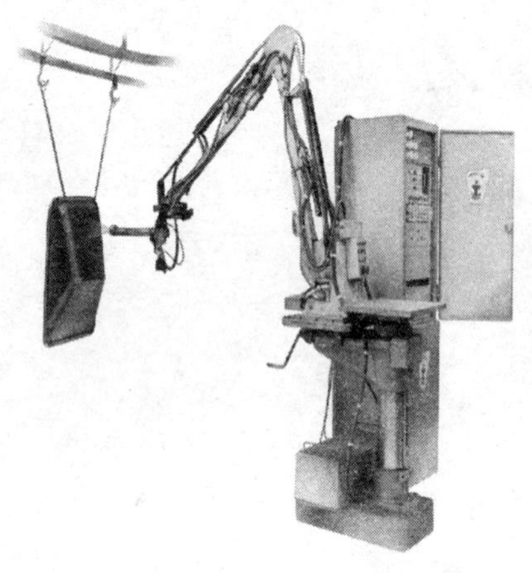

图 1-1

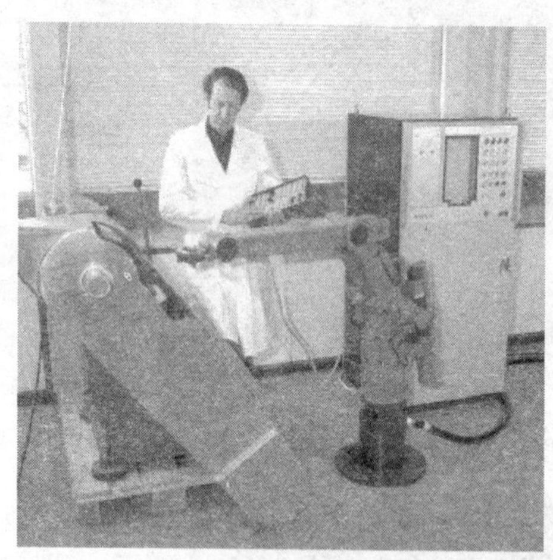

图 1-2

ABB 机器人早在 1994 年就进入了中国市场。经过十几年的发展，在中国，ABB 先进的机器人自动化解决方案和包括白车身、冲压自动化、动力总成和涂装自动化在内的四大系统正为各大汽车整车厂和零部件供应商，以及消费品、铸造、塑料和金属加工工业提供全面完善的服务。ABB 基于“根植本地，服务全球”的经营理念，将中国研发、制造的产品和系统设备销往全球各地。同时在中国的全球采购计划，为世界各地的 ABB 公司服务。图 1-3 为 ABB 机器人在太阳能行业的应用。图 1-4 为 ABB 机器人在全自动线中的堆垛应用。

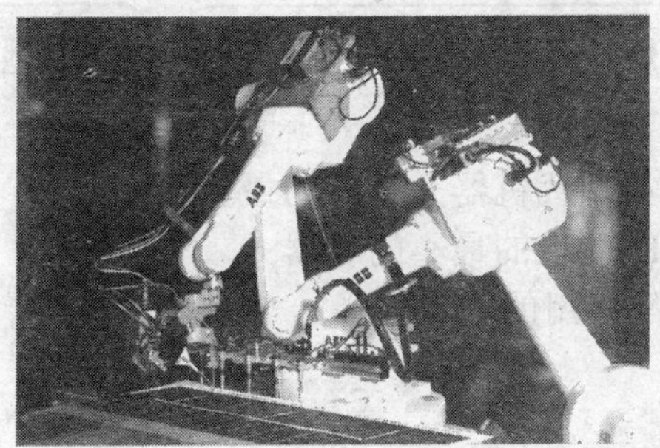

图　1-3

图　1-4

随着中国工业的迅猛发展，对工业机器人的需求也日益增加。ABB 将不断开发出适合全球市场需求的新的机器人解决方案，以此来满足广大客户的特殊需求，帮助其提高生产效率。

2005 年，ABB 在上海开始制造工业机器人并建立了国际领先的机器人生产线。同年机器人研发中心也在上海设立。ABB 集团是目前唯一一家在中国从事工业机器人研发和生产的国际企业。2006 年，ABB 集团将机器人全球业务总部落户上海。2009 年，迁址上海浦东康桥工业园区。占地面积超过 7.2 万 m^2，比原址扩大了 3 倍多。公司产能得到大幅提高，产品生产线更加丰富和完善。ABB 致力于提供解决方案，帮助客户提高生产效率，改善产品质量，提升安全水平。

在中国，ABB 不但服务于诸多知名跨国公司，而且与越来越多的本地优秀企业建立起密切的联系。更多的资讯，可以通过以下途径了解：

ABB 机器人官方网站：www.abb.com/robotics

机器人合作伙伴网站：www.robotpartner.cn

机器人合作伙伴邮箱：support@robotpartner.cn

机器人技术支持博客：blog.sina.com.cn/robotpartner

1.2　ABB 机器人的型号

ABB 在世界范围内安装了 17.5 万多台机器人。以下是 ABB 机器人主要型号的介绍（具体的参数规格以 ABB 官方最新的公布为准）。

1．IRB 120（领域：物料搬运、装配应用）（图1-5）

IRB 120是ABB新型第四代机器人家族的最新成员，也是迄今为止 ABB 制造的最小的机器人。IRB 120 是物料搬运与装配应用的理想选择。

图 1-5

（1）紧凑轻量　作为ABB目前最小的机器人，IRB 120 在紧凑空间内凝聚了 ABB 产品系列的全部功能与技术。其质量仅 25kg，结构设计紧凑，几乎可以安装在任何地方，比如工作站内部，机械设备上方，或生产线上其它机器人的旁边。

（2）用途广泛　IRB 120 广泛适用于电子、食品、饮料、制药、医疗、研究等领域，进一步增强了 ABB 新型第四代机器人家族的实力。这款六轴机器人最高承重能力为 3kg（手腕（五轴）垂直向下时为 4kg），工作范围达 580mm，能通过柔性（非刚性）自动化解决方案执行一系列作业。IRB 120 是实现高成本效益生产的完美之选，在有限的生产空间其优势尤为明显。

（3）易于集成　IRB 120 空气管线与用户信号线缆从底脚至手腕全部嵌入机身内部，易于机器人集成。

（4）优化工作范围　除工作范围达 580mm 以外，IRB 120 还具有一流的工作行程，底座下方拾取距离为 112mm。IRB 120 采用对称结构，第 1 轴无外凸，回转半径极小，可靠近其它设备安装，纤细的手腕进一步增强了手臂的可达性。IRB 120 配备轻型铝合金伺服电动机，结构轻巧、功率强劲，可实现机器人高加速运行，在任何应用中都能确保优异的精准度与敏捷性。

IRB 120 规格参数

● 特性

集成信号源手腕设10路信号

集成气源手腕设4路空气[5×10^5Pa(5bar)]

重复定位精度　0.01mm

机器人安装　任意角度

防护等级　IP30

控制器IRC5紧凑型/IRC5单柜或面板嵌入式

● 运动

轴	运动工作范围	最大速度
轴1旋转	−165°～+165°	250°/s
轴2手臂	−110°～+110°	250°/s
轴3手臂	−90°～+70°	250°/s
轴4手腕	−160°～+160°	320°/s
轴5弯曲	−120°～+120°	320°/s
轴6翻转	−400°～+400°	420°/s

● 性能

1 kg拾料节拍　25 mm×300 mm×25 mm，0.58 s

TCP最大速度　6.2 m/s

TCP最大加速度　28 m/s^2

加速时间　0.07s(0～1m/s)

● 电气连接

电源电压　200～600 V，50/60Hz

额定功率　变压器额定功率3.0kV·A，功耗　0.25 kW

● 物理特性

机器人底座尺寸　180mm×180 mm

机器人高度　700mm

质量　25kg

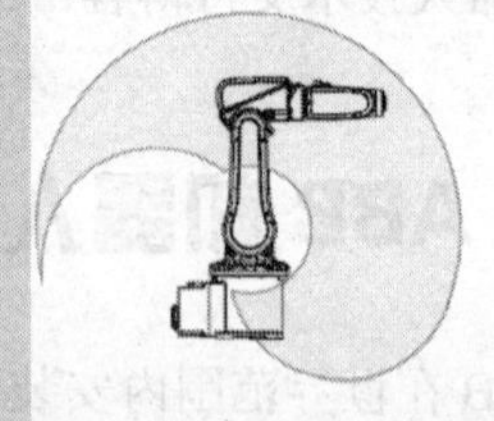

2．IRB 140（领域：弧焊、装配、清理/喷雾、上下料、包装、去毛刺）（图 1-6）

IRB 140 是一款六轴多用途工业机器人，易于同各类工艺应用相集成与融合。IRB140 设计紧凑、牢靠，采用集成式线缆包，进一步提高了整体柔性，可选配碰撞检测功能（实现全路径回退），使可靠性和安全性更有保障。

图 1-6

（1）可靠性强，正常运行时间长　平均故障间隔时间（MTBF）长，维护要求低，维护时间短。

（2）速度快，操作周期短　是同类机器人中操作速度最快的。IRB 140T 机器人配备 ABB 独有的运动控制功能 QuickMove™，操作速度快，加速性能好，显著缩短了工作循环时间。

（3）精度高，零件生产质量稳定　具有极高的重复定位精度（0.03mm）。

（4）功率大，适用范围广　高达 6kg 的有效载荷和长达 810mm 的到达距离使其成为同类机器人中的佼佼者。

（5）坚固耐用，适合恶劣生产环境　该机器人具有标准版、铸造专家型、洁净室型（6 级）和可冲洗型等多种版本，所有机械臂均全面采用 IP67 级防护。ABB 洁净室版机器人经过特殊生产工艺制造而成，全面检测和包装，确保生产中产生微尘减少到最小。IRB140 通过世界领先洁净工业研究院 IPA 验证。

（6）通用性佳，柔性化集成和生产　标准 IRB 140 机器人能够以任意角度安装在地面上或墙体上，也可以进行悬挂安装，使安排生产线总体布局时具有很大的灵活性。上臂后弯功能、第 1 轴 360° 旋转功能，以及多种安装选项等都有效扩大了机器人的工作区域半径。

IRB 140系列的参数

● 规格

IRB 140/IRB 140T 6 kg 810mm

IRB 140F/IRB 140TF 6 kg 810mm 铸造专家型防护

IRB 140CR/IRB 140TCR 6 kg 810mm 洁净室型

IRB 140W/IRB 140TW 6 kg 810mm 可冲洗型防护

● 性能

重复定位精度　0.03 mm（ISO试验平均值）

轴	动作轴	工作范围
1	C旋转	360°
2	B手臂	200°
3	A手臂	280°
4	D手腕	无限制（默认400°）
5	E弯曲	240°
6	P翻转	无限制（默认800°）

TCP最大速度　2.5 m/s

TCP最大加速度　20 m/s^2

加速时间　0.15 s（0～1 m/s）

● 速度

轴号	IRB 140	IRB 140T
1	200°/s	250°/s
2	200°/s	250°/s
3	260°/s	260°/s
4	360°/s	360°/s
5	360°/s	360°/s
6	450°/s	450°/s

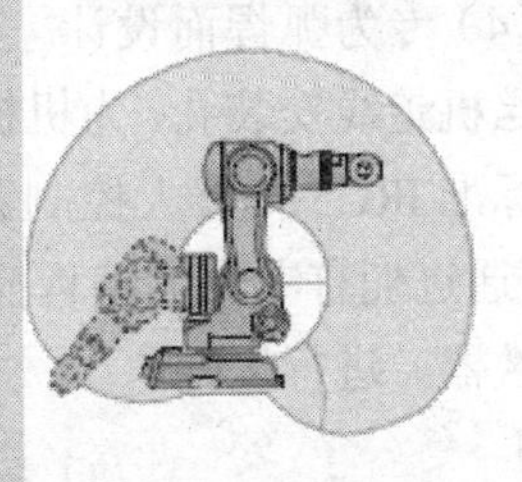

3．IRB 1410（领域：弧焊、装配、上胶/密封、机械管理、物料搬运）（图 1-7）

IRB 1410 在弧焊、物料搬运和过程应用领域久经考验，自 1992 年以来的全球安装数量已超过 1.4 万台。IRB 1410 性能卓越，经济效益显著，资金回收周期短。

图 1-7

（1）可靠性好，坚固且耐用　IRB 1410 以其坚固可靠的结构而著称，而由此带来的其它优势是噪声低，例行维护间隔时间长，使用寿命长。

（2）稳定、可靠，适用范围广　卓越的控制水平，精度达 0.05mm，确保了出色的工作质量。该机器人工作范围大、到达距离长（最长 1.44m）、结构紧凑、手腕极为纤细，即使在条件苛刻、限制颇多的场所，仍能实现高性能操作。承重能力为 5kg，上臂可承受 18 kg 的附加载荷。

（3）高速，较短的工作周期　机器人本体坚固，配备快速精确的 IRC5 控制器，可有效缩短工作周期，提高生产率。

（4）专为弧焊而设计　IRB 1410 采用优化设计，设送丝机走线安装孔，为机械臂搭载工艺设备提供便利。标准 IRC5 机器人控制器内置各项人性化弧焊功能，可通过拥有专利的编程操作手持终端 FlexPendant（示教器）进行操控。

IRB 1410系列规格参数

● **规格**

机器人承重能力　第5轴到达距离

5 kg　1.44m

附加载荷

第3轴　第1轴

18 kg　19 kg

轴数

机器人本体　外部设备

6　6

集成信号源　上臂12路信号

集成气源　上臂最高8×10^5Pa（8bar）

● **性能**

重复定位精度　0.05mm（ISO试验平均值）

TCP最大速度　2.1 m/s

● **电气连接**

电源电压　200～600V，50/60 Hz

额定功率/变压器额定值

4kV・A/7.8kV・A

带外轴

● **物理特性**

机器人安装　落地式

机器人底座　620 mm×450 mm

机器人质量　225kg

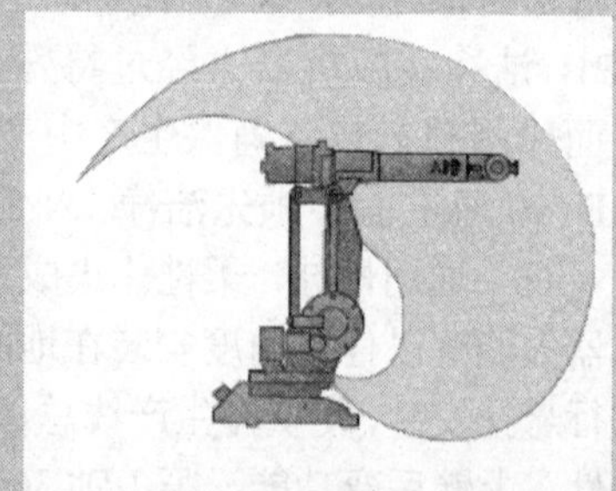

4. IRB 1600（领域：弧焊、装配、压铸、注塑、机械管理、包装）（图 1-8）

IRB 1600 经成本优化设计，足以适应严苛的生产环境，在弧焊、压铸、机械管理、物料搬运、注塑、装配、包装等领域应用。

图 1-8

（1）可靠性强，正常运行时间长　具有平均故障间隔时间（MTBF）长、维护要求低、维护时间短等多项优点。

（2）速度快，工作循环时间短　同类机器人中操作速度最快，工作循环时间短。

（3）精度高，零件生产质量稳定　具有极高的重复定位精度（±0.05mm）和轨迹精度。

（4）坚固耐用，适合恶劣生产环境　IP67 防护等级，洁净室 ISO 5 级，可蒸汽清洗，有“铸造专家型”备选。

（5）ABB 洁净室型机器人　经过特殊工艺制造而成，全面检测包装，最大程度减少操作中产生的微粒。IRB1600 经权威洁净室研究机构 IPA 认证。

（6）通用性佳，柔性化集成和生产　采用后弯式设计，提供多种安装选项，墙面安装、地面安装、倒置安装或倾斜安装等。内置第二代 TrueMove™，功率强大，智能控制，是紧凑、高效、自动化的一个全能机型。

IRB 1600系列的参数

● 规格

机器人版本	承重能力	到达距离
IRB 1600-6/1.2	6 kg	1.2 m
IRB 1600-6/1.45	6 kg	1.45 m
IRB 1600-8/1.2	8.5 kg	1.2 m
IRB 1600-8/1.45	8.5 kg	1.45 m

轴数　6

防护等级　IP 54（标准版、洁净室版）

IP67铸造专家型

安装方式　落地式、壁挂式、倒置式、倾斜式

● 性能

重复定位精度　0.05 mm

速度

轴	8 kg	6 kg
1	180°/s	150°/s
2	180°/s	160°/s
3	200°/s	170°/s
4	400°/s	320°/s
5	400°/s	400°/s
6	460°/s	460°/s

● 运动范围

轴	1.2 m	1.45 m
1	−180°～+180°	−180°～+180°
2	−63°～+136°	−90°～+150°
3	−235°～+55°	−245°～+65°
4	−200°～+200°	−200°～+200°
5	−115°～+115°	−115°～+115°
6	−400°～+400°	−400°～+400°

● 物理特性

总高　1.45 m（1294.5 mm）；1.2 m（1069.5 mm）

机器人底座　484mm×648mm

IRB 1600-X/1.2 m　250 kg

IRB 1600-X/1.45 m　250 kg

5．IRB 1600ID（领域：弧焊）（图 1-9）

IRB 1600ID 机器人是弧焊应用的理想选择。该款机器人线缆包供应弧焊所需的全部介质，包括电源、焊丝、保护气和压缩空气。

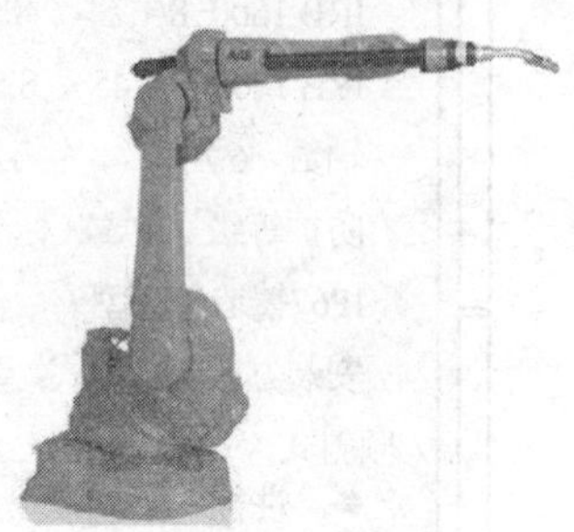

图 1-9

（1）提高电缆寿命预测精确度　机器人背负的线缆发生故障是生产线意外停产的常见原因之一。而采用 IRB 1600ID 则可将此类停产现象减少到最低限度。线缆装嵌于机器人上臂之内，通过对一定工作节拍内的电缆动作情况进行分析，就可以精确预测出电缆的使用寿命。

（2）扩大工作范围　机器人背负线缆的集成式设计，使得机器人占据的外部空间尺寸相对变小，当机器人工作的焊接夹具形状结构十分复杂时，这种设计就相当于增加了机器人实际的工作范围。该款机器人设计的另一大亮点是，当机器人一旦与夹具发生碰撞时，可确保内嵌的线缆安然无恙。

（3）简化机器人编程　传统机器人的编程不可避免地会遇到“盲点”，因为其机器人背负的线缆暴露于外，运动路线难以预测，程序员必须运用想象力才能确保附件在作业中不与其它物体发生碰撞和干扰。而 IRB 1600ID 的编程则全无上述顾虑。

（4）延长电缆寿命　机器人背负的线缆内嵌于机器人上臂，可减少电缆摆动，从而延长电缆及电缆护套的使用寿命。

IRB 1600ID系列的参数

- **规格**

机器人型号	工作范围	承重能力
IRB 1600ID-4/1.5	1.5 m	4 kg

轴数　6

防护等级　IP40

安装方式　落地式、倒置式

- **性能**

重复定位精度　0.05 mm

重复路径精度　0.25 mm

轴运动	工作范围	轴	最大转速
轴1旋转	−180° ～+180°	1	180°/s
轴2手臂	−90° ～+150°	2	180°/s
轴3手臂	−238° ～+79°	3	180°/s
轴4手腕	−155° ～+155°	4	320°/s
轴5弯曲	−90° ～+135°	5	380°/s
轴6翻转	−200° ～+200°	6	460°/s

- **物理特性**

机器人底座尺寸　484mm×648 mm，高1392 mm

质量　250 kg

- **电气连接**

电源电压　200～600 V，50/60 Hz

功耗 ISO-Cube（最高速度）　0.57 kW

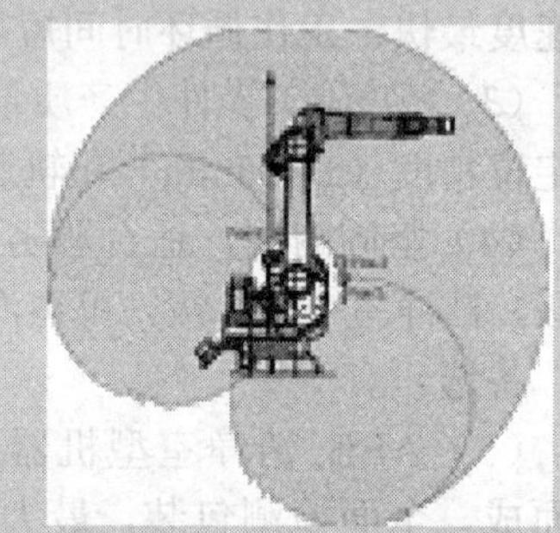

6．IRB 2600（领域：上下料、物料搬运、弧焊）（图 1-10）

IRB 2600 的精度很高，其操作速度更快，废品率更低，在扩大产能、提升效率方面，将起到举足轻重的作用，尤其适合弧焊等工艺应用。其高精度由拥有专利的 TrueMove™ 运动控制软件实现。

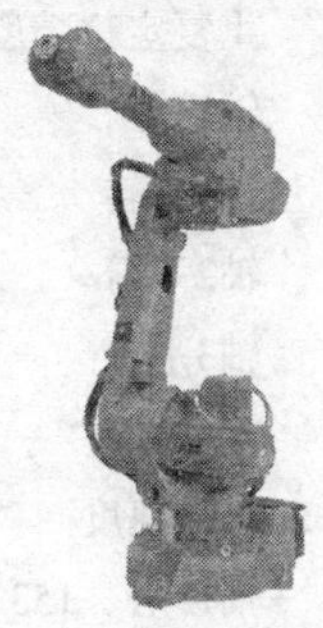

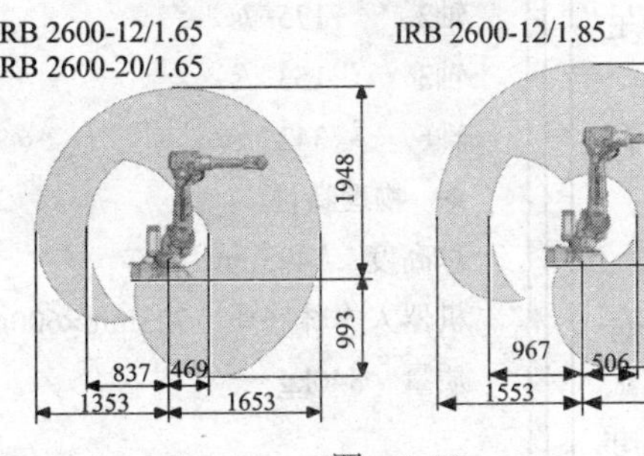

图　1-10

（1）优化设计　IRB 2600 采用优化设计，机身紧凑轻巧，节拍时间与行业标准相比可缩减多达 25%。拥有专利的 QuickMove™ 运动控制软件使其加速度达到同类最高，并实现速度最大化，从而提高产能与效率。

（2）工作范围大，安装灵活　IRB 2600 工作范围很大，安装方式灵活，可轻松直达目标设备，不会干扰辅助设备。优化机器人安装，是提升生产效率的有效手段。模拟最佳工艺布局时，灵活的安装方式能带来极大的便利。

（3）占地面积小　IRB 2600 的底座同 IRB 4600 一样小，可与目标设备靠得更近，从而缩小整个工作站的占地面积。小底座还为下臂进行正下方操作创造了有利条件。

IRB 2600 标准型达到 IP67 防护等级，另有铸造专家 2 型、铸造权威 2 型和洁净室版本三款升级机型可供选择。

IRB 2600系列规格参数

- 规格

子型号	工作范围	有效承重	手臂承重
1	1.65m	12kg	15kg
2	1.65m	20kg	10kg
3	1.85m	12kg	10kg

轴数　6

防护标准　IP67；可选铸造专家2型

安装方式　落地、壁挂、支架、斜置、倒置

- 性能

重复定位精度（RP）

手臂1.65　0.05 mm

手臂1.85　0.07 mm

轴运动	工作范围
轴1旋转	−180°～+ 180°
轴2手臂	−95°～+ 155°
轴3手腕	−180°～+ 75°
轴4旋转	−400°～+ 400°
轴5弯曲	−120°～+ 120°
轴6回旋	−400°～+ 400°

最高速度

轴1　175°/s

轴2　175°/s

轴3　175°/s

轴4　360°/s

轴5　360°/s

轴6　360°/s

- 物理参数：

机器人底座大小　676mm×511mm

机器人高度

IRB 2600−12/1.65和IRB 2600−20/1.65 1328 mm

IRB 2600−12/1.85　1582 mm

机器人质量　272～284 kg

7. IRB 260（领域：包装）（图 1-11）

图 1-11

IRB 260 机器人以全球应用最广的工业机器人 IRB 2400（安装数量超过 1.4 万台）为设计基础，机身小巧，既能集成于紧凑型包装机械中，又能满足在到达距离和有效载荷方面的所有要求。

（1）速度快，操作周期时间短　该机器人专为包装应用优化设计，配以 ABB 独有的运动控制功能，大大缩短了包装周期时间。

（2）精度高，零件生产质量稳定　该机器人具有极高的精度，再加上 ABB 卓越的传送带跟踪性能，不论是固定位置操作，还是运动中操作，其拾放精度均为一流。

（3）功能强，适用范围广　该机器人体积小、速度快、有效载荷高达 30kg。

（4）坚固耐用，适合恶劣生产环境　适于恶劣环境应用，防护等级达到 IP67。

（5）通用性佳，柔性化集成和生产　该机器人质量轻、高度低，便于集成在紧凑型包装机械中。专门根据包装应用进行过优化，配有全套辅助设备（从集成式空气与信号系统至抓料器），可配套使用 ABB 包装软件 PickMaster™，机械方面集成简单，编程更是十分方便。

（6）易集成，高柔性　IRB 260 容易与包装线集成，工作范围更靠近底座，最大限度地缩小了占地面积；该机器人采用四轴运行设计，不但胜任各类包装作业，更是高产能和高柔性的保证。

IRB 260系列规格参数

- **性能**

承重能力　30kg

工作范围　1.56m

承重偏移　300mm

轴数　4

重复定位精度　0.1 mm

轴动作	工作范围
轴1旋转	−180°～+180°
轴2手臂	−28°～+85°
轴3手臂	−17°～+119°
轴6回旋	−300°～+300°

最大速度

轴1	153°/s
轴2	175°/s
轴3	153°/s
轴6	342°/s

- **物理特性**

总高度　1493mm

机器人本体底座　723mm×600mm

质量　340kg

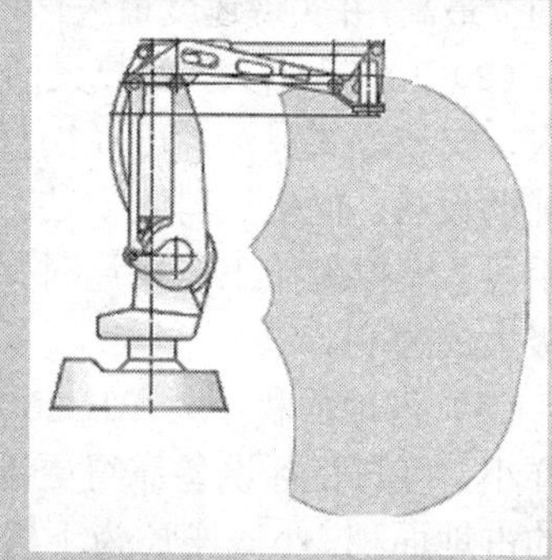

8．IRB 360（领域：装配、物料搬运、拾料、包装）（图 1-12）

IRB 360 FlexPicker™ 是实现高精度拾放料作业的第二代机器人解决方案，具有操作速度快、有效载荷大、占地面积小等特点。对开放式食品工业，IRB 360 另外提供洁净室版和不锈钢可冲洗版以供选择。该款机器人经过 IP69 验证，可满足工业清洗需求。新一代产品继承了 ABB FlexPicker™ IRB 340 各类特色，集十多年的包装技术和研发经验于一身。ABB 在全球共安装了超过 1800 台三角式机器人。

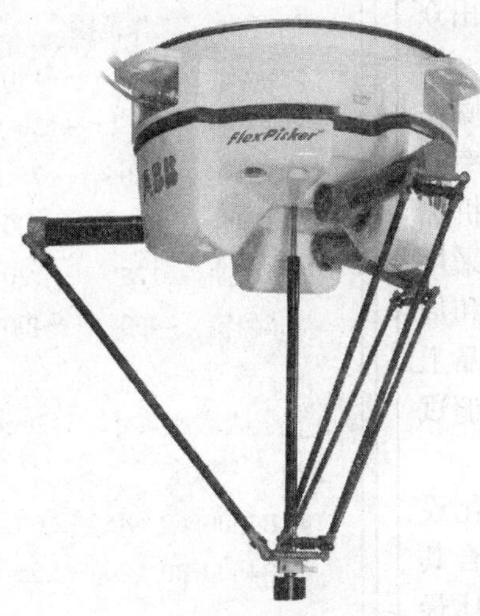

图　1-12

IRB 360 包括以下四个系列：

1）紧凑型：拾料范围为 800mm，可最大限度地节省生产空间，并能轻松集成到机械设备及生产线中，广泛适用于各类包装应用。

2）标准型：相同性能，拾料范围更大，为 1130mm。

3）高载荷型：相同性能，载荷可达 3kg。

4）长臂型：载荷可达 1kg，范围可达 1600mm。

IRB 360系列的参数

- **规格**

机器人型号	承重能力
IRB 360/1	1 kg
IRB 360/3	3 kg
IRB 360/800	1 kg

附加承重能力

上臂　350 g

下臂　350 g

轴数　机器人本体3或4

- **性能**

重复定位精度　0.1 mm

角度重复定位精度　标准型和不锈钢可冲洗型0.4°，可冲洗型1.5°

工作范围

	IRB 360/1（IRB 360/3）	IRB 360/800
直径	1130 mm（967 mm）	800 mm
高	250 mm（300 mm）	200 mm
旋转	无限制	无限制

最大速度　10 m/s

最大加速度（近似值）1 kg型150 m/s^2

最大加速度（近似值）3 kg型100 m/s^2

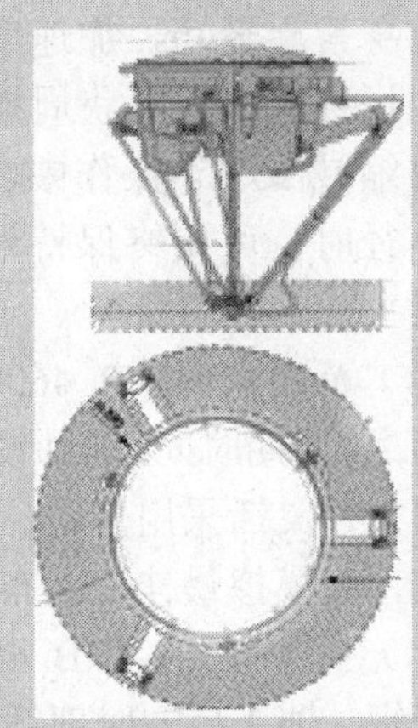

9．IRB 4600（领域：物料搬运、弧焊、切割、支架、倒置安装、注塑机上下料、压铸）（图 1-13）

图 1-13

IRB 4600 采用优化设计，对目标应用具备出众的适应能力。

（1）精度高　IRB 4600 的精度达 0.05，其操作速度更快，废品率更低，在扩大产能、提升效率方面，将起到举足轻重的作用，尤其适合点胶、机加工、测量、装配及焊接应用。此外，该机器人采用“所编即所得”的编程机制，缩短了编程时间和周期时间。在任何应用场合下，当新程序或新产品上线时，上述编程性能均有助于最大限度地加快调试过程、缩短停线时间。

（2）周期很短　IRB 4600 采用创新的优化设计，机身紧凑轻巧，加速度达到同类最高，结合其超快的运行速度，所获周期时间与行业标准相比最短的可缩减 25%。操作中，机器人在避绕障碍物和跟踪路径时，可始终保持最高加速度，从而提高产能与效率。

（3）范围大　IRB 4600 的工作范围大，能实现到达距离、周期时间、辅助设备等诸方面的综合优化。该机器人可灵活采用落地、斜置、半支架、倒置等安装方式，为模拟最佳工艺布局提供了极大便利。

（4）机身纤巧　IRB 4600 占地面积小、轴 1 转座半径短、轴 3 后方肘部纤细、上下臂小巧、手腕紧凑，这些特点使其成为同类产品中最“苗条”的一款机器人。在规划生产单元的布局时，IRB 4600 可以与机械设备靠得更近，从而缩小整个工作站的占地面积，提高单位面积产量，推升工作效率。

IRB 4600系列规格参数

● 规格

版本	可达距离	承载	上臂承载
IRB 4600-60/2.05	2.05 m	60 kg	20 kg
IRB 4600-45/2.05	2.05 m	45 kg	20 kg
IRB 4600-40/2.55	2.55 m	40 kg	20 kg
IRB 4600-20/2.50	2.51 m	20 kg	11 kg

● 性能

轴数　6+3（配备MultiMove可达36轴）

重复定位精度　0.05～0.06mm

运动

轴运动	工作范围	最大速度
轴1运动	-180°～+180°	175°/s
轴2手臂	-90°～+150°	175°/s
轴3手腕	-180°～+75°	175°/s
轴4旋转	-400°～+400°	250°/s
轴5弯曲	-125°～+120°	250°/s
轴6翻转	-400°～+400°	360°/s

● 物理参数

机器人底座尺寸　512mm×676mm

机器人高度

IRB4600-60（45）/2.05　1727mm

IRB4600-40（20）/2.55（2.50）　1922mm

机器人质量　412～435kg

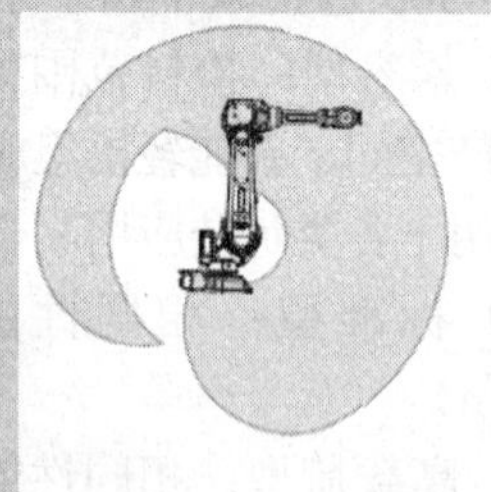

10．IRB 6620（领域：点焊、搬运、机械上下料）（图 1-14）

图 1-14

IRB 6620 专为汽车工业用户量身定制。

（1）敏捷 可用于大型车辆抓取，敏捷性允许机器人在非标准工位上运动。IRB 6620 的设计舍弃了平衡气缸，使得机器人更紧凑、更敏捷。

（2）紧凑，机器人密度增加 IRB 6620 是一款设计紧凑的机器人，可在拥挤的汽车生产线上增加机器人密度，使更多操作可同时进行，缩短了生产节拍。

（3）可靠，正常运行时间延长 内置式服务信息系统（SIS）可监控动作、机械上料及优化服务需求。IRB 6620 具有专为点焊设计的特色，例如：平滑手腕，可减少磨损，延长电缆包寿命，降低维修成本。

（4）快速，生产节拍短 依赖 ABB 独特的运动控制技术，机器人加速和延迟得到最优化，从而缩短生产节拍。

（5）强壮，最大化利用 IRB 6620 不仅可抓取较重、较大的工件，而且更适合处理大转动惯性的工件。

（6）坚固 防碰撞设计软件选项“碰撞检测”可立刻检查到碰撞力并削弱该力量多达 70%。IRB 6620 齿轮箱为柔性紧凑设计，在碰撞中对机器人的损坏更小。

（7）通用，四合一 IRB 6620 是目前市场上最通用的一款大型机器人。IRB 6620 可适用于四种安装方式：

1）地面安装。可下探至底座下方 1.1 m。

2）倾斜安装。最大可达 15°。

3）支架安装。适用于两层汽车装配的第二层。

4）倒置安装。展现可达距离和载荷的全面性能。

IRB 6620系列的参数

● **规格**

到达距离 2.2 m

承重能力 150 kg

轴数 6

防护等级 IP 54、IP 67

安装方式 落地、倾斜、倒置

可装载额外质量 上臂50 kg，底部100kg

● **性能**

轴运动	工作范围	最大速度
轴1旋转	–170°～+170°	100°/s
轴2臂	–65°～+140°	90°/s
轴3臂	–180°～+70°	90°/s
轴4腕	–300°～+300°	150°/s
轴5弯曲	–130°～+130°	120°/s
轴6翻转	–360°～+360°	190°/s

● **物理参数**

机器人底座尺寸 1007mm×760mm

机器人质量 900kg

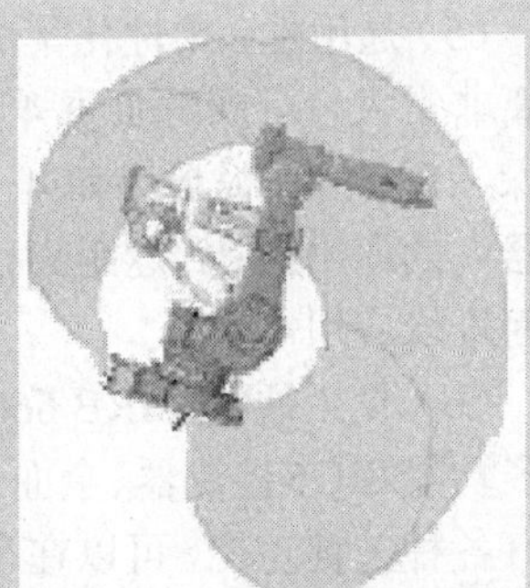

11．IRB 660（领域：物料搬运、货盘堆垛）（图 1-15）

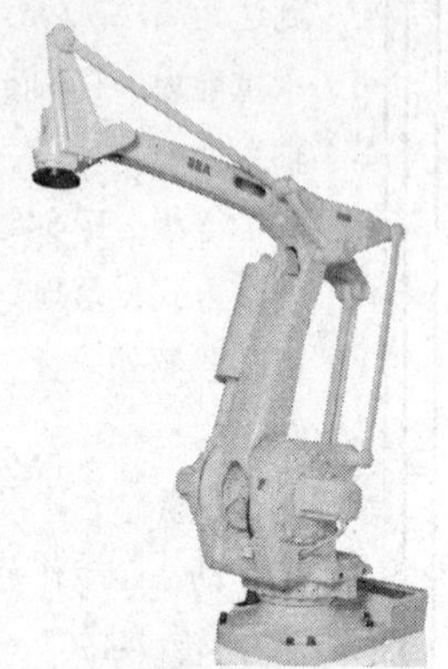

图 1-15

IRB 660 非常适合应用于袋、盒、板条箱、瓶等包装形式的物料的堆垛。

（1）速度快，周期时间短　IRB 660 机器人运动速度比其前一代产品明显提高，经过优化的电动机动力和运动性能使其与同类产品相比具有更短的周期时间。

（2）精度高，零件生产质量稳定　重复定位精度达 0.1mm，轨迹精度高。

（3）功率大，适用范围广　高速版 IRB 660 机器人全速时有效载荷可达 180kg，而高产量 250kg 版机器人的到达距离最长可达 3.15m。

（4）坚固耐用，适合恶劣生产环境　该机器人坚固耐用，达到 IP67 防护等级，在最恶劣生产环境中仍具有稳定的性能。

（5）通用性，柔性化集成和生产　该机器人到达距离非常大，可同时负责 4 条进料输送带、2 个货盘料垛、1 个滑托板料垛和 4 条堆垛出料线。IRB 660 机器人的通用性、到达距离以及承重能力几乎可满足任何堆垛应用需求。

（6）使用便捷　IRB 660 的使用非常便捷。ABB 的多功能IRC5控制器、全面包装线软件 PickMaster™ 具有各种关键功能，可以在车间进行快速便捷的编程和直观的操作。

IRB 660系列规格参数

- 规格

机器人版本	承重能力	到达距离
660-180/3.15	180kg	3.15m
660-250/3.15	250kg	3.15m

轴数　4

防护等级　IP 67

安装方式　落地式

- 性能

重复定位精度　0.1mm

重复循环精度　0.3mm

轴运动	工作范围
轴1旋转	−180° ～+180°
轴2臂	−42° ～+85°
轴3臂	−20° ～+120°
轴6翻转	−300° ～+300°

- 最大速度

轴号	660-180/3.15	660-250/3.15
1	130°/s	95°/s
2	130°/s	95°/s
3	130°/s	95°/s
6	300°/s	240°/s

- 物理特性

机器人底座　1136 mm×850 mm

质量　1650 kg

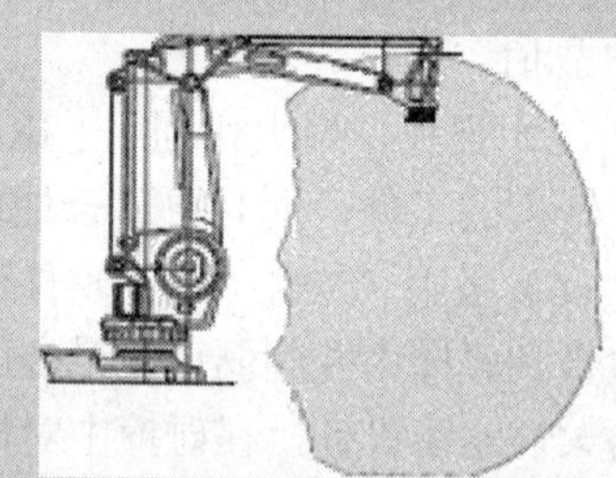

12. IRB 6640（领域：物料搬运、上下料和点焊）（图 1-16）

IRB 6640 是继 IRB 6600 之后推出的新一代大型机器人。IRB 6640 以 IRB 6600 的零部件为基础。

图　1-16

（1）承重更大，质量更轻　IRB 6640 最大的优势之一是提高了承重能力。IRB 6640ID（内嵌布线型）的有效承重从 185 kg 增加到 200 kg，满足了承重要求最高的点焊应用。

该机器人最大有效承重高达 235 kg，是众多重型物料搬运应用的理想之选。机器人还继承了优异的惯性曲线特性，可处理重型甚至宽型部件。

（2）简化安装维护　为方便维护，IRB 6640 新增了多项特性，如叉车叉槽结构简化、机器人底脚空间扩大等。此外，机器人质量减轻近 400 kg，安装更轻松。

（3）优化路径精度　IRB 6640 融合第二代 TrueMove™ 和 QuickMove™ 技术，运动精度更高，进一步缩短编程时间、优化工艺效果。软件还监控机器人内部负载，降低过载风险，延长机器人使用寿命。

（4）被动安全功能　被动安全功能与特性包括负载识别、活动机械挡块、EPS（电子限位开关）及高刚性钢结构。IRB 6640ID 上臂内嵌布线点焊工艺线缆内嵌于机器人上臂，增强了机器人动作的可控性，并具有其它多项优点，如可预测线缆包寿命、降低备件成本、增强机器人紧凑性，以及提高线缆包运动模拟的可靠性。

IRB 6640系列规格参数

● 规格

型号	工作范围	承重	重心	手腕转矩
6640-180	2.55m	180kg	300mm	961N·m
6640-235	2.55m	235kg	300mm	1324N·m
6640-205	2.75m	205kg	300mm	1264N·m
6640-185	2.8m	185kg	300mm	1206N·m
6640-130	3.2m	130kg	300mm	1037N·m
6640-ID200	2.55m	200kg	300mm	1262N·m
6640-ID170	2.75m	170kg	300mm	1190N·m

● 性能

重复定位精度　0.07 mm

重复路径精度　0.7 mm

防护等级　整机IP67

安装方式　落地式

轴运动	工作范围（6640）	工作范围（6640ID）
轴1旋转	−170° ～+170°	−170° ～+170°
轴2手臂	−65° ～+85°	−65° ～+85°
轴3手臂	−180° ～+70°	−180° ～+70°
轴4手腕	−300° ～+300°	−300° ～+300°
轴5弯曲	−120° ～+120°	−100° ～+100°
轴6翻转	−360° ～+360°	−300° ～+300°

● 电气连接

电源电压　200～600 V，50/60 Hz

功耗ISO-Cube　2.7 kW

● 物理特性

机器人底座尺寸　1107mm×720 mm

质量　1310～1405kg

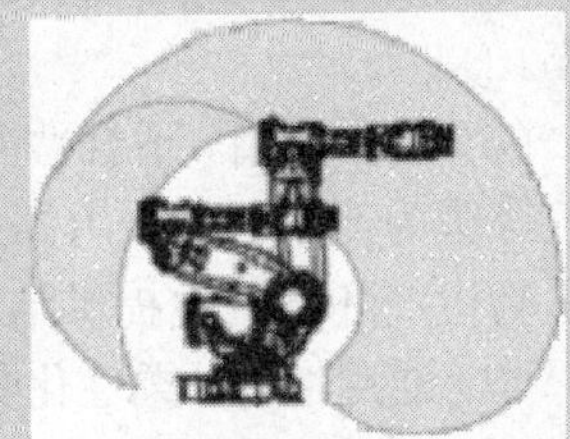

13. IRB 6650S（领域：机械管理、物料搬运、点焊）（图 1-17）

IRB 6650S 是大功率机器人系列中的一种支架安装型机器人，具有独特的工作空间。

图 1-17

（1）可靠性强，正常运行时间长　该机器人通过内置服务信息系统（SIS）监测自身运动和载荷情况，并优化服务需求。

（2）安全性高　采取了一系列主动安全和被动安全措施，保护人员、机器及其它财产安全。

（3）速度快，操作周期时间短　采用 ABB 独有的运动控制技术，优化了机器人的加减速性能，使机器人工作循环时间降至最短。

（4）精度高，零件生产质量稳定　具有最佳的轨迹精度和重复定位精度（RP=0.11mm）。

（5）功率大，适用范围广　有两种版本备选，有效载荷分别为 125kg 和 200kg，最大到达距离为 3.0～3.5m。

（6）坚固耐用，适合恶劣生产环境　铸造专家型防护等级为 IP67，可采用高压蒸汽清洗，非常适合用于恶劣生产环境。也提供洁净室型（100 级）。

（7）通用性好，柔性化集成和生产　可通过大惯性、大转矩的上臂延长器和各种手腕模块对每个过程进行最优定制。该机器人可向后弯曲，因而工作范围大，可轻松地安装在设备密集的生产线中。

IRB 6650S系列的参数

● 规格

版本	到达距离	搬运能力
IRB6650S-125/3.5	3.5m	125kg
IRB6650S-200/3.0	3.0m	200kg

● 性能

重复定位精度　0.11mm

重复循径精度　0.38mm

轴	工作范围
轴1旋转	−180°～+180°
轴2臂	−40°～+160°
轴3臂	−180°～+70°
轴4腕	−300°～+300°
轴5弯曲	−120°～+120°
轴6翻转	−300°～+300°

● 最大速度

轴	6650S-125	6650S-200
1	100°/s	100°/s
2	90°/s	90°/s
3	90°/s	90°/s
4	150°/s	150°/s
5	120°/s	120°/s
6	235°/s	190°/s

● 物理特性

机器人底座尺寸　1136mm×790mm

质量　IRB6650S-125：2175kg，IRB6650S-200：2150kg

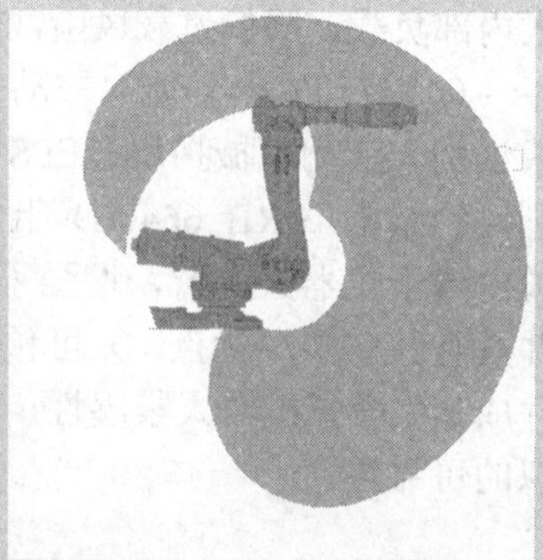

14. IRB 7600（领域：机械管理、物料搬运、压机管理、点焊）（图 1-18）

图　1-18

IRB 7600 有多种版本，适合用于各行业重载场合。

（1）可靠性强，正常运行时间长　该机器人通过内置服务信息系统（SIS）监测自身运动和载荷情况并优化服务需求。

（2）安全性高，采取了一系列主动安全和被动安全措施，保护人员、机器及其它财产安全。

（3）速度快，操作周期时间短　采用 ABB 独有的运动控制技术，优化了机器人的加减速性能，使机器人工作循环时间降至最短。

（4）精度高，零件生产质量稳定　具有最佳的轨迹精度和重复定位精度（RP=0.08～0.09mm）。

（5）功率大，适用范围广　具有多个版本，有效载荷在 150～500kg 之间，最大到达距离为 2.55～3.5m。

（6）坚固耐用，适合恶劣生产环境　铸造专家型防护等级为 IP67，可采用高压蒸汽清洗，非常适合用于恶劣生产环境。对应用于预加工生产环境的机器人和洁净室型（100 级）机器人，还提供了防碎屑保护措施。

（7）通用性好，柔性化集成和生产　可通过大惯性、大转矩的上臂延长器和各种手腕模块对每个过程进行最优定制。该机器人可向后弯曲，因而工作范围大，可轻松地安装在设备密集的生产线中。

IRB 7600系列规格参数

- **规格**

机器人版本	到达距离	承重能力
IRB7600-500	2.30m	500kg
IRB7600-400	2.55m	400kg
IRB7600-340	2.80m	340kg
IRB7600-150	3.50m	150kg

- **性能**

轴	工作范围
轴1旋转	-180°～+180°
轴2臂	-60°～+80°
轴3臂	-180°～+60°
轴4腕	-300°～+300°
轴5弯曲	-100°～+100°
轴6翻转	-300°～+300°

最大速度

轴	500kg	400kg	340kg	150kg
轴1	75°/s	75°/s	75°/s	100°/s
轴2	60°/s	60°/s	60°/s	60°/s
轴3	60°/s	60°/s	60°/s	60°/s
轴4	100°/s	100°/s	100°/s	100°/s
轴5	100°/s	100°/s	100°/s	100°/s
轴6	160°/s	160°/s	160°/s	190°/s

- **物理特性**

机器人底座尺寸　1206.5mm×791mm

质量　2400～2450kg

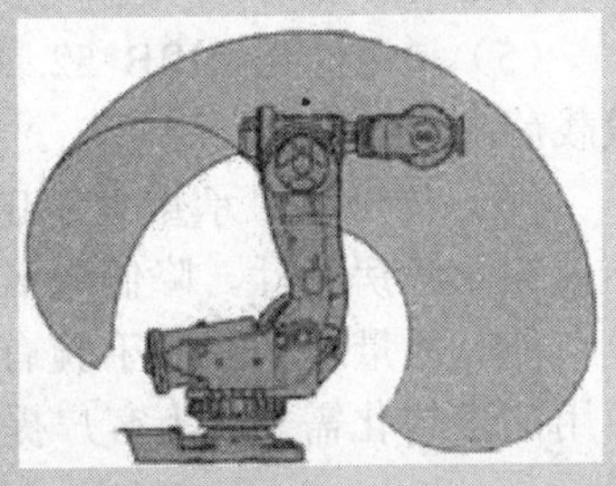

15．IRB 52（领域：油漆喷涂、上釉、上搪瓷、粉末喷涂、挤胶）（图 1-19）

IRB 52 是一款紧凑型喷涂机器人，广泛应用于各行业的中小型部件的喷涂，为用户提供经济、专业、优质的喷涂解决方案。

图 1-19

（1）集成工艺系统（IPS） IRB 52 是一款专业的喷涂机器人，配备集成式喷涂工艺设备，采用功能强大、备受考验的 IPS 调控技术实现工艺控制，同时达到节约涂料的目的。

（2）节拍时间短 IRB 52 各轴均具备高速运动性能，再加上 ABB 独有的 TrueMove™ 和 QuickMove™ 运动控制功能，大大缩短了生产节拍时间。

（3）精确、高质 出色的重复定位精度和循径能力确保始终如一的高品质涂装。

（4）灵活集成，柔性生产 IRB 52 安装形式多样，满足灵活集成与扩大产能的需求。

（5）通用性强 IRB 52 的工作范围大，手腕有效载荷高，应用更广泛。

（6）体形小，承重大 IRB 52 结构设计紧凑，不仅缩小喷房尺寸，降低通风需求，而且实现了有效节能。质量达 7kg 的手腕有效承重，可满足喷涂应用的多样化需求，为客户提供柔性的喷涂解决方案。

IRB 52系列的参数

● 规格

轴数 6

● 性能

手腕承重能力 7kg

位置重复精度 0.15mm

线性路径精度 2mm

运动范围

轴运动	1.2m	1.45m
1旋转	−180° ～180°	−180° ～+180°
2摆动	−63° ～+110°	−90° ～+120°
3摆动	−235° ～+55°	−245° ～+65°
4旋转	−200° ～+200°	−200° ～+200°
5弯曲	−115° ～+115°	−115° ～+115°
6旋转	−400° ～+400°	−400° ～+400°

最大速度

轴	速度
轴1	180°/s
轴2	180°/s
轴3	180°/s
轴4	320°/s
轴5	400°/s
轴6	460°/s

● 物理性能

机器人安装方式 落地、倒置、壁挂和斜置

机器人底座尺寸 484mm×648mm

机器人版本	垂直臂长	总高
IRB52/1.2m	475mm	1069mm
IRB52/1.2m	700mm	1294mm

机器人质量 250kg

16. IRB 540（领域：油漆喷涂、上釉、上搪瓷、粉末喷涂、涂胶）(1-20)

IRB 540 是一种人性化的智能喷涂机器人，与 ABB 其它机器人采用相同的技术。该机器人能最大限度地提高喷涂性能，降低生产成本，并能稳定维持优异的涂装品质，减少过喷现象，降低原料的耗用与浪费。

图　1-20

（1）人性化设计　蕴含人性化设计的 IRB540 是一种平衡性极佳、结构精简的机器人，采用独有的 FLEXIWRIST 专利技术，极大地便利了人工编程操作（点对点连续路径）。只需人工将机器人移至各个目标程序位置，然后按触发钮，系统将自动编写 RAPID 程序指令（PaintL），对程序位置编号并储存相关位置。然后程序员进入试验模式，对指定位置选择一组喷涂参数，即可让机器人进行程序试运行。

（2）高端技术　蕴含高端技术的电动机、电动机变频器与传动装置为IRB 540的高速及加速运行提供了保障。编码器集成在电动机内，使机器人的结构更加纤细，获得更大的动作空间。

（3）全球控制柜平台　IRC5P 控制柜采用模块化设计，并达到了最高等级的运行可靠性。全球控制柜平台还能显著降低培训、服务和工程成本。

IRB 540系列规格参数

● 规格

轴数　6

● 性能

承重能力　5kg

轴运动	工作范围	最大转速
轴1旋转	300°	112°/s
轴2垂直臂	145°	112°/s
轴3水平臂	95°	112°/s
轴4腕	176°	360°/s
轴5弯曲	176°	360°/s
轴6翻转	640°	700°/s

● 物理性能

机器人单元安装方式　落地、倒置

尺寸

机器人底座尺寸　600mm×750mm

垂直臂长　1000mm

水平臂长　1000mm/1620mm

机器人控制柜　高1280mm、宽800mm、深550mm

质量

机器人单元1220mm　607kg

机器人单元1620mm　610kg

机器人控制柜　240kg

17. IRB 5400（领域：油漆喷涂、上釉、上搪瓷、粉末喷涂、挤胶）（图 1-21）

IRB 5400 是一款喷涂机器人。

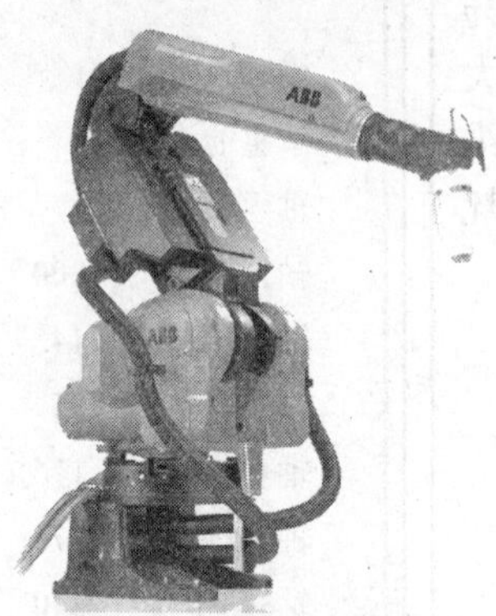

图 1-21

（1）高速、强劲　IRB 5400 是一款独具优势的高速、高加速喷涂机器人，能携带重物，可缩短节拍时间，提高生产效率。因其承重能力超强，工艺设备的安装位置可以更靠近喷枪，减少了涂料浪费。

（2）IPS 支持　通过集成工艺系统（IPS）将喷涂设备集成于机器人手臂，缩短换色阀和涂料泵与喷涂手腕之间的距离，降低涂料消耗量。机器人还集成有空气与涂料调节阀、先导阀、流量传感器、旋杯转速与高压控制器，实现了快捷方便的安装、设置和调试。

（3）喷涂机器人控制系统　IRB 5400 采用 IRC5P 喷涂机器人控制系统。该系统为喷涂车间量身定制，配备人性化的防爆型 FlexPaint Pendant（示教器）、喷涂工作站监控诊断 RobView 5，以及多种功能强大的离线编程和工艺调整软件工具。

（4）大工件喷涂用导轨　IRB 5400 可搭载于小车沿导轨运行。小车底座分两种：一种是洁净室壁底座，车、轨均位于喷房外部，便于清洗喷房内墙；另一种是喷房内底座，即车、轨整体位于喷房内部，常用于现有喷房改装或喷房空间有限的场合。

（5）优化设计　IRB 5400 采用“IPS 支持”技术，由 ABB 高速集成工艺系统提供空气和涂料闭环流量调节控制。

IRB 5400系列的参数

● 规格

轴数：6轴，导轨式安装时可增设第7轴

机器人安装：落地或导轨

手腕有效承重：25kg

垂直臂承重：65kg

水平臂承重：70kg（含手腕有效承重）

防护等级：IP67，手腕IP54

● 性能

轴运动	工作范围	最大转速
轴1旋转	300°	137°/s
轴2垂直臂	160°	137°/s
轴3水平臂	150°	137°/s
轴4内腕	无限	465°/s
轴5手腕弯曲	无限	350°/s
轴6手腕回旋	无限	535°/s

重复定位精度 0.15mm

路径精度　3mm

● 物理特性

机器人底座　660mm×750mm（标准底座），660mm×775mm（抬高底座）

机器人单元高度（不含底座）2070mm

标准底座高　190mm

抬高底座高　540mm

含标准底座的机器人质量　970kg

含抬高底座的机器人质量　1060kg

机器人控制器（高×宽×深）

1 450mm× 725mm×710mm

机器人控制器质量　180～200kg

18．IRB 5500（领域：油漆喷涂、上釉、上搪瓷、粉末喷涂、挤胶）（图 1-22）

壁挂式 FlexPainter IRB 5500 机器人是车身外表喷涂机器人。

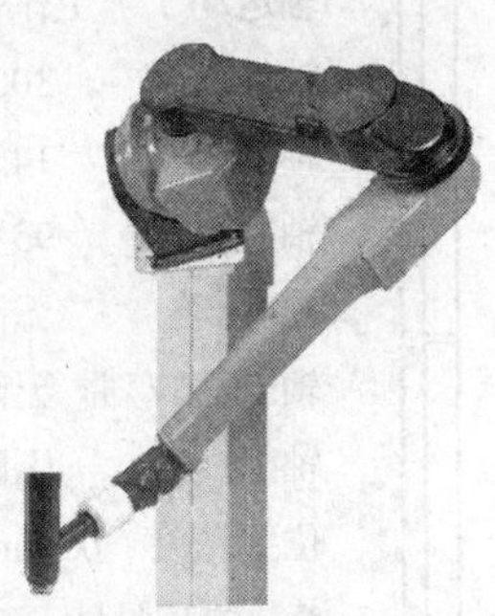

图 1-22

（1）创新的外表面喷涂方案　壁挂式 FlexPainter IRB 5500 机器人采用独有的设计与结构，其工作范围大，运行动作灵活。

（2）效率倍增　FlexPainter IRB 5500 机器人拥有加速度高、喷涂速度快、工作范围大、配置独特等诸多优势。只需两台 FlexPainter IRB5500 机器人即可胜任通常需要 4 台机器人才能完成的喷涂任务。该机器人不仅可以降低初期投资和长期运营成本，而且还能缩短安装时间，延长正常运行时间，提高生产可靠性。

（3）特色的设计理念　FlexPainter IRB 5500 机器人采用独具特色的设计理念，其手臂可平行于纵向和横向车身表面自如地移动，喷涂一次成功，无需重叠拼接。

（4）高流量喷涂　FlexPainter IRB 5500 机器人专门配套使用 ABB 高效的 FlexBell 弹匣式旋杯系统（CBS），换色过程中的涂料损耗接近于零，是小批量喷涂和多色喷涂的最佳解决方案。FlexPainter IRB 5500 机器人高的速度和加速度，并结合 ABB 高流量的 Atomizer 喷涂装置，使喷涂系统性能很高。

IRB 5500系列规格参数

- 性能

典型加速度　24m/s^2

典型喷涂速度　1.5～2m/s

质量　540kg

19．IRB 580（领域：油漆喷涂、上釉、上搪瓷、粉末喷涂、挤胶）（图 1-23）

IRB 580是对IRB 540和IRB 5400机器人的补充，使之成为完整系列。IRB 580 将紧凑的设计与 IRB 5400 系列的先进功能融合于一体。

图 1-23

中空手腕式 IRB 580 是一款紧凑、高速、精确的喷涂机器人，能大幅提高作业精度和生产效率。

（1）生产效率与成本效益高　IRB 580 配备集成式喷涂工艺设备及 PLC 接口，出厂时已完成预配置，即到即装。只需以功能强大的 RAPID 编程语言添加喷涂指令，便可快速完成机器人设置，并投入生产运行。

IRB 580 具有平衡性极佳的机器人臂和经优化设计的传动系统，其能耗仅为同类机器人系统的 50%～70%。该机器人装备先进的电动机与变频器，与 ABB 高端的 IRB 5400 系列所有型号相同，从而确保了高速度、高精度的运行。

（2）140° 灵活转向　ABB 机器人的“中空手腕”可沿任意方向旋转 140° ，这种无与伦比的柔性使 IRB 580 一跃成为同类喷涂机器人中通用性最强、编程最便捷的产品之一。ABB 中空手腕技术的主要优势是，所有涂料管和空气管都封装在手臂和手腕内，可有效防止软管损坏，而且这种合理的设计还能避免磨损，提高系统总体可靠性，减少维护工作量。

（3）高速而精准　ABB 独有的集成工艺系统（IPS），可实现闭环回路式调节及高速涂料控制与空气流量调节。采用该系统，更有利于在喷涂对象的整个表面形成指定厚度的均匀漆膜，从而获得优异的涂装品质，并优化漆料的耗用。

（4）全球控制柜平台　IRC5P 控制柜采用模块化设计，并达到了最高等级的运行可靠性。全球控制柜平台还能显著降低培训、服务和工程成本。

IRB580系列的参数

● 性能

承重能力 10kg

轴数 6

轴运动	工作范围	最大转速
轴1旋转	300°	112°/s
轴2垂直臂	145°	112°/s
轴3水平臂	95°	112°/s
轴4内腕	无限	465°/s
轴5手腕弯曲	无限	350°/s
轴6外腕	无限	535°/s

位置精度 0.3mm

● 物理性能

尺寸

机器人底座尺寸 660mm×750mm

垂直臂长 1000mm

水平臂长 1220mm/1620mm

质量

机器人单元 630kg

机器人控制柜 180kg

1.3 怎样用好ABB机器人

工业机器人是综合应用计算机、自动控制、自动检测及精密机械装置等高新技术的产物，是技术密集度及自动化程度很高的典型机电一体化加工设备。使用工业机器人的优越性是显而易见的，不仅精度高，产品质量稳定，而且自动化程度极高，可大大减轻工人的劳动强度，提高生产效率。特别值得一提的是，工业机器人可完成一般人工操作难以完成的精密工作，如激光切割、精密装配等，因而工业机器人在自动化生产中的地位越来越重要。但是，我们要清醒地认识到，能否达到工业机器人的以上优点，还要看操作者在生产中能不能恰当、正确地使用。下面从操作者的角度来介绍一下 ABB 工业机器人使用中应注意的事项，以保证工业机器人的优越性得以充分发挥，减少工业机器人因不当操作而损坏。

1．提高操作人员的综合素质

工业机器人的使用有一定的难度，因为工业机器人是典型的机电一体化产品，它牵涉的知识面较宽，即操作者应具有机、电、液、气等更宽广的专业知识，因此对操作人员提出的素质要求是很高的。目前，一个不可忽视的现象是工业机器人的用户越来越多，但工业机器人利用率还不算高，当然有时是生产任务不饱和，但还有一个更为关键的因素是工业机器人操作人员素质不够高，碰到一些问题时不知如何处理。这就要求使用者具有较高的素质，能冷静对待问题，头脑清醒，现场判断能力强，当然还应具有较扎实的自动化控制技术基础等。一般情况下，新购进工业机器人时，设备提供商会为用户提供技术培训的机会，时间虽然不长，但针对性很强，用户应予以重视，参加培训的人员应包括以后的机器人操作者以及维修人员。操作人员综合素质的提高不是一两天的事情，而要抓长久，在日后的使用中应不断积累。还有一个值得一试的办法是走访一些机器人同类应用的老用户，他们有很强的实践经验，最有发言权，可请求他们的帮助，让他们为操作者以及维修人员进行一定的培训，这是短时间内提高操作人员综合素质最有效的办法。

2．遵循正确的操作规程

不管什么应用的工业机器人，它都有一套自己的操作规程。它既是保证操作人员安全的重要措施之一，也是保证设备安全、产品质量等的重要措施。使用者在初次进行操作机器人时，必须认真地阅读设备提供商提供的使用说明书，按照操作规程正确操作。如果机器人在第一次使用或长期没有使用时，先慢速手动操作其各轴进行运动（如有需要时，还要进行机械原点的校准），这些对于初学者尤其应引起重视，因为缺乏相应的操作培训，往往在这方面容易犯错。

3．尽可能提高机器人的开动率

工业机器人购进后，如果它的开动率不高，这不但使用户投入的资金不能起到再生产的作用，而且还有一个令人担忧的问题是很可能因过保修期，设备发生故障需要支付额外的维修费用。在保修期内尽量多发现问题，平常缺少生产任务时，也不能空闲不用，这不是对设备的爱护，反而由于长期不用，可能会由于受潮等原因加快电子元器件的变质或损坏，并出现机械部件的锈蚀问题。使用者要定期通电，进行空运行 1h 左右。正所谓生命在于运动，机器也是适用这一道理的。

4．如何学好本书的知识点

本书是以一位工业机器人初学者的视角去展开的，所以在开始阅读本书的时候，可以根据自己对 ABB 机器人的掌握情况进行。

1）如果你对工业机器人是从零开始的话，请从第 1 章开始阅读，并根据里面的操作提示一步步由浅入深地进行学习。

2）如果你已掌握 ABB 机器人的基本操作，则可以通过阅读目录选择你所感兴趣的章节进行阅读。

如果在阅读的过程中遇到任何问题，可以看看编著者的技术支持博客：blog.sina.com.cn/robotpartner，或发邮件给编著者（support@robotpartner.cn）。

1.4 ABB 机器人安全注意事项

本节主要介绍操作机器人或机器人系统时应遵守的安全原则和规程。

⚠ 关闭总电源

在进行机器人的安装、维修和保养时切记要将总电源关闭。带电作业可能会产生致命性后果。如不慎遭高压电击，可能会导致心跳停止、烧伤或其它严重伤害。

⚠ 与机器人保持足够安全距离

在调试与运行机器人时，它可能会执行一些意外的或不规范的运动。并且，所有的运动都会产生很大的力量，从而严重伤害个人和／或损坏机器人工作范围内的任何设备。所以时刻警惕与机器人保持足够的安全距离。

静电放电危险

ESD（静电放电）是电势不同的两个物体间的静电传导，它可以通过直接接触传导，也可以通过感应电场传导。搬运部件或部件容器时，未接地的人员可能会传导大量的静电荷。这一放电过程可能会损坏敏感的电子设备。所以在有此标识的情况下，要做好静电放电防护。

⚠ 紧急停止

紧急停止优先于任何其它机器人控制操作，它会断开机器人电动机的驱动电源，停止所有运转部件，并切断由机器人系统控制且存在潜在危险的功能部件的电源。出现下列情况时请立即按下任意紧急停止按钮：

- 机器人运行中，工作区域内有工作人员。
- 机器人伤害了工作人员或损伤了机器设备。

⚠ 灭火

发生火灾时，请确保全体人员安全撤离后再行灭火。应首先处理受伤人员。当电气设备（例如机器人或控制器）起火时，使用二氧化碳灭火器。切勿使用水或泡沫。

ⓘ 工作中的安全

机器人速度慢，但是很重并且力度很大。运动中的停顿或停止都会产生危险。即使可以预测运动轨迹，但外部信号有可能改变操作，会在没有任何警告的情况下，产生预想不到的运动。因此，当进入保护空间时，务必遵循所有的安全条例。

- 如果在保护空间内有工作人员，请手动操作机器人系统。
- 当进入保护空间时，请准备好示教器 FlexPendant，以便随时控制机器人。
- 注意旋转或运动的工具，例如切削工具和锯。确保在接近机器人之前，这些工具已经停止运动。
- 注意工件和机器人系统的高温表面。机器人电动机长期运转后温度很高。
- 注意夹具并确保夹好工件。如果夹具打开，工件会脱落并导致人员伤害或设备损坏。夹具非常有力，如果不按照正确方法操作，也会导致人员伤害。
- 注意液压、气压系统以及带电部件。即使断电，这些电路上的残余电量也很危险。

ⓘ 示教器的安全

示教器 FlexPendant 是一种高品质的手持式终端，它配备了高灵敏度的一流电子设备。为避免操作不当引起的故障或损害，请在操作时遵循本说明：

- 小心操作。不要摔打、抛掷或重击 FlexPendant。这样会导致破损或故障。在不使用该设备时，将它挂到专门存放它的支架上，以防意外掉到地上。
- FlexPendant 的使用和存放应避免被人踩踏电缆。
- 切勿使用锋利的物体（例如螺钉旋具或笔尖）操作触摸屏。 这样可能会使触摸屏受损。应用手指或触摸笔（位于带有 USB 端口的 FlexPendant 的背面）去操作示教器触摸屏。
- 定期清洁触摸屏。灰尘和小颗粒可能会挡住屏幕造成故障。
- 切勿使用溶剂、洗涤剂或擦洗海绵清洁 FlexPendant。使用软布蘸少量水或中性清洁剂清洁。
- 没有连接 USB 设备时务必盖上 USB 端口的保护盖。如果端口暴露到灰尘中，那么它会中断或发生故障。

ⓘ 手动模式下的安全

在手动减速模式下，机器人只能减速（250 mm/s 或更慢）操作（移动）。只要在安全保护空间之内工作，就应始终以手动速度进行操作。

手动全速模式下，机器人以程序预设速度移动。手动全速模式应仅用于所有人员都位于安全保护空间之外时，而且操作人员必须经过特殊训练，熟知潜在的危险。

ⓘ 自动模式下的安全

自动模式用于在生产中运行机器人程序。在自动模式操作情况下，常规模式停止（GS）机制、自动模式停止（AS）机制和上级停止（SS）机制都将处于活动状态。

第2章 ABB机器人的基础操作知识

- 机器人示教器的使用
- 常用信息与事件日志的查看
- 数据的备份与恢复
- 机器人的手动操纵
- 转数计数器更新的操作

2.1 认识示教器——配置必要的操作环境

这是一个美好的开始，现在就来学习 ABB 工业机器人的操作，让机器人到生产线上去好好的为我们人类服务。操作工业机器人就必须与机器人的示教器（图 2-1）打交道（FlexPendant）。

图 2-1

在示教器上，绝大多数的操作都是在触摸屏上完成的，同时也保留了必要的按钮与操作装置，如图 2-2 所示。

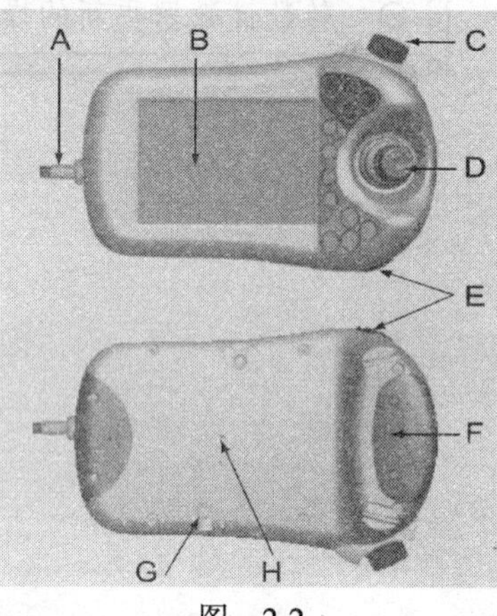

图 2-2

在了解了示教器的构造以后，来看看应该如何去拿示教器（图 2-3）。

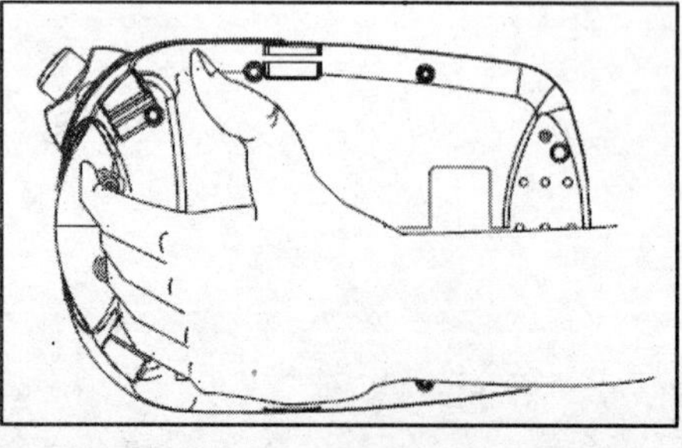

图 2-3

什么是示教器

示教器是进行机器人的手动操纵、程序编写、参数配置以及监控用的手持装置，也是最常打交道的机器人控制装置。

示教器解说

A 连接电缆
B 触摸屏
C 急停开关
D 手动操作摇杆
E 数据备份用 USB 接口
F 使能器按钮
G 触摸屏用笔
H 示教器复位按钮

这个时候，你就能舒适地将示教器放在左手上了，然后用右手进行屏幕和按钮的操作了（图 2-4）。

图　2-4

此款示教器是按照人体工程学进行设计的，同时适合左撇子操作，只要在屏幕中进行切换就能适应左撇子的操作习惯。

2.1.1　设定示教器的显示语言

示教器出厂时，默认的显示语言是英语，为了方便操作，下面介绍把显示语言设定为中文的操作步骤。

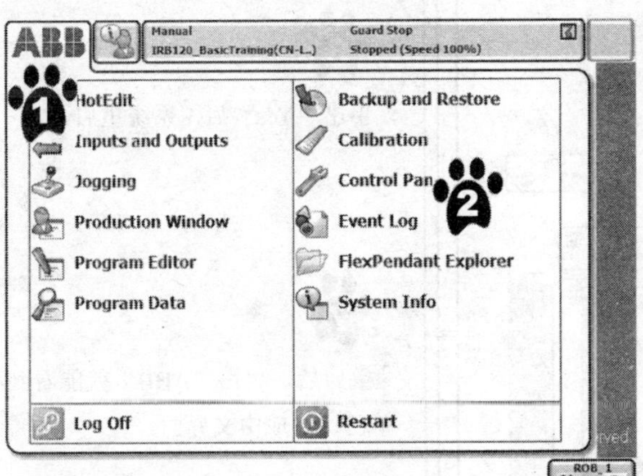

单击“ABB”按钮。

选择“Control Panel”。

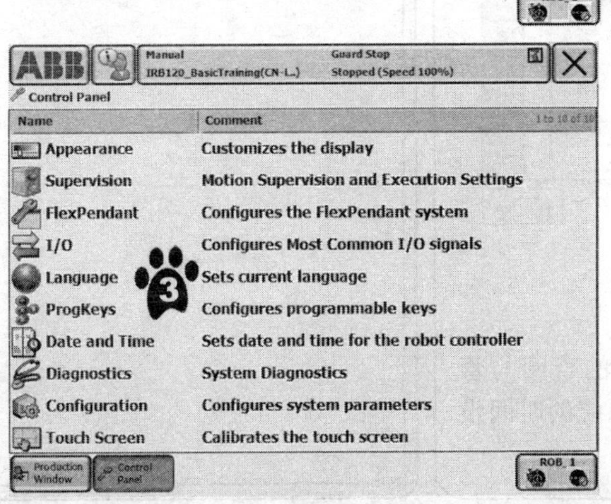

选择“Language”。

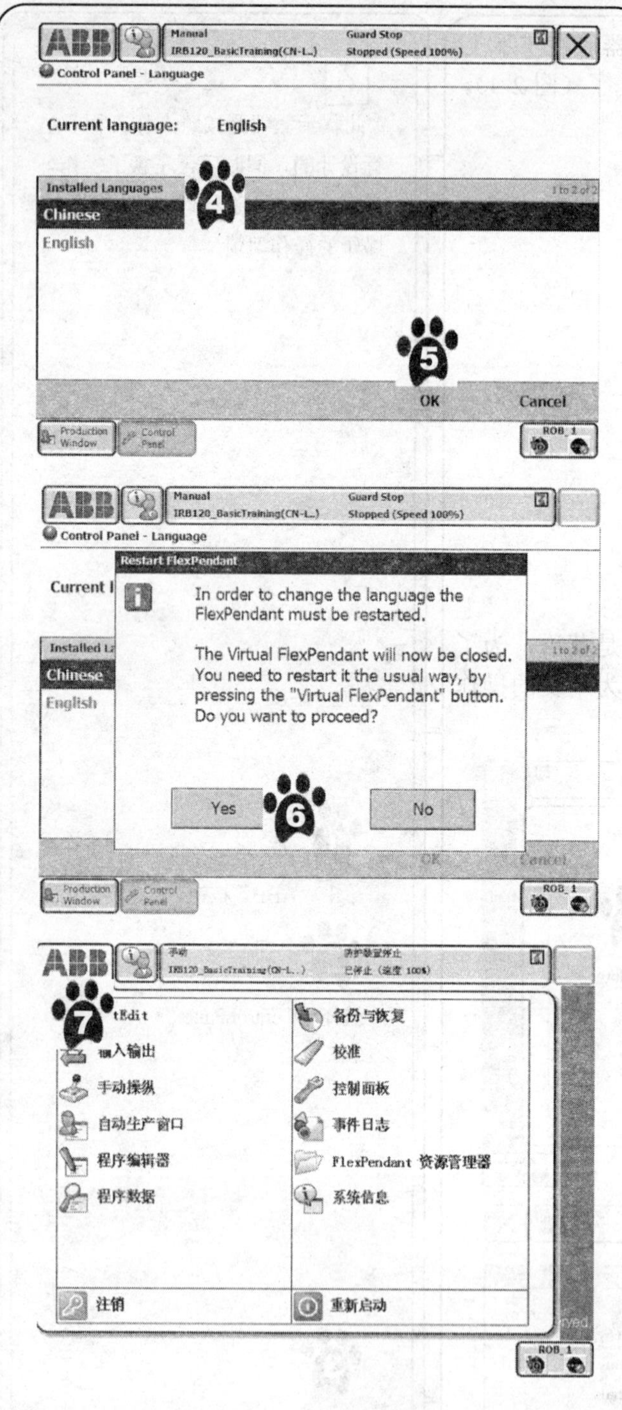

2.1.2 设定机器人系统的时间

为了方便进行文件的管理和故障的查阅与管理，在进行各种操作之前要将机器人系统的时间设定为本地时区的时间，具体操作如下：

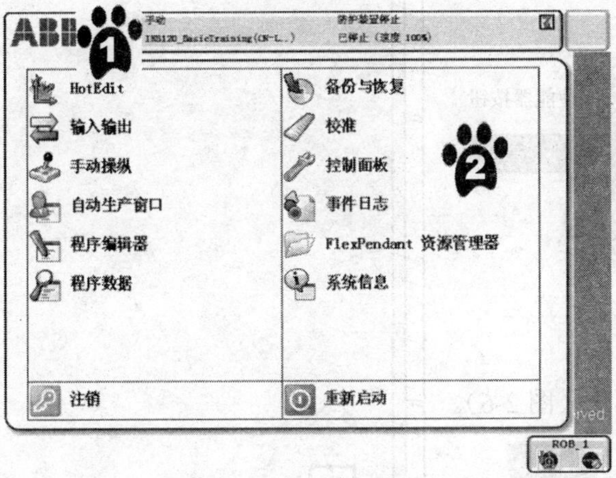

1 单击“ABB”按钮。

2 选择“控制面板”。

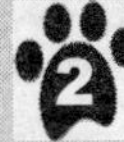

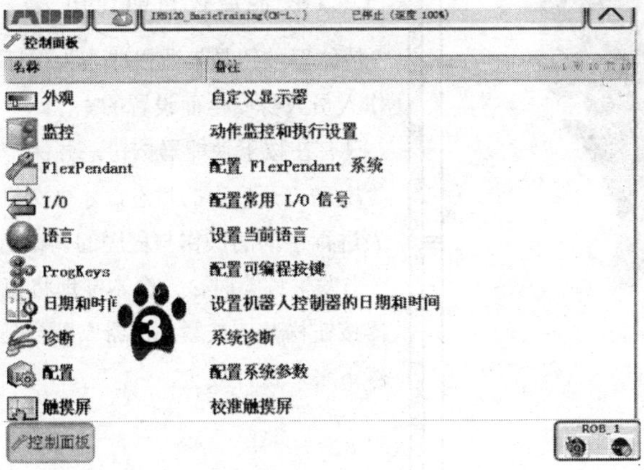

3 选择“日期与时间”。

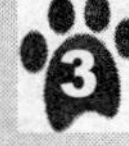

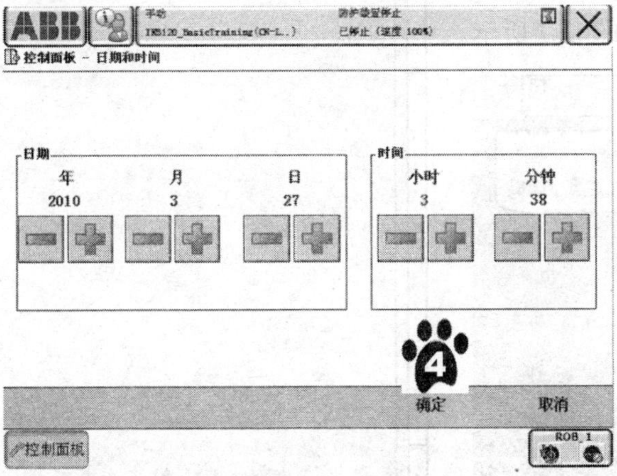

4 在此画面就能对时间与日期进行设定。时间与日期修改完成后，单击“确定”。

2.1.3　正确使用使能器按钮

使能器按钮位于示教器手动操作摇杆的右侧（图 2-5）。

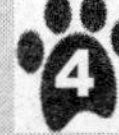

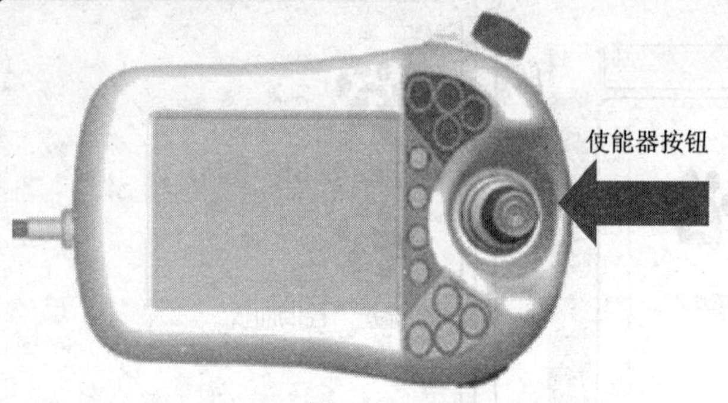

图 2-5

操作者应用左手的四个手指进行操作（图 2-6）。

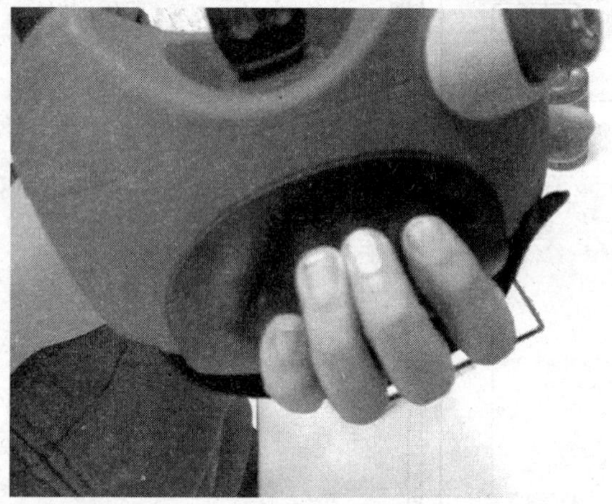

图 2-6

使能器按钮分为两挡，在手动状态下第一挡按下去，机器人将处于电动机开启状态，如图 2-7 所示。

图 2-7

第二挡按下去以后，机器人就会处于防护装置停止状态，如图 2-8 所示。

使能器按钮的作用

使能器按钮是工业机器人为保证操作人员人身安全而设置的。

只有在按下使能器按钮，并保持在“电动机开启”的状态，才可对机器人进行手动的操作与程序的调试。

当发生危险时，人会本能地将使能器按钮松开或按紧，机器人则会马上停下来，保证安全。

图　2-8

2.2　查看 ABB 机器人常用信息与事件日志

可以通过示教器画面上的状态栏进行 ABB 机器人常用信息的查看。

A　机器人的状态（手动、全速手动和自动）。

B　机器人的系统信息。

C　机器人电动机状态。

D　机器人程序运行状态。

E　当前机器人或外轴的使用状态。

单击窗口上面的状态栏，就可以查看机器人的事件日志。

2.3 ABB 机器人数据的备份与恢复

定期对 ABB 机器人的数据进行备份，是保证 ABB 机器人正常工作的良好习惯。

ABB 机器人数据备份的对象是所有正在系统内存运行的 RAPID 程序和系统参数。当机器人系统出现错乱或者重新安装新系统以后，可以通过备份快速地把机器人恢复到备份时的状态。

1．对 ABB 机器人数据进行备份的操作

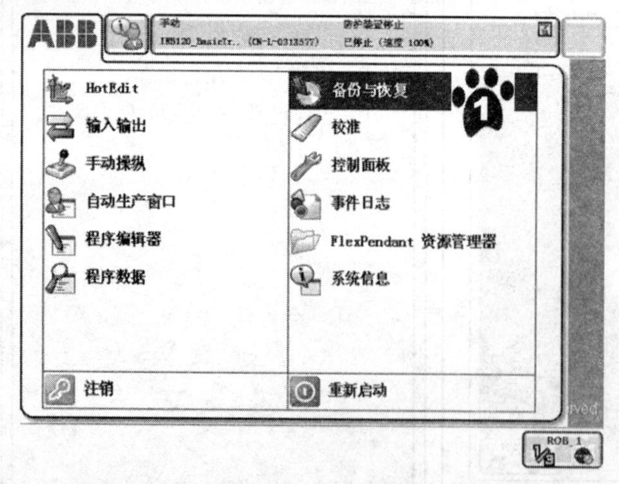

选择“备份与恢复”。

单击“备份当前系统...”按钮。

单击“ABC...”按钮，进行存放备份数据目录名称的设定。

单击“…”，选择备份存放的位置（机器人硬盘或USB存储设备）。

单击“备份”进行备份的操作。

等待备份的完成。

2. 对 ABB 机器人数据进行恢复的操作

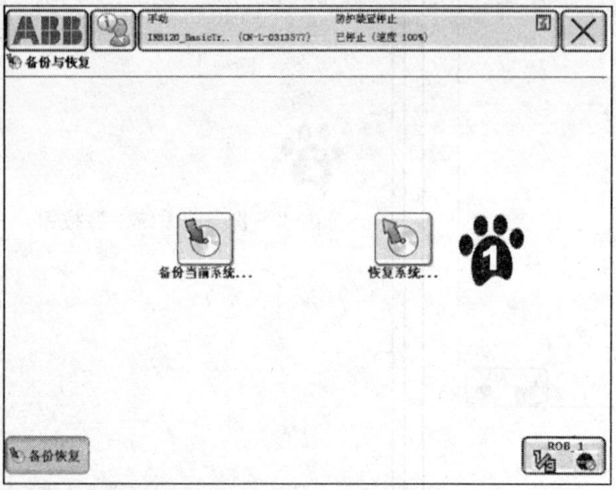

备份与恢复

备份当前系统...　　恢复系统...

恢复系统

系统恢复时会进行热启动。对系统参数和模块进行的所有未保存的更改将会丢失。

浏览至要使用的备份文件夹。然后按"恢复"。

备份文件夹：

Hd0a:\backup\IRB120_BasicTraining_Backup_20100617

恢复　取消

对系统参数和模块所作的全部未保存更改都将丢失。

注意！知道重新启动机器人控制器后才能删除 USB 内存条。

确定要继续？

是　否

在进行恢复时，要注意的是，备份数据是具有唯一性的，不能将一台机器人的备份恢复到另一台机器人中去，这样做的话，会造成系统故障。

单击“恢复系统...”按钮。

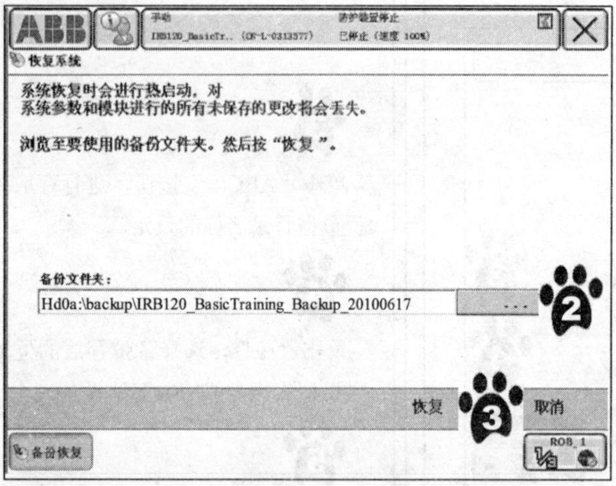

单击“...”，选择备份存放的目录。

单击“恢复”。

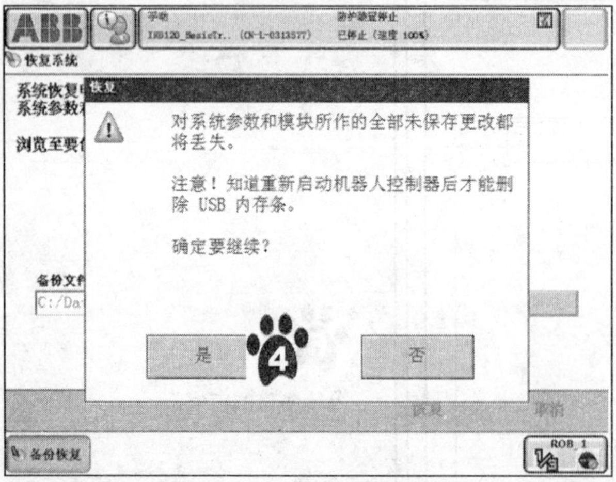

单击“是”。

但是，也常会将程序和 I/O 的定义做成通用的，方便批量生产时使用。这时，可以通过分别单独导入程序和 EIO 文件来解决实际的需要。

3．单独导入程序的操作

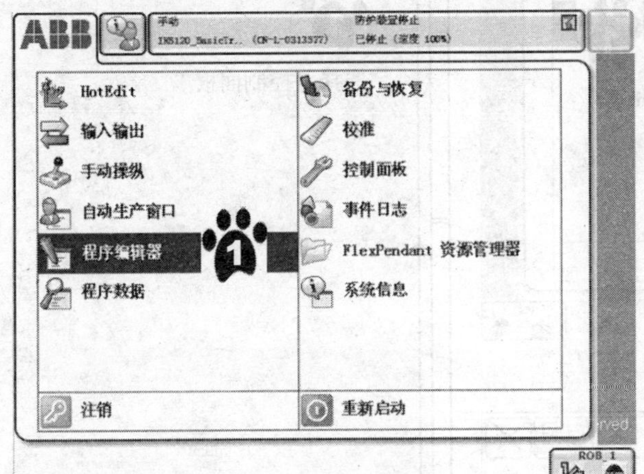

选择“程序编辑器”。

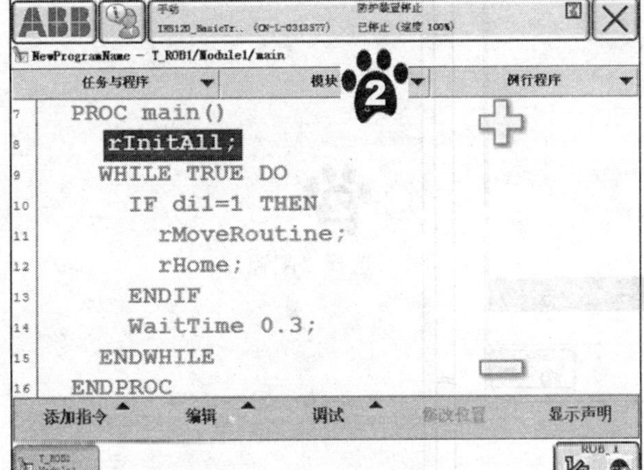

单击“模块”标签。

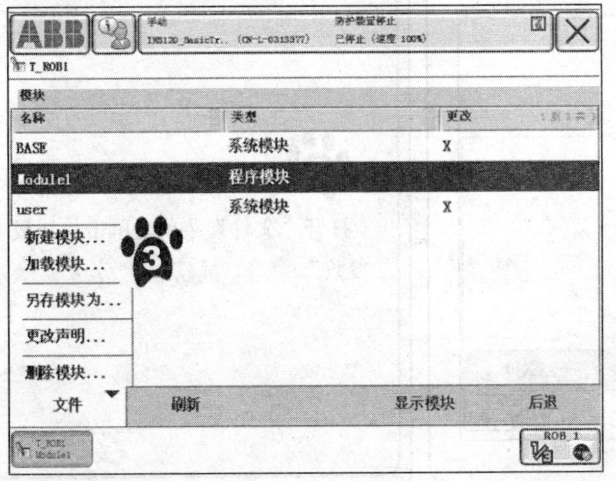

打开“文件”菜单，点击“加载模块...”，从备份目录\RAPID 下加载所需要的程序模块。

4. 单独导入 EIO 文件的操作

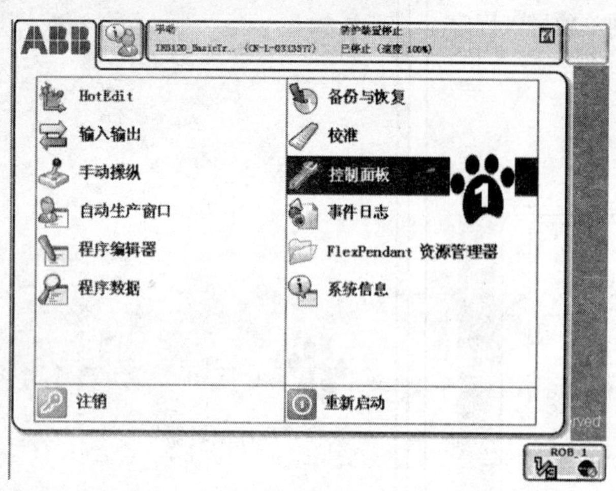

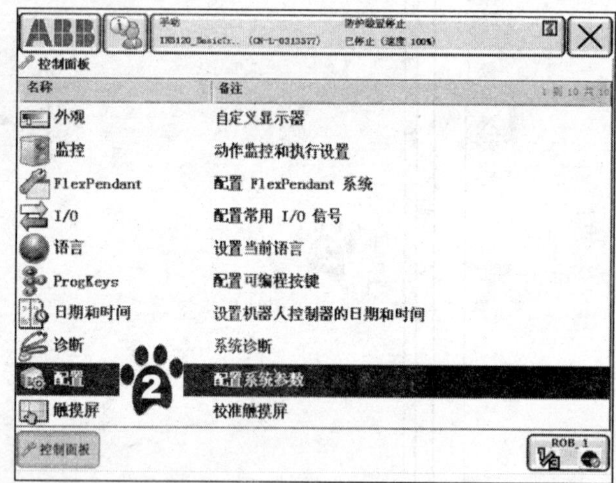

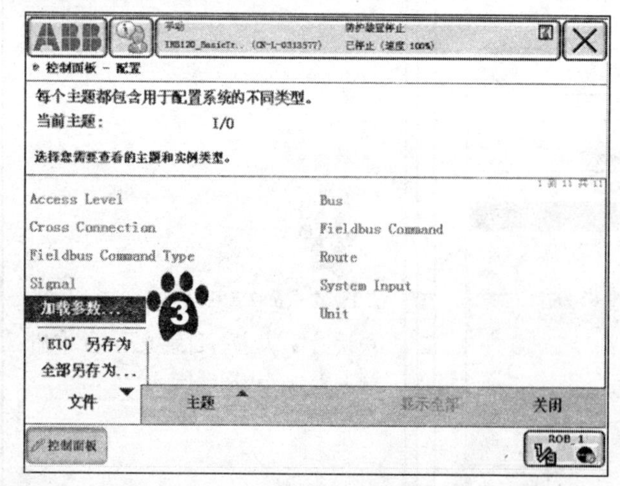

选择“控制面板”。

选择“配置”。

打开“文件”菜单，单击“加载参数”。

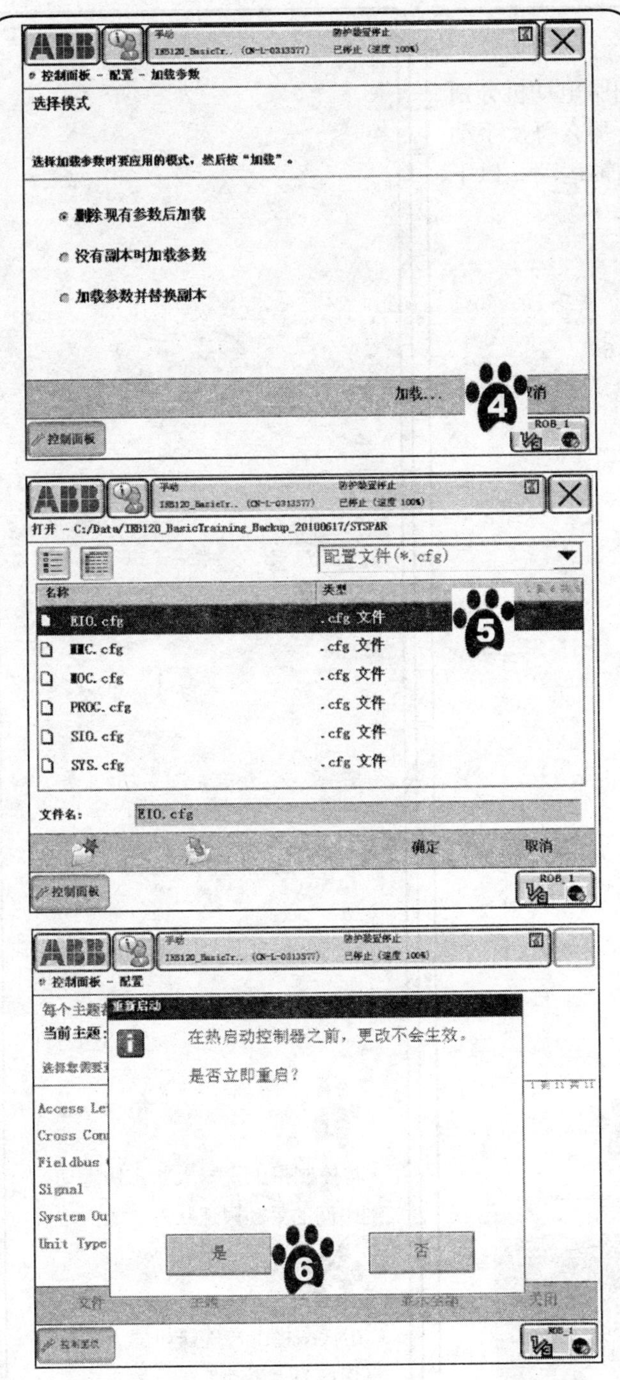

4 单击“加载...”。

5 在备份目录\SYSPAR 找到 EIO.cfg 文件，然后单击“确定”。

6 单击“是”，重启后完成导入。

2.4　ABB 机器人的手动操纵

手动操纵机器人运动一共有三种模式：单轴运动、线性运动和重定位运动。下面介绍如何手动操纵机器人进行这三种运动。

2.4.1 单轴运动的手动操纵

一般地，ABB 机器人是由六个伺服电动机分别驱动机器人的六个关节轴（图 2-9），那么每次手动操纵一个关节轴的运动，就称之为单轴运动。以下就是手动操纵单轴运动的方法。

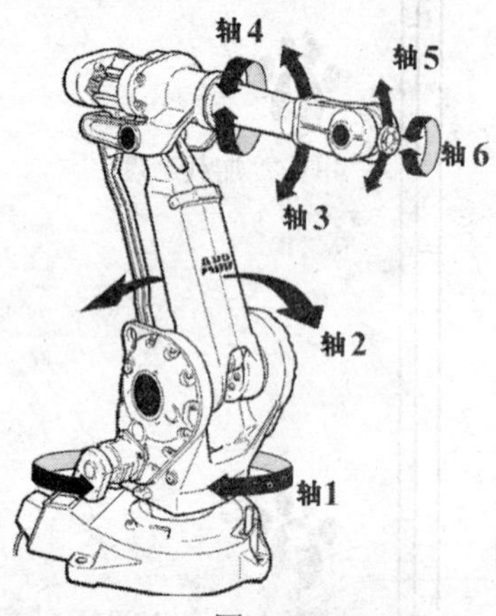

图 2-9

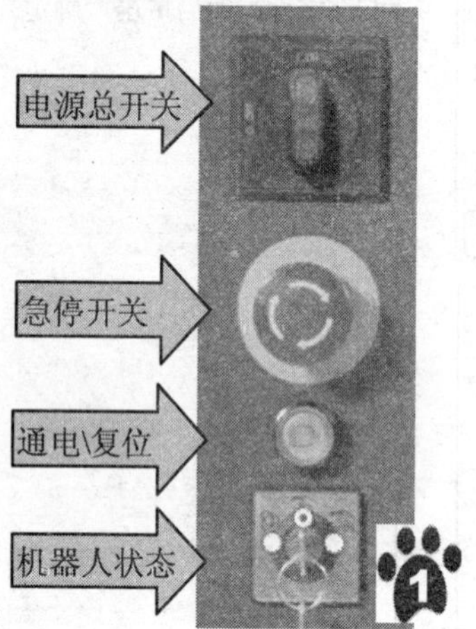

将控制柜上机器人状态钥匙切换到中间的手动限速状态。

在状态栏中，确认机器人的状态已切换为“手动”。

单击“ABB”按钮。

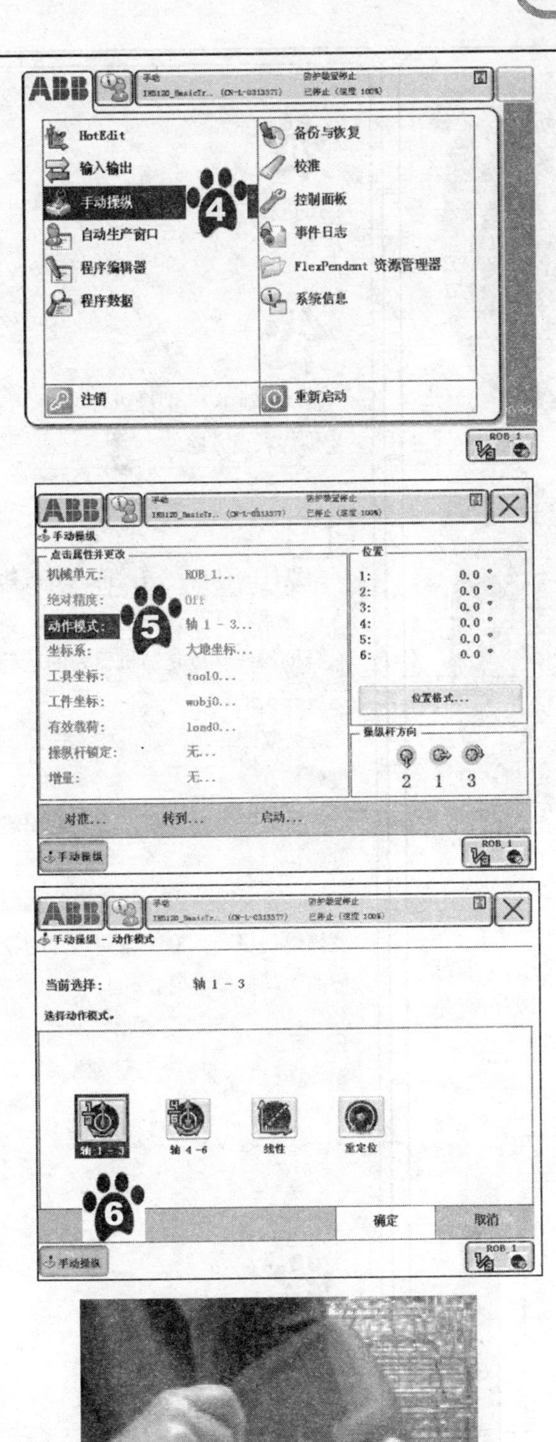

选择“手动操纵”。

单击“动作模式”。

选中“轴 1-3”，然后单击“确定”。

选中“轴 4-6”，就可以操纵轴 4～6。

用左手按下使能按钮，进入“电动机开启”状态。

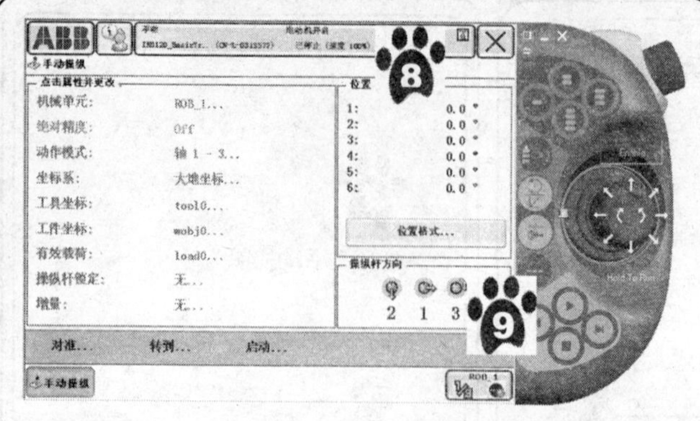

在状态栏中，确认“电动机开启”状态。

显示“轴 1-3”的操纵杆方向。黄箭头代表正方向。

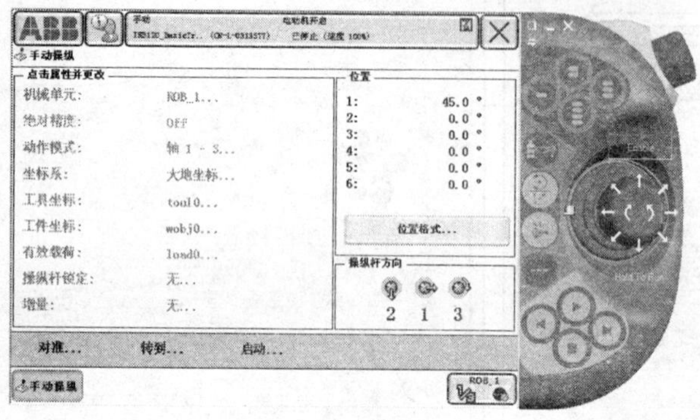

操纵杆的使用技巧：可以将机器人的操纵杆比作汽车的节气门，操纵杆的操纵幅度是与机器人的运动速度相关的。

操纵幅度较小，则机器人运动速度较慢。

操纵幅度较大，则机器人运动速度较快。

所以大家在操作时，尽量以小幅度操纵使机器人慢慢运动，开始我们的手动操纵学习。

2.4.2 线性运动的手动操纵

机器人的线性运动是指安装在机器人第六轴法兰盘上工具的 TCP 在空间中作线性运动。以下就是手动操纵线性运动的方法。

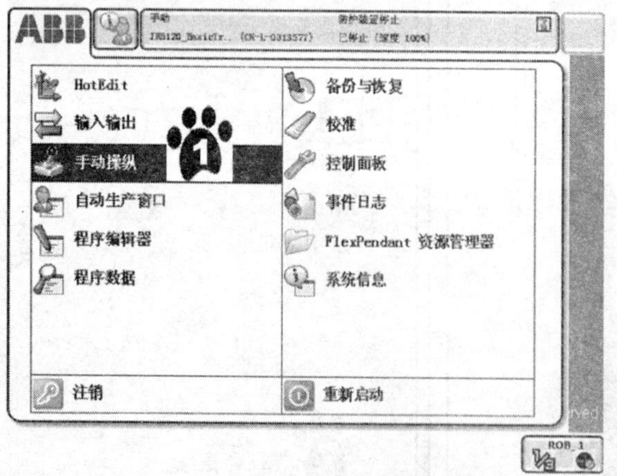

选择“手动操纵”。

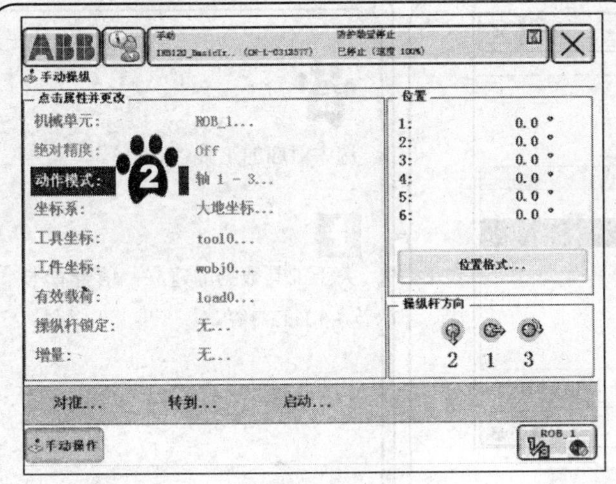

单击“动作模式”。

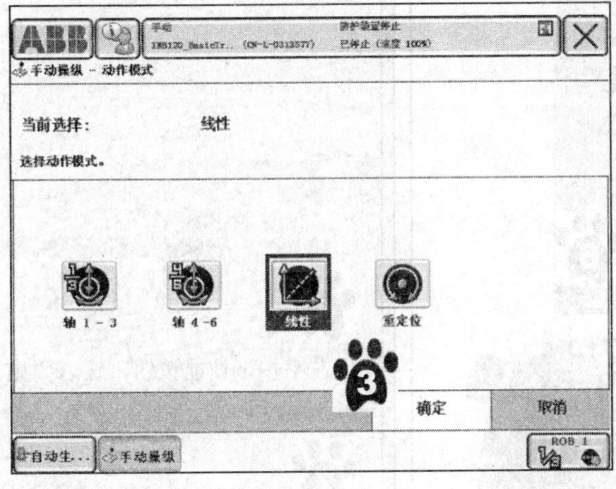

选择“线性”，然后单击“确定”。

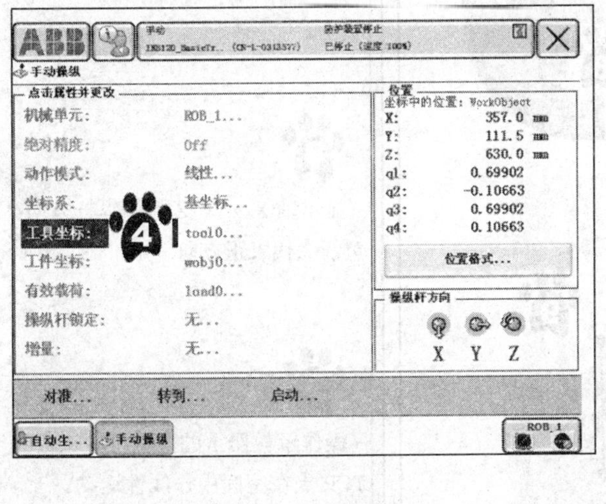

单击“工具坐标”。

机器人的线性运动要在“工具坐标”中指定对应的工具。

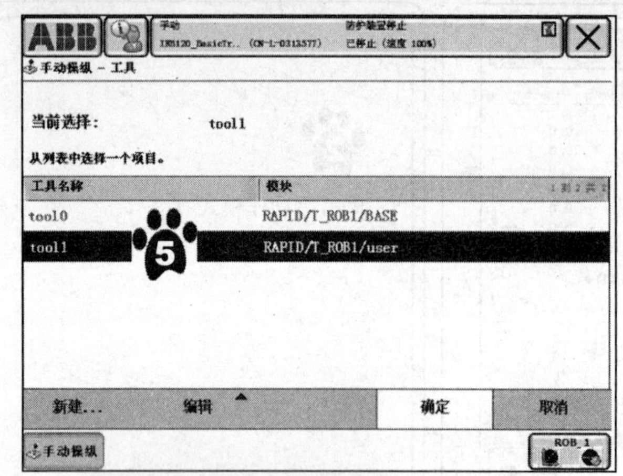

选中对应的工具“tool1”。

关于工具数据的建立，请查看本书 4.4.1 的内容。

用左手按下使能按钮，进入“电动机开启”状态。

在状态栏中，确认“电动机开启”状态。

显示轴 X、Y、Z 的操纵杆方向。黄箭头代表正方向。

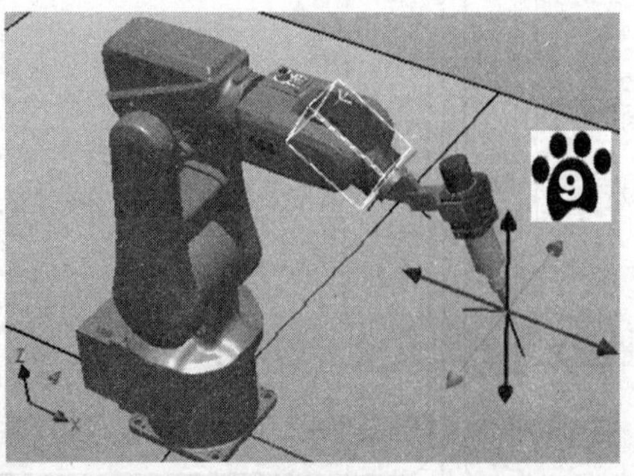

操作示教器上的操纵杆，工具的 TCP 点在空间中作线性运动。

增量模式的使用：

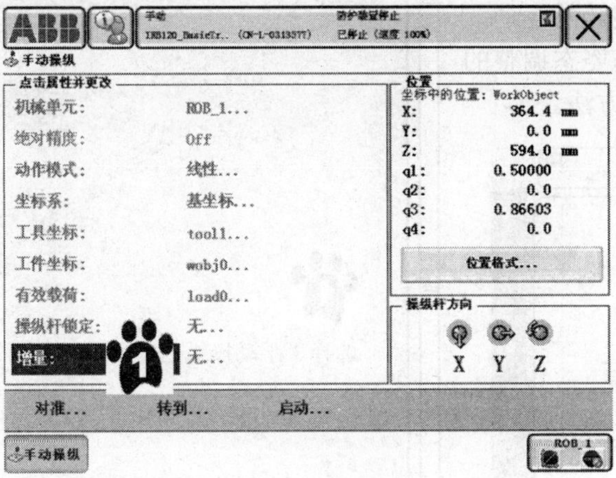

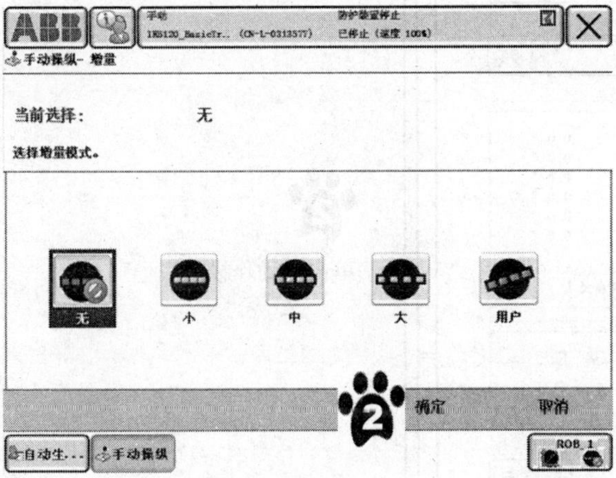

选中“增量”。

如果对使用操纵杆通过位移幅度来控制机器人运动的速度不熟练的话。那么可以使用“增量”模式来控制机器人的运动。

在增量模式下，操纵杆每位移一次，机器人就移动一步。如果操纵杆持续一秒或数秒钟，机器人就会持续移动（速率为 10 步/s）。

根据需要选择增量的移动距离，然后单击“确定”。

增　　量	移动距离/mm	角度/(°)
小	0.05	0.005
中	1	0.02
大	5	0.2
用户	自定义	自定义

2.4.3 重定位运动的手动操纵

机器人的重定位运动是指机器人第六轴法兰盘上的工具 TCP 点在空间中绕着坐标轴旋转的运动，也可以理解为机器人绕着工具 TCP 点作姿态调整的运动。以下就是手动操纵重定位运动的方法。

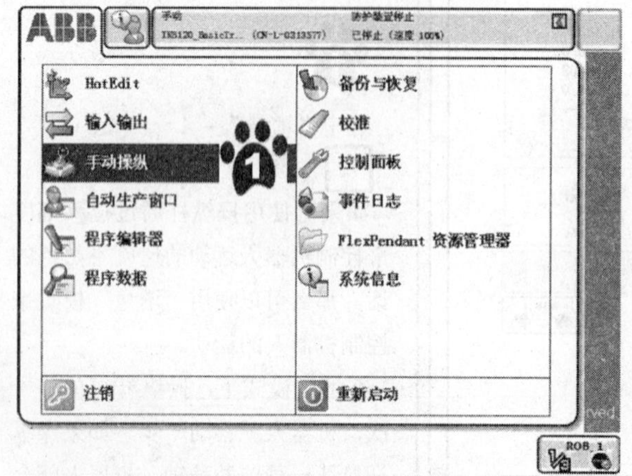

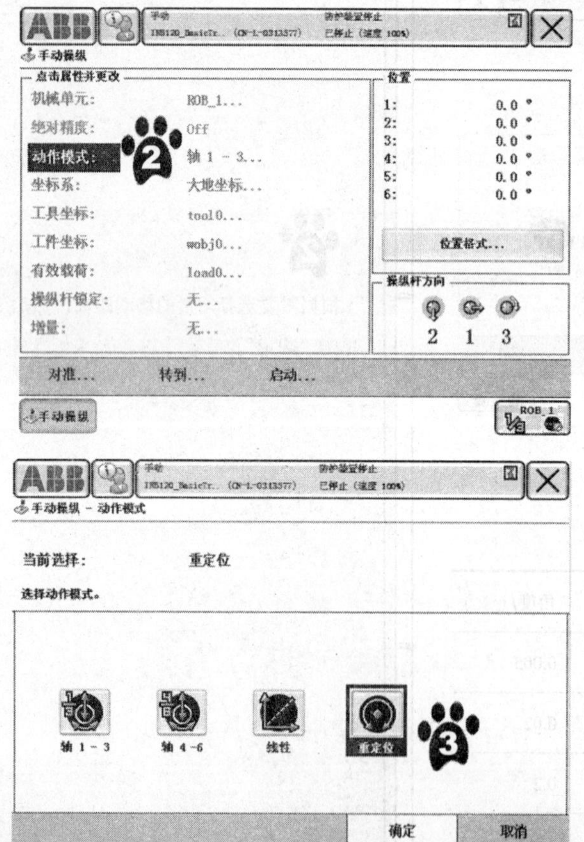

选择“手动操纵”。

单击“动作模式”。

选中“重定位”，然后单击“确定”。

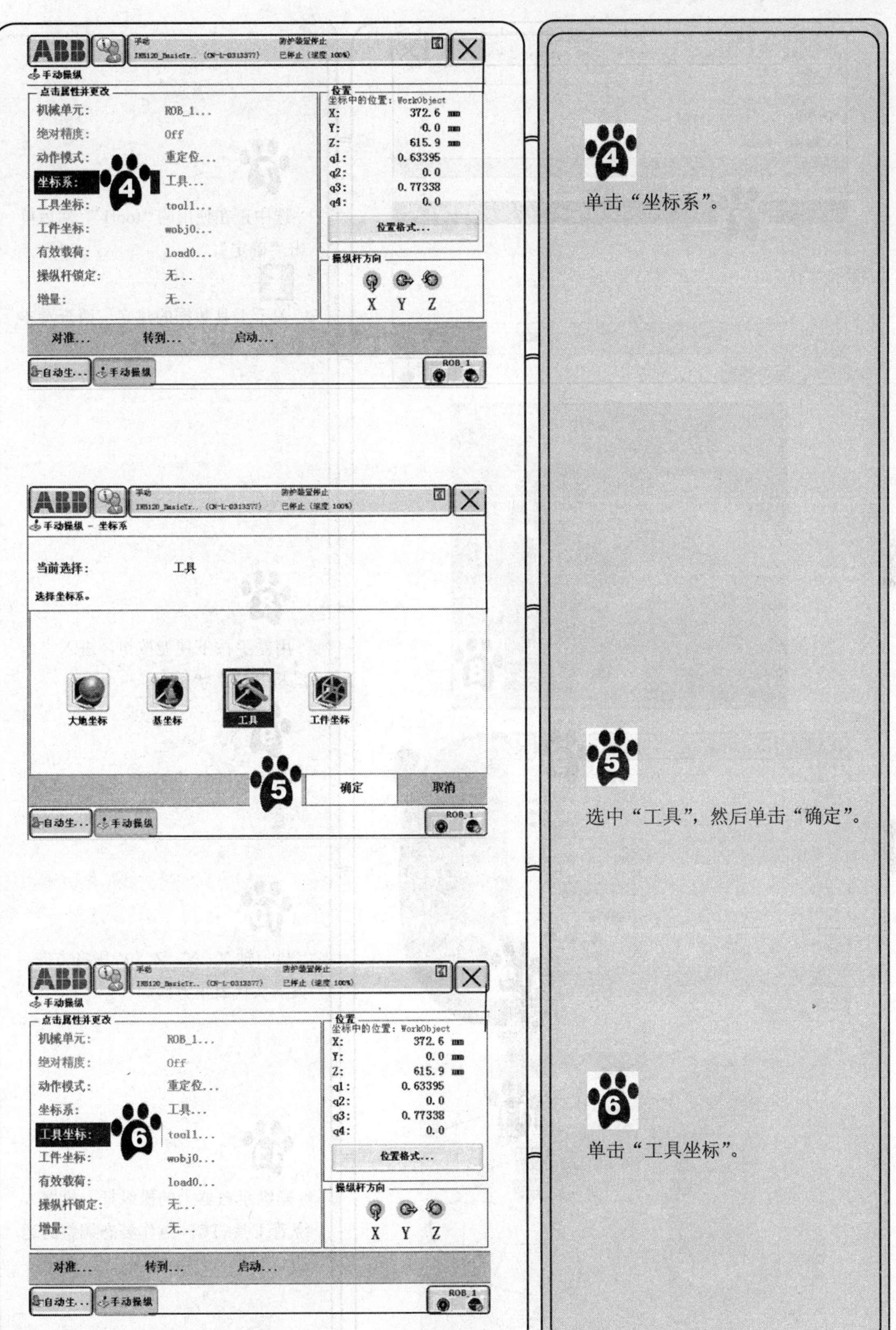

4

单击“坐标系”。

5

选中“工具”，然后单击“确定”。

6

单击“工具坐标”。

选中正在使用的“tool1”，然后单击“确定”。

关于工具数据的建立，请查看本书4.4.1节的内容。

用左手按下使能按钮，进入“电动机开启”状态。

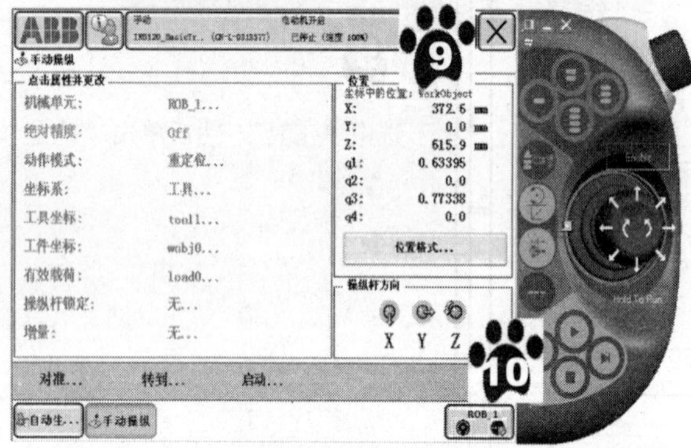

在状态栏中，确认“电动机开启”状态。

显示轴X、Y、Z的操纵杆方向。黄箭头代表正方向。

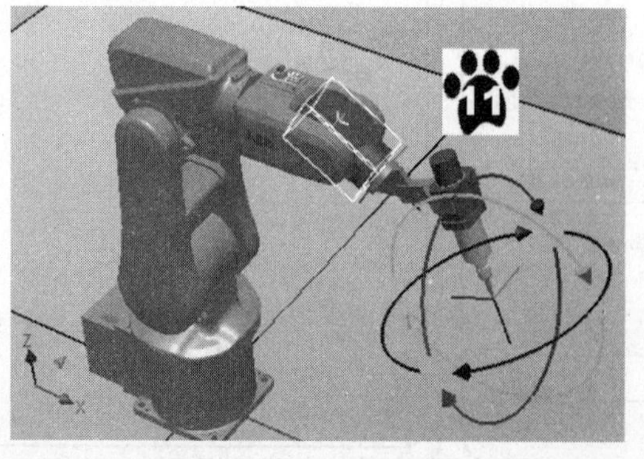

操纵示教器上的操纵杆，机器人绕着工具TCP点作姿态调整的运动

1．手动操纵的快捷按钮

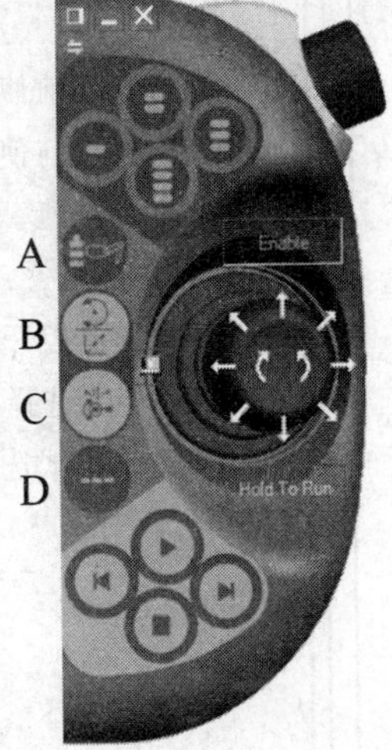

A　机器人/外轴的切换。

B　线性运动/重定位运动的切换。

C　关节运动轴 1-3/轴 4-6 的切换。

D　增量开/关。

2．手动操纵的快捷菜单

单击此快捷菜单按钮。

单击“手动操纵”按钮。

单击“显示详情”展开菜单。

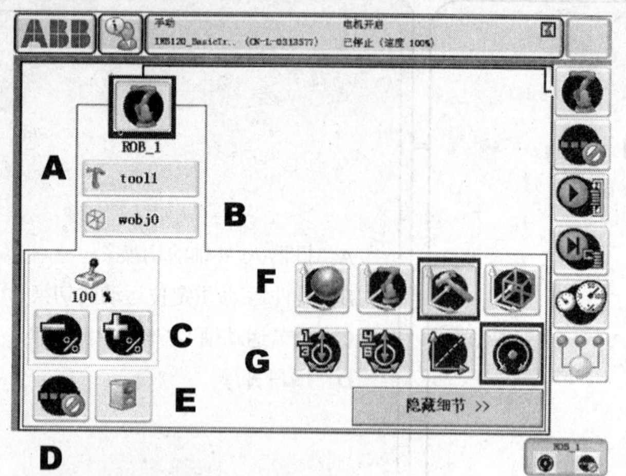

A　选择当前使用的工具数据。

B　选择当前使用的工件坐标。

C　操纵杆速率。

D　增量开/关。

E　碰撞监控开/关。

F　坐标系选择。

G　动作模式选择。

单击“增量模式”按钮，选择需要的增量。

自定义增量值的方法：选择“用户模块”，然后单击“显示值”就可以进行增量值的自定义了。

2.5　ABB 机器人的转数计数器更新操作

ABB 机器人六个关节轴都有一个机械原点的位置。

在以下的情况，需要对机械原点的位置进行转数计数器更新操作：

1）更换伺服电动机转数计数器电池后。

2）当转数计数器发生故障，修复后。

3）转数计数器与测量板之间断开过以后。

4）断电后，机器人关节轴发生了移动。

5）当系统报警提示“10036 转数计数器未更新”时。

以下是进行 ABB 机器人 IRB 6640 转数计数器更新的操作。

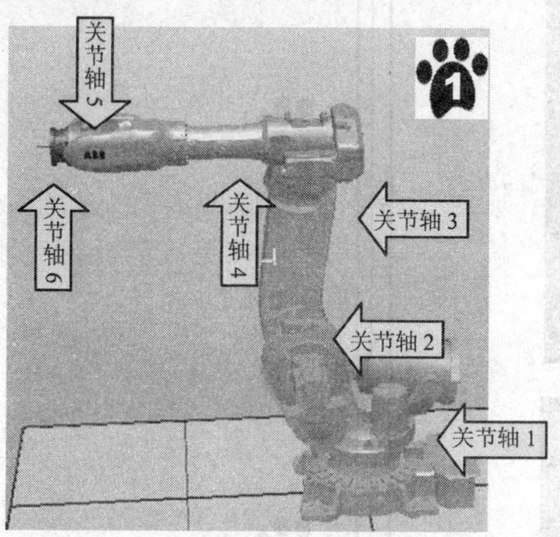

机器人六个关节轴的机械原点刻度位置示意图。

使用手动操纵让机器人各关节轴运动到机械原点刻度位置的顺序是：4—5—6—1—2—3。

各个型号的机器人机械原点刻度位置会有所不同，请参考 ABB 随机光盘说明书。

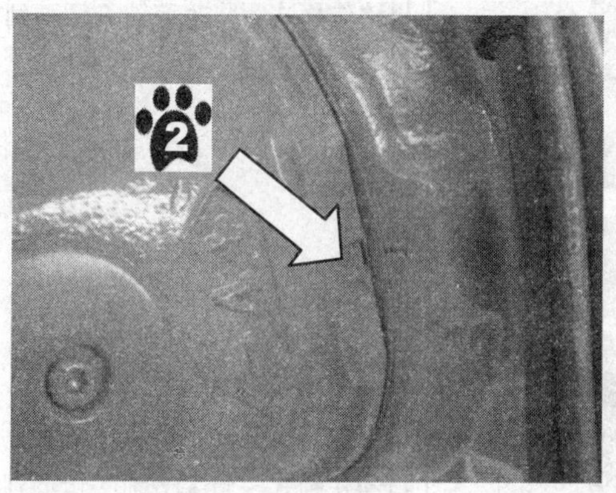

在手动操纵菜单中，选择“轴 4-6”动作模式，将关节轴 4 运动到机械原点的刻度位置。

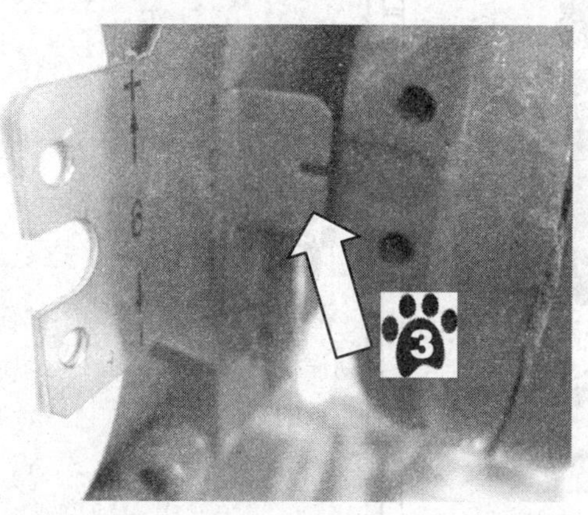

在手动操纵菜单中，选择“轴 4-6”动作模式，将关节轴 5 运动到机械原点的刻度位置。

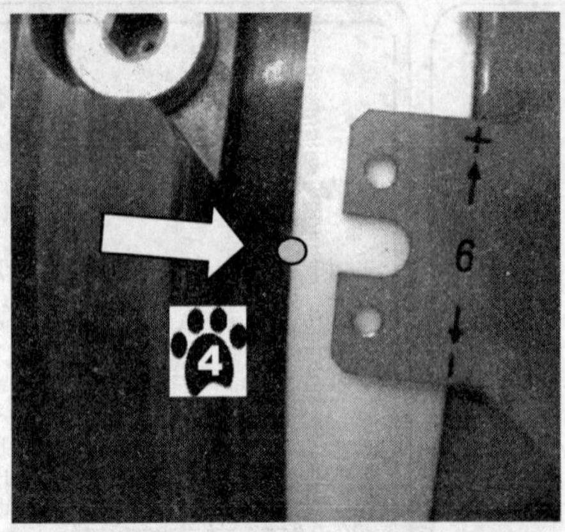

在手动操纵菜单中，选择“轴 4-6”动作模式，将关节轴 6 运动到机械原点的刻度位置。

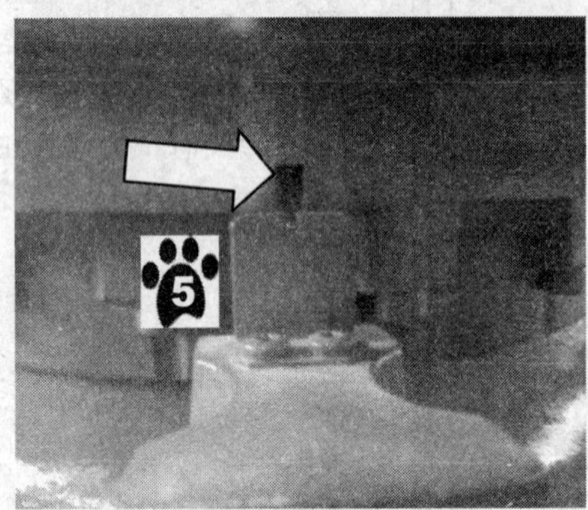

在手动操纵菜单中，选择“轴 1-3”动作模式，将关节轴 1 运动到机械原点的刻度位置。

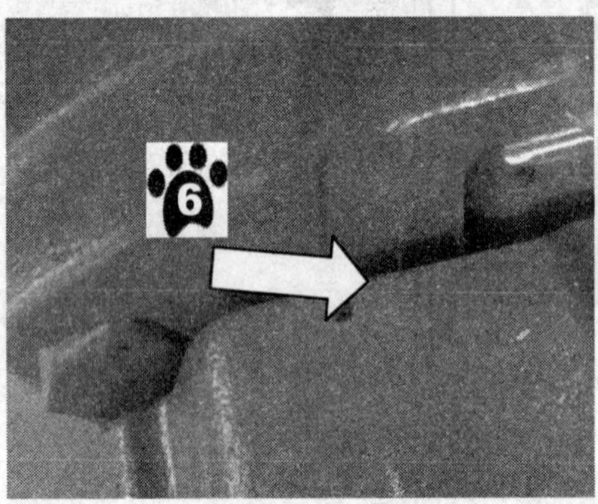

在手动操纵菜单中，选择“轴 1-3”动作模式，将关节轴 2 运动到机械原点的刻度位置。

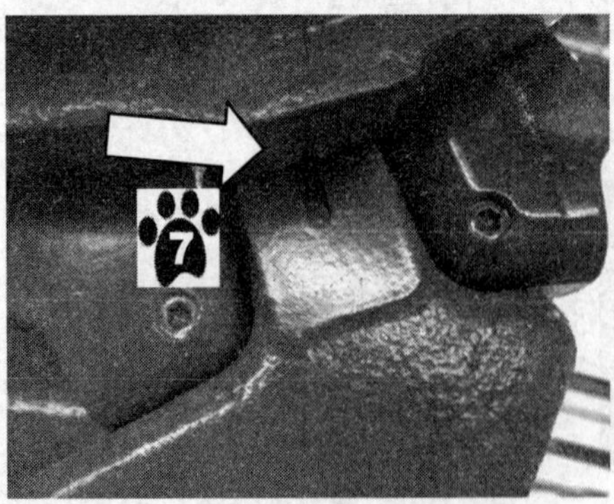

在手动操纵菜单中，选择“轴 1-3”动作模式，将关节轴 3 运动到机械原点的刻度位置。

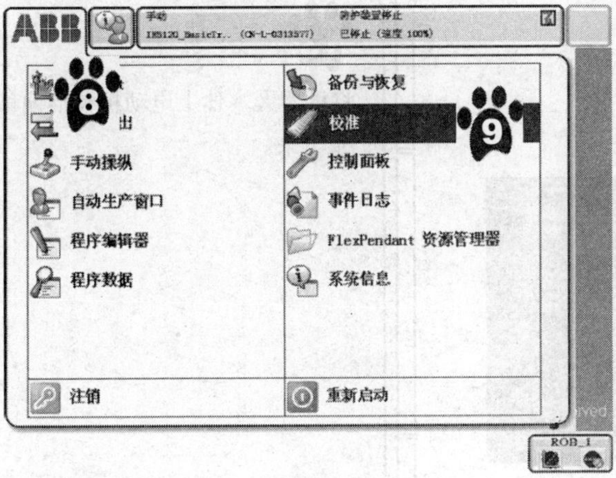

8 单击“ABB”。

9 选择“校准”。

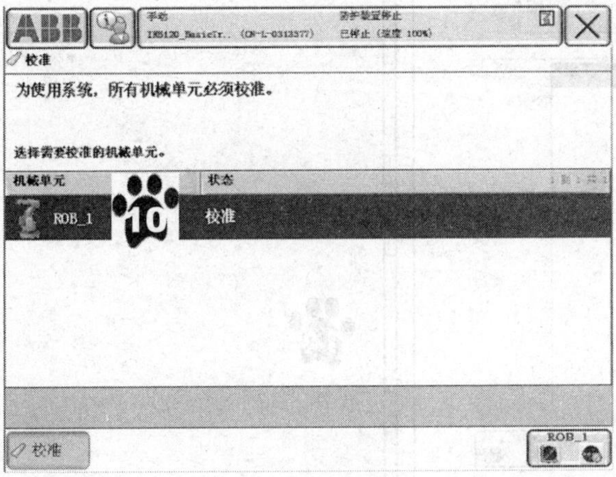

10 单击“ROB_1”。

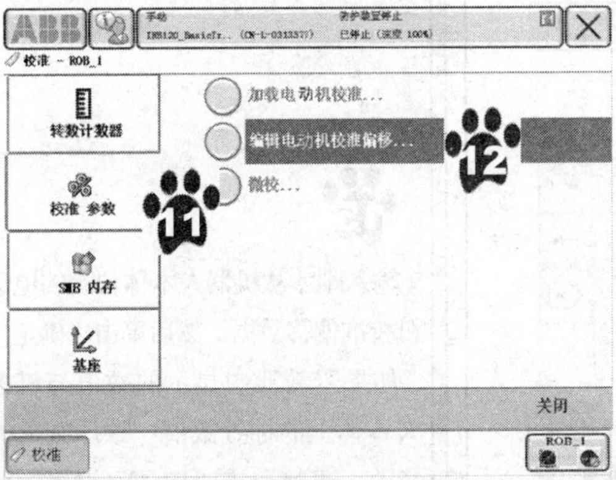

11 选择“校准参数”。

12 选择“编辑电动机校准偏移”。

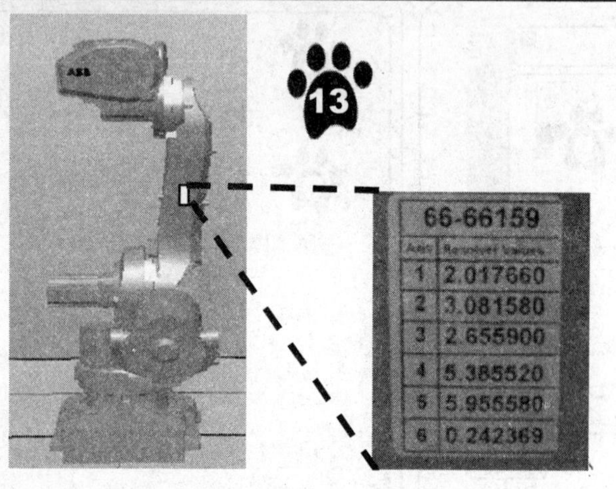

将机器人本体上电动机校准偏移记录下来。

单击“是”。

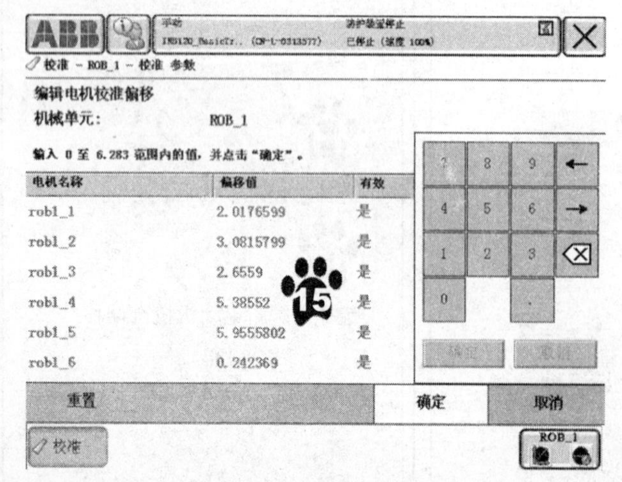

15

输入刚才从机器人本体记录的电动机校准偏移数据，然后单击“确定”。

如果示教器中显示的数值与机器人本体上的标签数值一致，则无需修改，直接单击“取消”退出，跳到第19步。

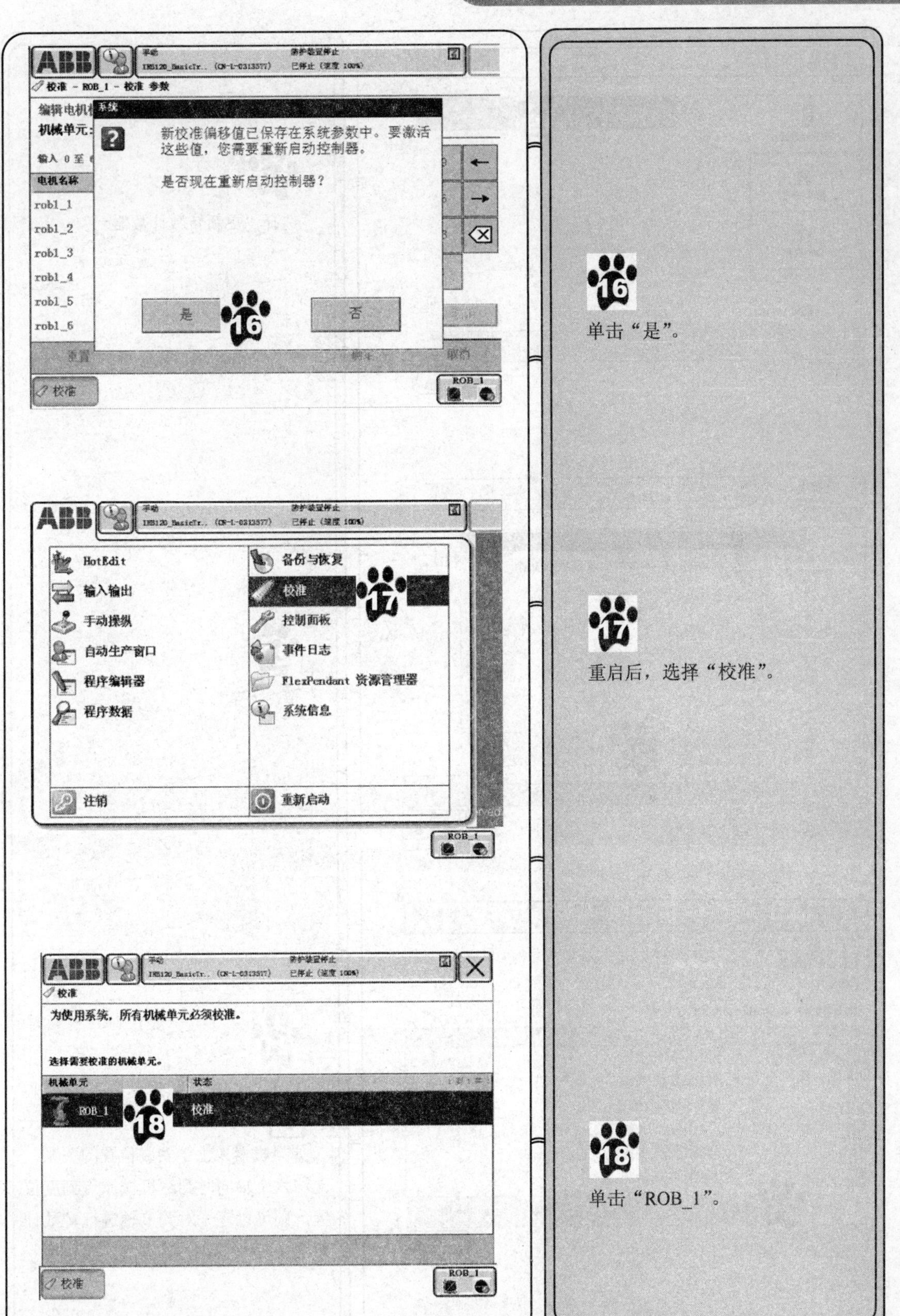

16 单击“是”。

17 重启后，选择“校准”。

18 单击“ROB_1”。

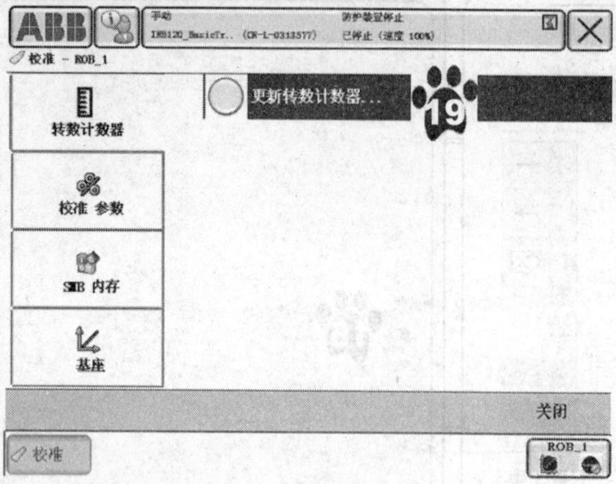

选择“更新转数计数器...”。

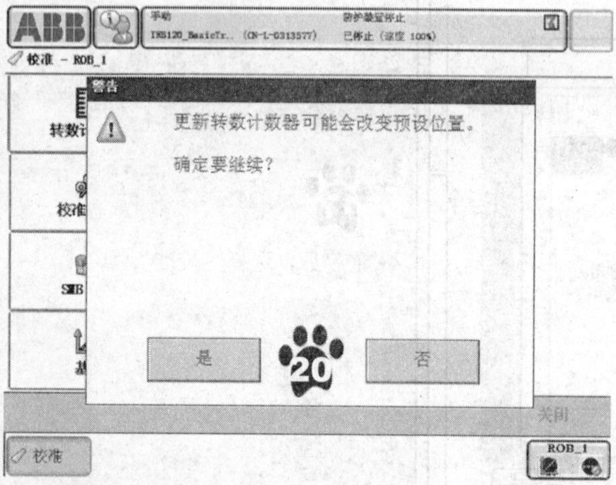

单击“是”。

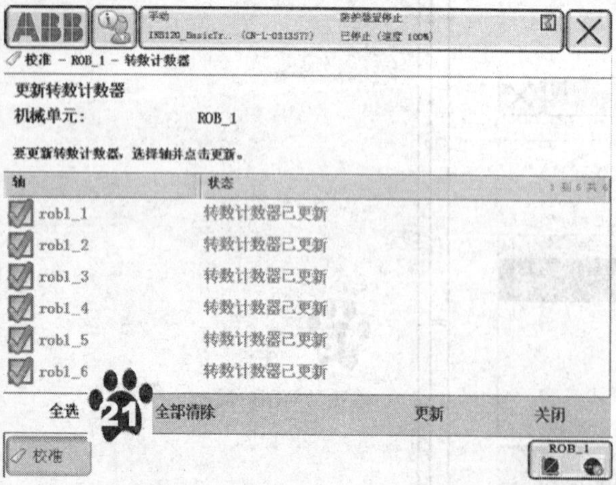

单击“全选”，然后单击“更新”。

如果机器人由于安装位置的关系，无法六个轴同时到达机械原点刻度位置，则可以逐一对关节轴进行转数计数器更新。

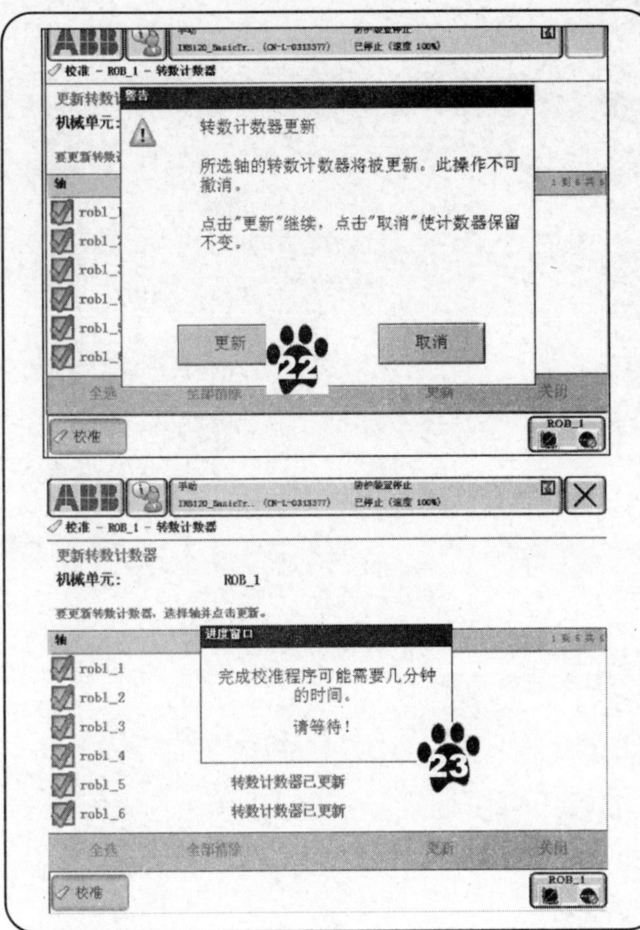

22

单击“更新”。

23

操作完成后，转数计数器更新完成。

第3章 ABB机器人的I/O通信

- ABB 机器人的 I/O 通信方式
- 常用 ABB 标准 I/O 板的介绍
- DSQC651 板的配置方法
- Profibus 适配器的配置
- I/O 相关的操作与应用技巧

3.1 ABB 机器人 I/O 通信的种类

ABB 机器人提供了丰富 I/O 通信接口，可以轻松地实现与周边设备进行通信（表 3-1）。

表 3-1

ABB 机器人		
PC	现场总线	ABB 标准
RS232 通信	Device Net②	标准 I/O 板
OPC server	Profibus②	PLC
Socket Message①	Profibus-DP②	……
	Profinet②	……
	EtherNet IP②	……

①一种通信协议。

②不同厂商推出的现场总线协议。

关于 ABB 机器人 I/O 通信接口的说明：

1）ABB 的标准 I/O 板提供的常用信号处理有数字输入 di、数字输出 do、模拟输入 ai、模拟输出 ao，以及输送链跟踪，在本章中会对此进行介绍。

2）ABB 机器人可以选配标准 ABB 的 PLC，省去了原来与外部 PLC 进行通信设置的麻烦，并且在机器人的示教器上就能实现与 PLC 相关的操作。

3）在本章中，以最常用的 ABB 标准 I/O 板 DSQC651 和 Profibus-DP 为例，进行详细的讲解如何进行相关的参数设定。

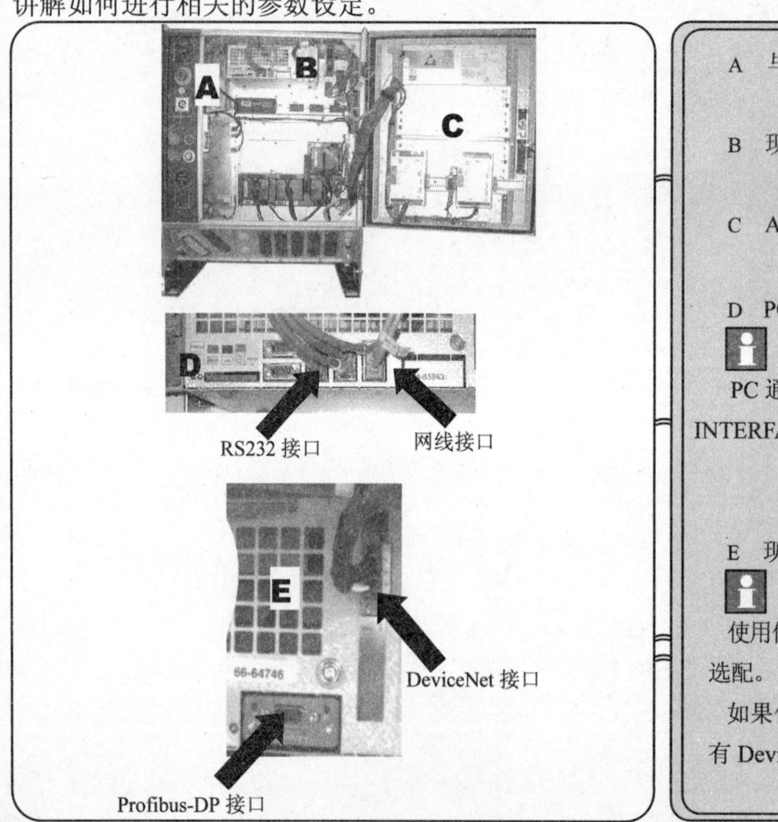

A 与 PC 通信的接口。

B 现场总线接口。

C ABB 标准 I/O 板。

D PC 通信的接口放大说明图。

PC 通信接口需要选择选项“PC-INTERFACE”才可以使用。

E 现场总线接口放大说明图。

使用何种现场总线，要根据需要进行选配。

如果使用 ABB 标准 I/O 板，就必须有 DeviceNet 的总线。

3.2　常用ABB标准I/O板的说明

本节将介绍表 3-2 中常用的 ABB 标准 I/O 板（具体规格参数以 ABB 官方最新公布为准）。

表　3-2

型号	说明
DSQC 651	分布式I/O模块 di8\do8 ao2
DSQC 652	分布式I/O模块 di16\do16
DSQC653	分布式I/O模块 di8\do8带继电器
DSQC355A	分布式I/O模块 ai4\ao4
DSQC377A	输送链跟踪单元

3.2.1　ABB 标准 I/O 板 DSQC651

DSQC651 板主要提供八个数字输入信号、八个数字输出信号和两个模拟输出信号的处理。

1. 模块接口说明

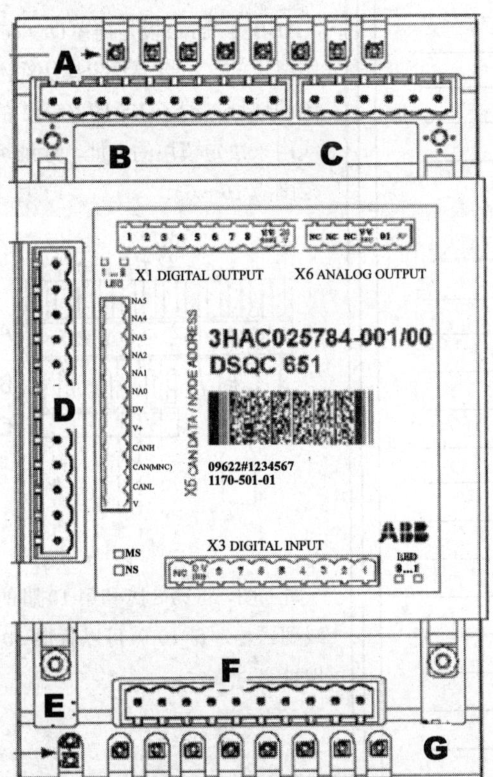

A　数字输出信号指示灯。

B　X1 数字输出接口。

C　X6 模拟输出接口。

D　X5 是 DeviceNet 接口。

E　模块状态指示灯。

F　X3 数字输入接口。

G　数字输入信号指示灯。

2．模块接口连接说明

X1 端子见表 3-3。

表 3-3

X1 端子编号	使用定义	地址分配
1	OUTPUT CH1	32
2	OUTPUT CH2	33
3	OUTPUT CH3	34
4	OUTPUT CH4	35
5	OUTPUT CH5	36
6	OUTPUT CH6	37
7	OUTPUT CH7	38
8	OUTPUT CH8	39
9	0V	
10	24V	

X3 端子见表 3-4。

表 3-4

X3 端子编号	使用定义	地址分配
1	INPUT CH1	0
2	INPUT CH2	1
3	INPUT CH3	2
4	INPUT CH4	3
5	INPUT CH5	4
6	INPUT CH6	5
7	INPUT CH7	6
8	INPUT CH8	7
9	0V	
10	未使用	

X5 端子见表 3-5。

表 3-5

X5 端子编号	使用定义
1	0V BLACK
2	CAN信号线low BLUE
3	屏蔽线
4	CAN信号线high WHITE
5	24V RED
6	GND 地址选择公共端
7	模块ID bit 0 (LSB)
8	模块ID bit 1 (LSB)
9	模块ID bit 2 (LSB)
10	模块ID bit 3 (LSB)
11	模块ID bit 4 (LSB)
12	模块ID bit 5 (LSB)

注：BLACK 黑色，BLUE 蓝色，WHITE 白色，RED 红色。

ABB 标准 I/O 板是挂在 DeviceNet 网络上的，所以要设定模块在网络中的地址。端子 X5 的 6～12 的跳线用来决定模块的地址，地址可用范围为 10～63。

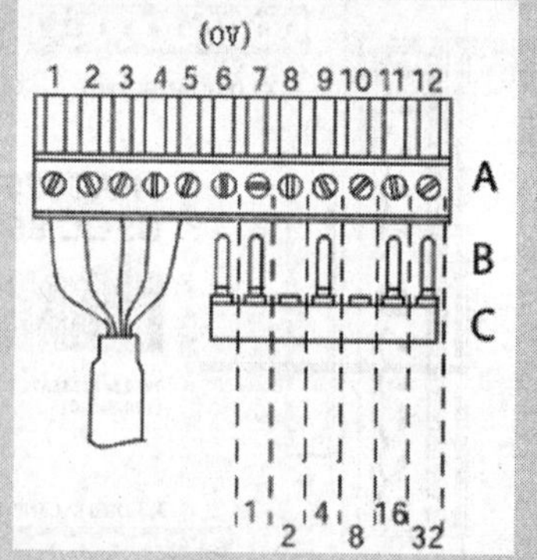

如上图，将第 8 脚和第 10 脚的跳线剪去，2+8=10 就可以获得 10 的地址。

X6 端子见表 3-6。

表　3-6

X6 端子编号	使用定义	地址分配
1	未使用	
2	未使用	
3	未使用	
4	0V	
5	模拟输出ao1	0～15
6	模拟输出ao2	16～31

模拟输出的范围：0～+10V

3.2.2　ABB 标准 I/O 板 DSQC652

DSQC652 板主要提供 16 个数字输入信号和 16 个数字输出信号的处理。

1. 模块接口说明

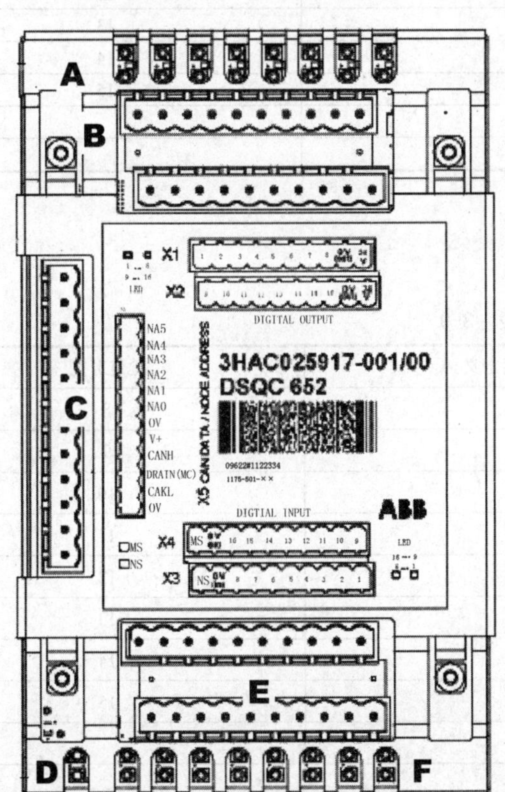

A　数字输出信号指示灯。

B　X1、X2 数字输出接口。

C　X5 是 DeviceNet 接口。

D　模块状态指示灯。

E　X3、X4 数字输入接口。

F　数字输入信号指示灯。

2. 模块接口连接说明

X1 端子见表 3-7。

表 3-7

X1 端子编号	使用定义	地址分配
1	OUTPUT CH1	0
2	OUTPUT CH2	1
3	OUTPUT CH3	2
4	OUTPUT CH4	3
5	OUTPUT CH5	4
6	OUTPUT CH6	5
7	OUTPUT CH7	6
8	OUTPUT CH8	7
9	0V	
10	24V	

X2 端子见表 3-8。

表 3-8

X2 端子编号	使用定义	地址分配
1	OUTPUT CH9	8
2	OUTPUT CH10	9
3	OUTPUT CH11	10
4	OUTPUT CH12	11
5	OUTPUT CH13	12
6	OUTPUT CH14	13
7	OUTPUT CH15	14
8	OUTPUT CH16	15
9	0V	
10	24V	

X5 端子见表 3-5。
X3 端子见表 3-4。
X4 端子见表 3-9。

表 3-9

X4 端子编号	使用定义	地址分配
1	INPUT CH9	8
2	INPUT CH10	9
3	INPUT CH11	10
4	INPUT CH12	11
5	INPUT CH13	12
6	INPUT CH14	13
7	INPUT CH15	14
8	INPUT CH16	15
9	0V	
10	未使用	

3.2.3　ABB 标准 I/O 板 DSQC653

DSQC653 板主要提供八个数字输入信号和八个数字继电器输出信号的处理。

1. **模块接口说明**

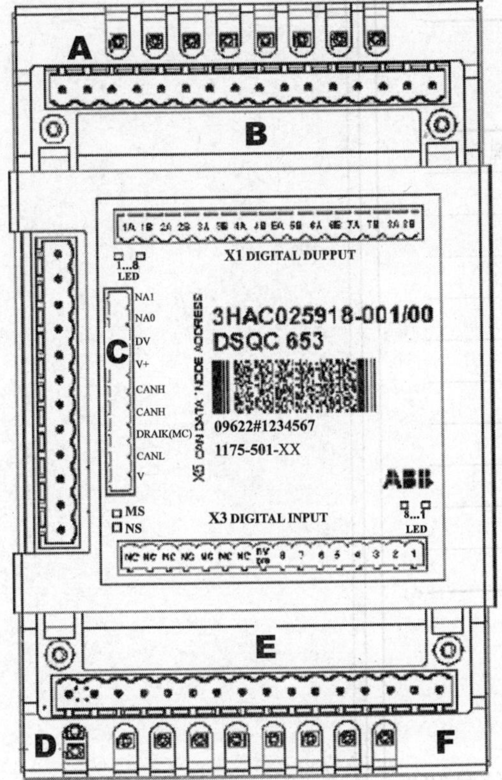

A　数字继电器输出信号指示灯。

B　X1 数字继电器输出信号接口。

C　X5 是 DeviceNet 接口。

D　模板状态指示灯。

E　X3 数字输入信号接口。

F　数字输入信号指示灯。

2. **模块接口连接说明**

X1 端子见表 3-10。

表　3-10

X1 端子编号	使用定义	地址分配
1	OUTPUT CH1A	0
2	OUTPUT CH1B	
3	OUTPUT CH2A	1
4	OUTPUT CH2B	
5	OUTPUT CH3A	2
6	OUTPUT CH3B	
7	OUTPUT CH4A	3
8	OUTPUT CH4B	
9	OUTPUT CH5A	4
10	OUTPUT CH5B	

（续）

X1 端子编号	使用定义	地址分配
11	OUTPUT CH6A	5
12	OUTPUT CH6B	
13	OUTPUT CH7A	6
14	OUTPUT CH7B	
15	OUTPUT CH8A	7
16	OUTPUT CH8B	

X3 端子见表 3-11。

表 3-11

X3 端子编号	使用定义	地址分配
1	INPUT CH1	0
2	INPUT CH2	1
3	INPUT CH3	2
4	INPUT CH4	3
5	INPUT CH5	4
6	INPUT CH6	5
7	INPUT CH7	6
8	INPUT CH8	7
9	0V	
10～16	未使用	

X5 端子见表 3-5。

3.2.4 ABB 标准 I/O 板 DSQC355A

DSQC355A 板主要提供四个模拟输入信号和四个模拟输出信号的处理。

1. 模块接口说明

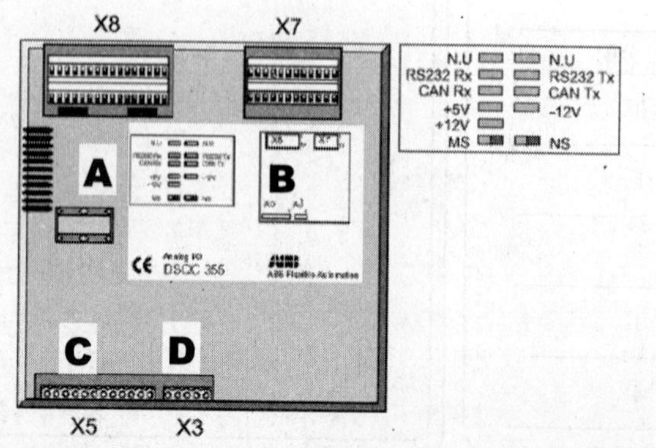

A X8 模拟输入端口。

B X7 模拟输出端口。

C X5 是 DeviceNet 接口。

D X3 是供电电源。

2．模块接口连接说明

X3 端子见表 3-12。

表 3-12

X3 端子编号	使用定义
1	0V
2	未使用
3	接地
4	未使用
5	+24V

X5 端子见表 3-5。

X7 端子见表 3-13。

表 3-13

X7 端子编号	使用定义	地址分配
1	模拟输出_1，−10 V/+10 V	0～15
2	模拟输出_2，−10 V/+10 V	16～31
3	模拟输出_3，−10 V/+10 V	32～47
4	模拟输出_4，4～20 mA	48～63
5～18	未使用	
19	模拟输出_1，0V	
20	模拟输出_2，0V	
21	模拟输出_3，0V	
22	模拟输出_4，0V	
23～24	未使用	

X8 端子见表 3-14。

表 3-14

X8 端子编号	使用定义	地址分配
1	模拟输入_1，−10 V/+10 V	0～15
2	模拟输入_2，−10 V/+10 V	16～31
3	模拟输入_3，−10 V/+10 V	32～47
4	模拟输入_4，−10 V/+10 V	48～63
5～16	未使用	
17～24	+24V	
25	模拟输入_1，0 V	
26	模拟输入_2，0 V	
27	模拟输入_3，0 V	
28	模拟输入_4，0 V	
29～32	0V	

3.2.5 ABB 标准 I/O 板 DSQC377A

DSQC377A 板主要提供机器人输送链跟踪功能所需的编码器与同步开关信号的处理。

1. 模块接口说明

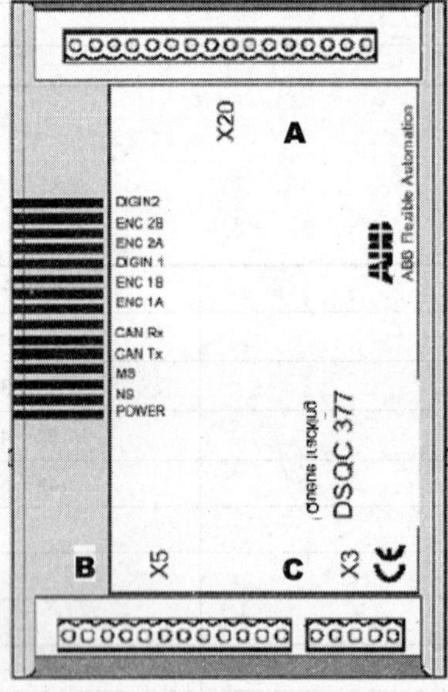

A X20 是编码器与同步开关的端子。

B X5 是 DeviceNet 接口。

C X3 是供电电源。

2. 模块接口连接说明

X3 端子见表 3-12。

X5 端子见表 3-5。

X20 端子见表 3-15。

表 3-15

X20 端子编号	使用定义
1	24V
2	0V
3	编码器1，24V
4	编码器1，0V
5	编码器1，A相
6	编码器1，B相
7	数字输入信号1，24V
8	数字输入信号1，0V
9	数字输入信号1，信号
10～16	未使用

3.3 实战 ABB 标准 I/O 板——DSQC651 板的配置

ABB 标准 I/O 板 DSQC651 是最为常用的模块，下面以创建数字输入信号 di、数字输出信号 do、组输入信号 gi、组输出信号 go 和模拟输出信号 ao 为例做一个详细的讲解。

3.3.1 定义 DSQC651 板的总线连接

ABB 标准 I/O 板都是下挂在 DeviceNet 现场总线下的设备，通过 X5 端口与 DeviceNet 现场总线进行通信。

定义 DSQC651 板的总线连接的相关参数说明见表 3-16。

表 3-16

参数名称	设定值	说明
Name	board10	设定 I/O 板在系统中的名字
Type of Unit	d651	设定 I/O 板的类型
Connected to Bus	DeviceNet1	设定 I/O 板连接的总线
DeviceNet Address	10	设定 I/O 板在总线中的地址

其总线连接操作步骤如下：

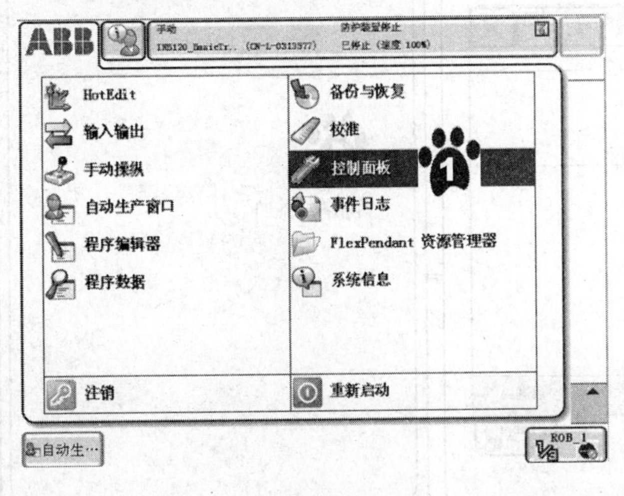

选择“控制面板”。

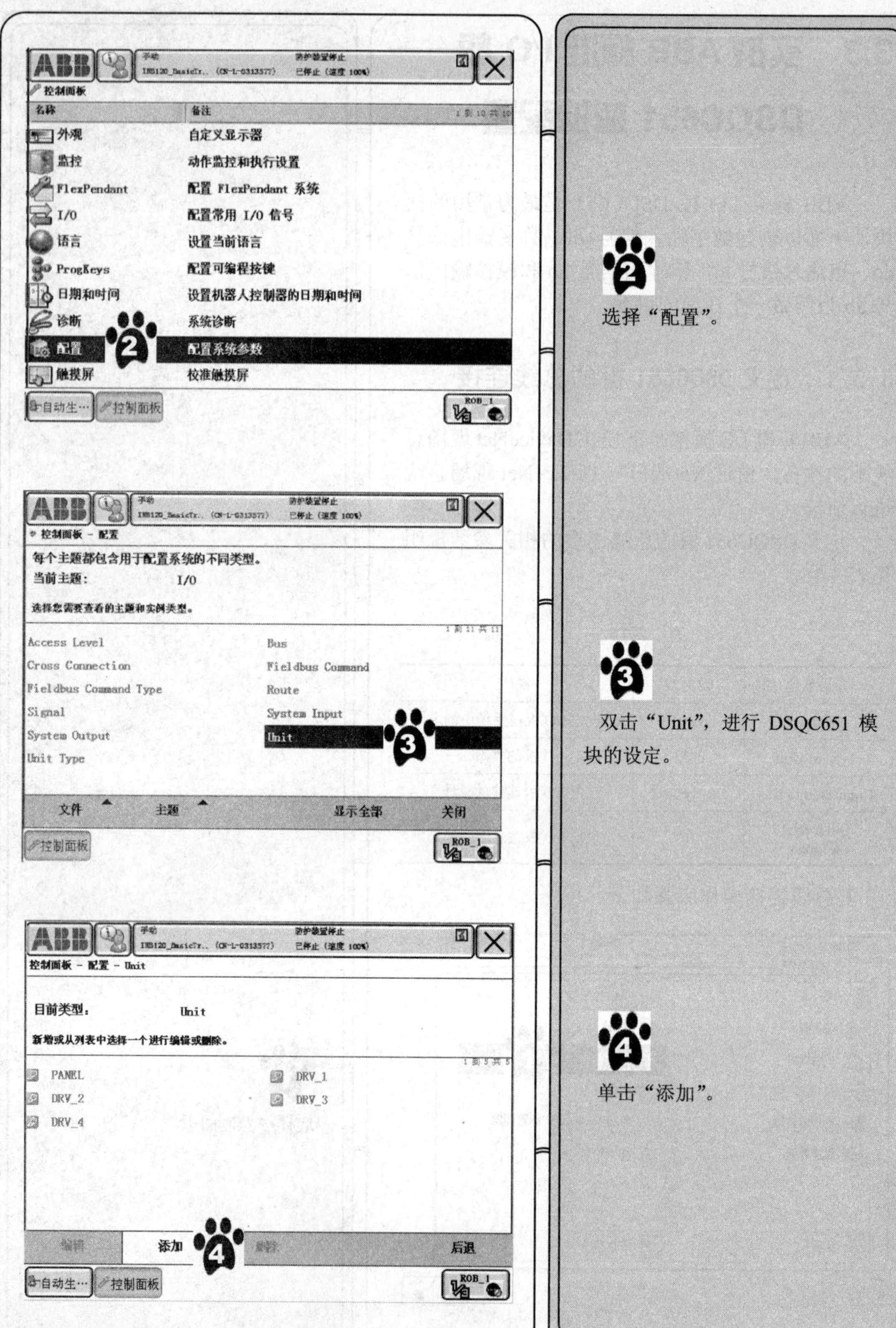

2

选择“配置”。

3

双击“Unit”，进行 DSQC651 模块的设定。

4

单击“添加”。

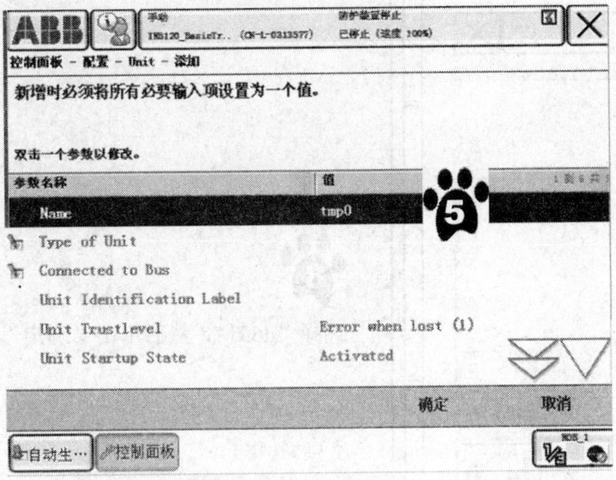

5

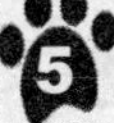

双击“Name”进行 DSQC651 板在系统中名字的设定。

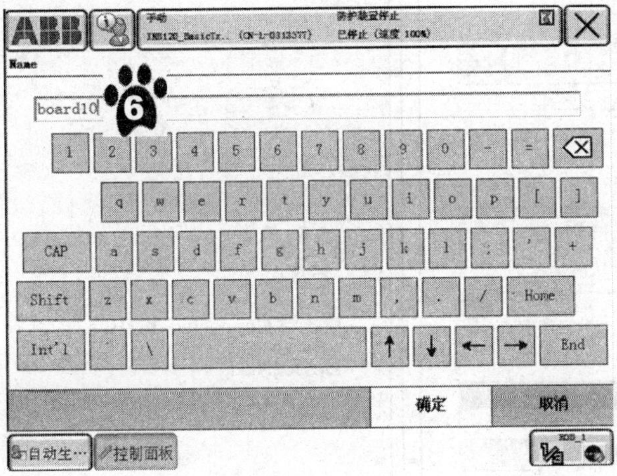

6

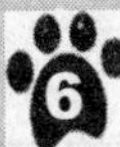

在系统中将 DSQC651 板的名字设定为“board10”（10 代表此模块在 DeviceNet 总线中的地址，方便识别），然后单击“确定”。

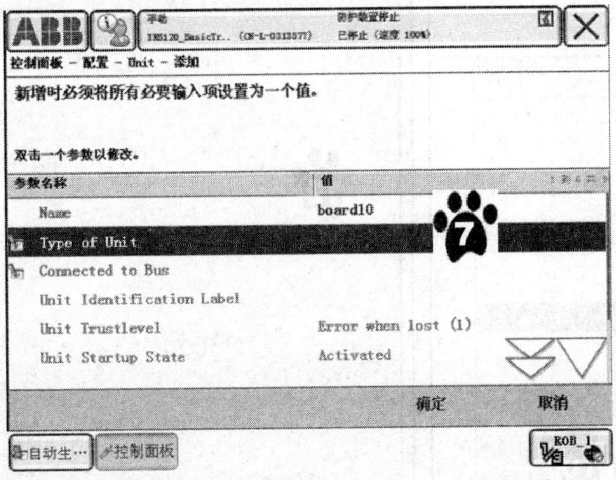

7

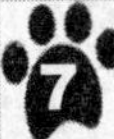

单击“Type of Unit”

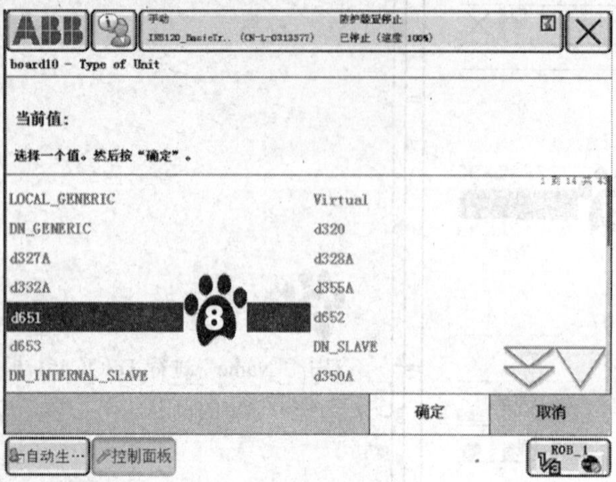

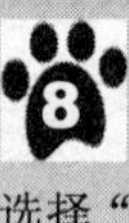

8

选择“d651”，然后单击“确定”。

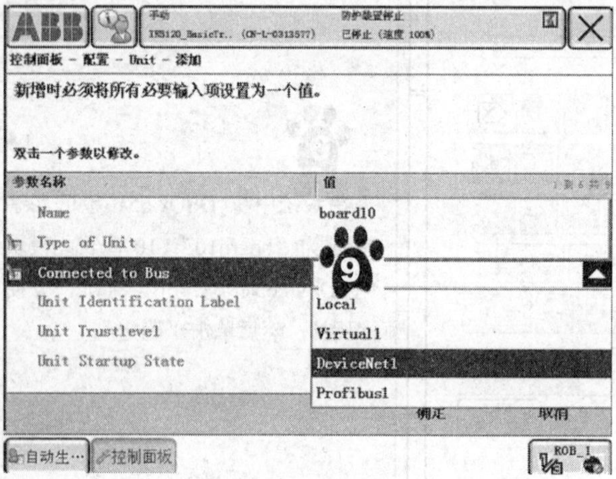

9

双击“Connected to Bus”，选择“DeviceNet1”。

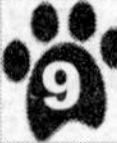

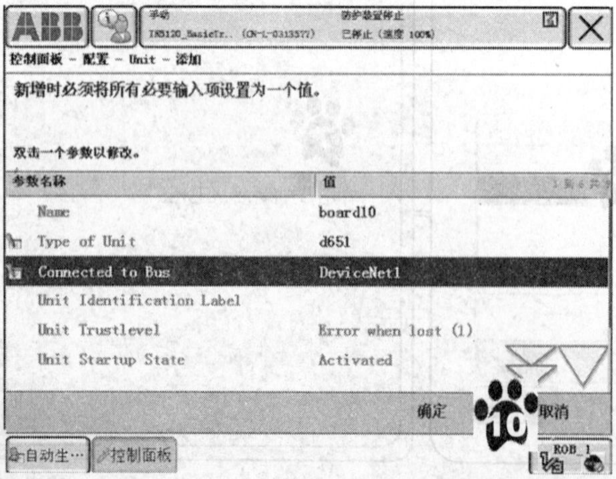

10

单击向下翻页箭头。

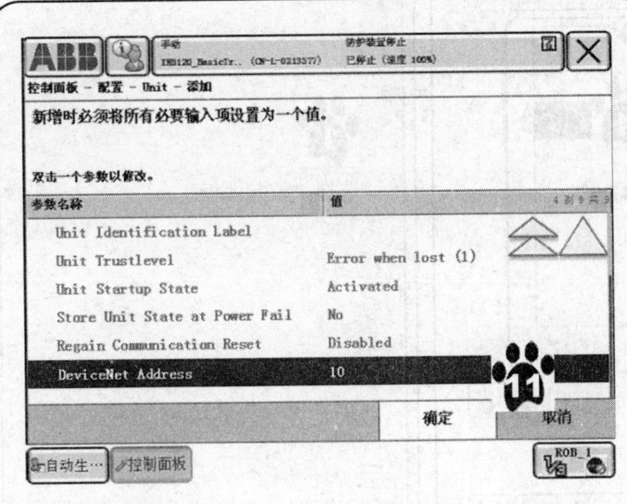

将“DeviceNet Address”设定为 10，然后单击“确定”。

单击“是”，至此定义 DSQC651 板的总线连接操作完成。

3.3.2　定义数字输入信号 di1

数字输入信号 di1 的相关参数见表 3-17。

表　3-17

参数名称	设定值	说明
Name	di1	设定数字输入信号的名字
Type of Signal	Digital Input	设定信号的类型
Assigned to Unit	board10	设定信号所在的 I/O 模块
Unit Mapping	0	设定信号所占用的地址

其操作如下：

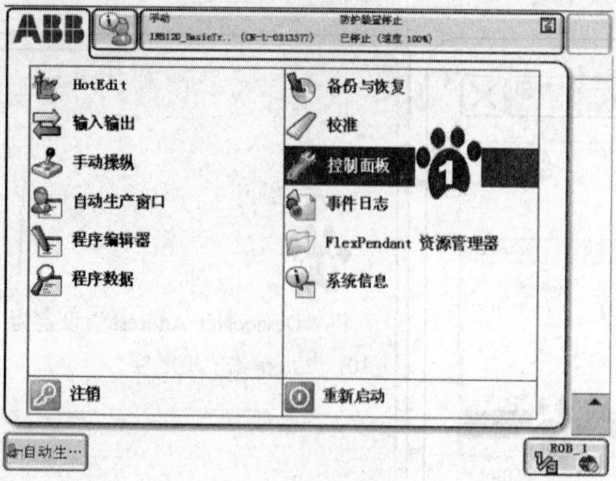

1 选择“控制面板”。

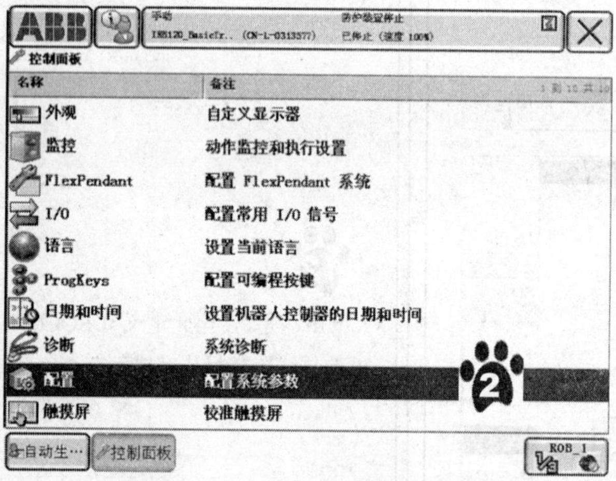

2 选择“配置”。

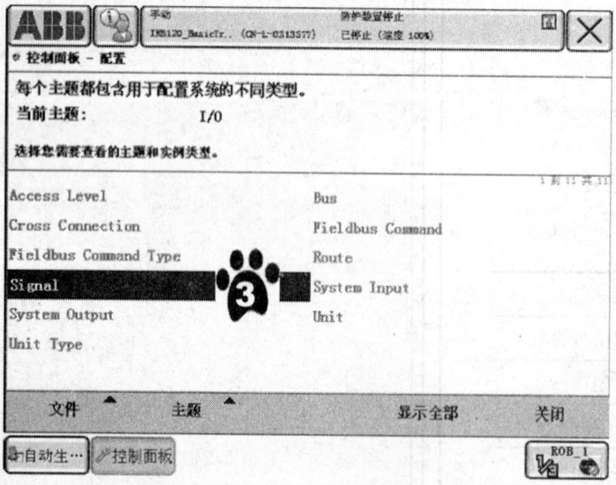

3 双击“Signal”。

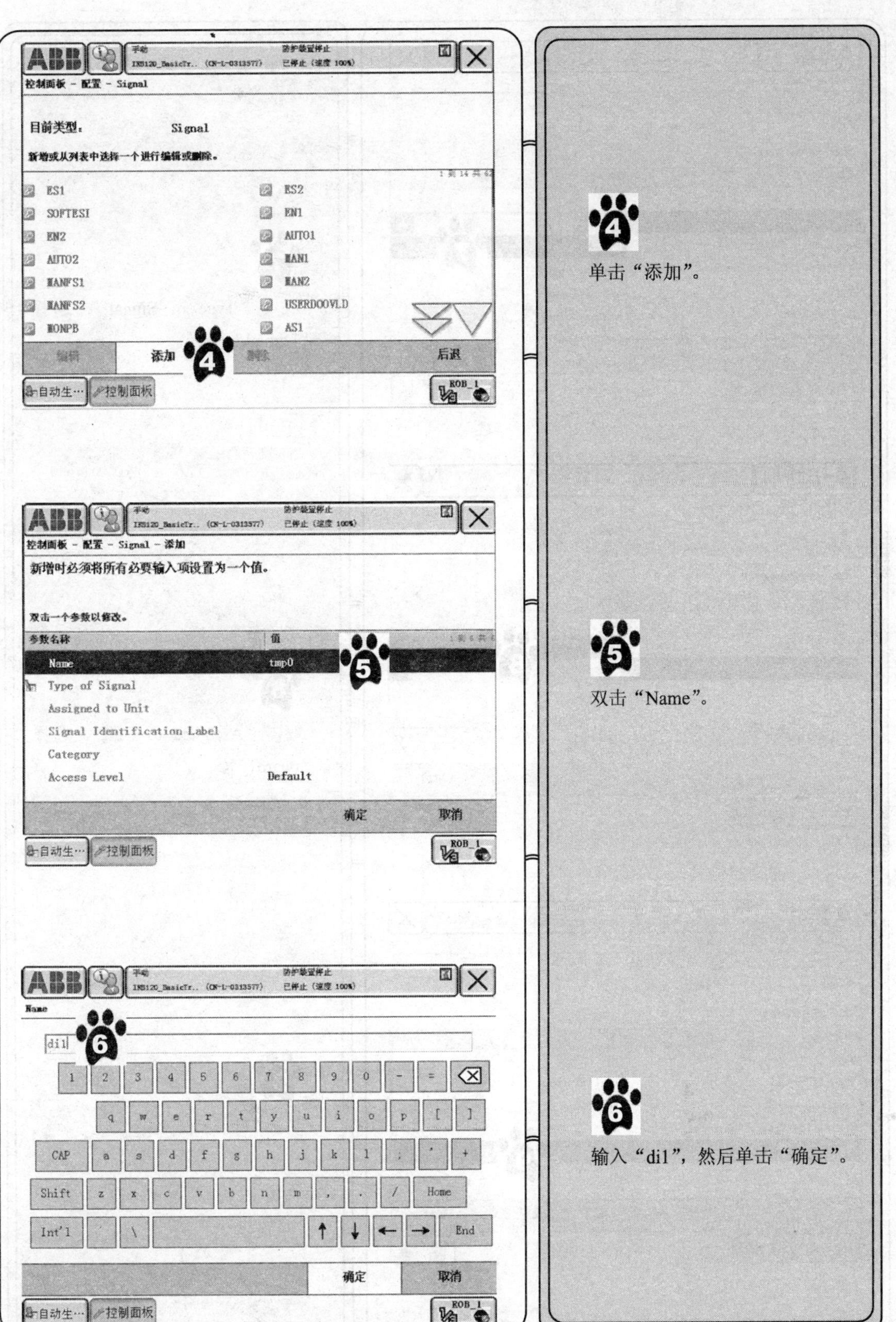

4 单击“添加”。

5 双击“Name”。

6 输入“di1”，然后单击“确定”。

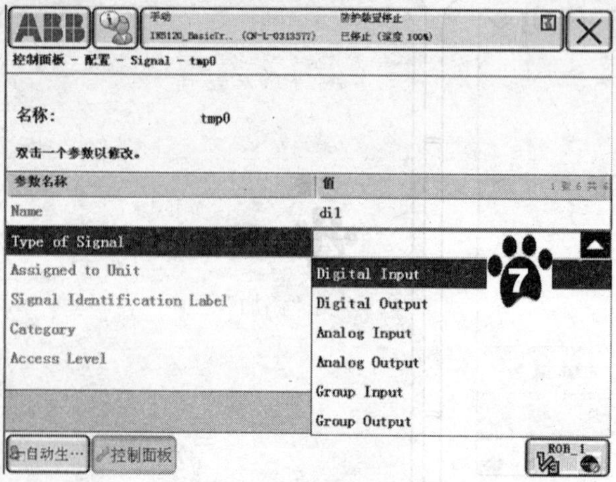

7 双击“Type of Signal”，选择“Digital Input”。

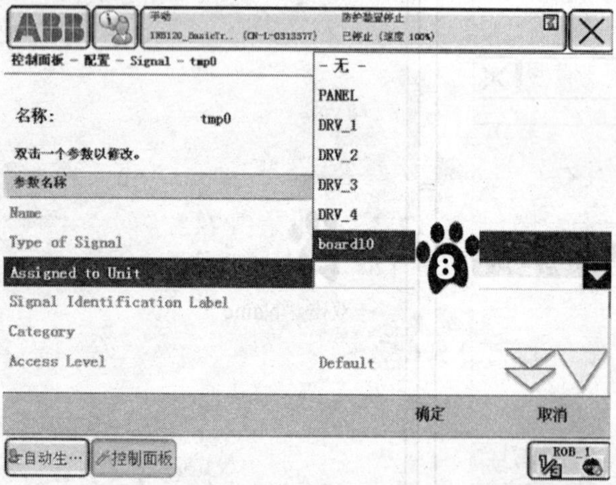

8 双击“Assigned to Unit”，选择“board10”。

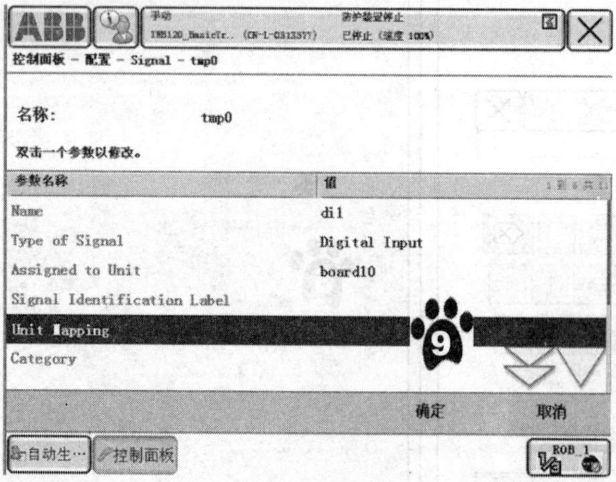

9 双击“Unit Mapping”

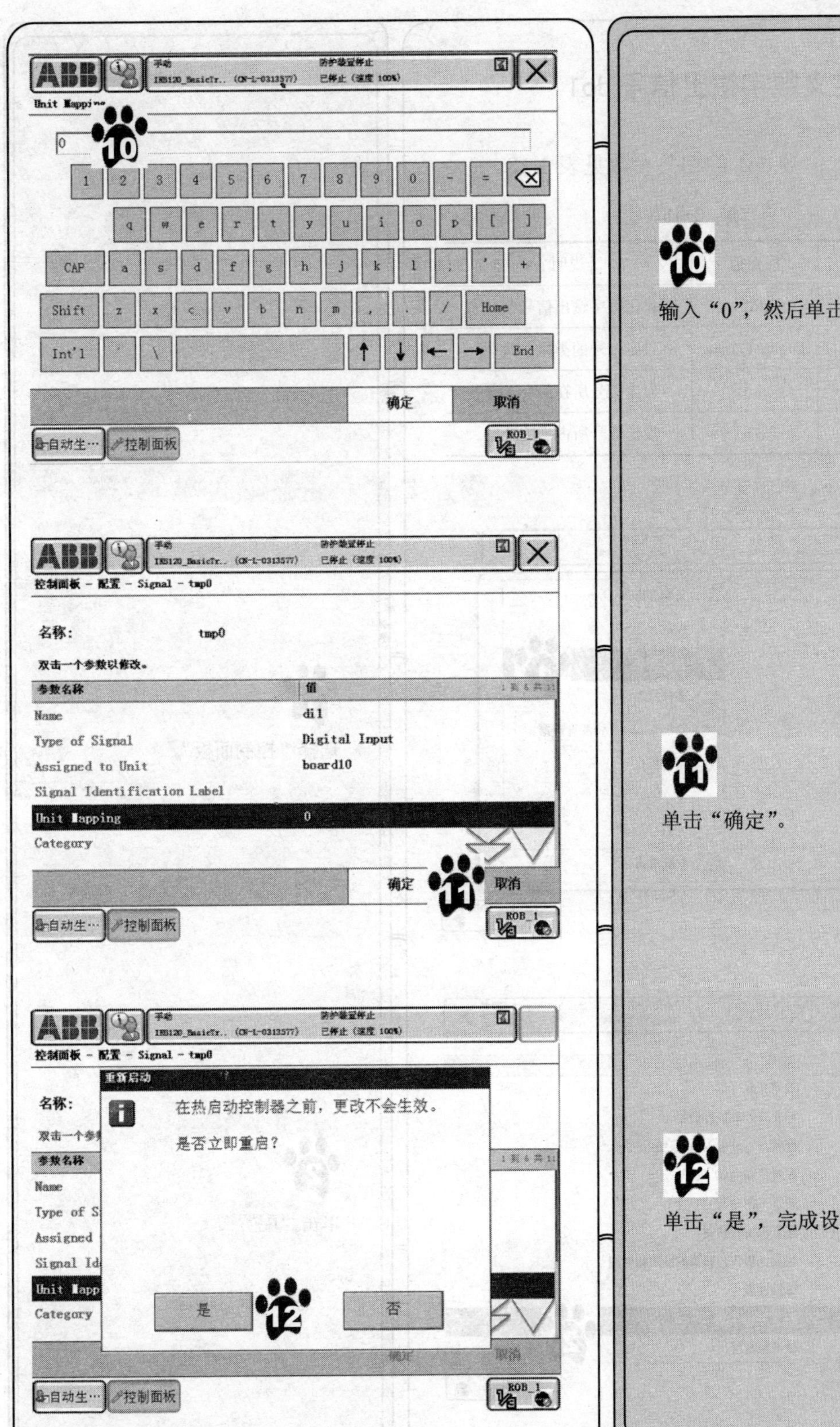

10

输入“0”，然后单击“确定”。

11

单击“确定”。

12

单击“是”，完成设定。

3.3.3 定义数字输出信号 do1

数字输入信号 do1 的相关参数见表 3-18。

表 3-18

参数名称	设定值	说明
Name	do1	设定数字输出信号的名字
Type of Signal	Digital Output	设定信号的类型
Assigned to Unit	board10	设定信号所在的 I/O 模块
Unit Mapping	32	设定信号所占用的地址

其操作如下：

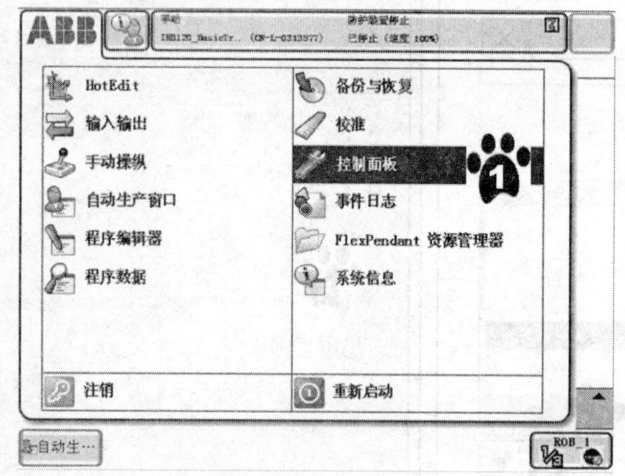

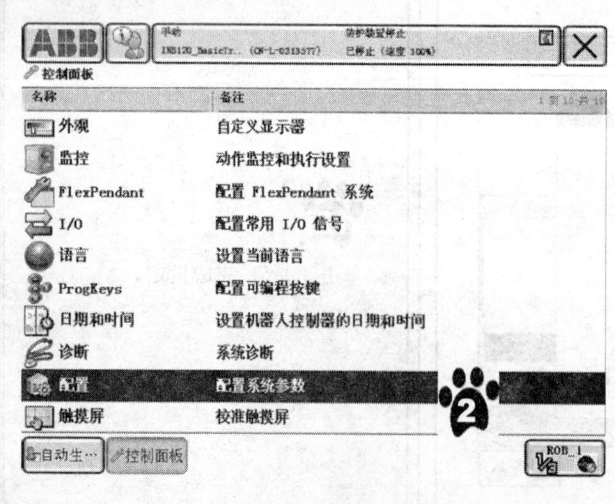

1 选择“控制面板”。

2 单击“配置”。

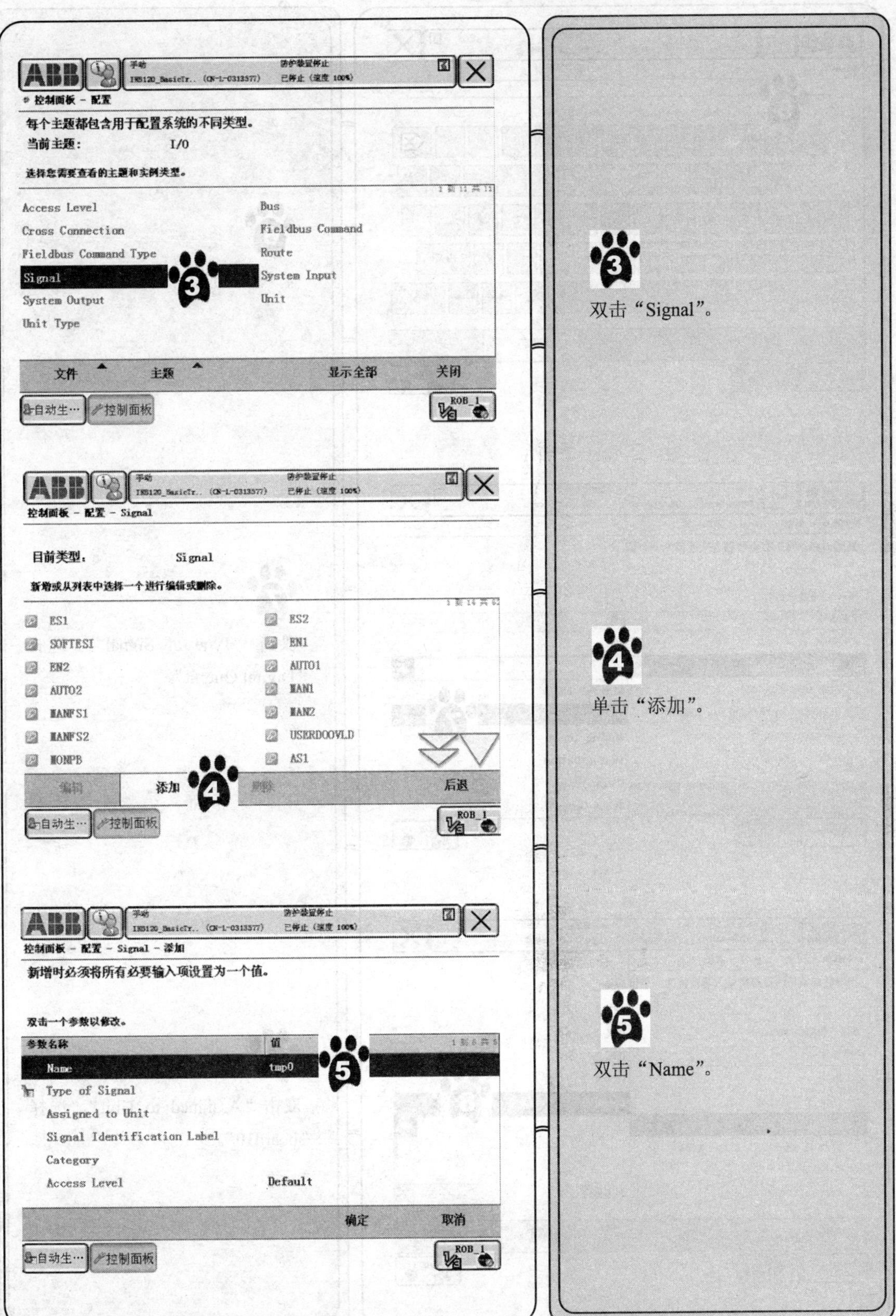

3 双击“Signal”。

4 单击“添加”。

5 双击“Name”。

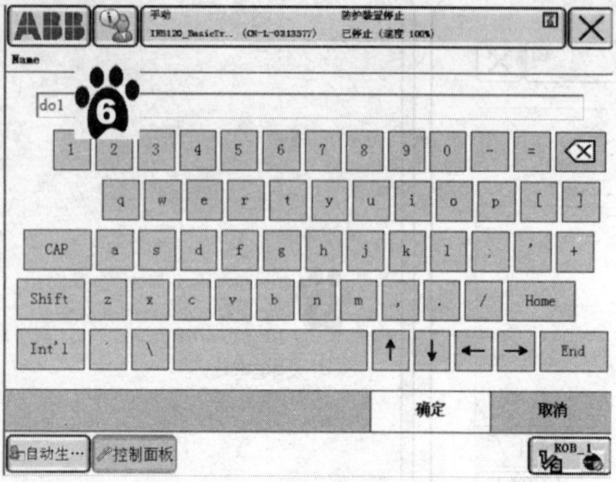

⑥ 输入“dol”，然后单击“确定”。

⑦ 双击“Type of Signal”，选择“Digital Output”。

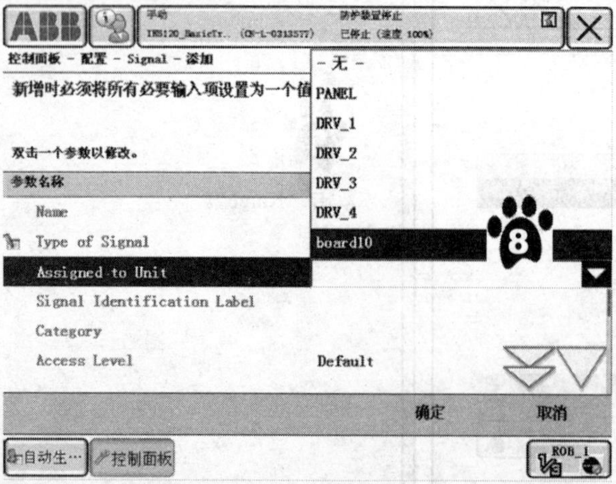

⑧ 双击“Assigned to Unit”，选择“board10”。

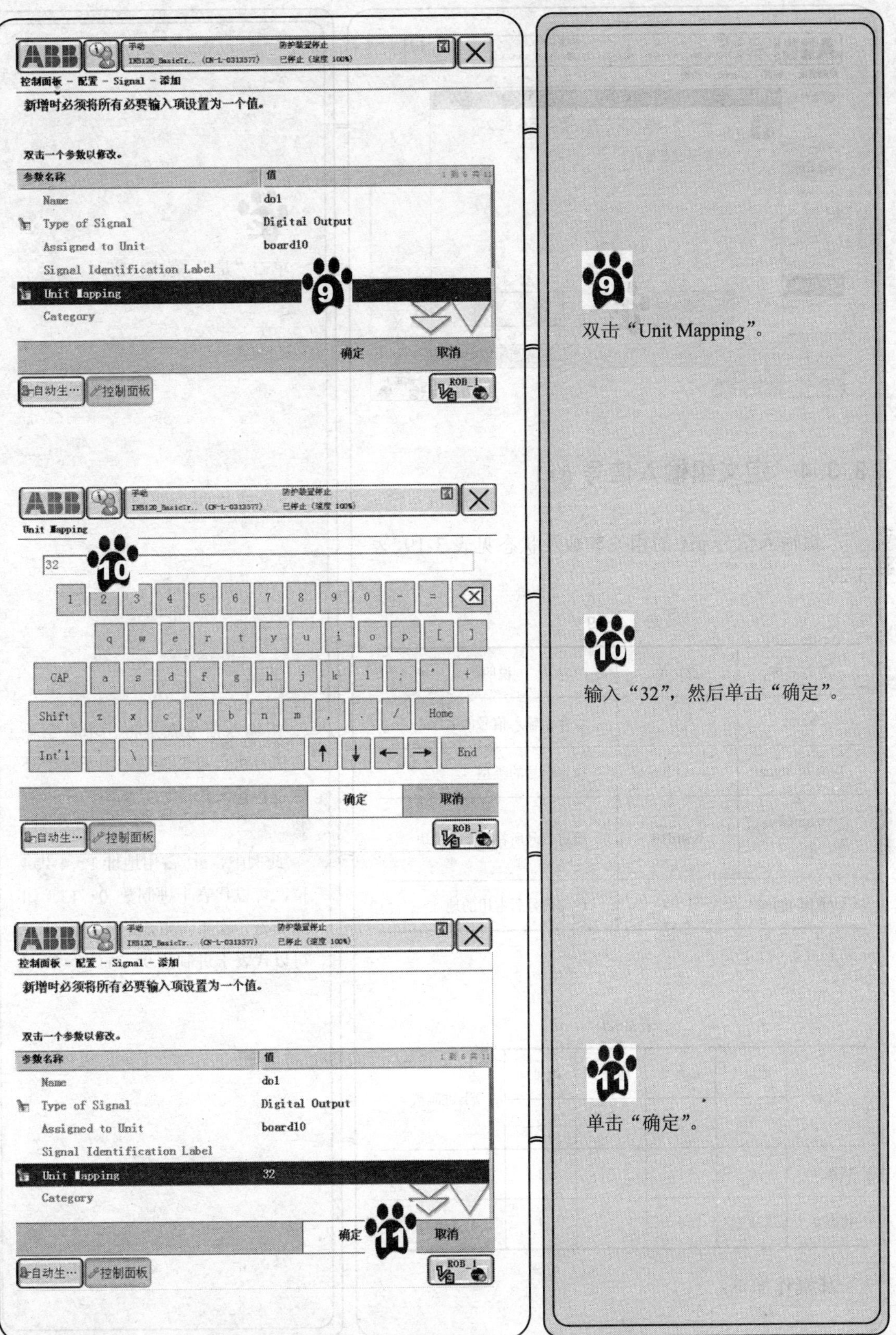

9 双击“Unit Mapping”。

10 输入“32”，然后单击“确定”。

11 单击“确定”。

单击“是”，完成设定。

3.3.4 定义组输入信号 gi1

组输入信号 gi1 的相关参数及状态见表 3-19、表 3-20。

表 3-19

参数名称	设定值	说明
Name	gi1	设定组输入信号的名字
Type of Signal	Group Input	设定信号的类型
Assigned to Unit	board10	设定信号所在的 I/O 模块
Unit Mapping	1～4	设定信号所占用的地址

组输入信号就是将几个数字输入信号组合起来使用，用于接受外围设备输入的 BCD 编码的十进制数。

此例中，gi1 占用地址 1～4 共 4 位，可以代表十进制数 0～15。如此类推，如果占用地址 5 位的话，可以代表十进制数 0～31。

表 3-20

状态	地址 1	地址 2	地址 3	地址 4	十进制数
	1	2	4	8	
状态 1	0	1	0	1	2+8=10
状态 2	1	0	1	1	1+4+8=13

其操作如下：

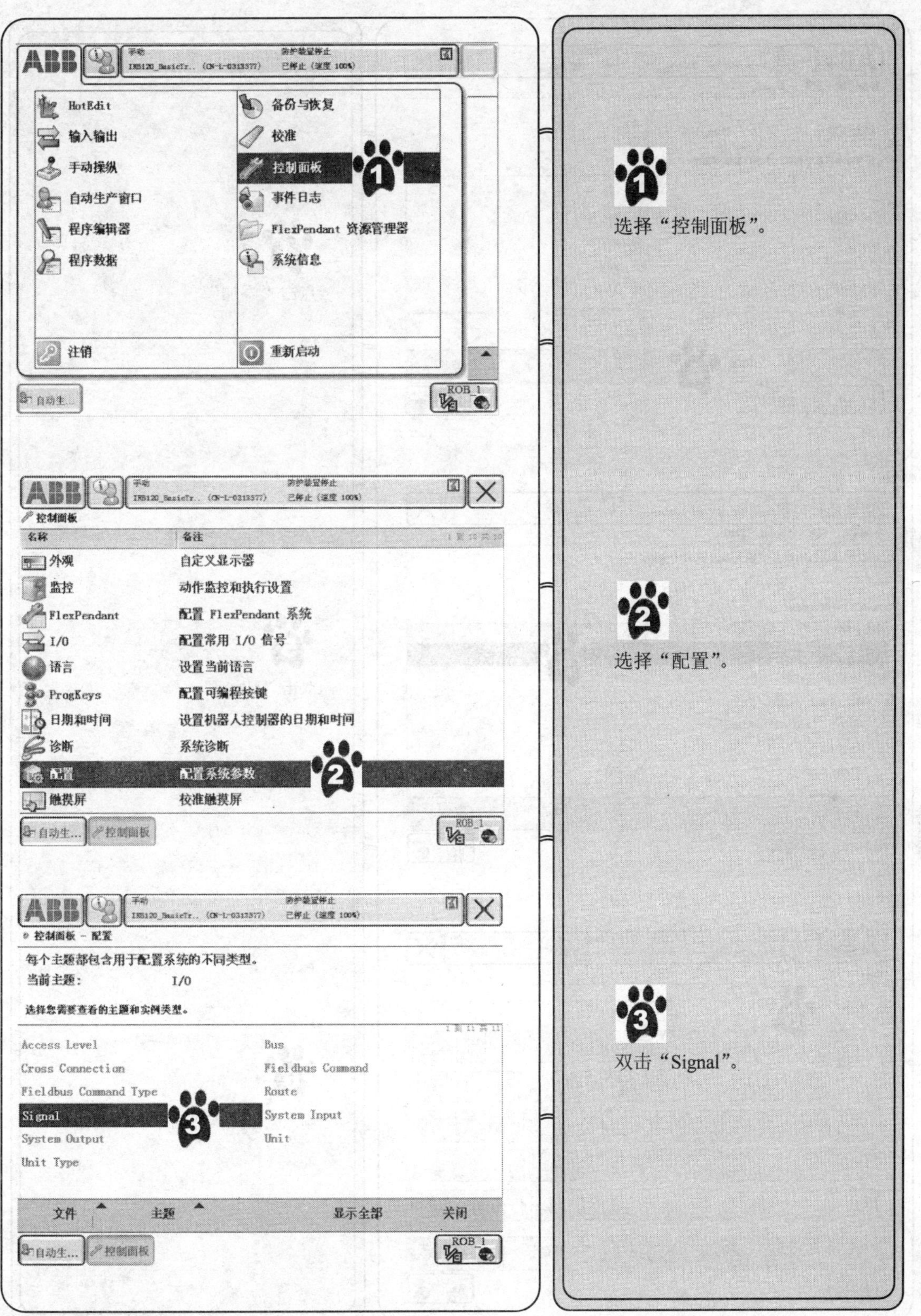

选择“控制面板”。

选择“配置”。

双击“Signal”。

4 点击“添加”。

5 双击“Name”。

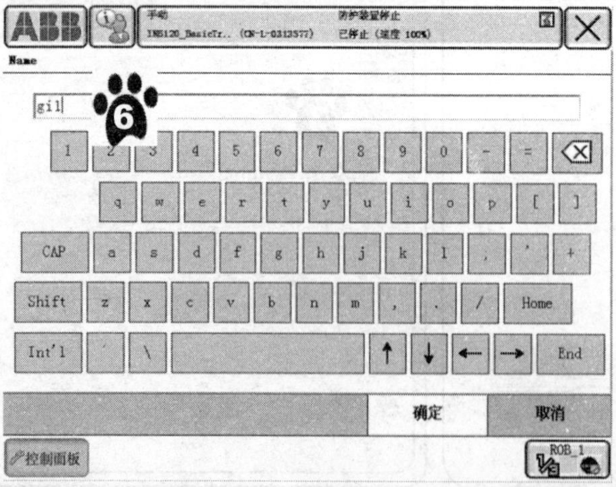

6 输入“gi1”，然后单击“确定”。

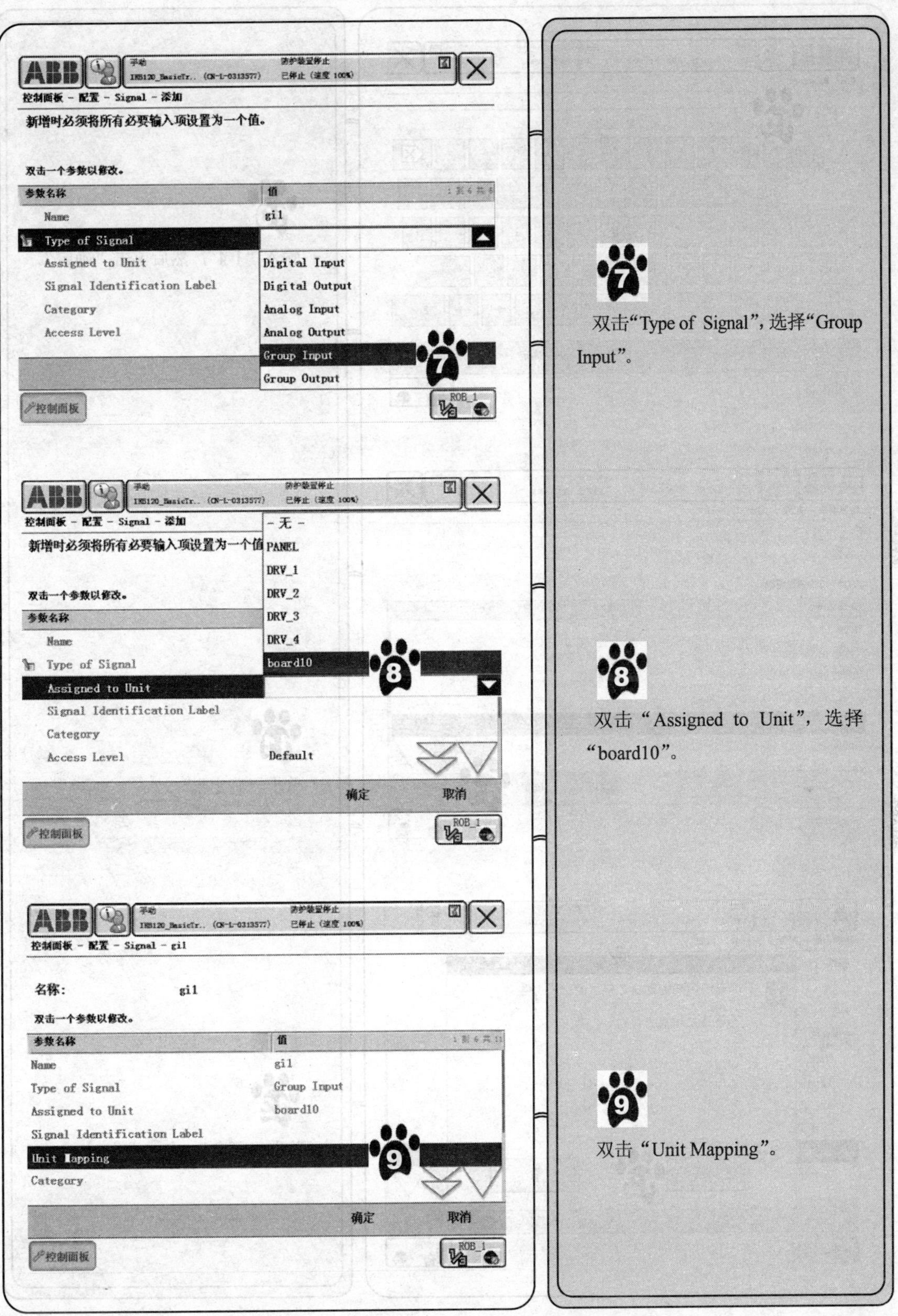

7

双击“Type of Signal”，选择“Group Input”。

8

双击“Assigned to Unit”，选择“board10”。

9

双击“Unit Mapping”。

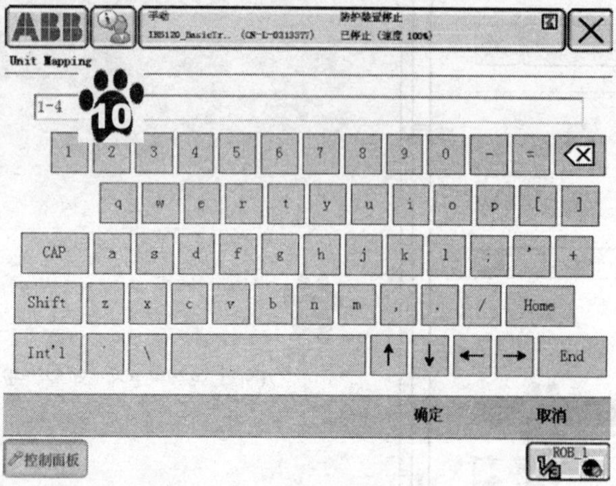

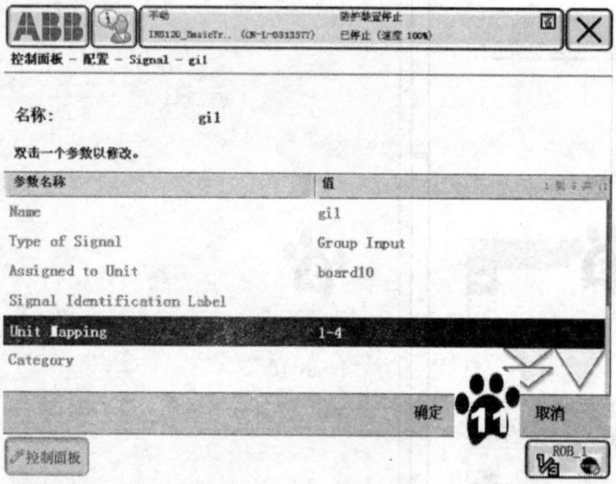

10

输入“1-4”，然后单击“确定”。

11

单击“确定”。

12

单击“确定”，完成设定。

3.3.5　定义组输出信号 go1

组输出信号 go1 的相关参数及状态见表 3-21、表 3-22。

表　3-21

参数名称	设定值	说明
Name	go1	设定组输出信号的名字
Type of Signal	Group Output	设定信号的类型
Assigned to Unit	board10	设定信号所在的 I/O 模块
Unit Mapping	33～36	设定信号所占用的地址

表　3-22

状态	地址 33	地址 34	地址 35	地址 36	十进制数
	1	2	4	8	
状态 1	0	1	0	1	2+8=10
状态 2	1	0	1	1	1+4+8=13

其操作如下：

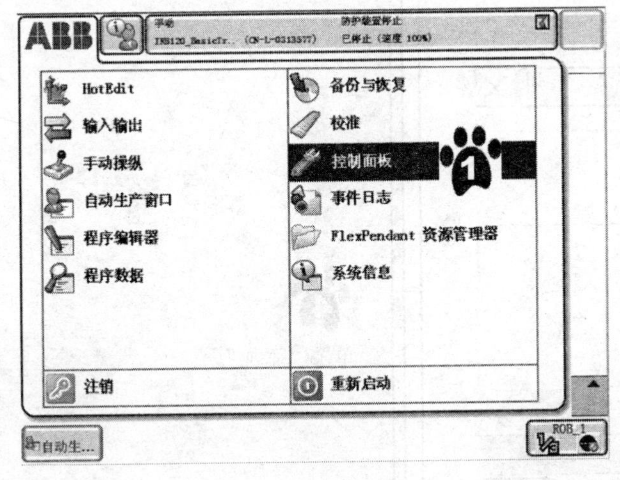

组输出信号就是将几个数字输出信号组合起来使用，用于输出 BCD 编码的十进制数。

此例中，go1 占用地址 33～36 共 4 位，可以代表十进制数 0～15。如此类推，如果占用地址 5 位的话，可以代表十进制数 0～31。

选择“控制面板”。

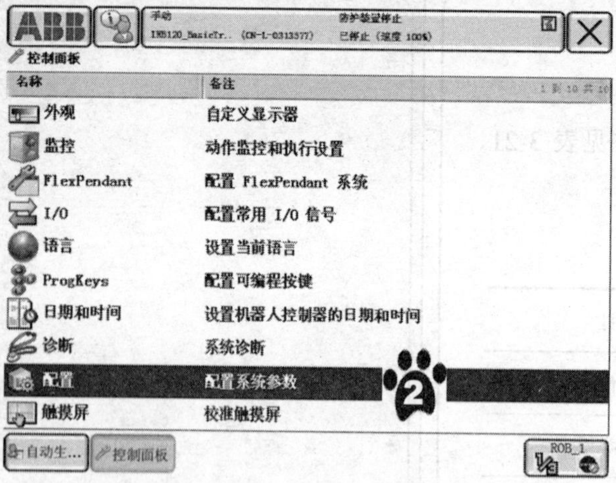

手动 防护装置停止
IRB120_BasicTr.. (CN-L-0313377) 已停止（速度 100%）

控制面板

名称	备注
外观	自定义显示器
监控	动作监控和执行设置
FlexPendant	配置 FlexPendant 系统
I/O	配置常用 I/O 信号
语言	设置当前语言
ProgKeys	配置可编程按键
日期和时间	设置机器人控制器的日期和时间
诊断	系统诊断
配置	配置系统参数
触摸屏	校准触摸屏

自动生... 控制面板 ROB_1

手动 防护装置停止
IRB120_BasicTr.. (CN-L-0313377) 已停止（速度 100%）

控制面板 - 配置

每个主题都包含用于配置系统的不同类型。
当前主题： I/O
选择您需要查看的主题和实例类型。

Access Level	Bus
Cross Connection	Fieldbus Command
Fieldbus Command Type	Route
Signal	System Input
System Output	Unit
Unit Type	

文件 主题 显示全部 关闭

自动生... 控制面板 ROB_1

手动 防护装置停止
IRB120_BasicTr.. (CN-L-0313377) 已停止（速度 100%）

控制面板 - 配置 - Signal

目前类型： Signal
新增或从列表中选择一个进行编辑或删除。

ES1	ES2
SOFTESI	EN1
EN2	AUTO1
AUTO2	MAN1
MANFS1	MAN2
MANFS2	USERDOOVLD
MONPB	AS1

编辑 添加 删除 后退

自动生... 控制面板 ROB_1

2 选择“配置”。

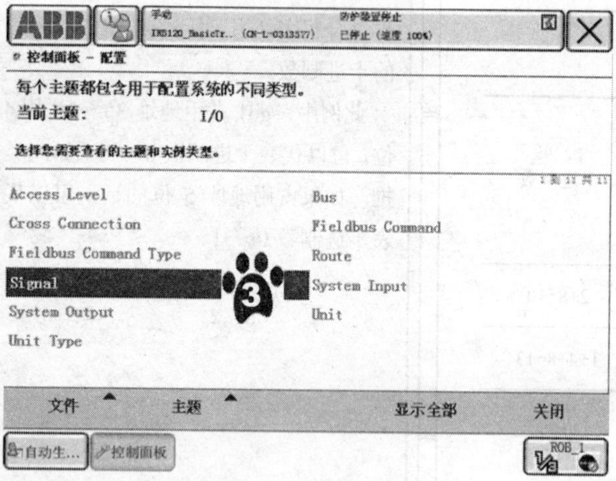

3 双击“Signal”。

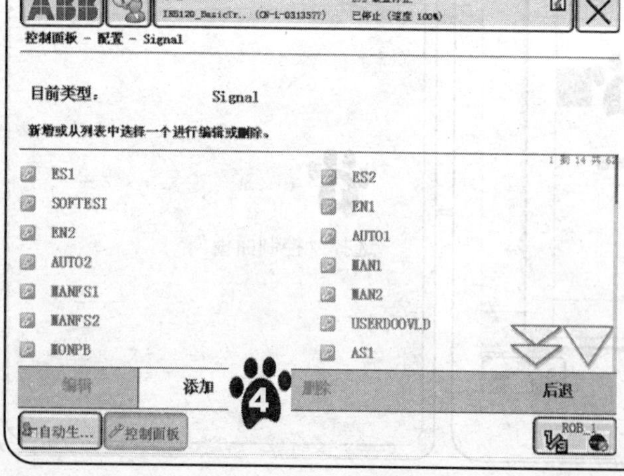

4 单击“添加”。

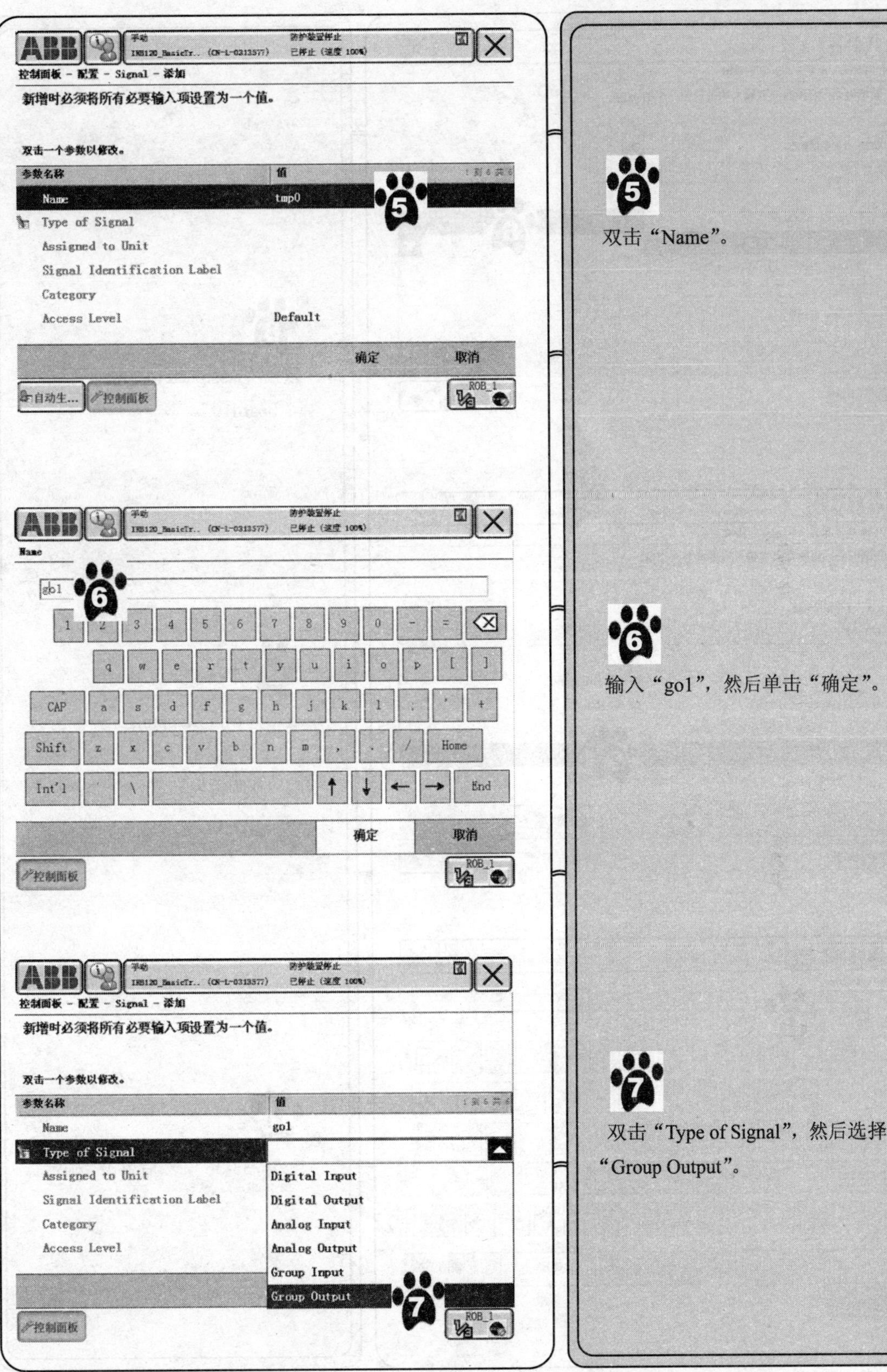

5 双击“Name”。

6 输入“go1”，然后单击“确定”。

7 双击“Type of Signal”，然后选择“Group Output”。

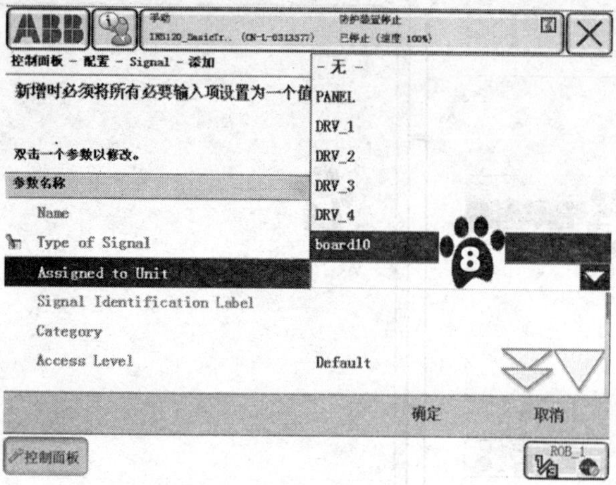

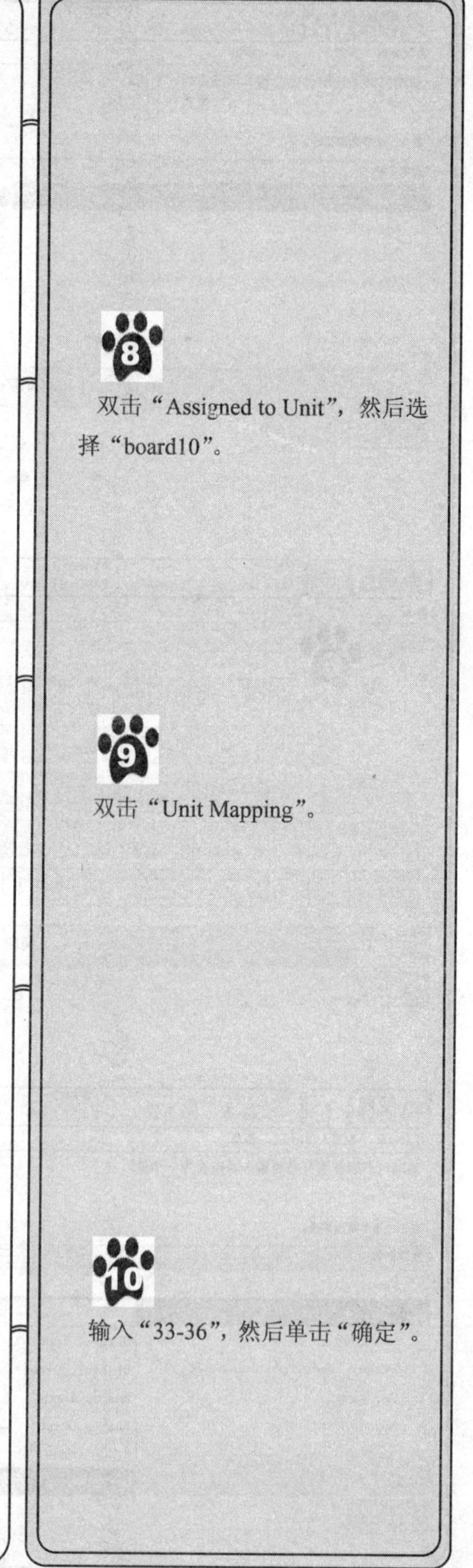

8 双击“Assigned to Unit”，然后选择“board10”。

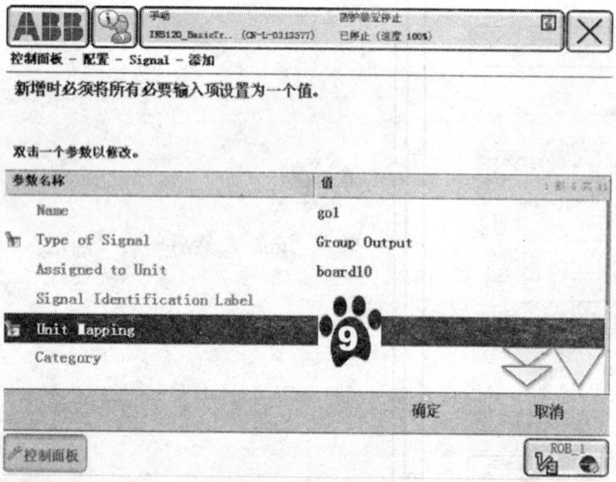

9 双击“Unit Mapping”。

10 输入“33-36”，然后单击“确定”。

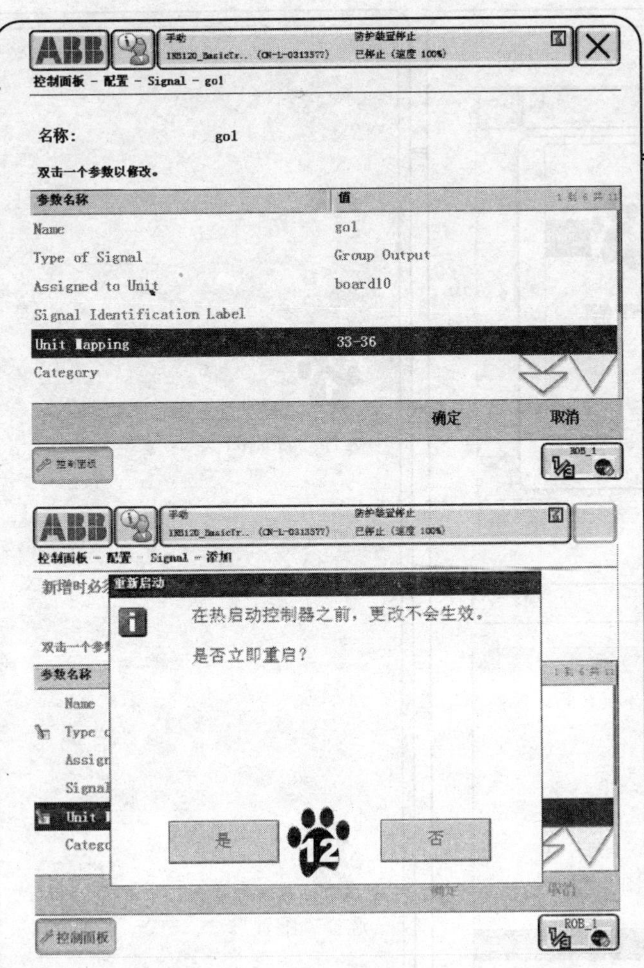

单击“确定”。

单击“是”，完成设定。

3.3.6　定义模拟输出信号 ao1

模拟输出信号 ao1 的相关参数见表 3-23。

表　3-23

参数名称	设定值	说明
Name	ao1	设定模拟输出信号的名字
Type of Signal	Analog Output	设定信号的类型
Assigned to Unit	board10	设定信号所在的 I/O 模块
Unit Mapping	0～15	设定信号所占用的地址
Analog Encoding Type	Unsigned	设定模拟信号属性
Maximum Logical Value	10	设定最大逻辑值
Maximum Physical Value	10	设定最大物理值
Maximum Bit Value	65535	设定最大位值

其操作如下：

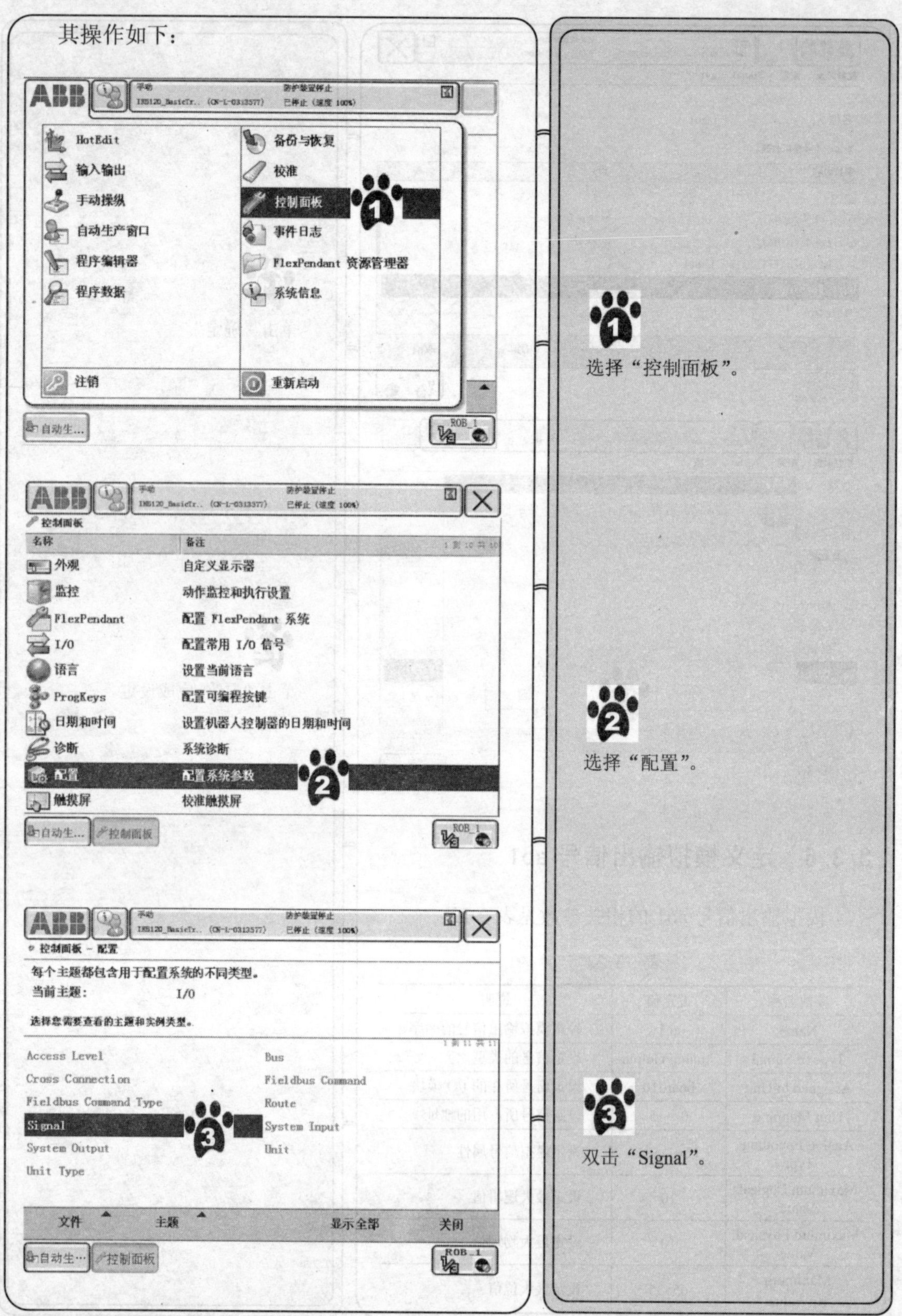

选择“控制面板”。

选择“配置”。

双击“Signal”。

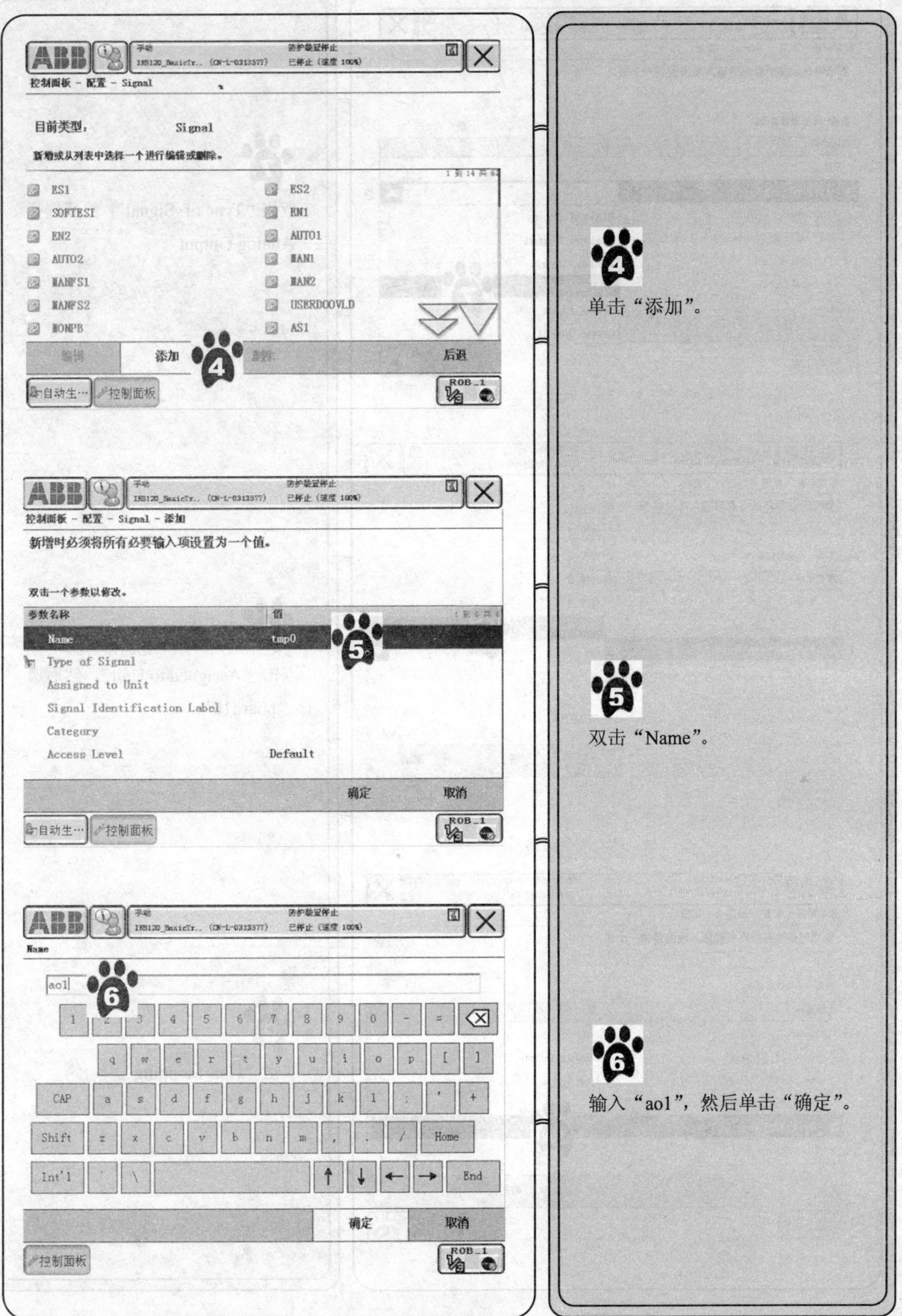

4 单击“添加”。

5 双击“Name”。

6 输入“ao1”，然后单击“确定”。

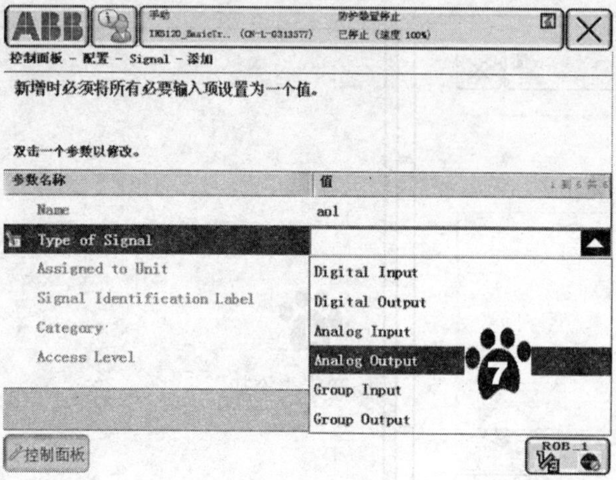

7

双击“Type of Signal”，然后选择“Analog Output”。

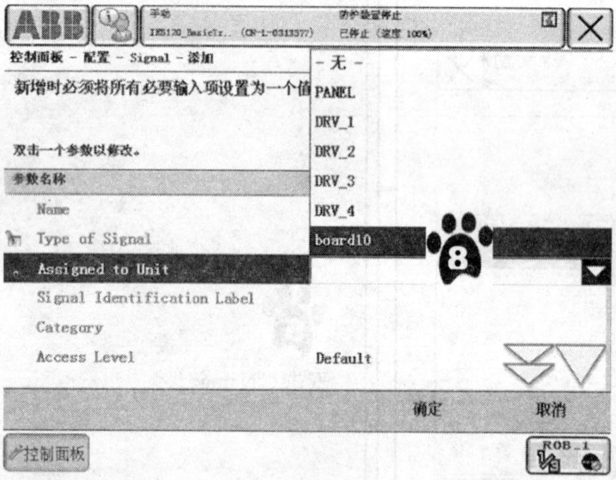

8

双击“Assigned to Unit”，然后选择“board10”。

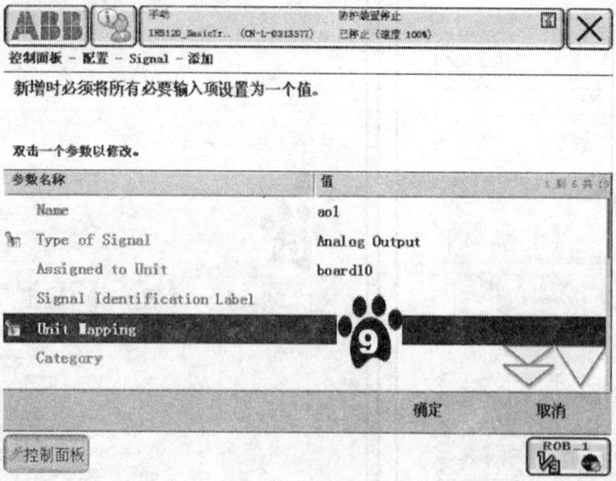

9

双击“Unit Mapping”。

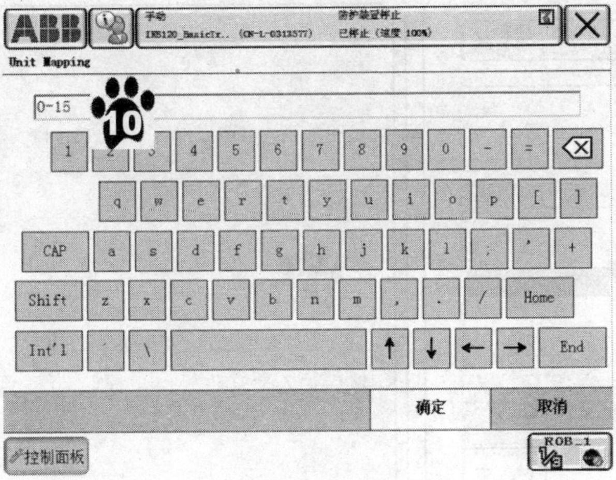

10

输入“0-15”，然后单击“确定”。

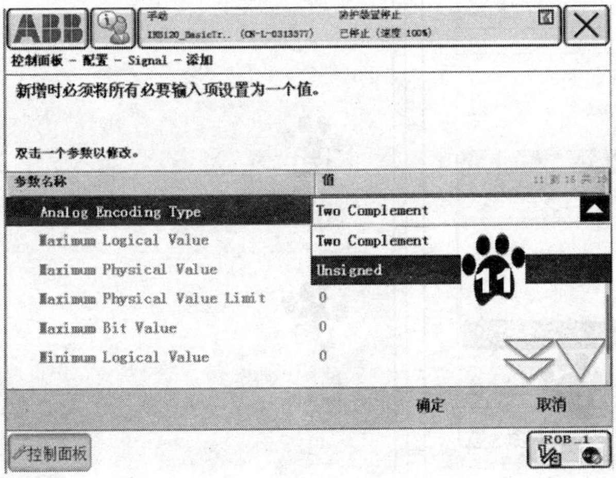

11

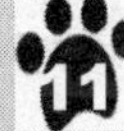

双击“Analog Encoding Type”，然后选择“Unsigned”。

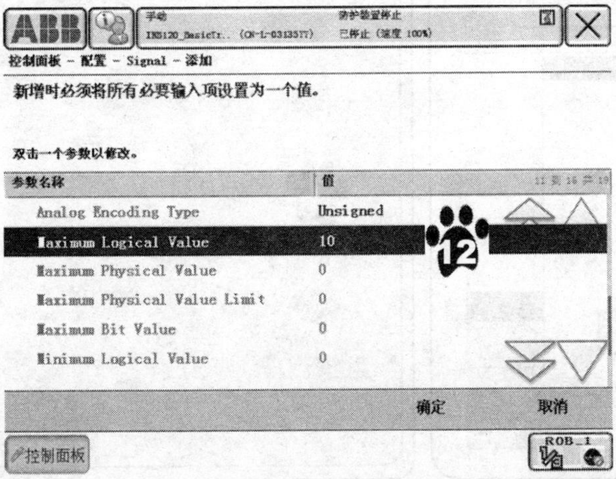

12

双击“Maximum Logical Value”，然后输入“10”。

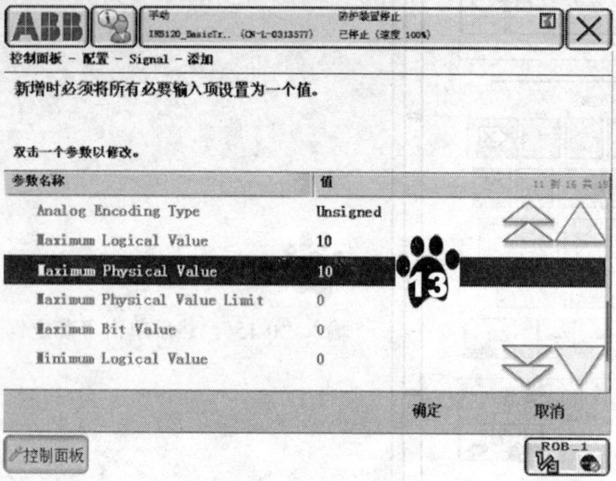

13 双击“Maximum Physical Value”，然后输入“10”。

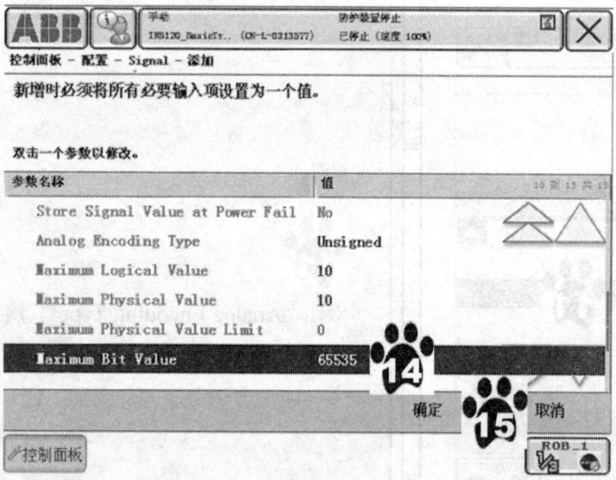

14 双击“Maximum Bit Value”，然后输入“65535”。

15 单击“确定”。

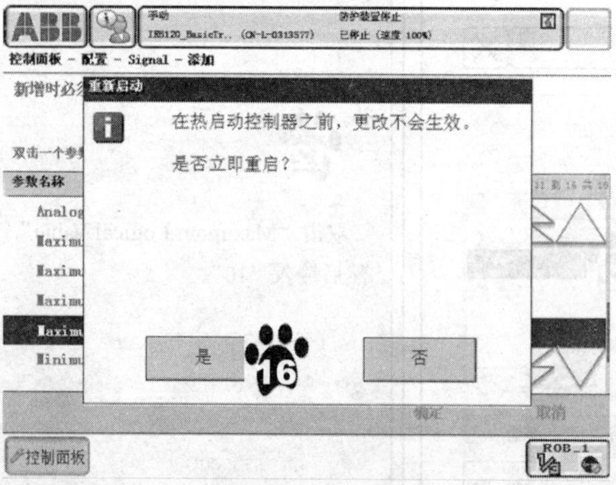

16 单击“是”，完成设定。

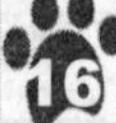

3.4　I/O 信号监控与操作

在上一节中，学习了 I/O 信号的定义。现在就要学习一下如何对 I/O 信号进行监控与操作。

3.4.1　打开“输入输出”画面

其操作如下：

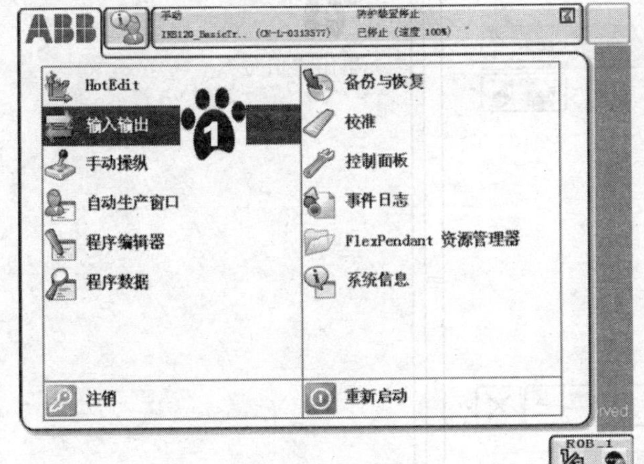

选择“输入输出”。

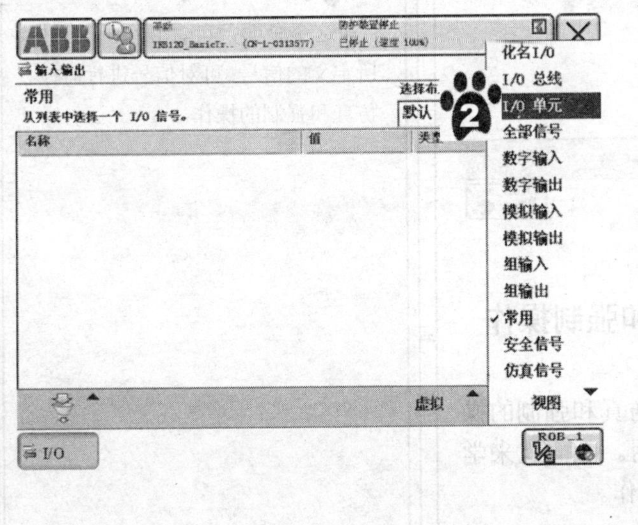

打开“视图”菜单，选择“I/O 单元”。

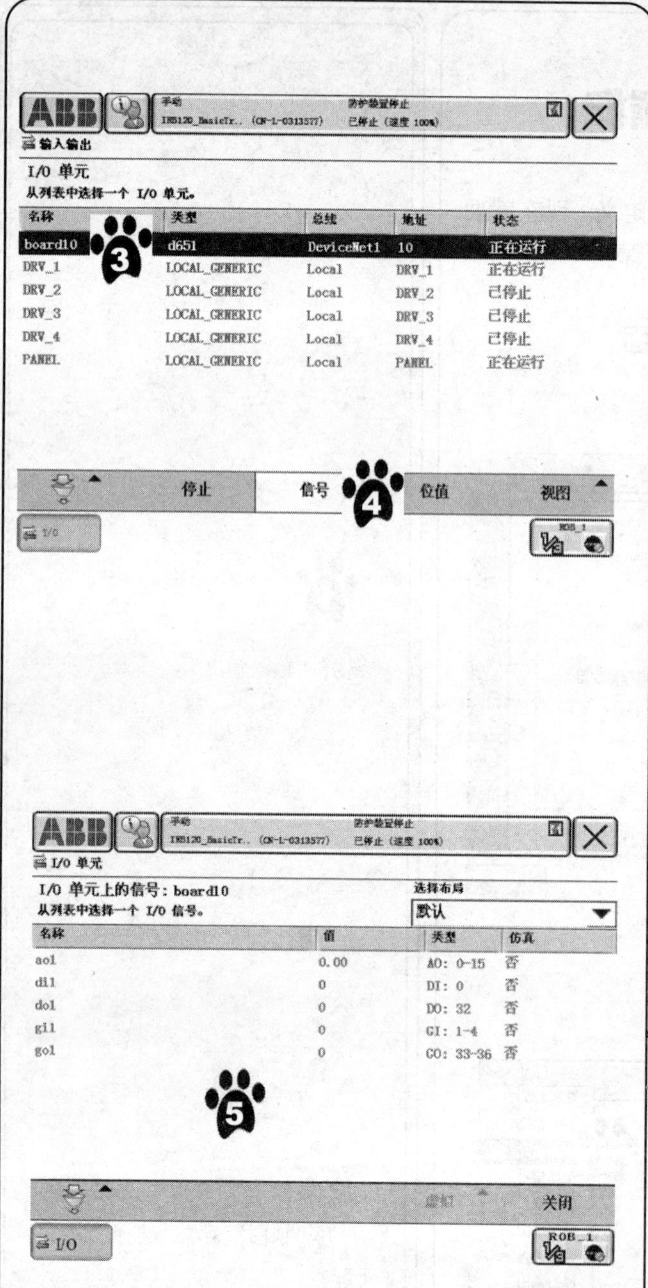

选择“board10”。

单击“信号”。

在这个画面，可看到在上一节中所定义的信号。可对信号进行监控、仿真和强制的操作。

3.4.2 对I/O信号进行仿真和强制操作

对 I/O 信号的状态或数值进行仿真和强制的操作，以便在机器人调试和检修时使用。下面就来学习数字信号和组信号的仿真和强制操作。

1. 对 di1 进行仿真操作

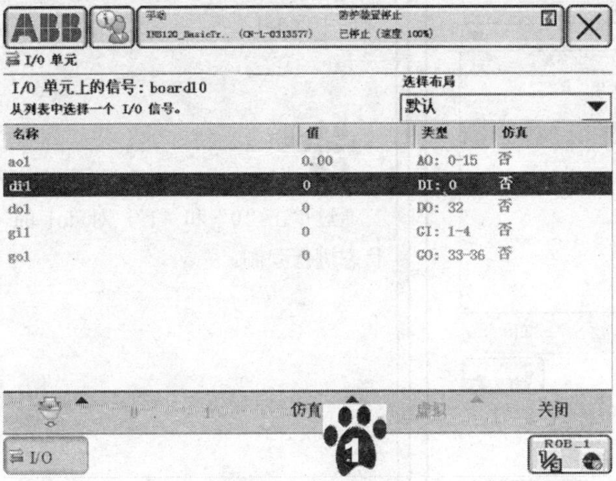

手动　IRB120_BasicTr...（CN-L-0313577）　防护装置停止　已停止（速度 100%）

I/O 单元

I/O 单元上的信号：board10
从列表中选择一个 I/O 信号。
选择布局　默认

名称	值	类型	仿真
ao1	0.00	AO: 0-15	否
di1	0	DI: 0	否
do1	0	DO: 32	否
gi1	0	GI: 1-4	否
go1	0	GO: 33-36	否

0　1　仿真　虚拟　关闭

I/O　ROB_1

选中“di1”，然后单击“仿真”。

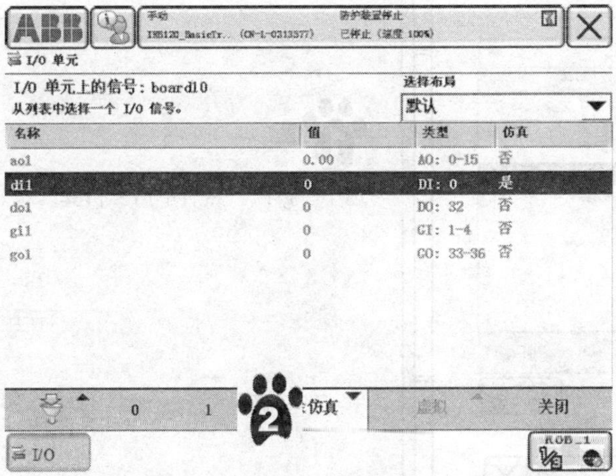

手动　IRB120_BasicTr...（CN-L-0313577）　防护装置停止　已停止（速度 100%）

I/O 单元

I/O 单元上的信号：board10
从列表中选择一个 I/O 信号。
选择布局　默认

名称	值	类型	仿真
ao1	0.00	AO: 0-15	否
di1	0	DI: 0	是
do1	0	DO: 32	否
gi1	0	GI: 1-4	否
go1	0	GO: 33-36	否

0　1　仿真　虚拟　关闭

I/O　ROB_1

单击“1”，将 di1 的状态仿真为“1”。

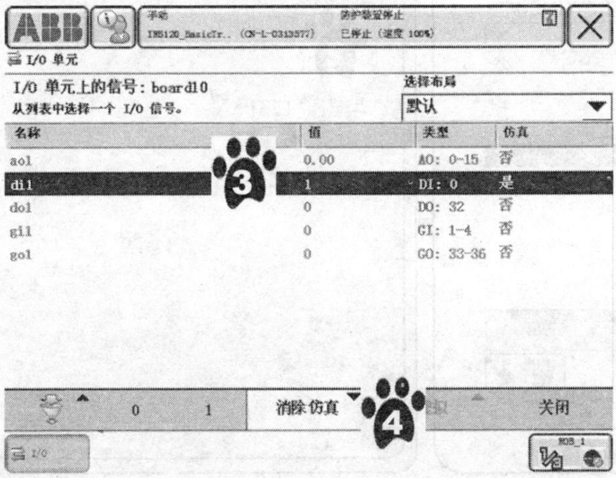

手动　IRB120_BasicTr...（CN-L-0313577）　防护装置停止　已停止（速度 100%）

I/O 单元

I/O 单元上的信号：board10
从列表中选择一个 I/O 信号。
选择布局　默认

名称	值	类型	仿真
ao1	0.00	AO: 0-15	否
di1	1	DI: 0	是
do1	0	DO: 32	否
gi1	0	GI: 1-4	否
go1	0	GO: 33-36	否

0　1　消除仿真　虚拟　关闭

I/O　ROB_1

di1 已被仿真为“1”。

仿真结束后，单击“消除仿真”。

2. 对 do1 进行强制操作

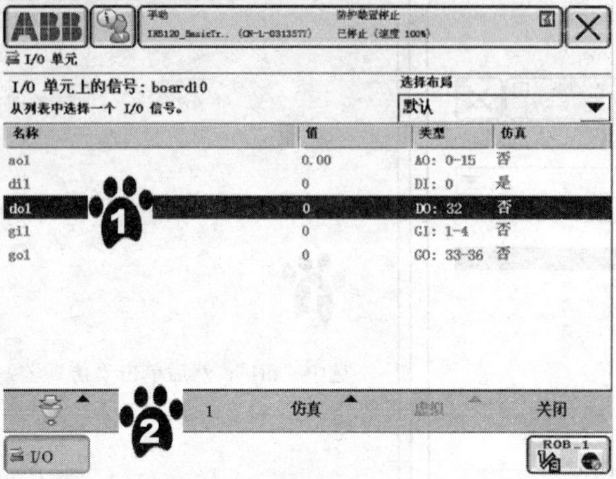

选中“do1”。

通过单击“0”和“1”，对 do1 的状态进行强制。

3. 对 gi1 进行仿真操作

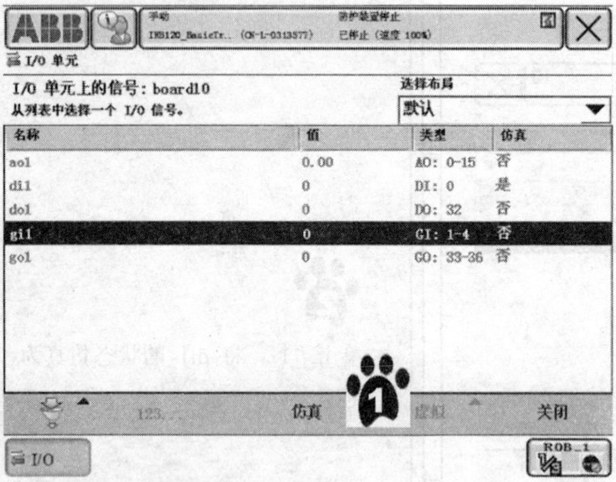

选中“gi1”，然后单击“仿真”。

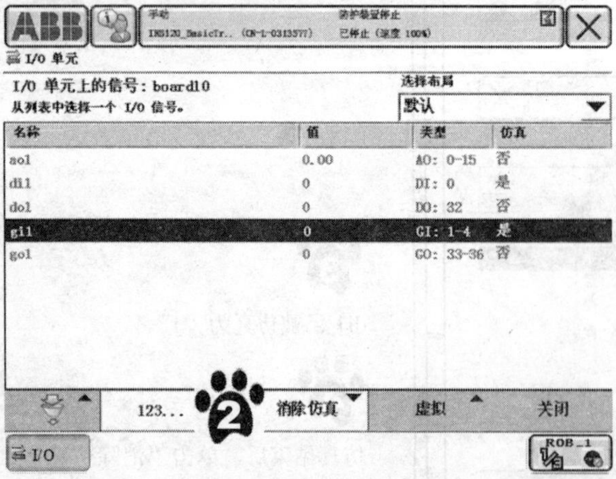

单击“123…”。

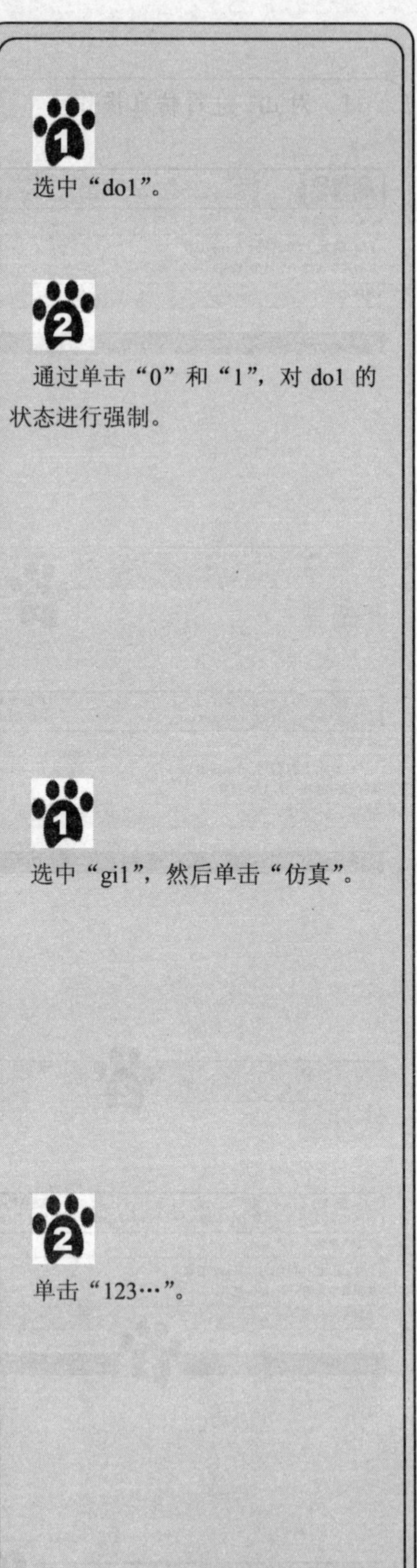

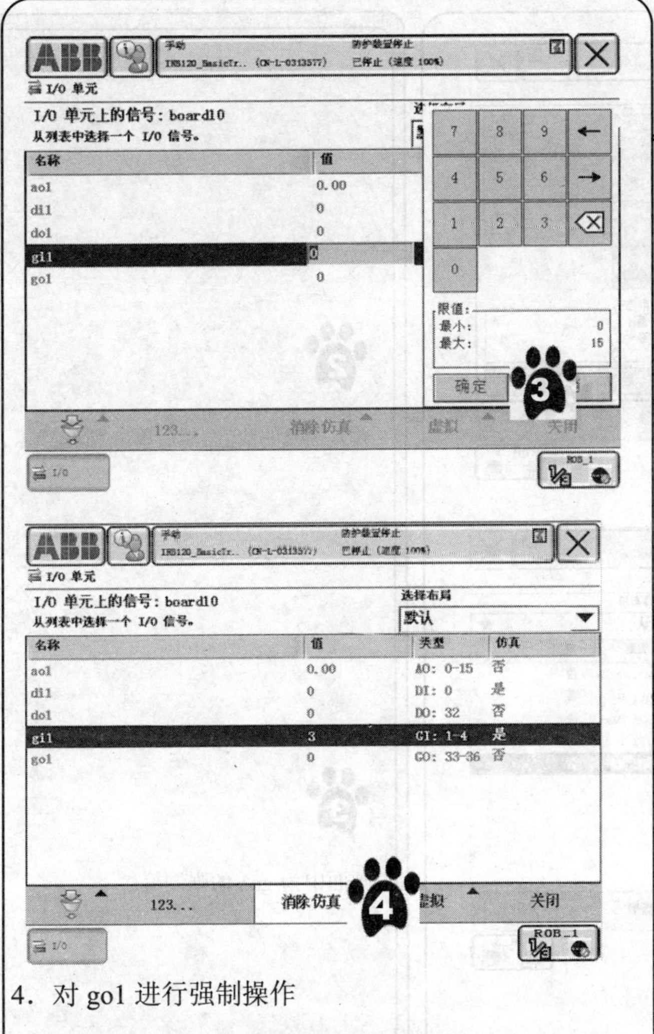

输入需要的数值，然后单击“确定”。

gi1 占用地址 1～4 共 4 位，可以代表十进制数 0～15。如此类推，如果占用地址 5 位的话，可以代表十进制数 0～31。

操作完成后，单击“消除仿真”。

4．对 go1 进行强制操作

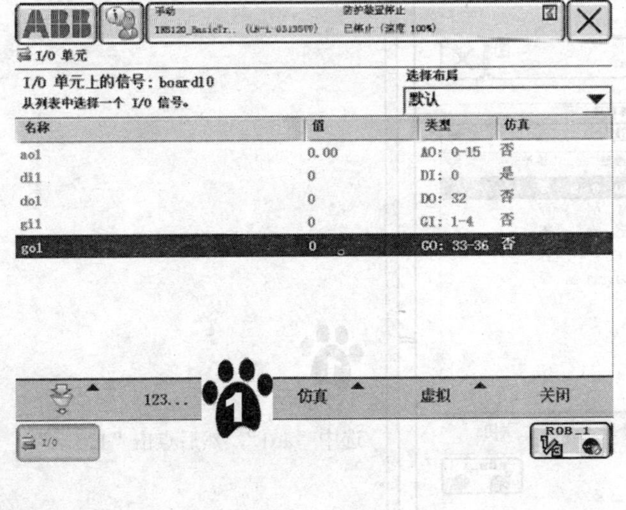

选中“go1”，然后单击“123...”

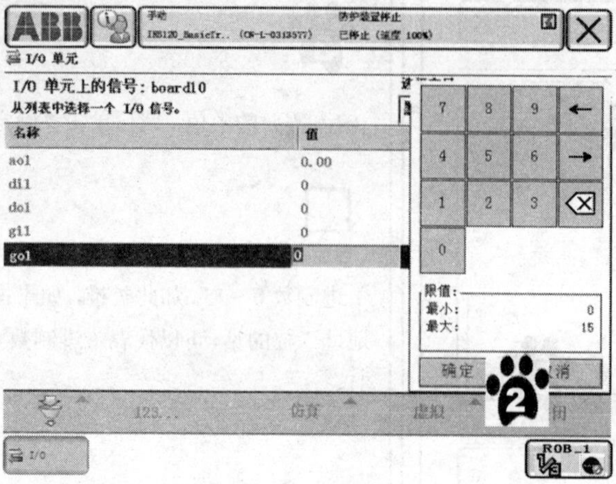

输入需要的数值，然后单击“确定”。

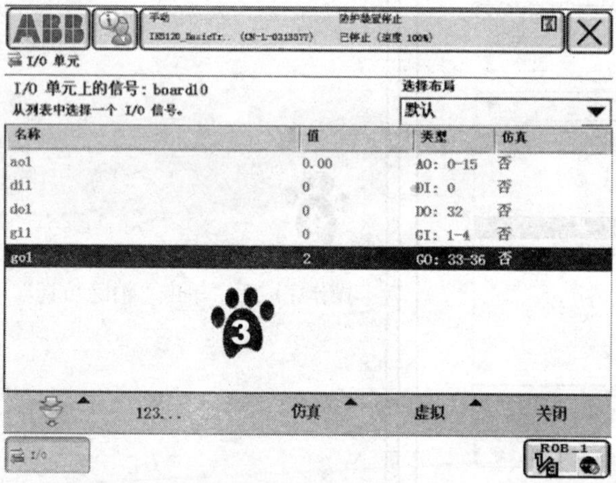

画面中为 go1 的强制值。

5. 对 ao1 进行强制操作

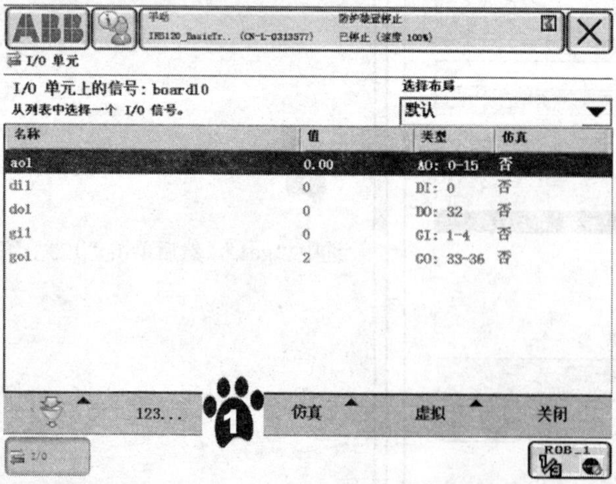

选中“ao1”，然后点击“123...”

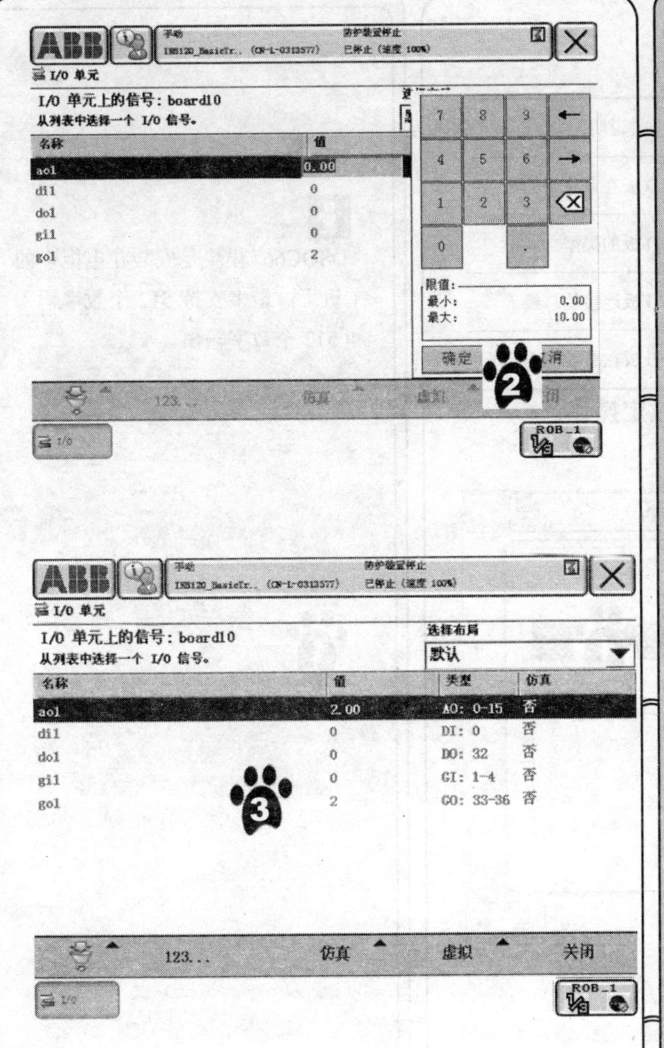

输入需要的数值，然后单击“确定”。

画面中为 ao1 的强制值。

3.5　Profibus 适配器的连接

除了通过 ABB 机器人提供的标准 I/O 板进行与外围设备进行通信以外，ABB 机器人还可以使用 DSQC667 模块通过 Profibus 与 PLC 进行快捷和大数据量的通信。

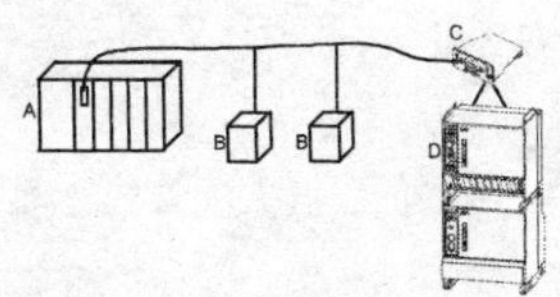

A　PLC 主站。

B　总线上的从站。

C　机器人 Profibus 适配器 DSQC667。

D　机器人的控制柜。

参数名称及说明见表 3-24。

表 3-24

参数名称	设定值	说明
Name	Profibus8	设定 I/O 板在系统中的名字
Type of Unit	DP_SLAVE	设定 I/O 板的类型
Connected to Bus	Profibus1	设定 I/O 板连接的总线
Profibus Address	8	设定 I/O 板在总线中的地址

下面就介绍如何进行相关的设定操作。

DSQC667 模块是安装在电柜中的主机上，最多支持 512 个数字输入和 512 个数字输出。

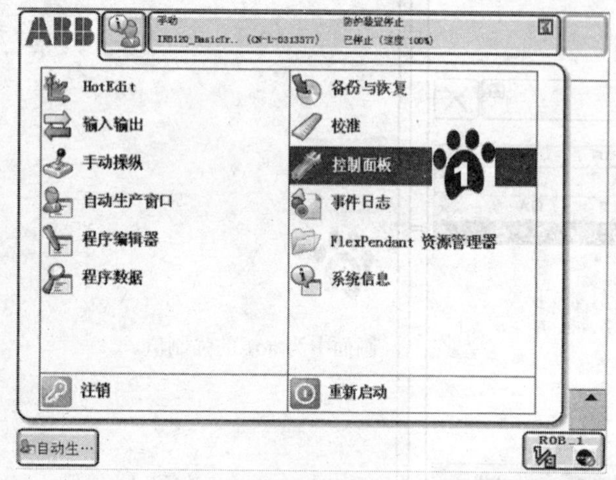

选择“控制面板”。

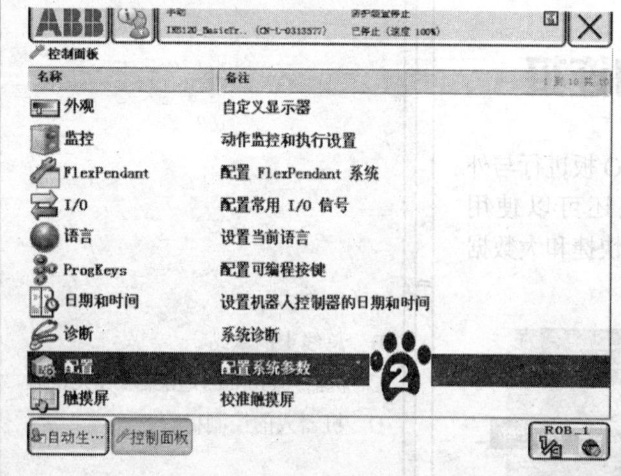

选择“配置”。

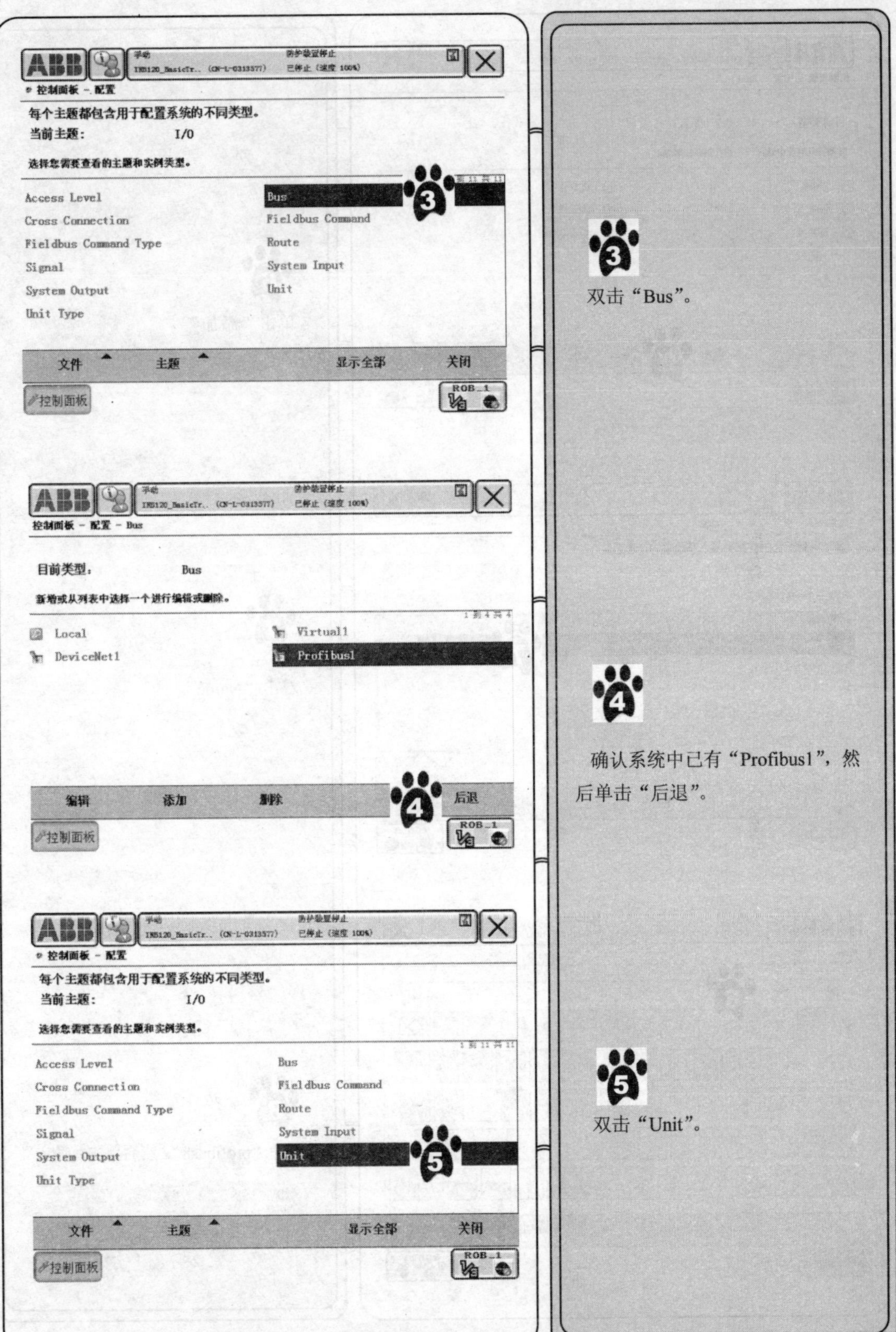

3

双击“Bus”。

4

确认系统中已有“Profibus1”，然后单击“后退”。

5

双击“Unit”。

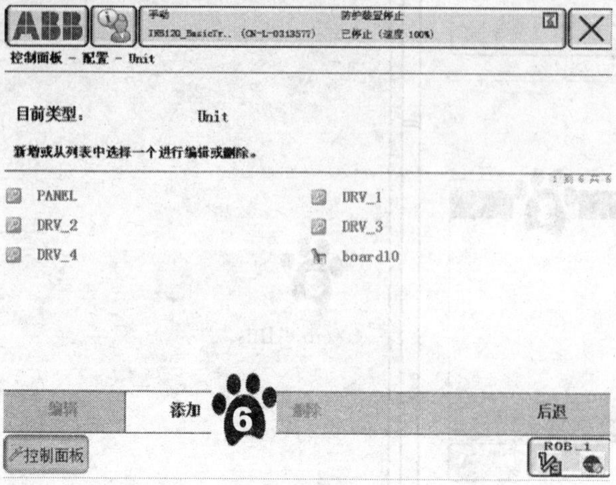

6 单击“添加”。

7 双击“Name”。

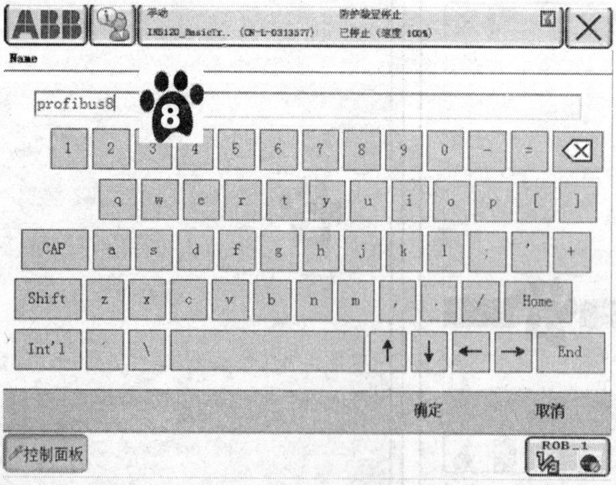

8 输入“profibus8”，然后单击“确定”。

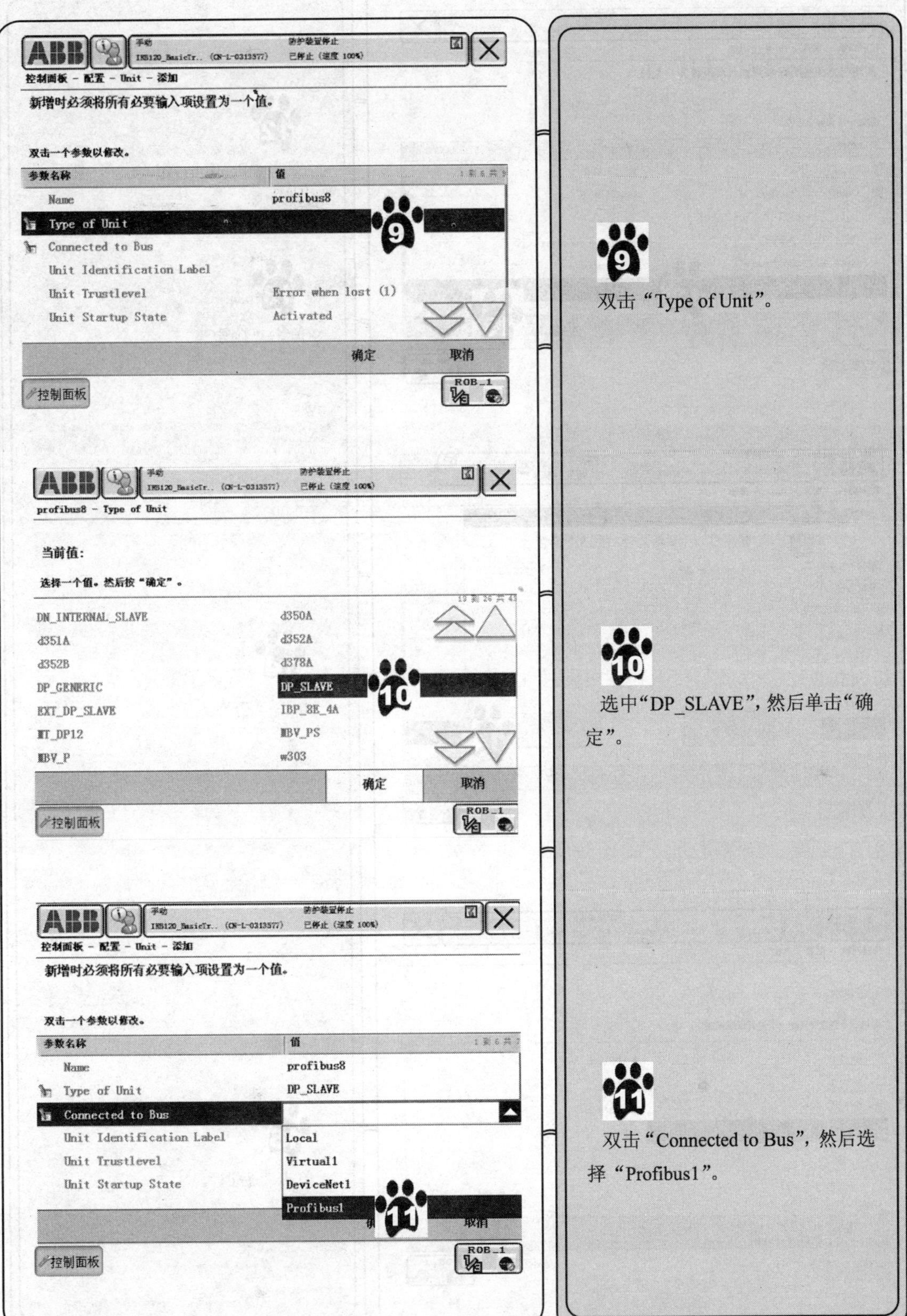

9

双击“Type of Unit”。

10

选中“DP_SLAVE”，然后单击“确定”。

11

双击“Connected to Bus”，然后选择“Profibus1”。

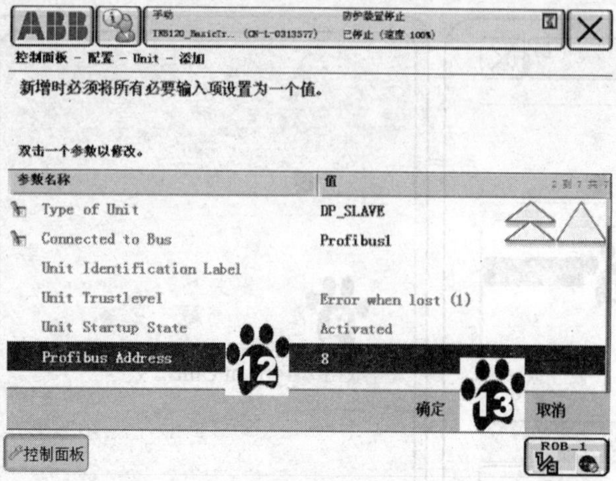

12

双击“Profibus Address”，然后设定为“8”。

13

单击“确定”。

14

单击“否”。

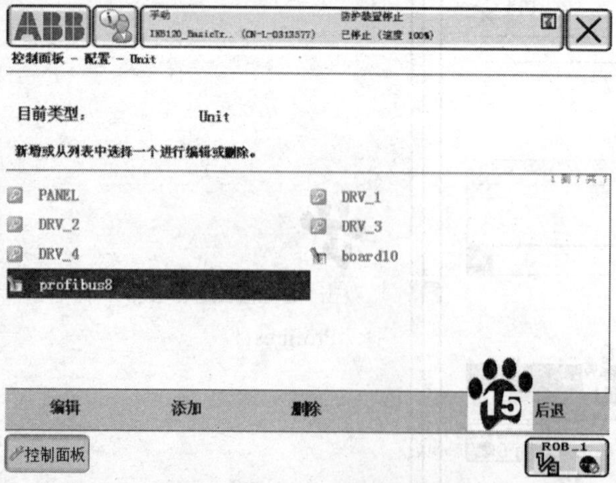

15

单击“后退”。

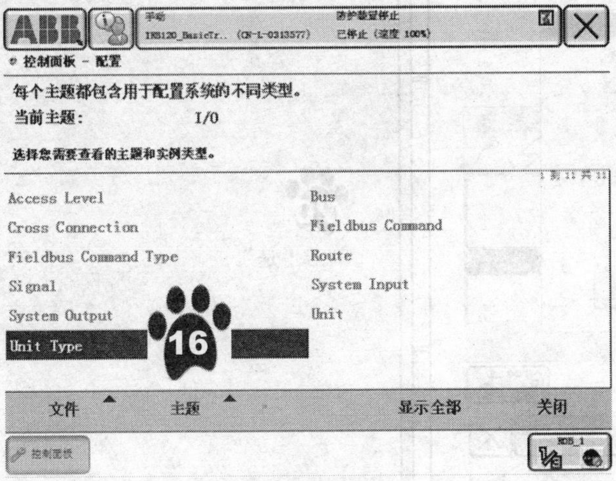

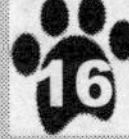

16

双击“Unit Type”。

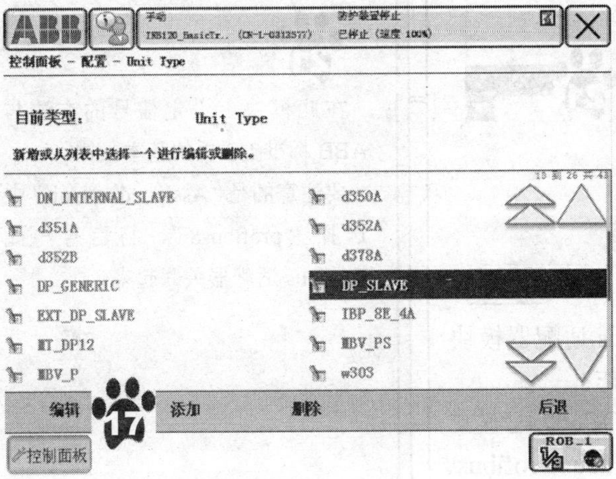

17

选中“DP_SLAVE”，然后单击“编辑”。

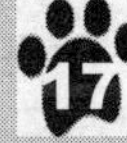

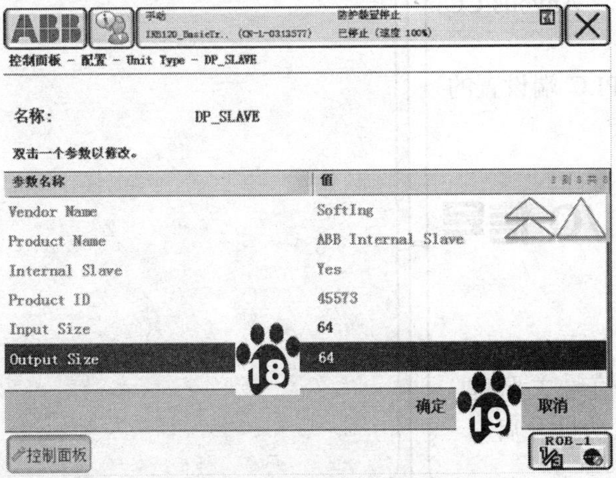

18

将“Input Size”和“Output Size”设定为 64。这样，数字输入信号为 512 个，数字输出信号为 512 个。

19

单击“确定”。

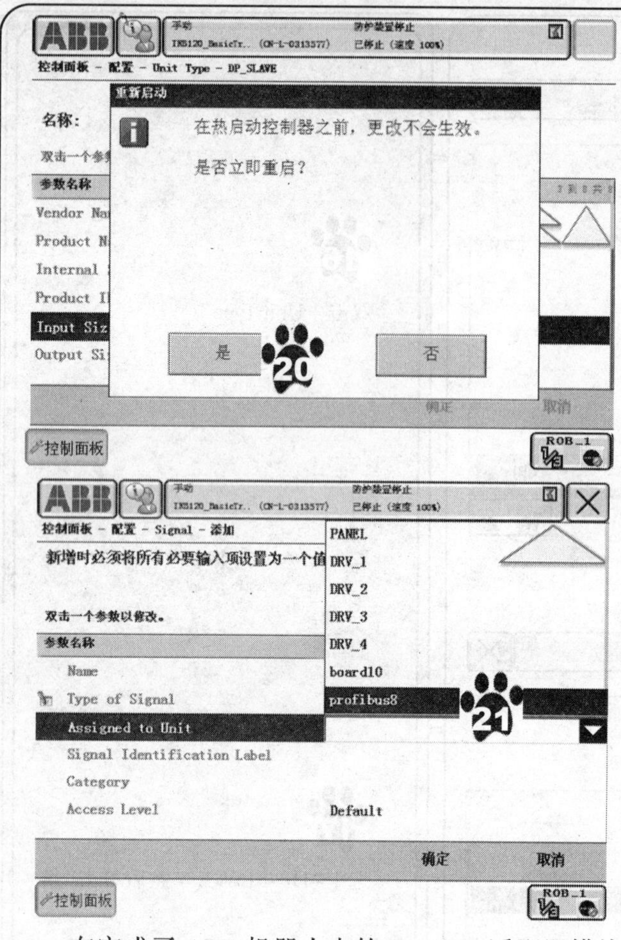

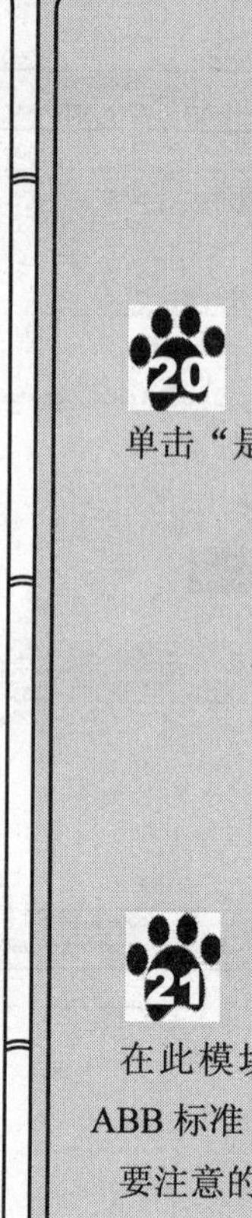

20 单击“是”。

21 在此模块上设定信号的方法与ABB标准I/O板的基本一样。

要注意的是“Assigned to Unit”中选择“profibus8”，将信号与此Profibus适配器关联起来。

在完成了ABB机器人上的Profibus适配器模块设定以后，请在PLC端完成相关的操作：

1）将ABB机器人随机光盘的DSQC667配置文件（路径为\RobotWare 5.13\Utility\Fieldbus\Profibus\GSD\HMS_1811.GSD）在PLC的组态软件中打开。

2）在PLC的组态软件中找到“Anybus-CC PROFIBUS DP-V1”。

3）ABB机器人中设置的信号与PLC端设置的信号是一一对应的。

3.6 系统输入/输出与I/O信号的关联

将数字输入信号与系统的控制信号关联起来，就可以对系统进行控制（例如电动机开启、程序启动等）。

系统的状态信号也可以与数字输出信号关联起来，将系统的状态输出给外围设备，以作控制之用。

下面就介绍建立系统输入/输出与 I/O 信号关联的操作步骤。

1. 建立系统输入“电动机开启”与数字输入信号 di1 的关联

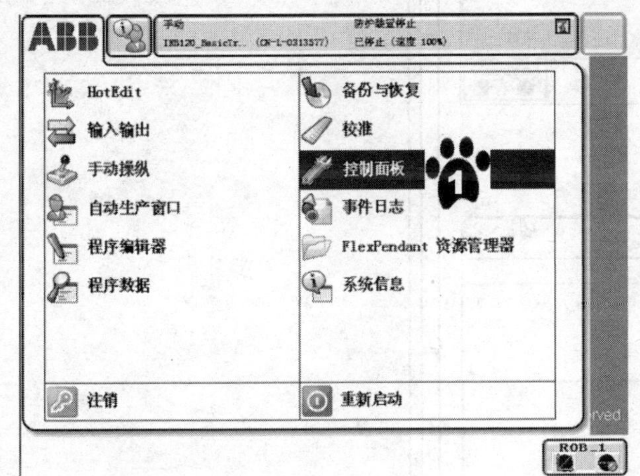

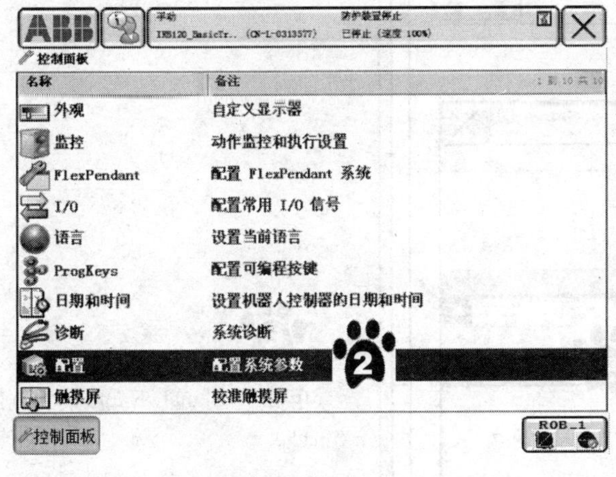

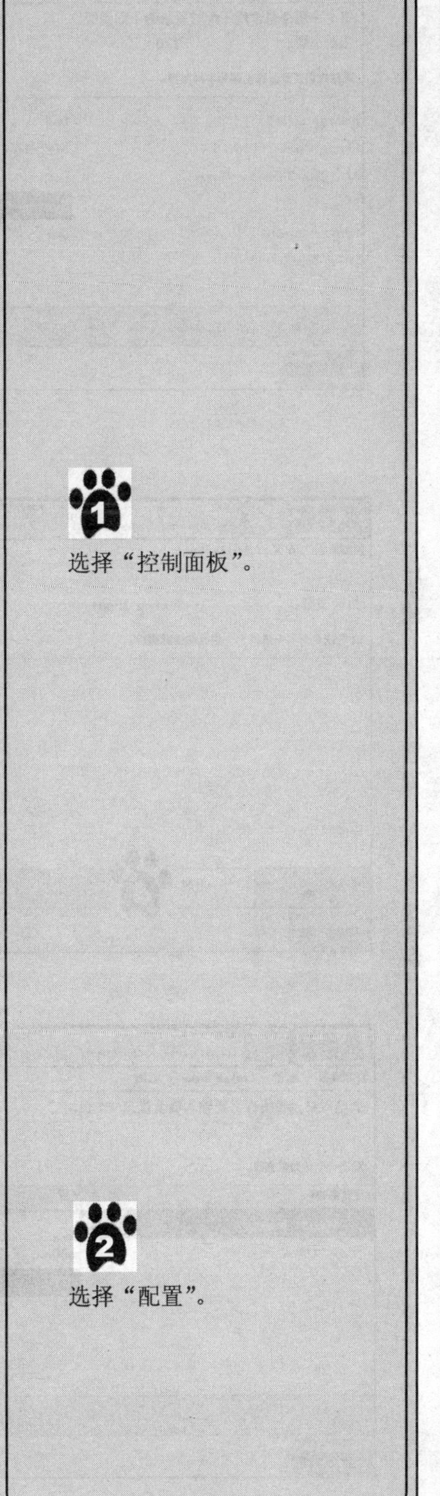

选择“控制面板”。

选择“配置”。

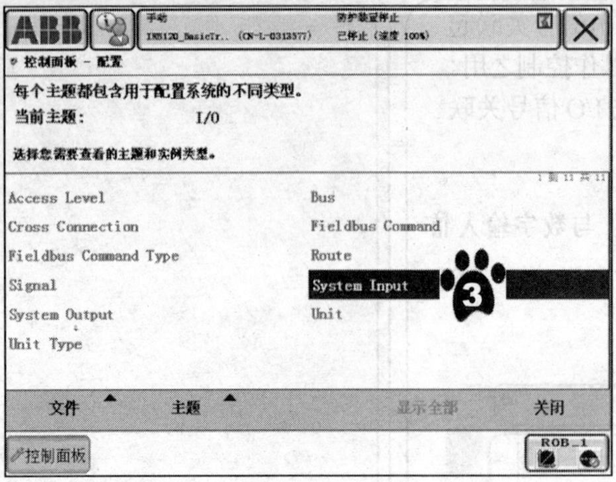

3

双击“System Input”。

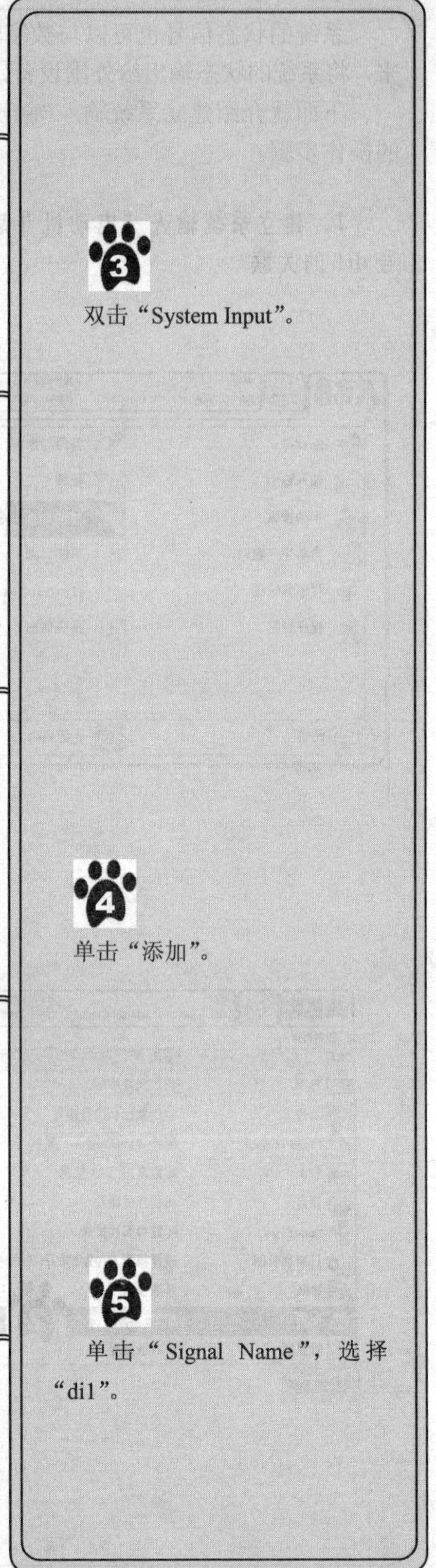

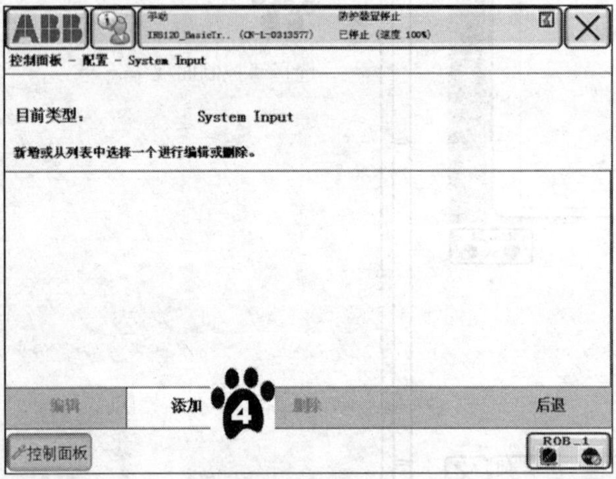

4

单击“添加”。

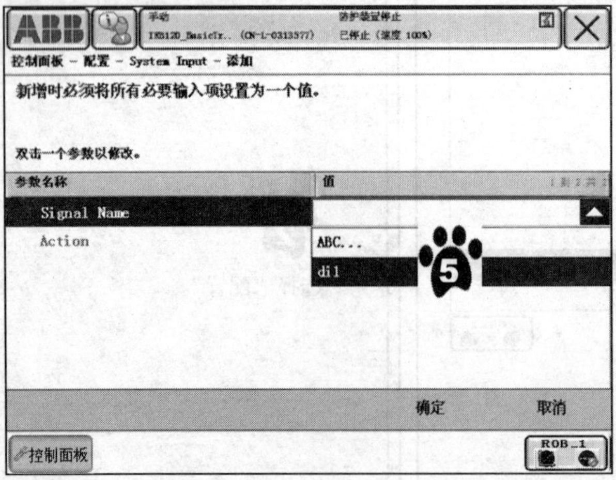

5

单击“Signal Name”，选择“di1”。

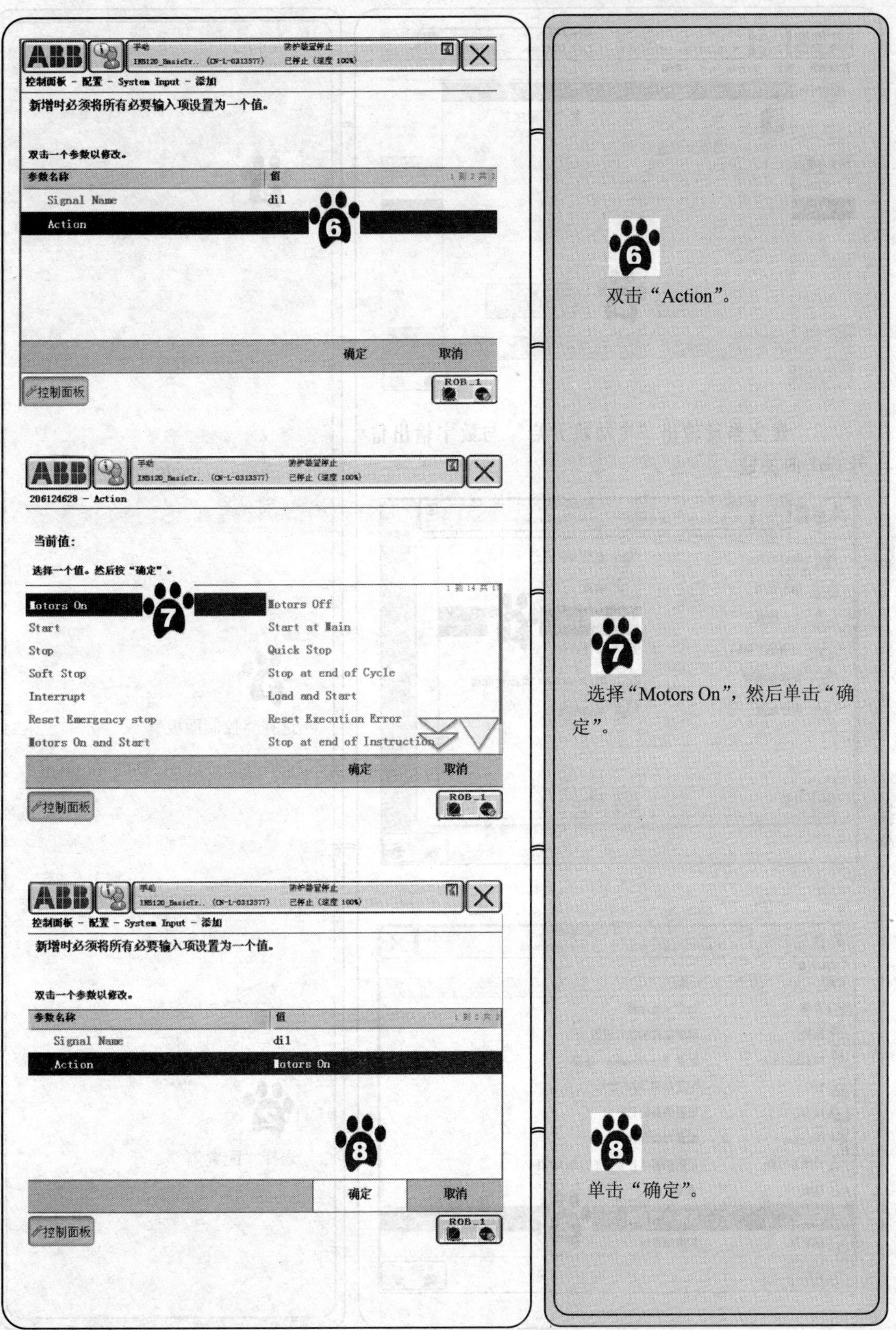

6

双击“Action”。

7

选择“Motors On”，然后单击“确定”。

8

单击“确定”。

9

单击“是”，完成设定。

2. 建立系统输出“电动机开启”与数字输出信号 do1 的关联

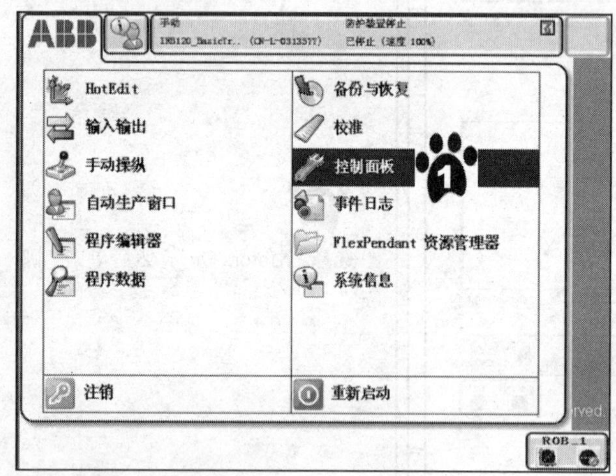

1

选择“控制面板”。

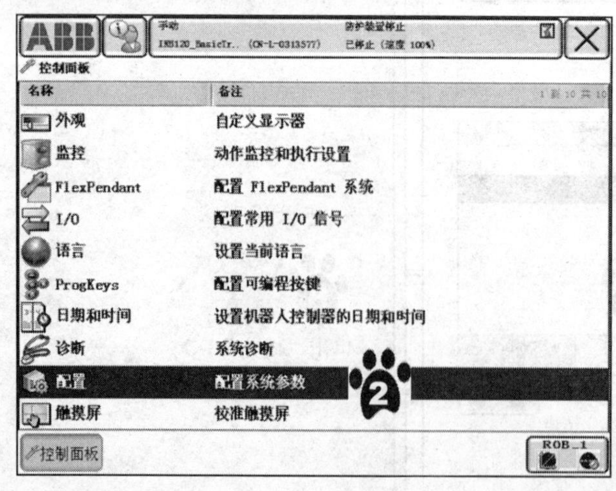

2

选择“配置”。

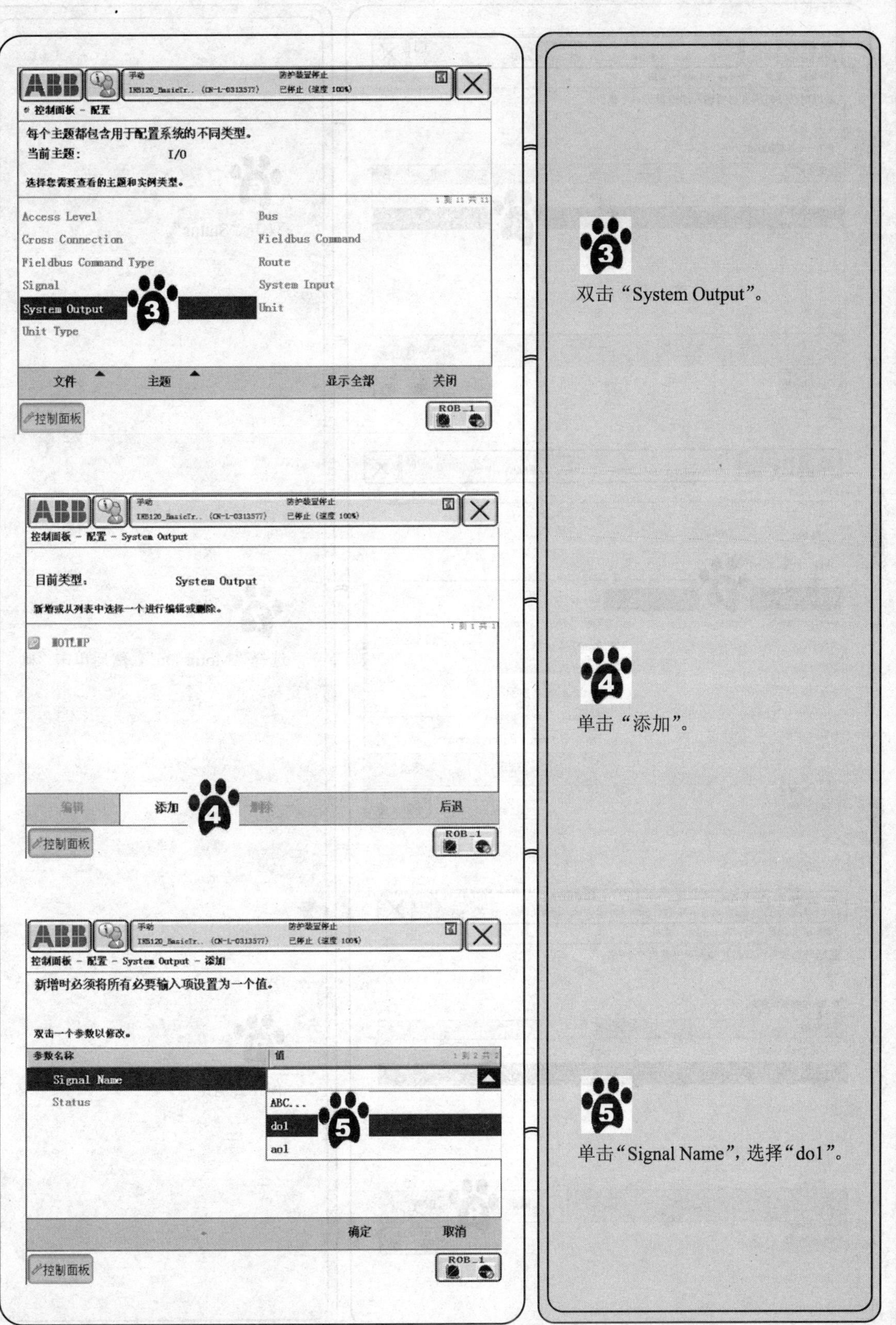

3

双击“System Output”。

4

单击“添加”。

5

单击“Signal Name”，选择“do1”。

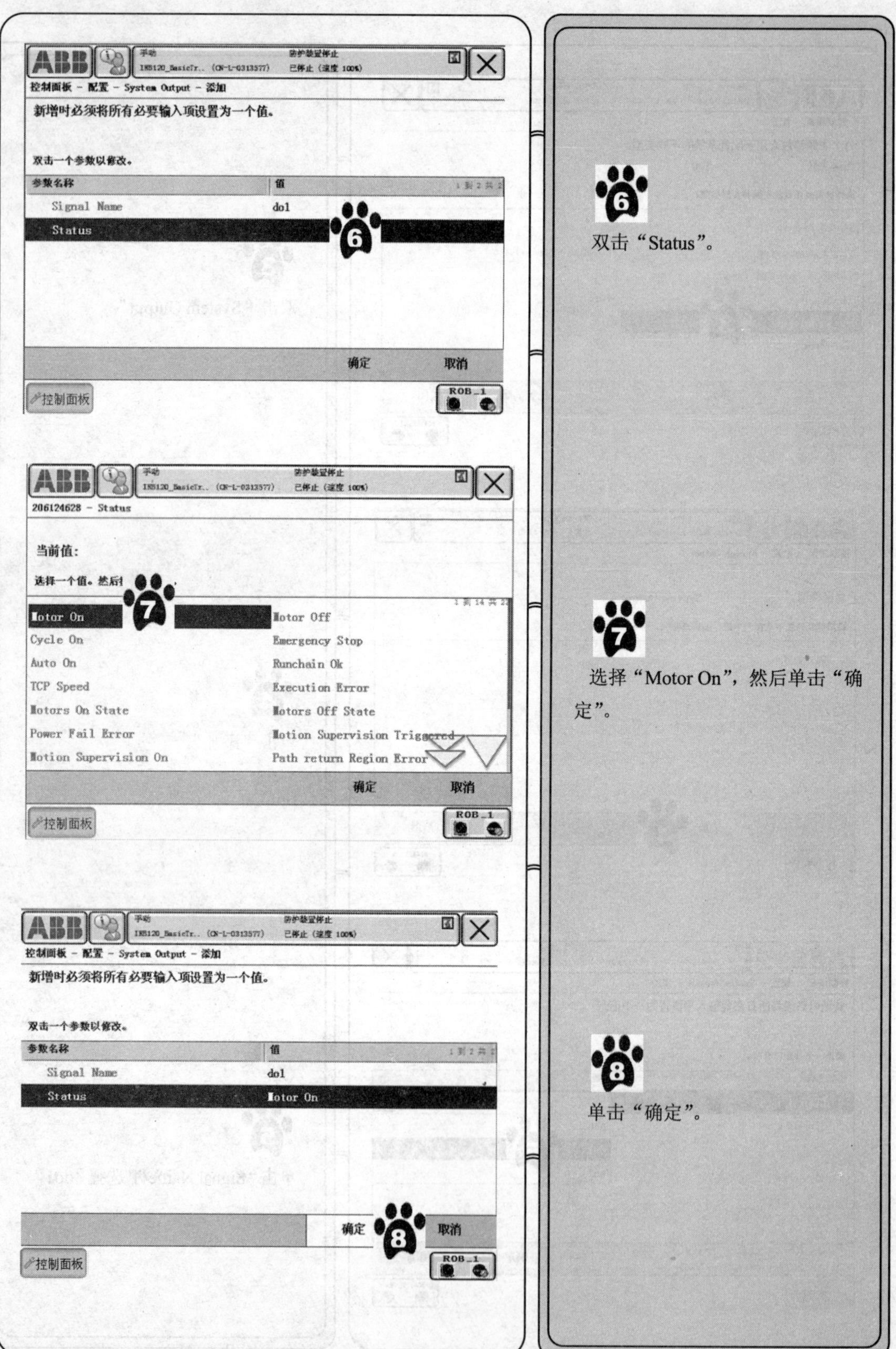

6

双击“Status”。

7

选择“Motor On”，然后单击“确定”。

8

单击“确定”。

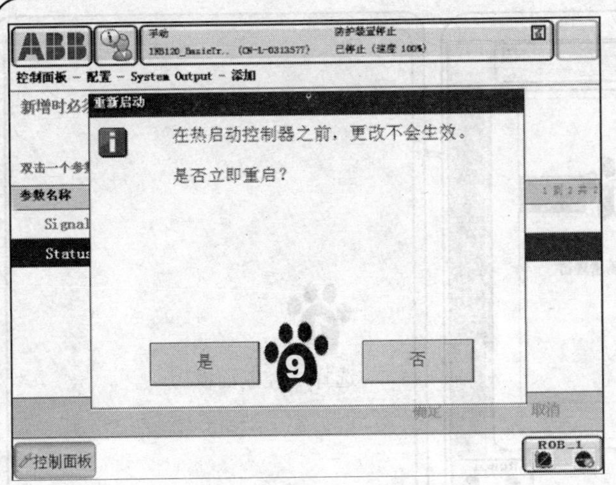

单击“是”，完成设定。

关于系统输入/输出的定义详情，请查看 ABB 机器人随机光盘说明书。

3.7 示教器可编程按键的使用

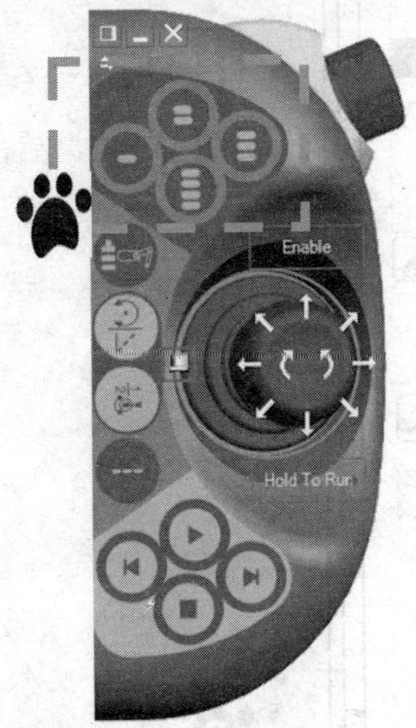

在示教器上的可编程按键。

可以为可编程按键分配想快捷控制的 I/O 信号，以方便对 I/O 信号进行强制与仿真操作。

为可编程按键 1 配置数字输出信号 do1 的操作如下：

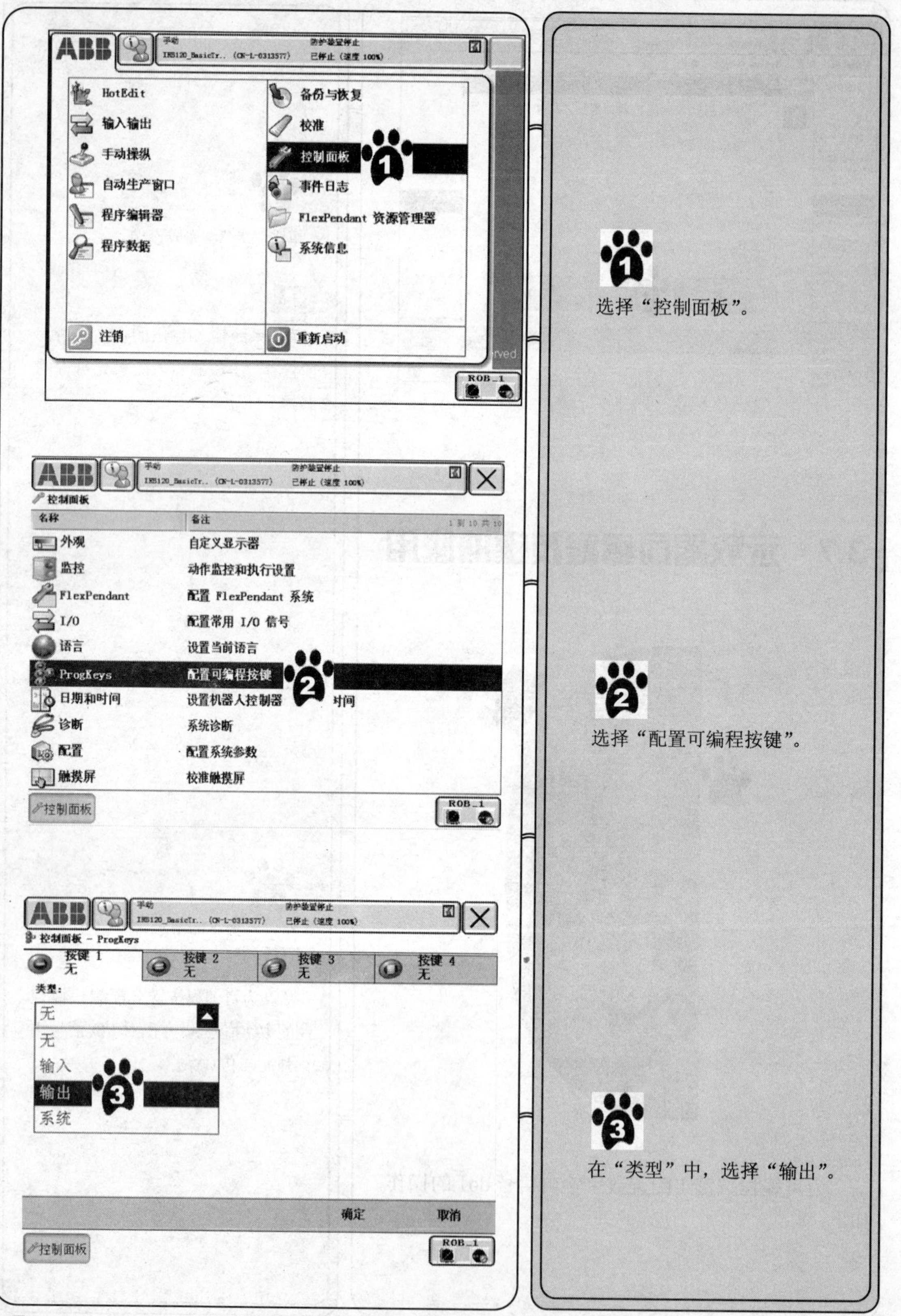

1 选择“控制面板”。

2 选择“配置可编程按键”。

3 在“类型”中，选择“输出”。

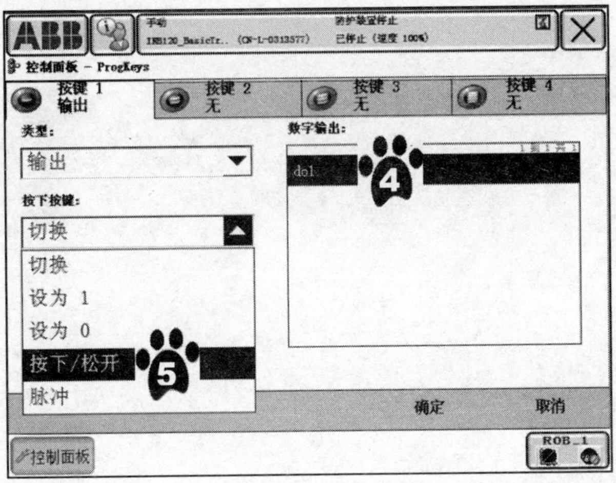

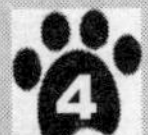

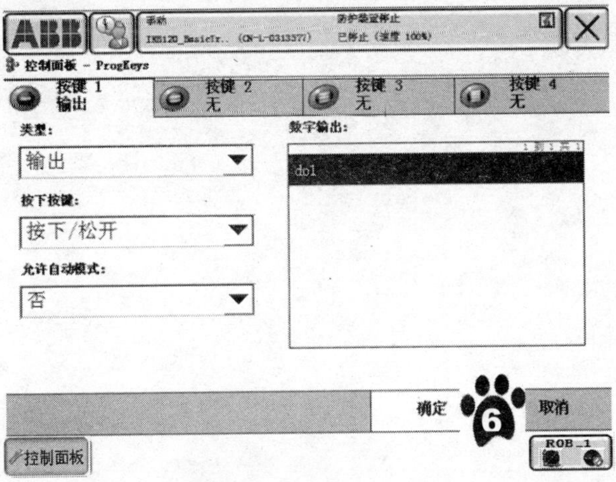

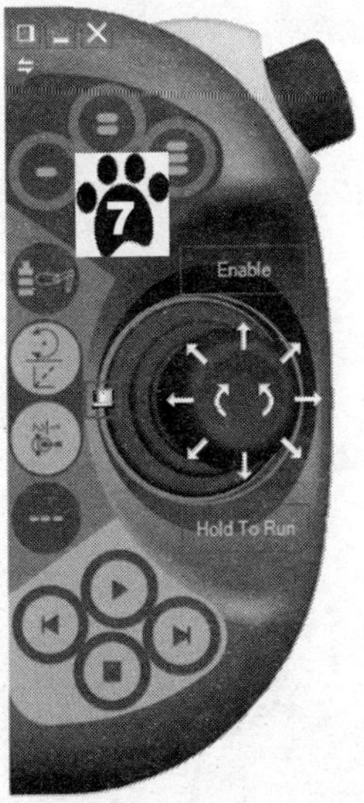

4

选中“do1”。

5

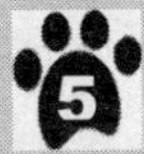

在“按下按键”中选择“按下/松开”。也可以根据实际需要选择按键的动作特性。

6

单击“确定”，完成设定。

7

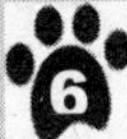

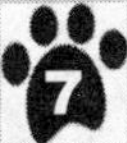

现在，就可以通过可编程按键 1 在手动状态下对 do1 进行强制的操作。

第4章 ABB机器人的程序数据

- 了解什么是程序数据
- 建立程序数据的操作
- 程序数据的类型与分类
- tooldata、wobjdata、loaddata的设定

4.1 程序数据

程序数据是在程序模块或系统模块中设定的值和定义的一些环境数据。创建的程序数据由同一个模块或其它模块中的指令进行引用。如图 4-1 所示，虚线框中是一条常用的机器人关节运动的指令（MoveJ），调用了四个程序数据。

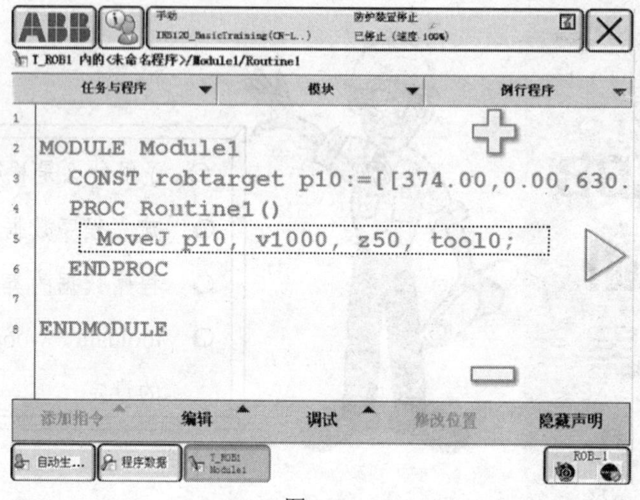

图 4-1

图 4-1 中所使用的程序数据的说明见表 4-1。

表 4-1

程 序 数 据	数 据 类 型	说　　明
p10	robtarget	机器人运动目标位置数据
v1000	speeddata	机器人运动速度数据
z50	zonedata	机器人运动转弯数据
tool0	tooldata	机器人工具数据 TCP

4.2 建立程序数据的操作

程序数据的建立一般可以分为两种形式，一种是直接在示教器中的程序数据画面中建立程序数据；另一种是在建立程序指令时，同时自动生成对应的程序数据。

本节将介绍直接在示教器的程序数据画面中建立程序数据的方法。下面以建立布尔数据（bool）和数字数据（num）为例子进行说明。

4.2.1　建立程序数据 bool

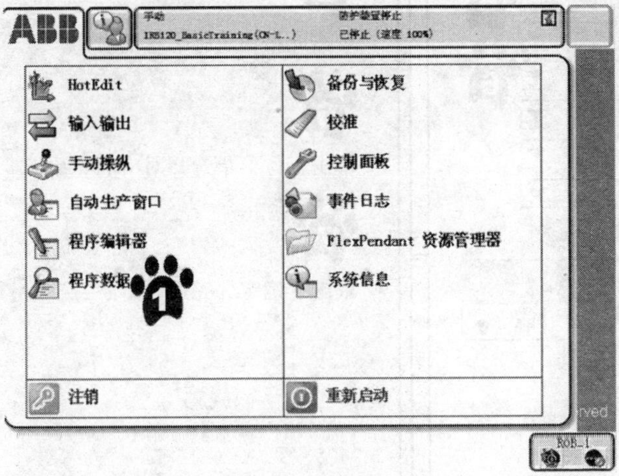

1 选择"程序数据"。

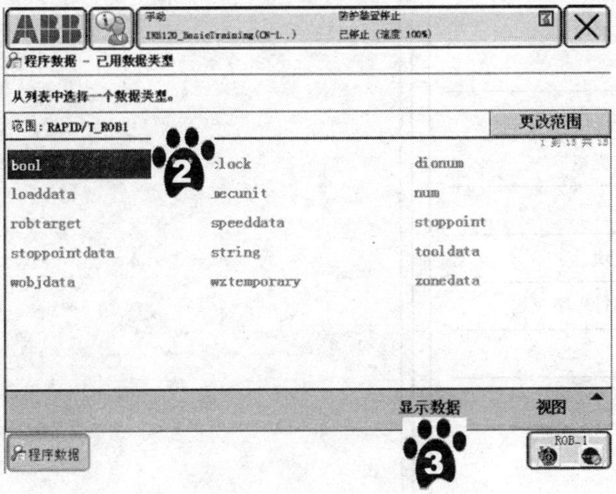

2 选择数据类型"bool"。

3 单击"显示数据"。

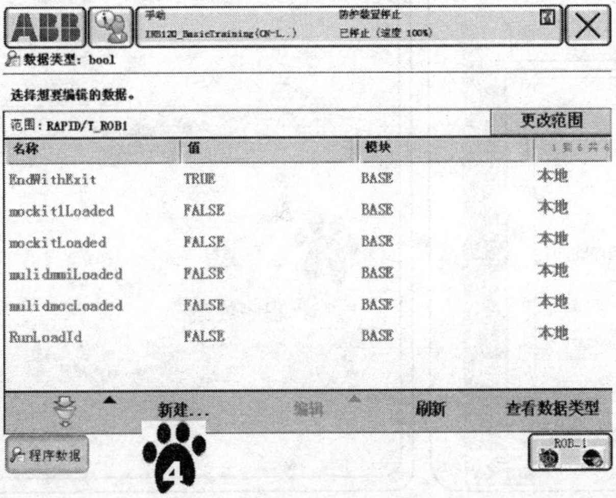

4 单击"新建..."。

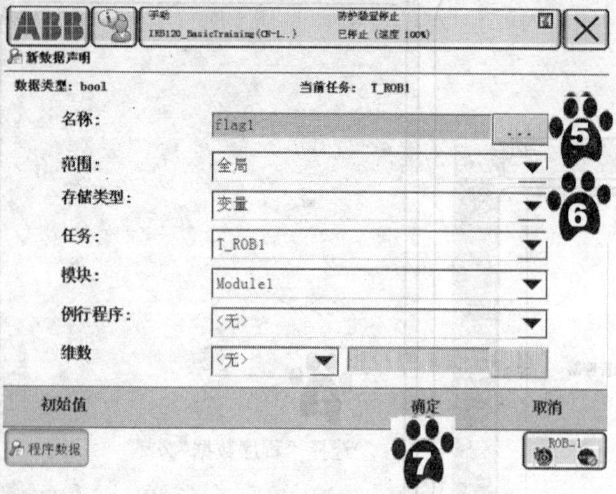

5

单击此按钮进行名称的设定。

6

单击下拉菜单选择对应的参数。

7

单击“确定”完成设定。

数据设定参数及说明见表 4-2。

表 4-2

数据设定参数	说　明
名称	设定数据的名称
范围	设定数据可使用的范围
存储类型	设定数据的可存储类型
任务	设定数据所在的任务
模块	设定数据所在的模块
例行程序	设定数据所在的例行程序
维数	设定数据的维数
初始值	设定数据的初始值

4.2.2 建立程序数据 num

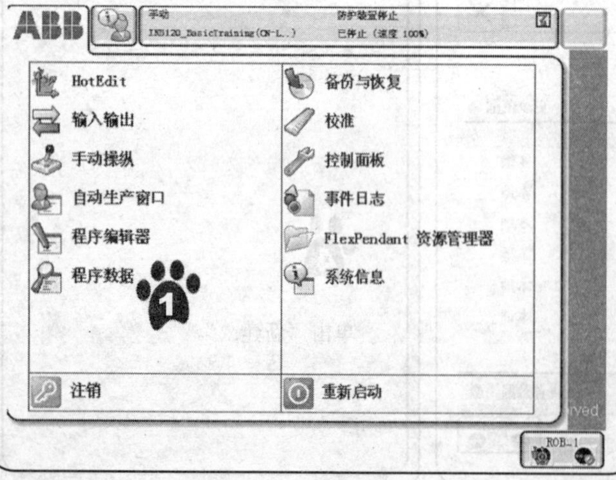

1

选择“程序数据”。

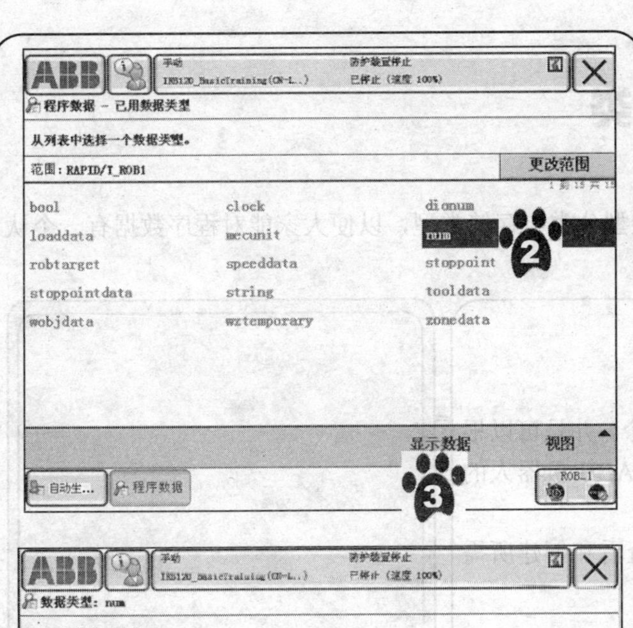

选择数据类型“num”。

单击“显示数据”。

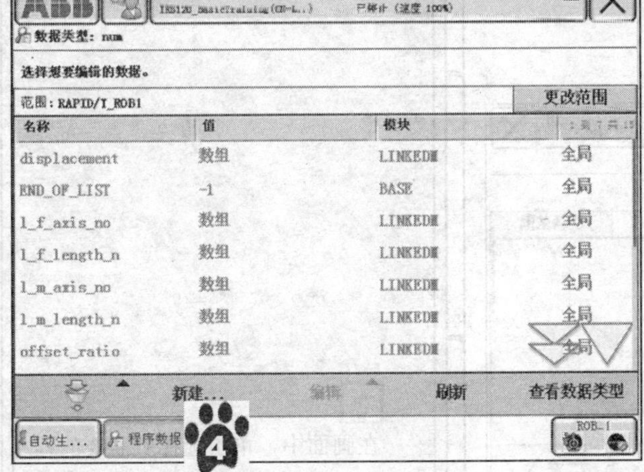

单击“新建...”。

单击此按钮进行名称的设定。

单击下拉菜单选择对应的参数。

单击“确定”完成设定。

至此，大家就掌握了建立程序数据的基本方法，以及相关参数的定义与设定方法。

4.3 程序数据类型与分类

在这里，给大家介绍程序数据的类型分类与存储类型，以便大家能对程序数据有一个认识，并能根据实际的需要选择程序数据。

4.3.1 程序数据的类型分类

ABB 机器人的程序数据共有 76 个，并且可以根据实际情况进行程序数据的创建，为 ABB 机器人的程序设计带来了无限的可能。

在示教器的“程序数据”窗口可查看和创建所需要的程序数据（图 4-2）。

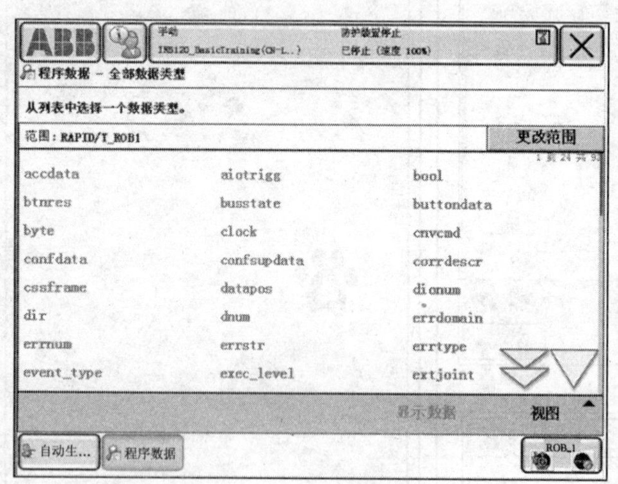

图 4-2

在画面中，单击选择所需要的程序数据进行查看与创建的相关操作。

以下就一些常用的程序数据进行详细的说明，为下一步程序编程做好准备。

4.3.2 程序数据的存储类型

1．变量 VAR

变量型数据在程序执行的过程中和停止时，会保持当前的值。但如果程序指针被移到主程序后，数值会丢失。

举例说明：

VAR num length：=0；名称为 length 的数字数据

VAR string name：=“John”；名称为 name 的字符数据

VAR bool finished：=FALSE；名称为 finished 的布尔量数据

在程序编辑窗口中的显示如图 4-3 所示。

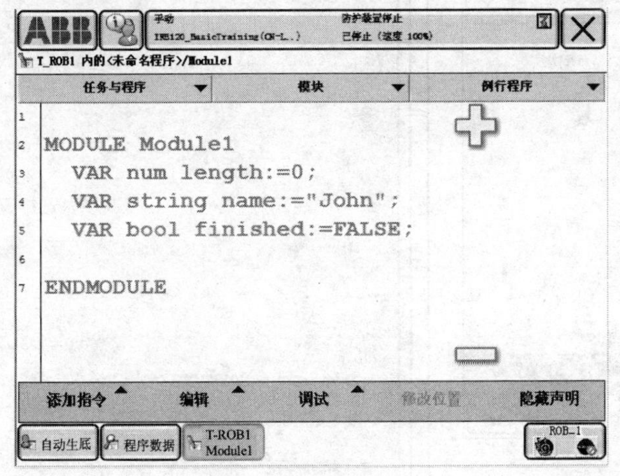

图 4-3

在机器人执行的 RAPID 程序中也可以对变量存储类型程序数据进行赋值的操作，如图 4-4 所示。

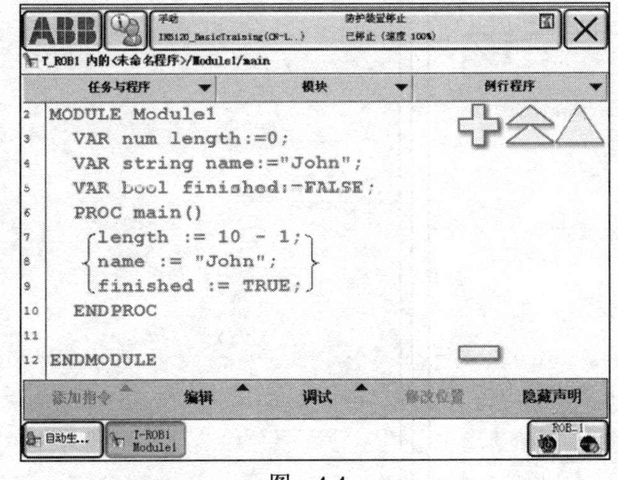

图 4-4

2．可变量 PERS

可变量最大的特点是，无论程序的指针如何，都会保持最后赋予的值。

VAR 表示存储类型为变量。

num 表示程序数据类型。

在定义数据时，可以定义变量数据的初始值。如 length 的初始值为 0，name 的初始值为 John，finished 的初始值为 FALSE。

在程序中执行变量型程序数据的赋值，在指针复位后将恢复为初始值。

举例说明：

PERS num nbr：=1；名称为 nbr 的数字数据

PERS string text：= “Hello”；名称为 text 的字符数据

在程序编辑窗口中的显示如图 4-5 所示。

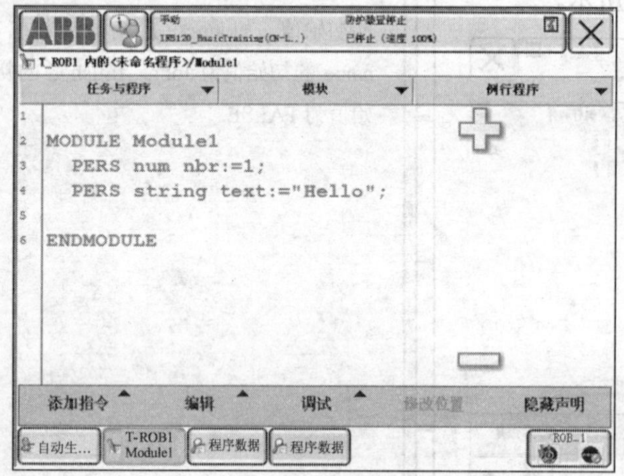

图 4-5

在机器人执行的 RAPID 程序中也可以对可变量存储类型程序数据进行赋值的操作，如图 4-6 所示。

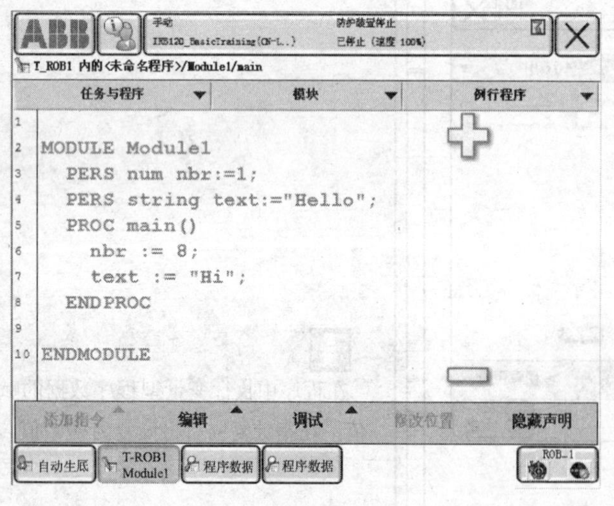

图 4-6

在程序执行以后，赋值的结果会一直保持，直到对其进行重新赋值，如图 4-7 所示。

PERS 表示存储类型为可变量。

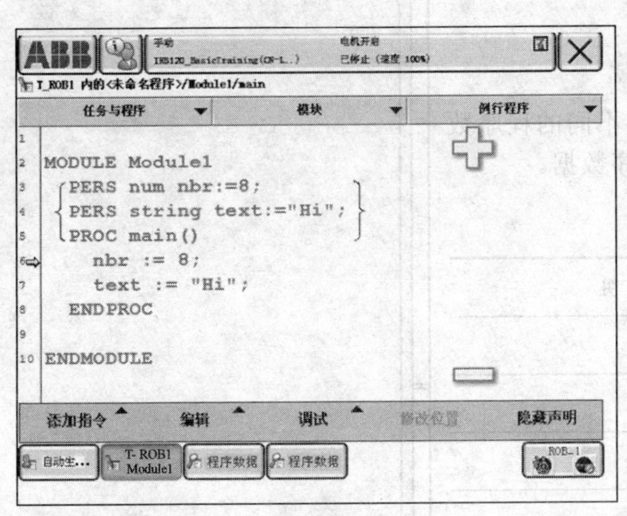

图　4-7

3．常量 CONST

常量的特点是在定义时已赋予了数值，并不能在程序中进行修改，除非手动修改。

举例说明：

CONST num gravity：=9.81；名称为 gravity 的数字数据

CONST string greating：="Hello"；名称为 greating 的字符数据

在程序编辑窗口中的显示如图 4-8 所示。

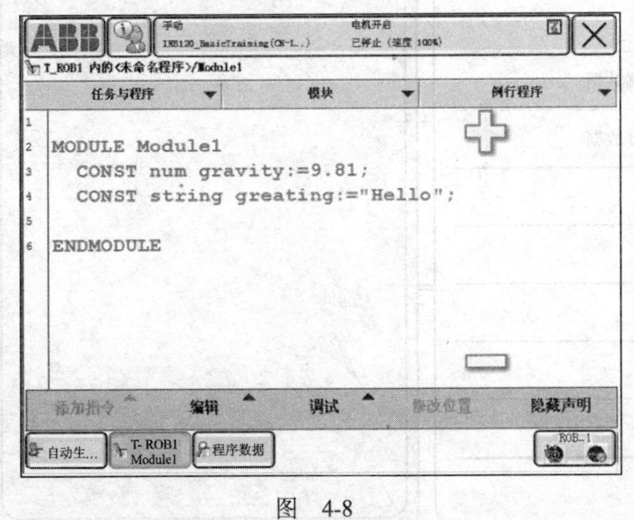

图　4-8

存储类型为常量的程序数据，不允许在程序中进行赋值的操作。

4.3.3 常用的程序数据

根据不同的数据用途，定义了不同的程序数据。表 4-3 是机器人系统常用的程序数据。

表 4-3

程序数据	说明
bool	布尔量
byte	整数数据 0～255
clock	计时数据
dionum	数字输入/输出信号
extjoint	外轴位置数据
intnum	中断标志符
jointtarget	关节位置数据
loaddata	负荷数据
mecunit	机械装置数据
num	数值数据
orient	姿态数据
pos	位置数据（只有 X、Y 和 Z）
pose	坐标转换
robjoint	机器人轴角度数据
robtarget	机器人与外轴的位置数据
speeddata	机器人与外轴的速度数据
string	字符串
tooldata	工具数据
trapdata	中断数据
wobjdata	工件数据
zonedata	TCP 转弯半径数据

系统中还有针对一些特殊功能的程序数据，在对应的功能说明书中会有相应的详细介绍，请查看随机光盘电子版说明书。

也可以根据需要新建程序数据类型。

4.4 三个关键程序数据的设定

在进行正式的编程之前，就需要构建起必要的编程环境，其中有三个必须的程序数据（工具数据 tooldata、工件坐标 wobjdata、负荷数据 loaddata）就需要在编程前进行定义。下面介绍这三个程序数据的设定方法。

4.4.1 工具数据 tooldata 的设定

工具数据 tooldata 用于描述安装在机器人第六轴上的工具的 TCP、质量、重心等参数数据。

一般不同的机器人应用配置不同的工具，比如说弧焊的机器人就使用弧焊枪作为工具，而用于搬运板材的机器人就会使用吸盘式的夹具作为工具，如图 4-9 所示。

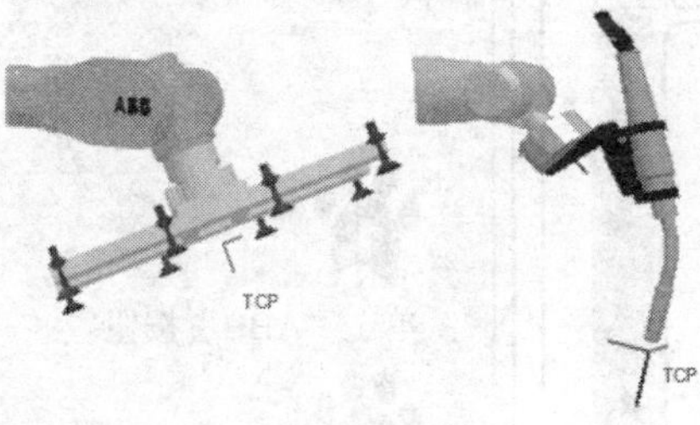

图 4-9

默认工具（tool0）的工具中心点（Tool Center Ponit）位于机器人安装法兰的中心，如图 4-10 所示。图中的 A 点就是原始的 TCP 点。

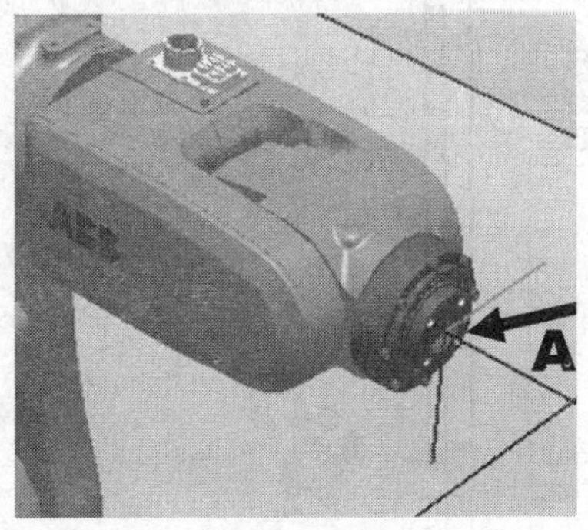

图 4-10

TCP 的设定原理如下：

1）首先在机器人工作范围内找一个非常精确的固定点作为参考点。

执行程序时，机器人将 TCP 移至编程位置。这意味着，如果要更改工具以及工具坐标系，机器人的移动将随之更改，以便新的 TCP 到达目标。

所有机器人在手腕处都有一个预定义工具坐标系，该坐标系被称为 tool0。这样就能将一个或多个新工具坐标系定义为 tool0 的偏移值。

2）然后在工具上确定一个参考点（最好是工具的中心点）。

3）用之前介绍的手动操纵机器人的方法，去移动工具上的参考点，以四种以上不同的机器人姿态尽可能与固定点刚好碰上。为了获得更准确的TCP，在以下的例子中使用六点法进行操作，第四点是用工具的参考点垂直于固定点，第五点是工具参考点从固定点向将要设定为TCP的X方向移动，第六点是工具参考点从固定点向将要设定为TCP的Z方向移动。

4）机器人通过这四个位置点的位置数据计算求得TCP的数据，然后TCP的数据就保存在tooldata这个程序数据中被程序进行调用。

下面介绍建立一个新的工具数据tool1的操作：

TCP取点数量的区别：

4点法，不改变tool0的坐标方向。

5点法，改变tool0的Z方向。

6点法，改变tool0的X和Z方向（在焊接应用最为常用）。

前三个点的姿态相差尽量大些，这样有利于TCP精度的提高。

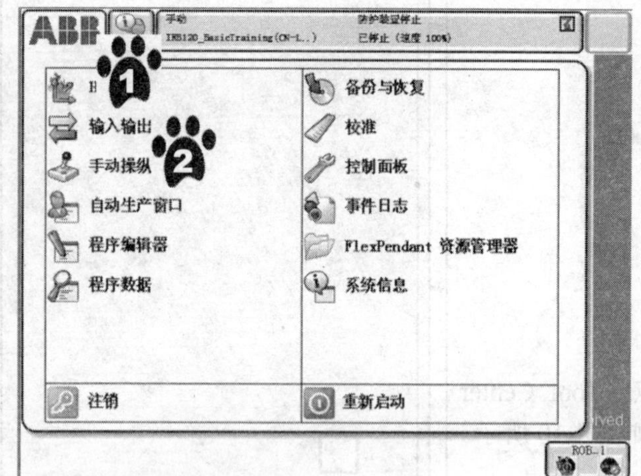

单击“ABB”按钮。

选择“手动操纵”。

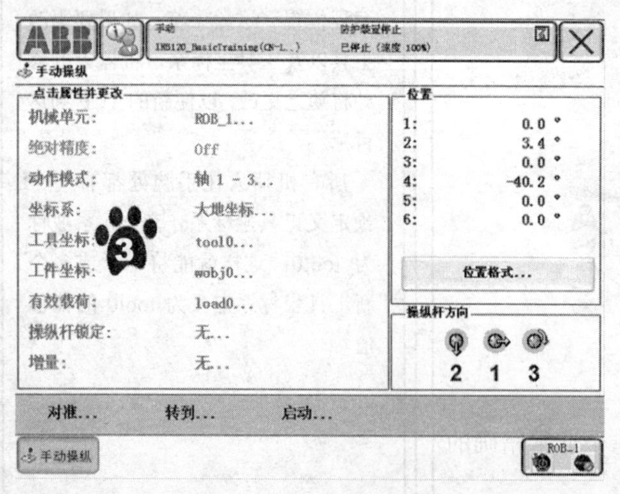

选择“工具坐标”。

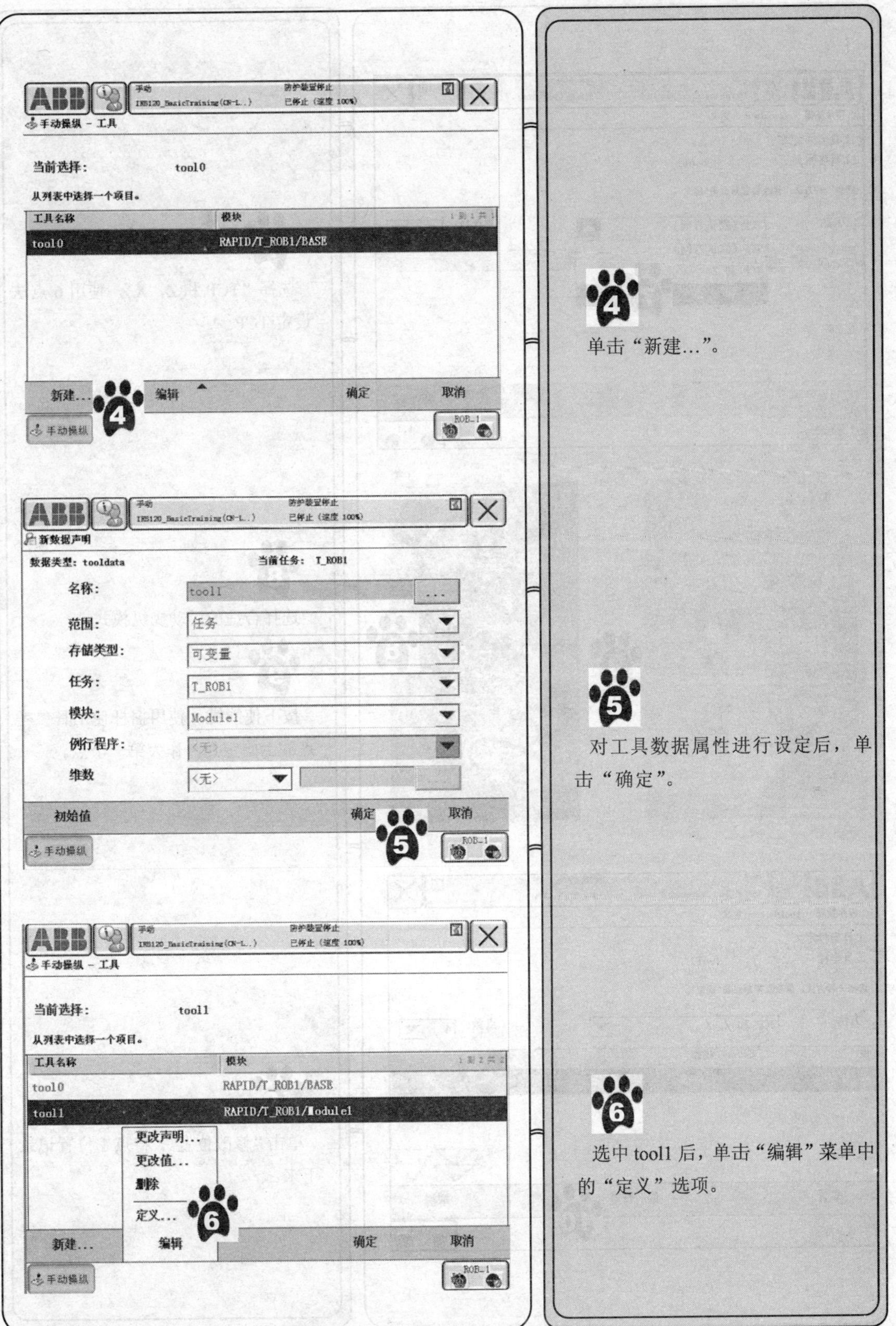

4

单击“新建...”。

5

对工具数据属性进行设定后，单击“确定”。

6

选中 tool1 后，单击“编辑”菜单中的“定义”选项。

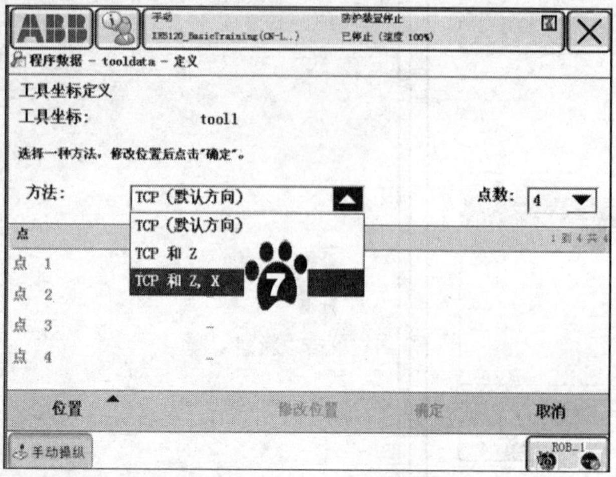

7

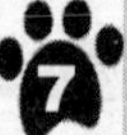

选择“TCP 和 Z，X”，使用 6 点法设定 TCP。

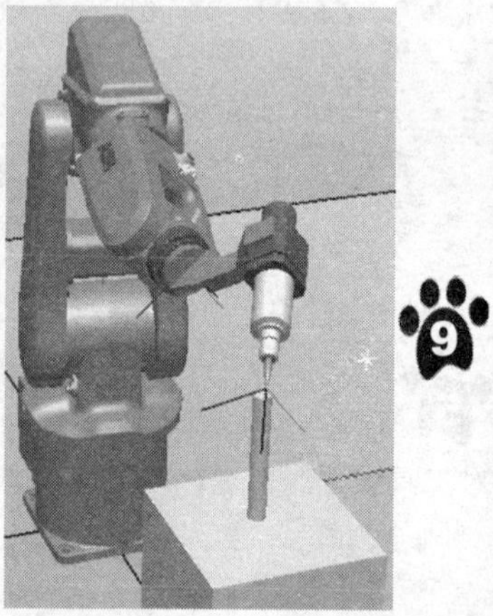

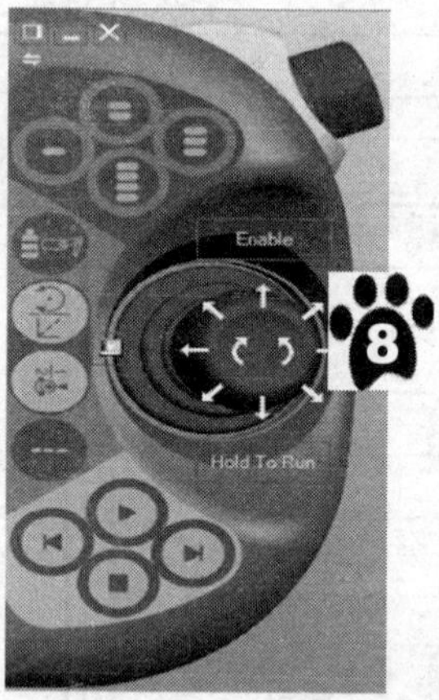

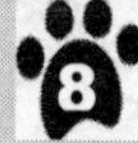

8

选择合适的手动操纵模式。

9

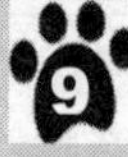

按下使能键，使用摇杆使工具参考点靠上固定点，作为第一个点。

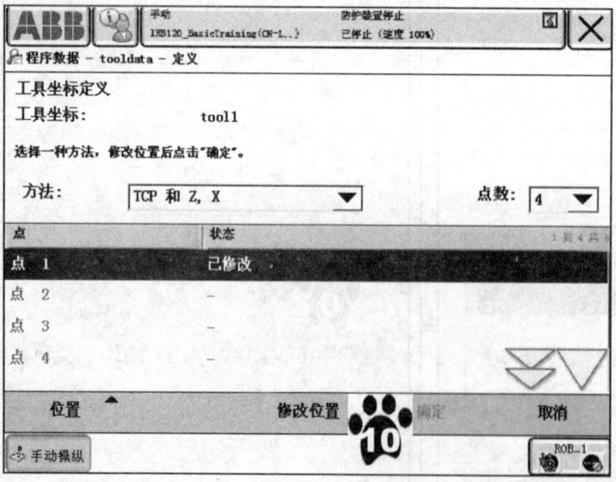

10

单击“修改位置”，将点 1 位置记录下来。

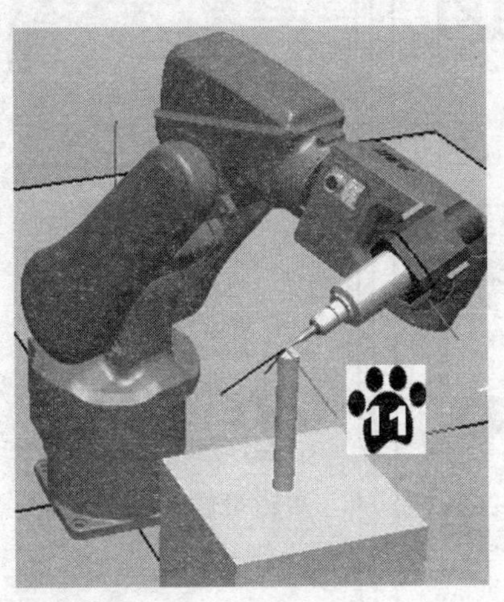

工具参考点以此姿态靠上固定点。

手动　IRB120_BasicTraining(CN-L...)　防护装置停止　已停止（速度 100%）

程序数据 - tooldata - 定义

工具坐标定义

工具坐标：　tool1

选择一种方法，修改位置后点击"确定"。

方法：　TCP 和 Z, X　　点数：　4

点	状态
点 1	已修改
点 2	已修改
点 3	-
点 4	-

位置　修改位置　确定　取消

手动操纵　ROB_1

单击“修改位置”，将点 2 位置记录下来。

工具参考点以此姿态靠上固定点。

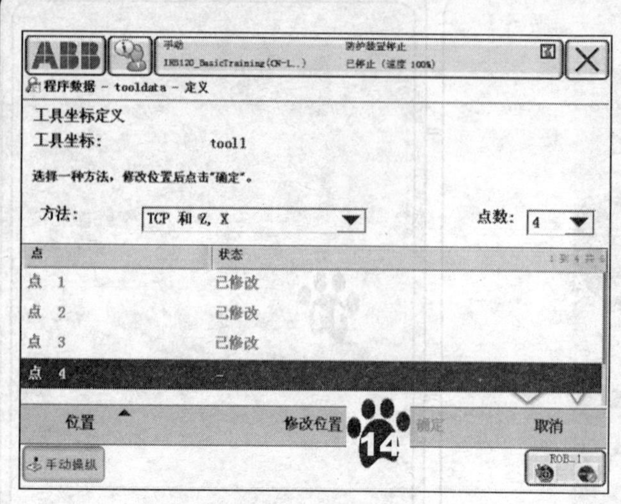

单击“修改位置”，将点 3 位置记录下来。

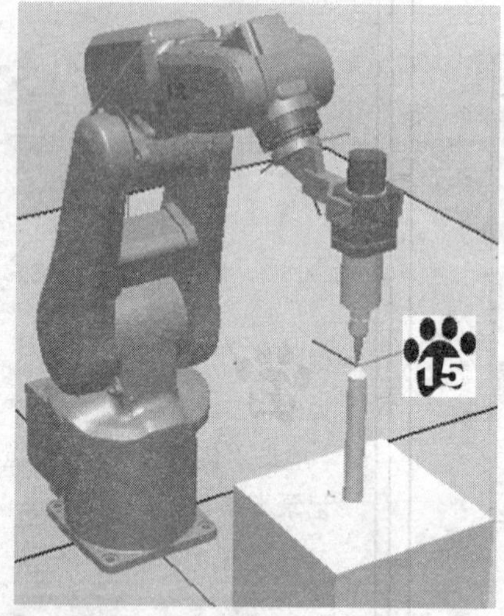

工具参考点以此姿态垂直靠上固定点。这是第 4 个点，工具参考点垂直于固定点。

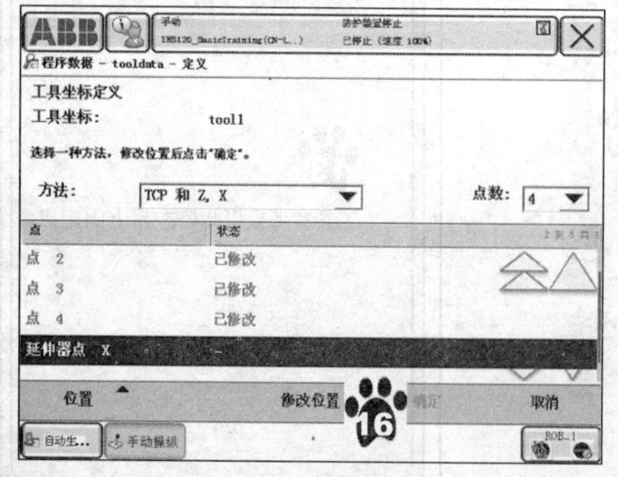

单击“修改位置”，将点 4 位置记录下来。

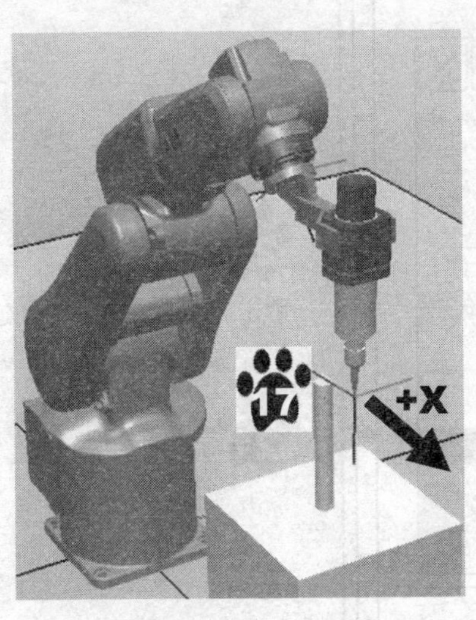

工具参考点以点 4 的姿态从固定点移动到工具 TCP 的+X 方向。

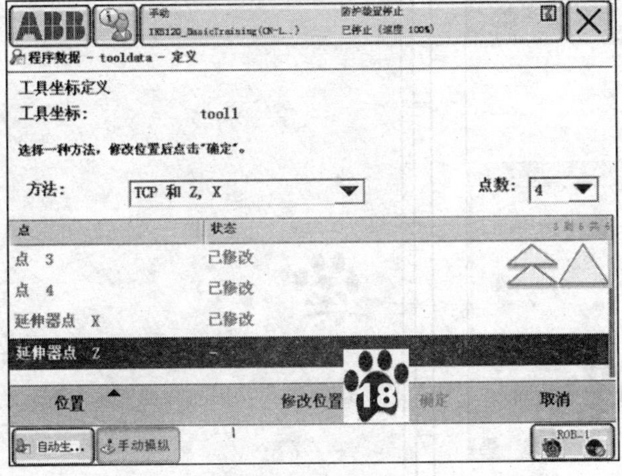

单击“修改位置”，将延伸器点 X 位置记录下来。

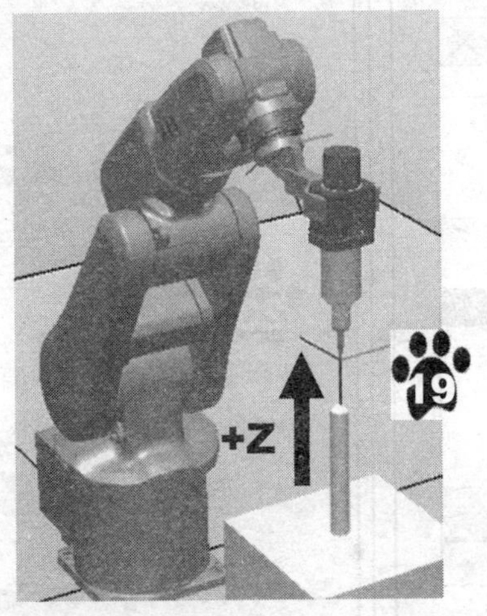

工具参考点以此姿态从固定点移动到工具 TCP 的+Z 方向。

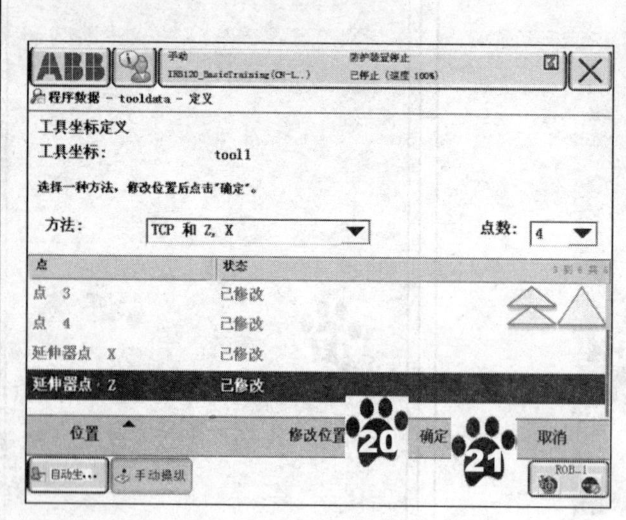

单击“修改位置”，将延伸器点 Z 位置记录下来。

单击“确定”完成设定。

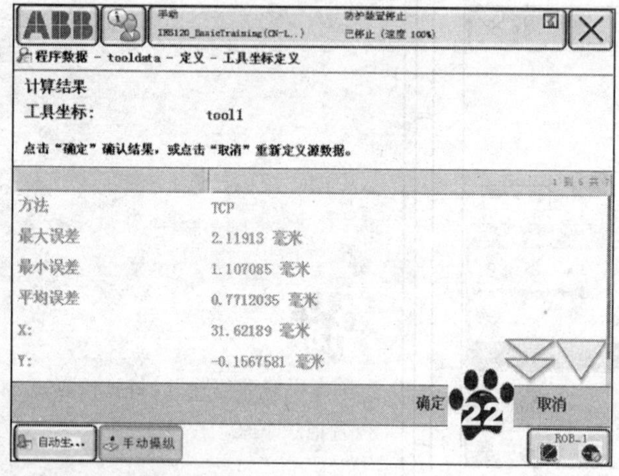

对误差进行确认，当然是越小越好了，但也要以实际验证效果为准。

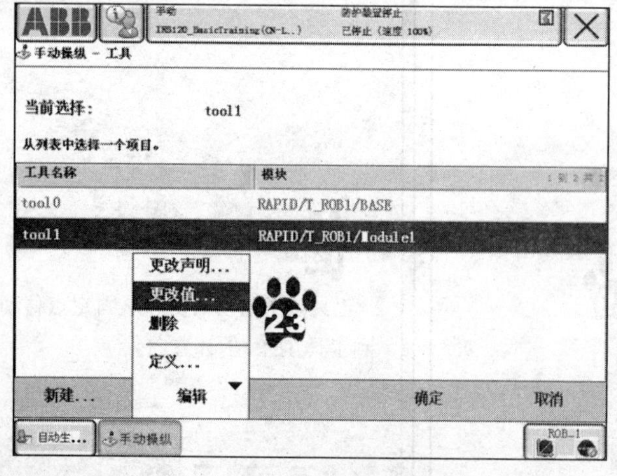

选中 tool1，然后打开编辑菜单选择“更改值”。

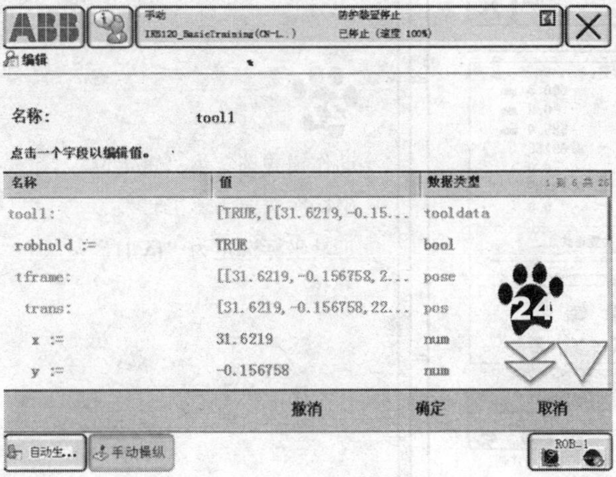

手动 IRB120_BasicTraining(CN-L...) 防护装置停止 已停止（速度 100%）

编辑

名称： tool1

点击一个字段以编辑值。

名称	值	数据类型
tool1:	[TRUE,[[31.6219,-0.15...	tooldata
robhold :=	TRUE	bool
tframe:	[[31.6219,-0.156758,2...	pose
trans:	[31.6219,-0.156758,22...	pos
x :=	31.6219	num
y :=	-0.156758	num

1 到 6 共 26

撤消 确定 取消

自动生... 手动操纵 ROB_1

单击箭头向下翻页。

手动 IRB120_BasicTraining(CN-L...) 防护装置停止 已停止（速度 100%）

编辑

名称： tool1

点击一个字段以编辑值。

名称	值	数据类型
mass :=	1	num
cog:	[-112,0,150]	pos
x :=	-112	num
y :=	0	num
z :=	150	num
aom:	[1,0,0,0]	orient

14 到 19 共 26

撤消 确定 取消

自动生... 手动操纵 ROB_1

此页面显示的内容就是 TCP 定义时生成的数据。

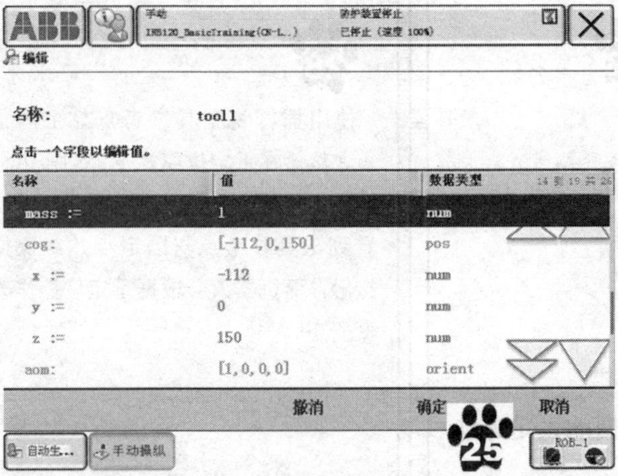

在此页面中，根据实际情况设定工具的质量 mass（单位 kg）和重心位置数据（此重心是基于 tool0 的偏移值，单位 mm），然后单击“确定”。

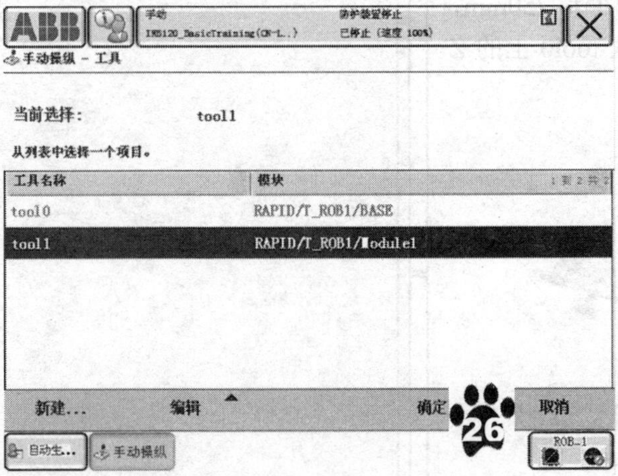

手动 IRB120_BasicTraining(CN-L...) 防护装置停止 已停止（速度 100%）

手动操纵 - 工具

当前选择： tool1

从列表中选择一个项目。

工具名称	模块
tool0	RAPID/T_ROB1/BASE
tool1	RAPID/T_ROB1/Module1

1 到 2 共 2

新建... 编辑 确定 取消

自动生... 手动操纵 ROB_1

26

选中 tool1，单击“确定”。

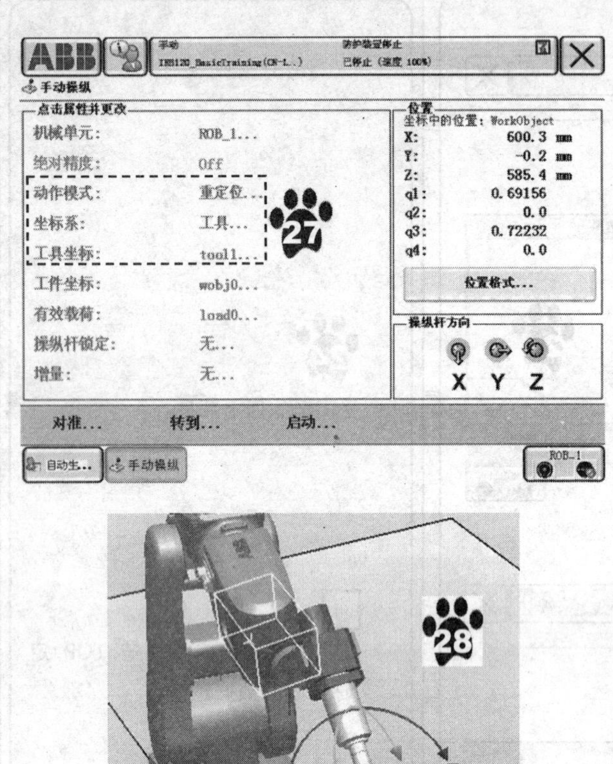

动作模式选定为“重定位”。
坐标系选定为“工具”。
工具坐标选定为“tool1”。

使用摇杆将工具参考点靠上固定点，然后在重定位模式下手动操纵机器人，如果 TCP 设定精确的话，可以看到工具参考点与固定点始终保持接触，而机器人会根据重定位操作改变姿态。

如果使用搬运的夹具，一般工具数据的设定方法如下：

以图 4-11 中搬运薄板的真空吸盘夹具为例，质量是 25kg，重心在默认 tool0 的 Z 正方向偏移 250mm，TCP 点设定在吸盘的接触面上，从默认 tool0 上的 Z 正方向偏移了 300mm。

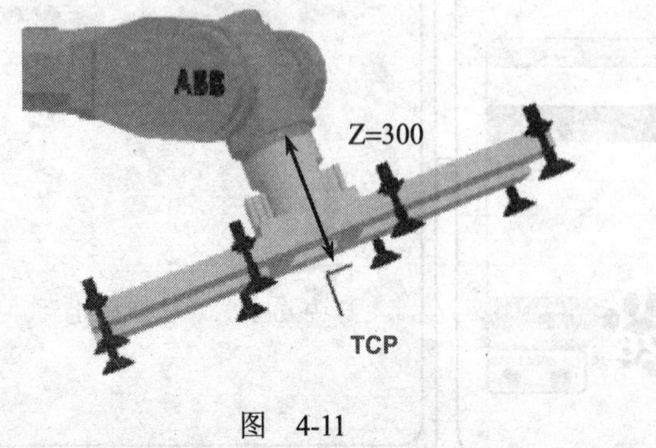

图 4-11

在示教器上的设定如下：

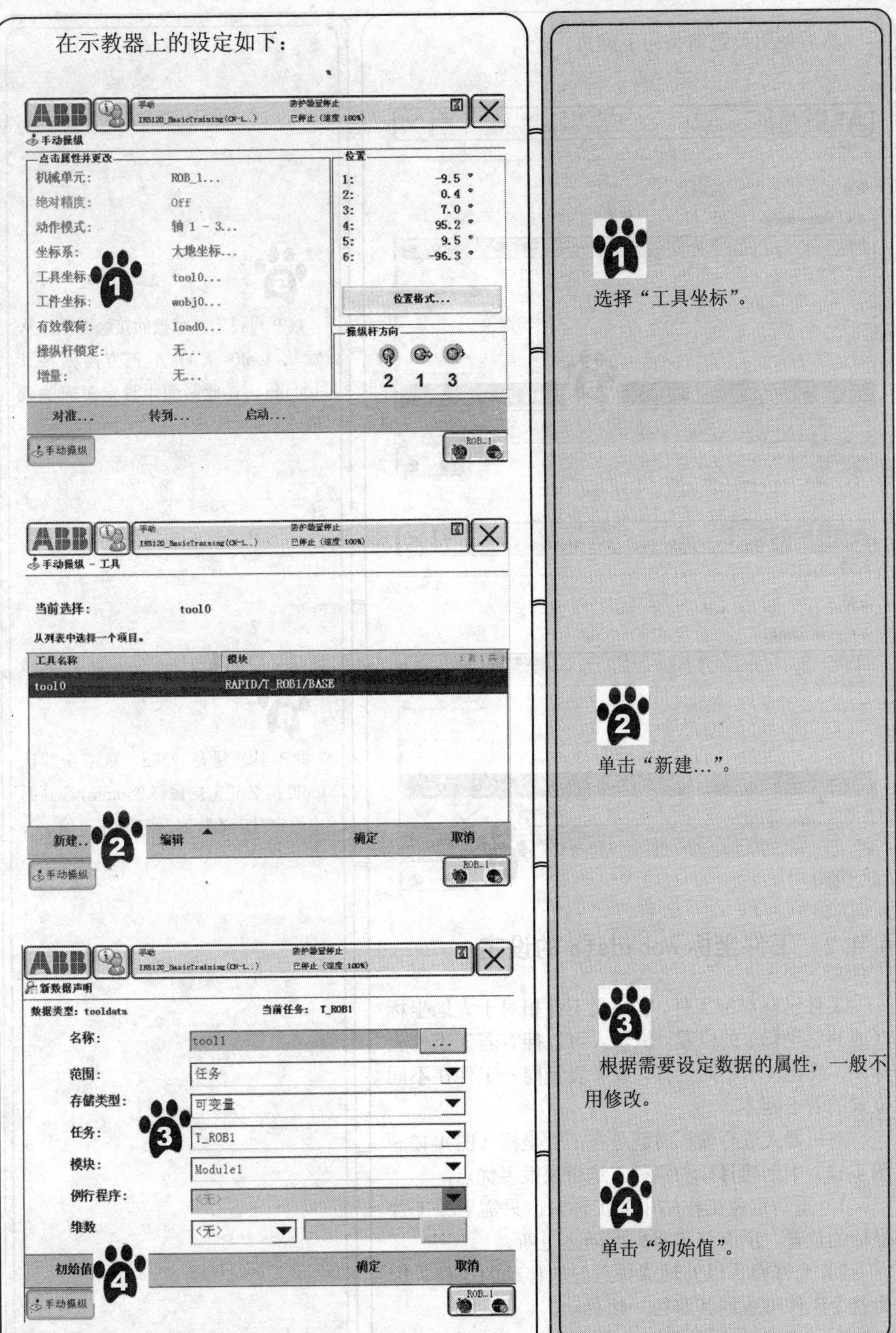

1 选择“工具坐标”。

2 单击“新建...”。

3 根据需要设定数据的属性，一般不用修改。

4 单击“初始值”。

然后使用黄色箭头向下翻页。

TCP 点设定在吸盘的接触面上，从默认 tool0 上的 Z 正方向偏移了 300mm，在此画面中设定对应的数值。

此工具质量是 25kg，重心在默认 tool0 的 Z 正方向偏移 250mm，在画面中设定对应的数值，然后单击“确定”，设定完成。

4.4.2　工件坐标 wobjdata 的设定

工件坐标对应工件，它定义工件相对于大地坐标（或其它坐标）的位置。机器人可以拥有若干工件坐标系，或者表示不同工件，或者表示同一工件在不同位置的若干副本。

对机器人进行编程时就是在工件坐标（图 4-12～图 4-14）中创建目标和路径。这带来很多优点：

1）重新定位工作站中的工件时，只需更改工件坐标的位置，所有路径将即刻随之更新。

2）允许操作以外轴或传送导轨移动的工件，因为整个工件可连同其路径一起移动。

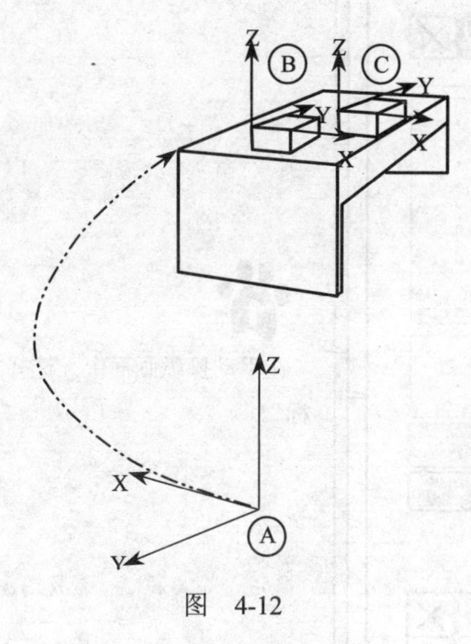

图 4-12

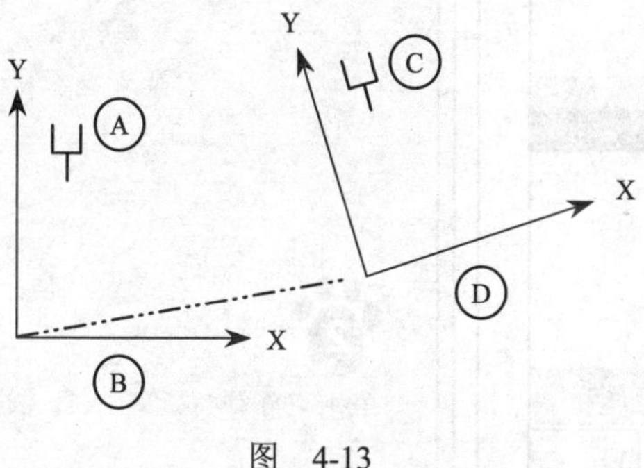

图 4-13

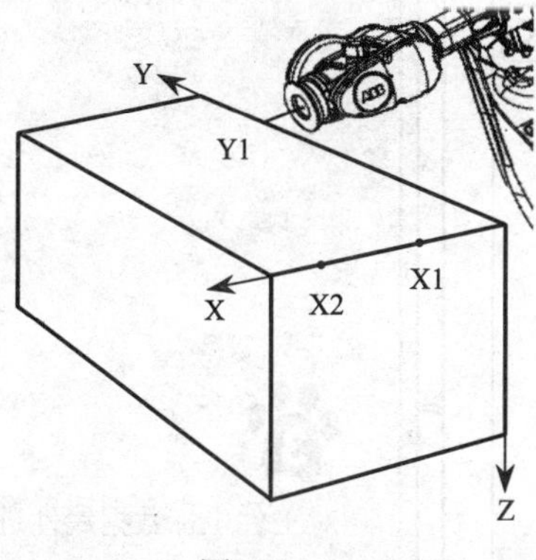

图 4-14

以下就是建立工件坐标的操作步骤：

A 是机器人的大地坐标，为了方便编程，给第一个工件建立了一个工件坐标 B，并在这个工件坐标 B 中进行轨迹编程。

如果台子上还有一个一样的工件需要走一样的轨迹，那只需建立一个工件坐标 C，将工件坐标 B 中的轨迹复制一份，然后将工件坐标从 B 更新为 C，则无需对一样的工件进行重复轨迹编程了。

如果在工件坐标 B 中对 A 对象进行了轨迹编程，当工件坐标的位置变化成工件坐标 D 后，只需在机器人系统重新定义工件坐标 D，则机器人的轨迹就自动更新到 C 了，不需要再次轨迹编程了。因 A 相对于 B，C 相对于 D 的关系是一样，并没有因为整体偏移而发生变化。

在对象的平面上，只需要定义三个点，就可以建立一个工件坐标。

- X1 点确定工件坐标的原点。
- X1、X2 确定工件坐标 X 正方向。
- Y1 确定工件坐标 Y 正方向。

工件坐标等符合右手定则。

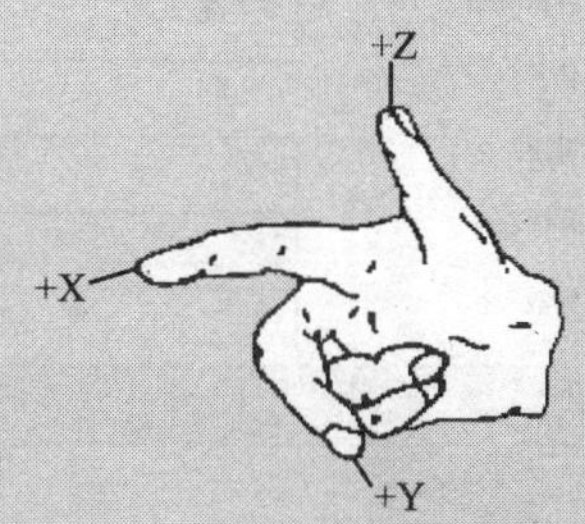

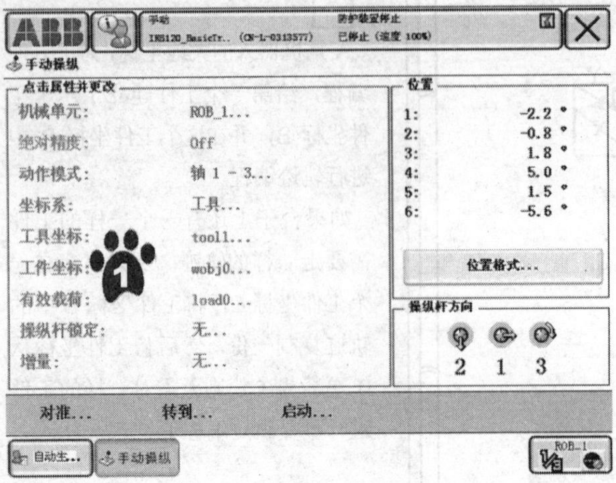

在手动操纵画面中，选择“工件坐标”。

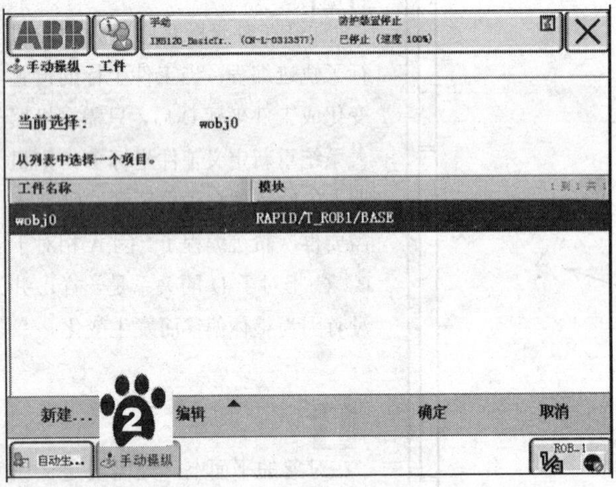

单击“新建”。

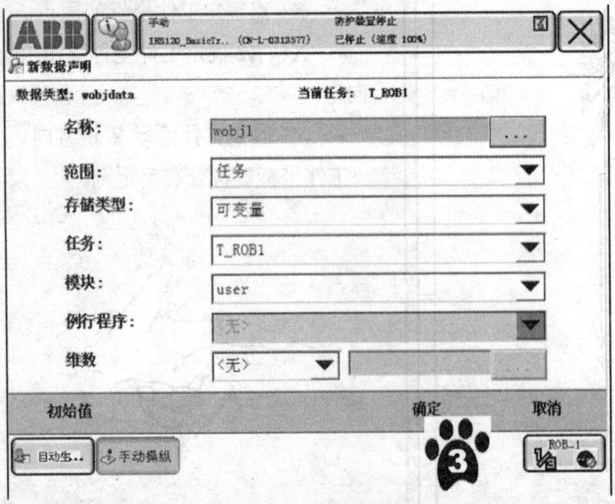

对工件坐标数据属性进行设定后，单击“确定”。

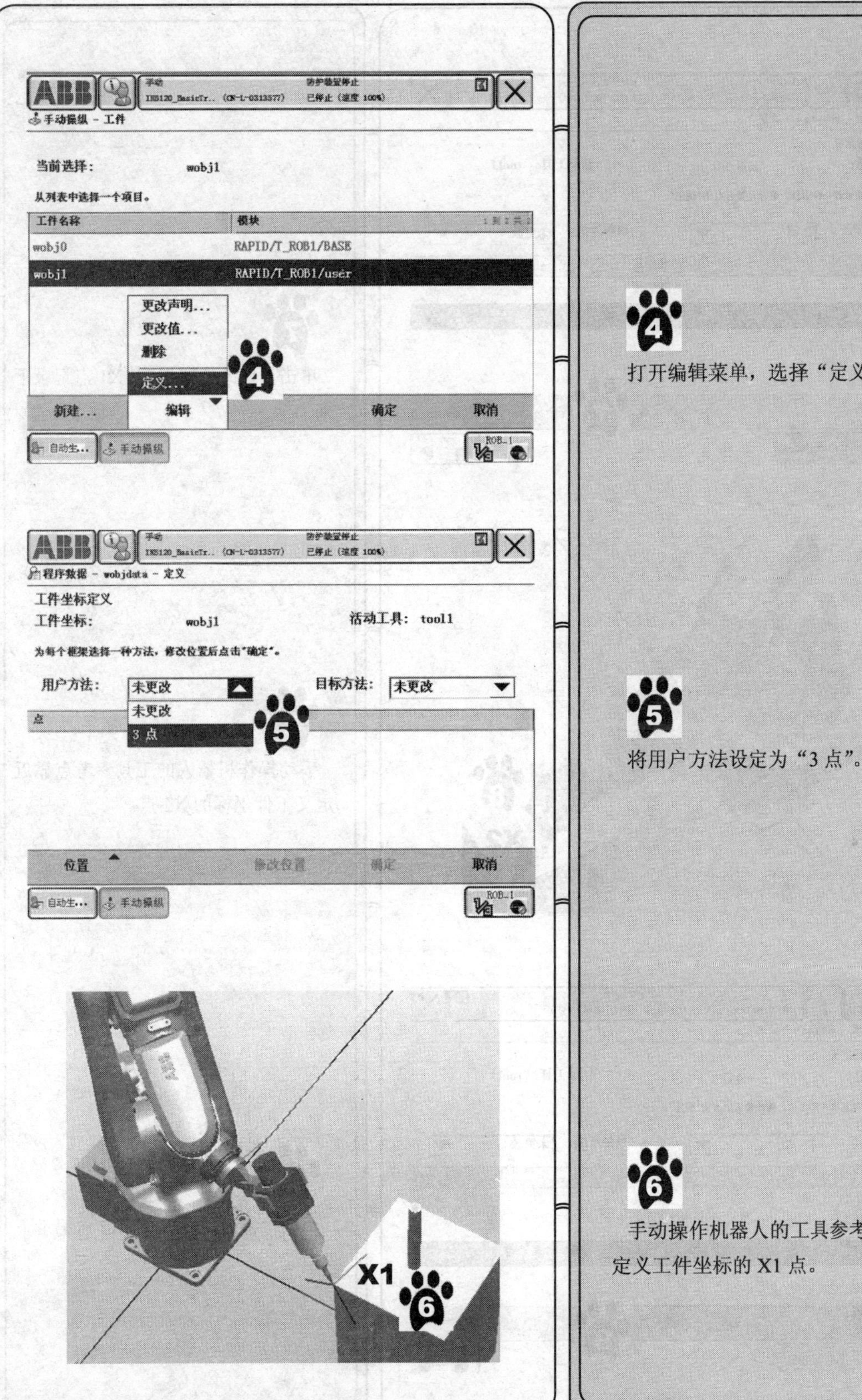

打开编辑菜单，选择“定义”。

将用户方法设定为“3 点”。

手动操作机器人的工具参考点靠近定义工件坐标的 X1 点。

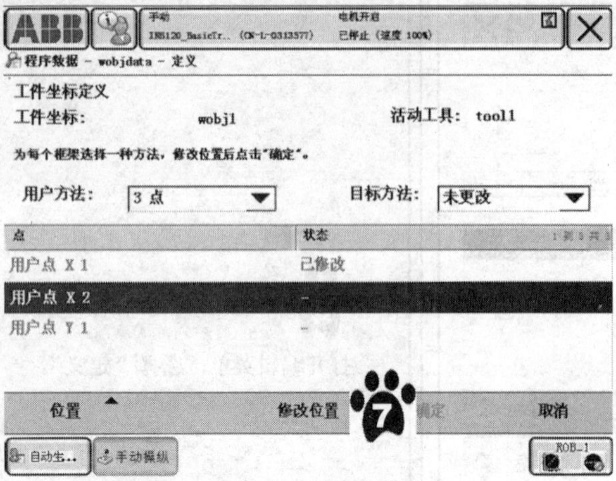

手动 电机开启
IRB120_BasicTr... (CN-L-0313577) 已停止 (速度 100%)
程序数据 - wobjdata - 定义
工件坐标定义
工件坐标: wobj1 活动工具: tool1
为每个框架选择一种方法，修改位置后点击"确定"。
用户方法: 3 点 目标方法: 未更改

点	状态
用户点 X 1	已修改
用户点 X 2	-
用户点 Y 1	-

位置 修改位置 确定 取消

单击“修改位置”，将 X1 点记录下来。

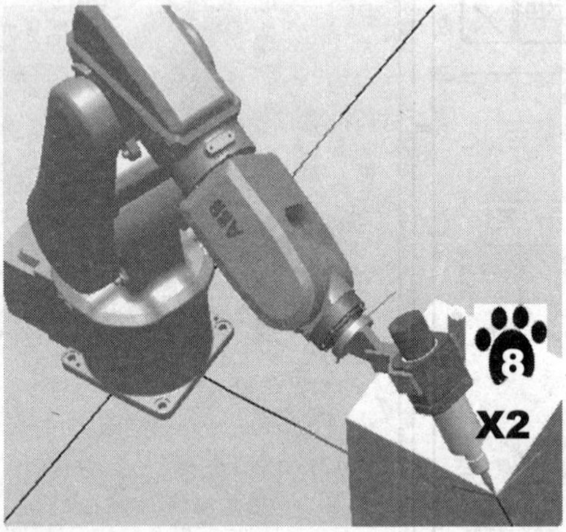

X2

手动操作机器人的工具参考点靠近定义工件坐标的 X2 点。

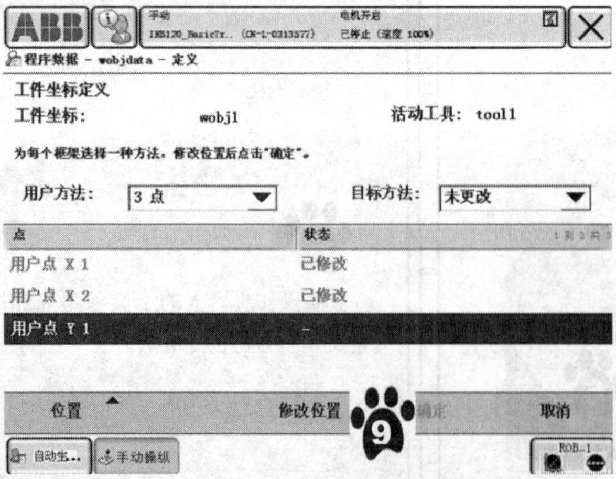

手动 电机开启
IRB120_BasicTr... (CN-L-0313577) 已停止 (速度 100%)
程序数据 - wobjdata - 定义
工件坐标定义
工件坐标: wobj1 活动工具: tool1
为每个框架选择一种方法，修改位置后点击"确定"。
用户方法: 3 点 目标方法: 未更改

点	状态
用户点 X 1	已修改
用户点 X 2	已修改
用户点 Y 1	-

位置 修改位置 确定 取消

9

单击“修改位置”，将 X2 点记录下来。

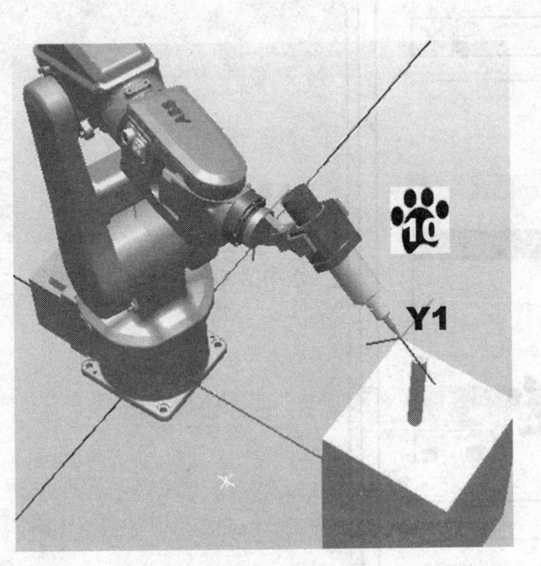

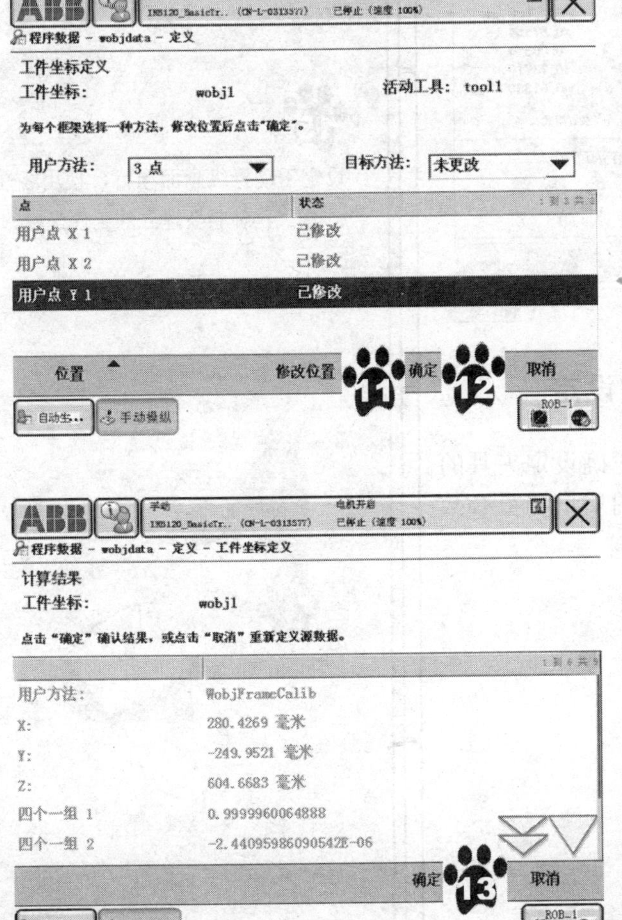

手动操作机器人的工具参考点靠近定义工件坐标的 Y1 点。

单击“修改位置”，将 Y1 点记录下来。

单击“确定”。

对自动生成的工件坐标数据进行确认后，单击“确定”。

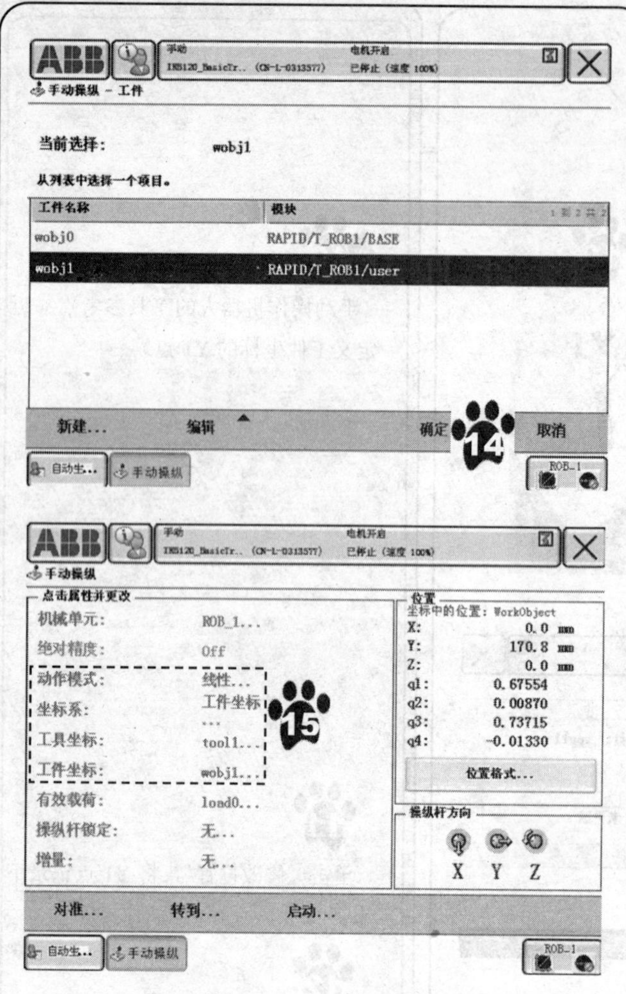

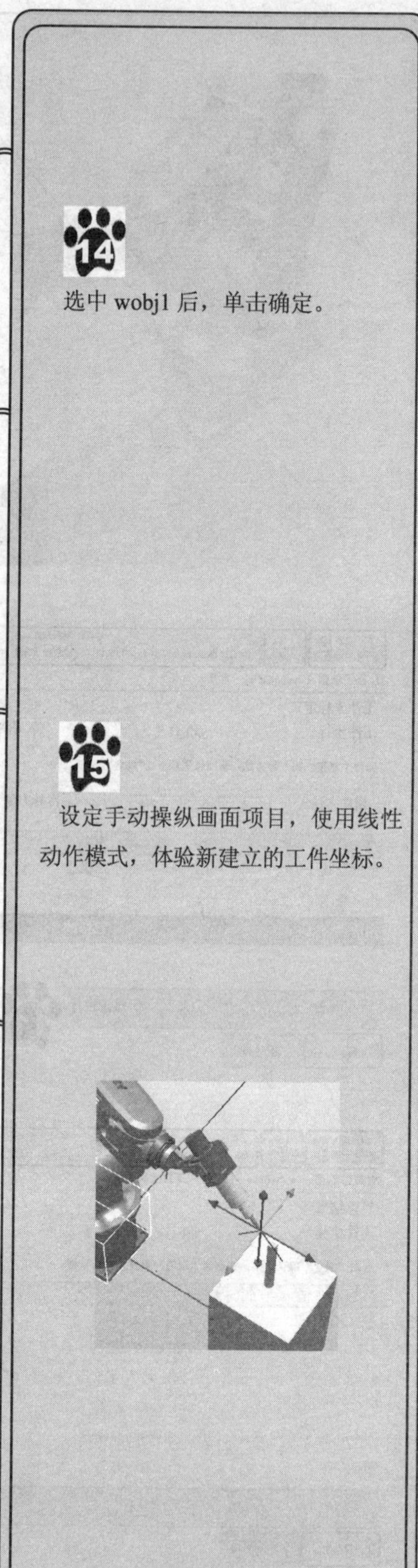

14

选中 wobj1 后，单击确定。

15

设定手动操纵画面项目，使用线性动作模式，体验新建立的工件坐标。

4.4.3 有效载荷 loaddata 的设定

对于搬运应用的机器人，应该正确设定夹具的质量、重心 tooldata 以及搬运对象的质量和重心数据 loaddata，如图 4-15 所示。

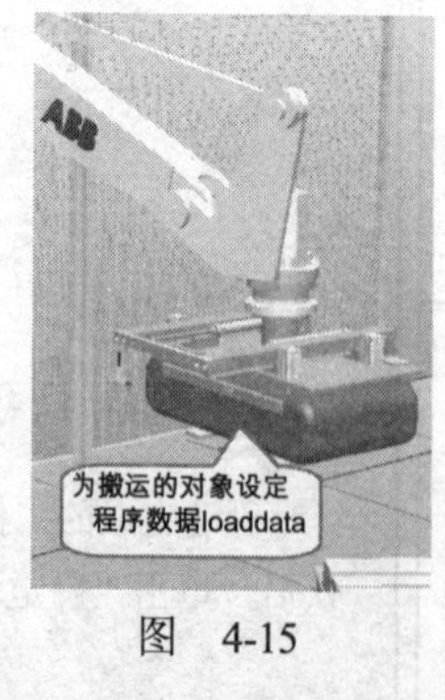

图 4-15

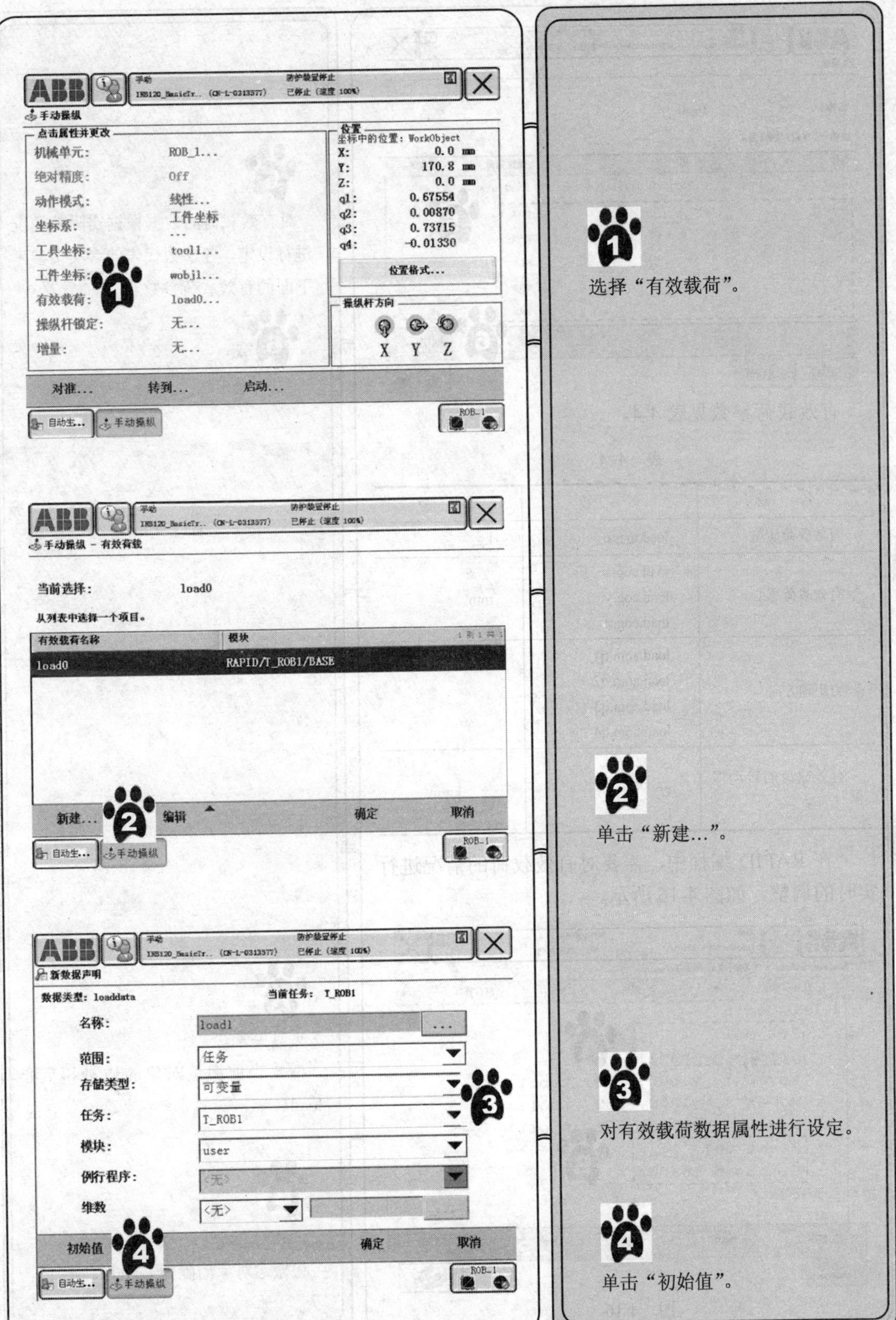
手动操纵
点击属性并更改
机械单元: ROB_1...
绝对精度: Off
动作模式: 线性...
坐标系: 工件坐标...
工具坐标: tool1...
工件坐标: wobj1...
有效载荷: load0...
操纵杆锁定: 无...
增量: 无...
位置
坐标中的位置: WorkObject
X: 0.0 mm
Y: 170.8 mm
Z: 0.0 mm
q1: 0.67554
q2: 0.00870
q3: 0.73715
q4: -0.01330
位置格式...
操纵杆方向
X Y Z
对准... 转到... 启动...
手动操纵 - 有效荷载
当前选择: load0
从列表中选择一个项目。
有效载荷名称 模块
load0 RAPID/T_ROB1/BASE
新建... 编辑 确定 取消
新数据声明
数据类型: loaddata 当前任务: T_ROB1
名称: load1
范围: 任务
存储类型: 可变量
任务: T_ROB1
模块: user
例行程序: <无>
维数 <无>
初始值 确定 取消
1 选择“有效载荷”。
2 单击“新建...”。
3 对有效载荷数据属性进行设定。
4 单击“初始值”。

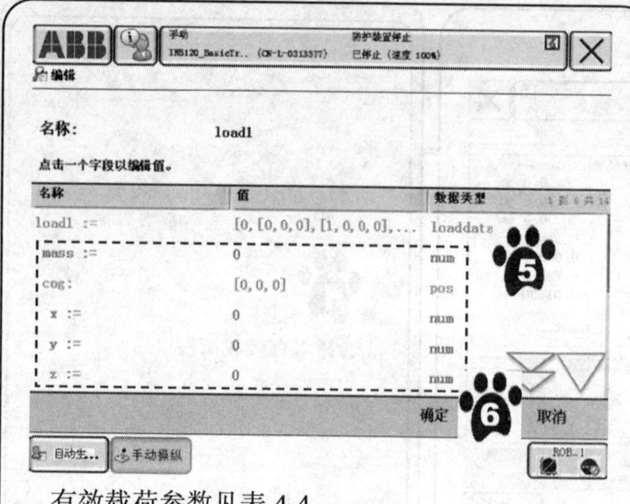

对有效载荷的数据根据实际的情况进行设定，各参数代表的含义请参考下面的有效载荷参数表。

单击“确定”。

有效载荷参数见表 4-4。

表 4-4

名　称	参　数	单　位
有效载荷质量	load.mass	kg
有效载荷重心	load.cog.x load.cog.y load.cog.z	mm
力矩轴方向	load.aom.q1 load.aom.q2 load.aom.q3 load.aom.q4	
有效载荷的转动惯量	ix iy iz	kg·m^2

在 RAPID 编程中，需要对有效载荷的情况进行实时的调整，如图 4-16 所示。

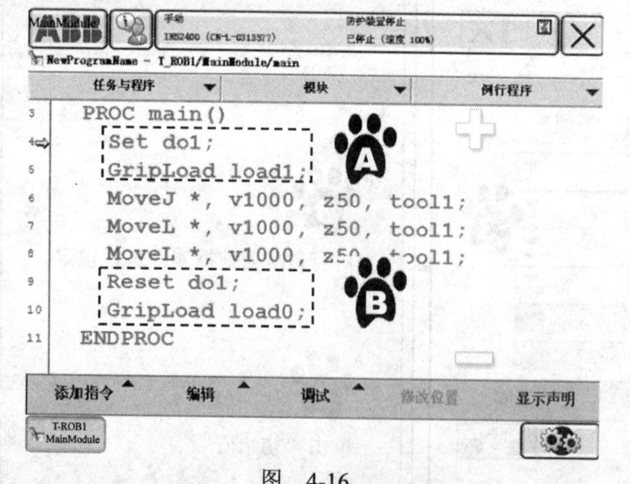

图　4-16

夹具夹紧。

指定当前搬运对象的质量和重心 load1。

夹具松开。

将搬运对象清除为 load0。

第 5 章 ABB 机器人的程序编程

- 了解什么是 RAPID 程序及指令
- 建立程序模块与例行程序的一般步骤
- 常用 RAPID 程序指令与功能
- 编制一个基本程序的步骤，以及添加功能和中断程序的步骤

5.1 RAPID 程序及指令

RAPID 程序中包含了一连串控制机器人的指令，执行这些指令可以实现对机器人的控制操作。

应用程序是使用称为 RAPID 编程语言的特定词汇和语法编写而成的。RAPID 是一种英文编程语言，所包含的指令可以移动机器人、设置输出、读取输入，还能实现决策、重复其它指令、构造程序、与系统操作员交流等功能。RAPID 程序的基本架构如图 5-1 所示。

RAPID 程序			
程序模块 1	程序模块 2	程序模块 3	系统模块
程序数据	程序数据	……	程序数据
主程序 main	例行程序	……	例行程序
例行程序	中断程序	……	中断程序
中断程序	功能	……	功能
功能		……	

图 5-1

RAPID 程序的架构说明：

1）RAPID 程序是由程序模块与系统模块组成。一般地，只通过新建程序模块来构建机器人的程序，而系统模块多用于系统方面的控制。

2）可以根据不同的用途创建多个程序模块，如专门用于主控制的程序模块，用于位置计算的程序模块，用于存放数据的程序模块，这样便于归类管理不同用途的例行程序与数据。

3）每一个程序模块包含了程序数据、例行程序、中断程序和功能四种对象，但不一定在一个模块中都有这四种对象，程序模块之间的数据、例行程序、中断程序和功能是可以互相调用的。

4）在 RAPID 程序中，只有一个主程序 main，并且存在于任意一个程序模块中，并且是作为整个 RAPID 程序执行的起点。

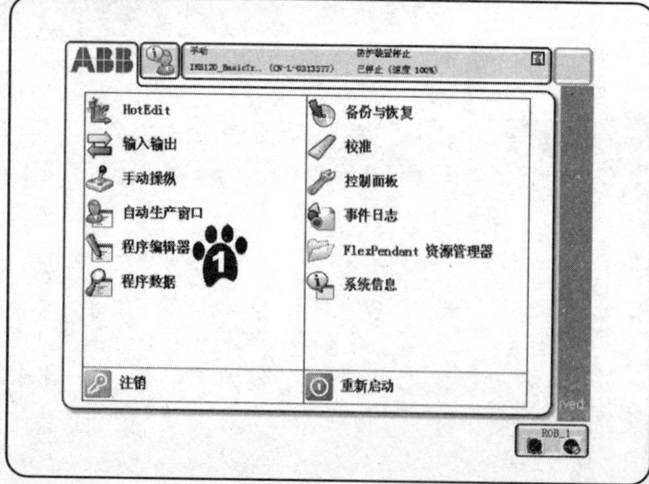

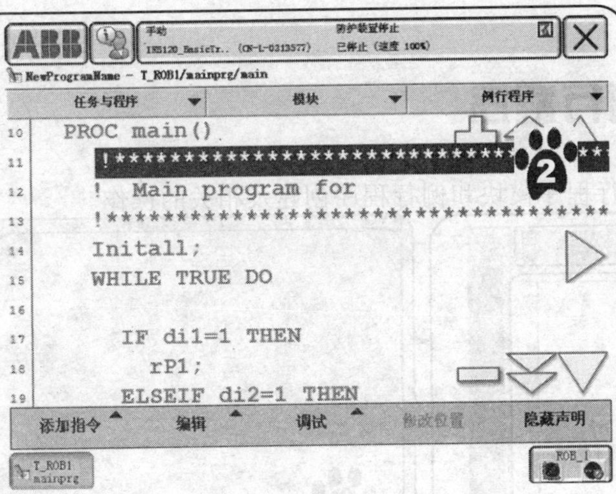

手动 防护装置停止
IRB120_BasicTr... (CN-L-0313577) 已停止（速度 100%）

NewProgramName - T_ROB1/mainprg/main

任务与程序 | 模块 | 例行程序

```
PROC main()
  !***********************************
  ! Main program for
  !***********************************
  Initall;
  WHILE TRUE DO

    IF di1=1 THEN
      rP1;
    ELSEIF di2=1 THEN
```

添加指令 | 编辑 | 调试 | 修改位置 | 隐藏声明

T_ROB1 mainprg　　ROB_1

单击“例行程序”，查看例行程序列表。

手动 防护装置停止
IRB120_BasicTr... (CN-L-0313577) 已停止（速度 100%）

T_ROB1/mainprg

例行程序

名称	模块	类型
aHome() A	mainprg	Procedure
CurrentPos(... B	mainprg	Function
Initall()	mainprg	Procedure
main() C	mainprg	Procedure
rCheckHOMEPos()	mainprg	Procedure
rP1()	mainprg	Procedure
rP2()	mainprg	Procedure
tIOControl D	mainprg	Trap

文件 | 显示例行程序 | 后退

T_ROB1 mainprg　　ROB_1

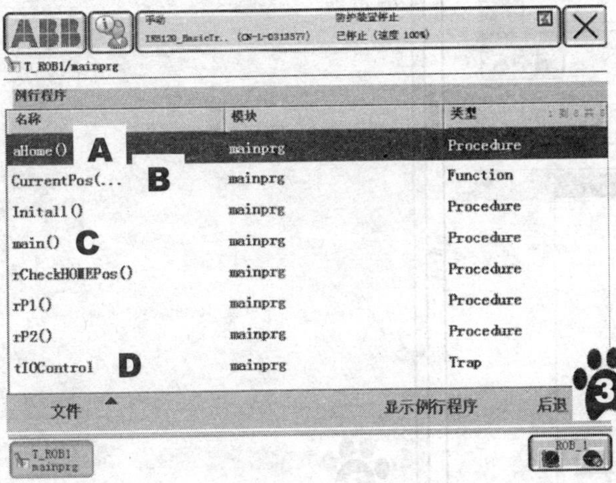

A 例行程序 — aHome。

B 功能 — CurrentPos。

C 主程序 — main。

D 中断程序 — tIOControl。

单击“后退”查看模块列表。

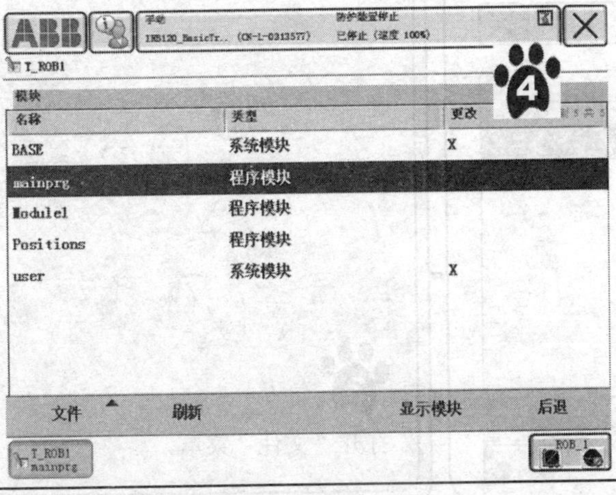

手动 防护装置停止
IRB120_BasicTr... (CN-L-0313577) 已停止（速度 100%）

T_ROB1

模块

名称	类型	更改
BASE	系统模块	X
mainprg	程序模块	
Module1	程序模块	
Positions	程序模块	
user	系统模块	X

文件 | 刷新 | 显示模块 | 后退

T_ROB1 mainprg　　ROB_1

单击关闭按钮，退出程序编辑器。

程 序 模 块	系 统 模 块
mainprg	BASE
Module1	user
Positions	

5.2 建立程序模块与例行程序

在这里将介绍用机器人示教器进行程序模块和例行程序创建及相关的操作。

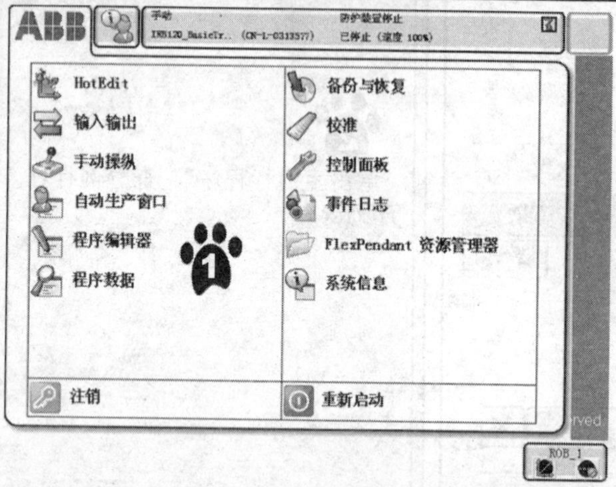

单击“程序编辑器”，打开程序编辑器。

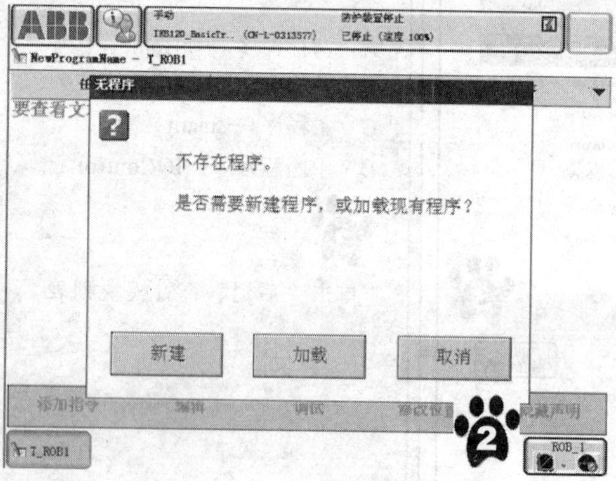

单击“取消”，进入模块列表画面。

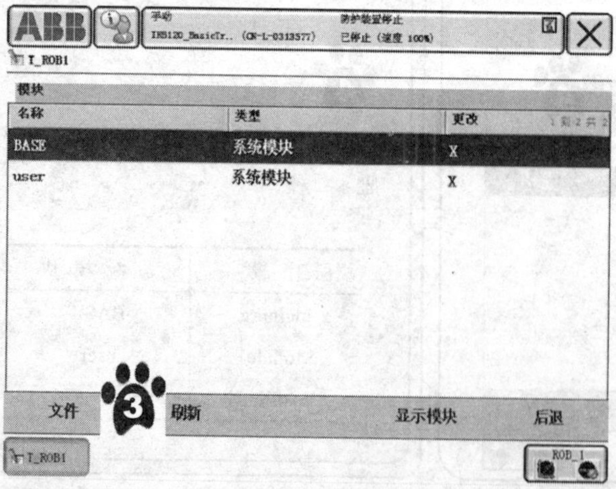

打开“文件”菜单。

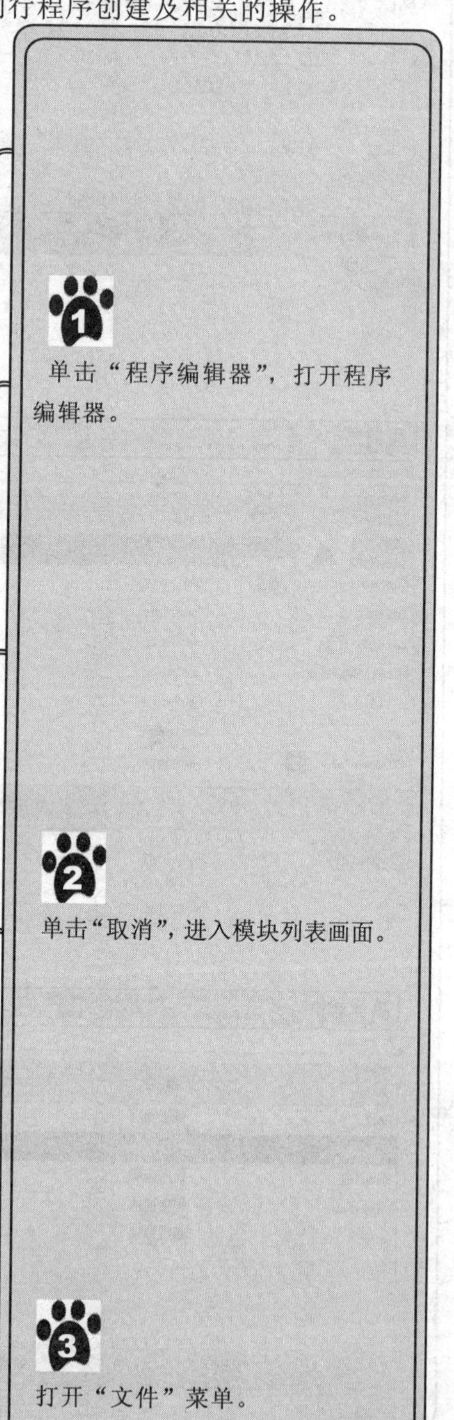

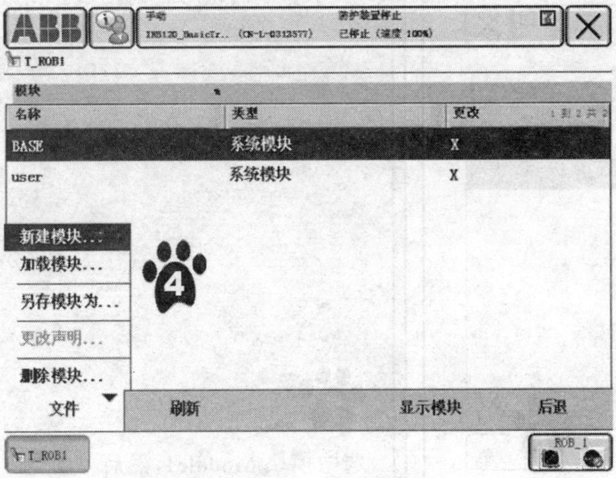

选择“新建模块”。

加载模块：加载需要使用的模块。

另存模块为：保存模块到机器人硬盘。

删除模块：将模块从运行内存删除，但不影响已在硬盘保存的模块。

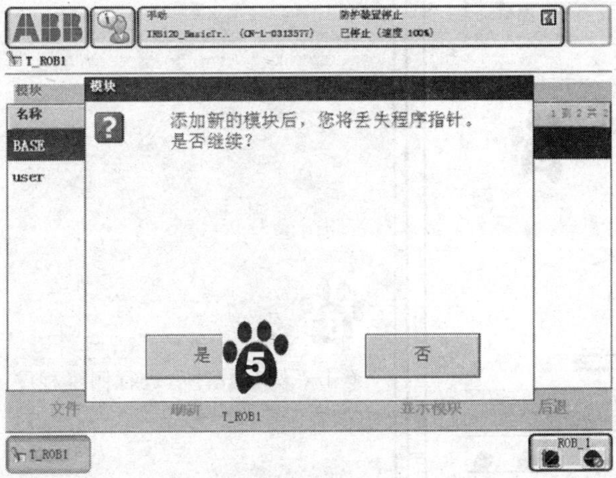

单击“是”继续。

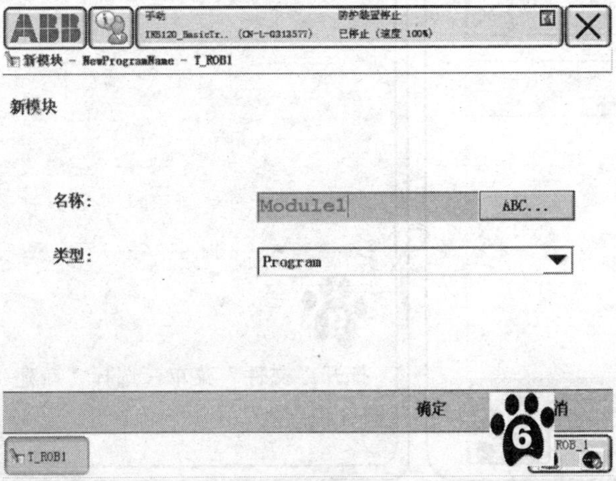

通过按钮“ABC...”进行模块名称的设定，然后单击“确定”创建。

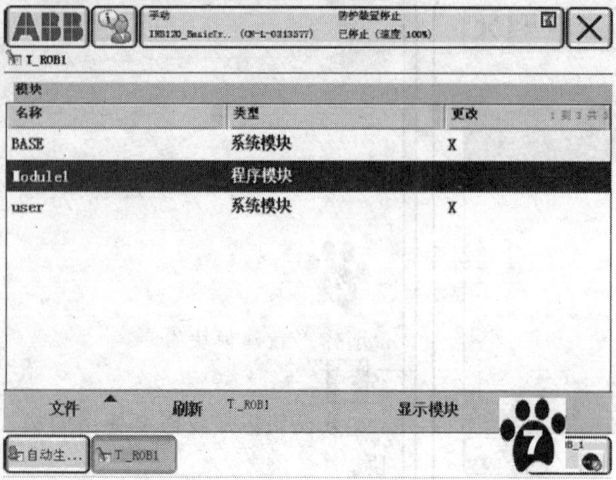

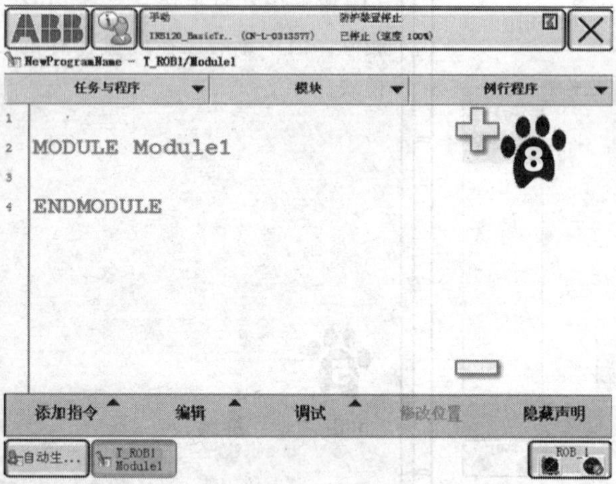

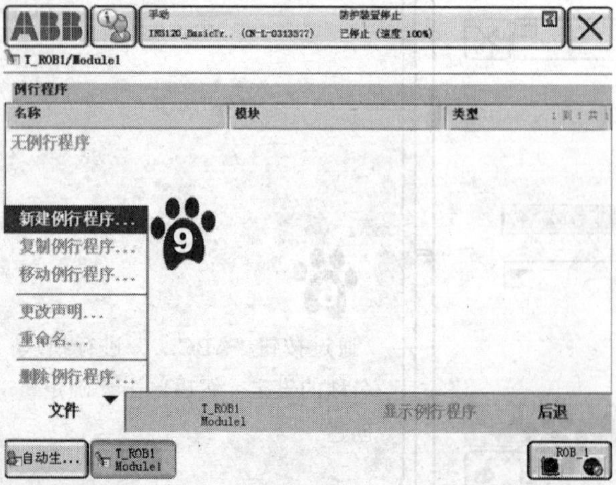

选中模块 Module1，然后单击“显示模块”。

单击“例行程序”进行例行程序的创建。

打开“文件”菜单，选择“新建例行程序”。

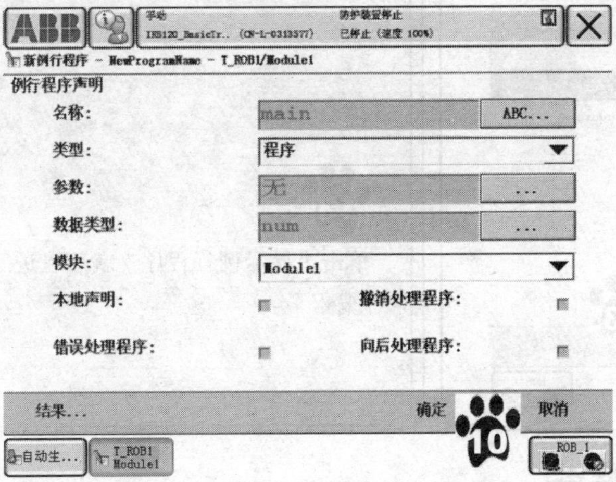

首先建立一个主程序，将名称设定为“main”，然后单击“确定”。

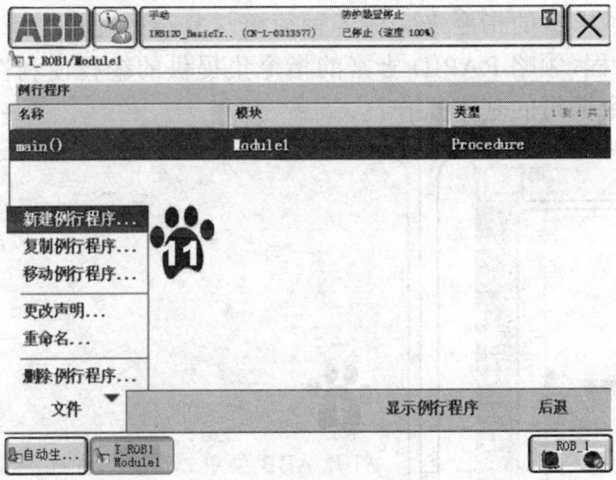

打开“文件”菜单，选择“新建例行程序”再新建一个例行程序。

可以根据自己的需要新建例行程序，用于被主程序 main 调用或例行程序互相调用。

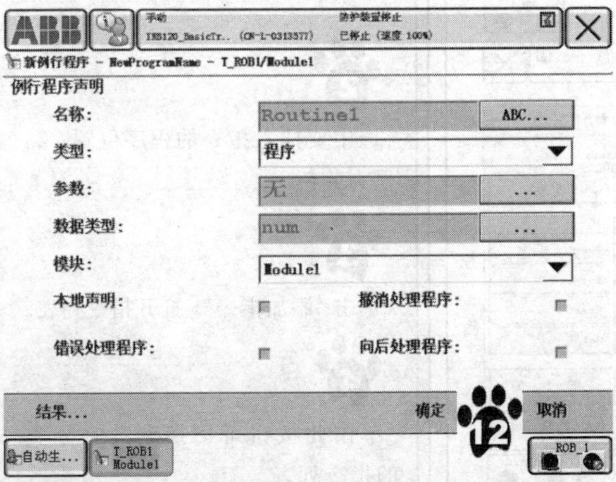

例行程序的名字可以在系统保留字段之外自由定义。

单击“确定”完成新建。

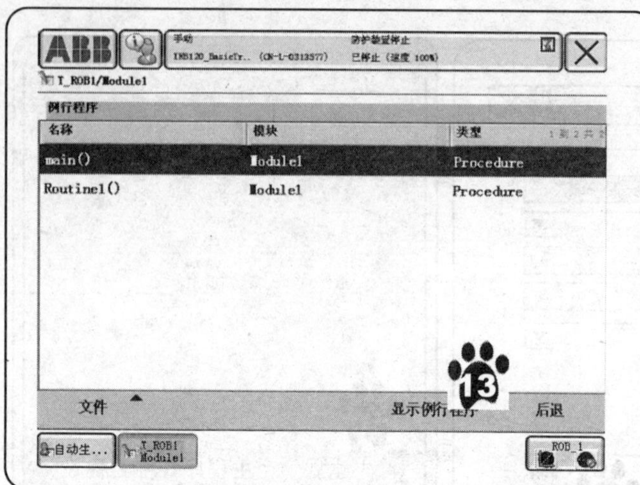

5.3 常用 RAPID 程序指令

ABB 机器人的 RAPID 编程提供了丰富的指令来完成各种简单与复杂的应用。下面就从最常用的指令开始学习 RAPID 编程，领略 RAPID 丰富的指令集提供的编程便利性。

下面先来看看在示教器上进行指令编辑的基本操作：

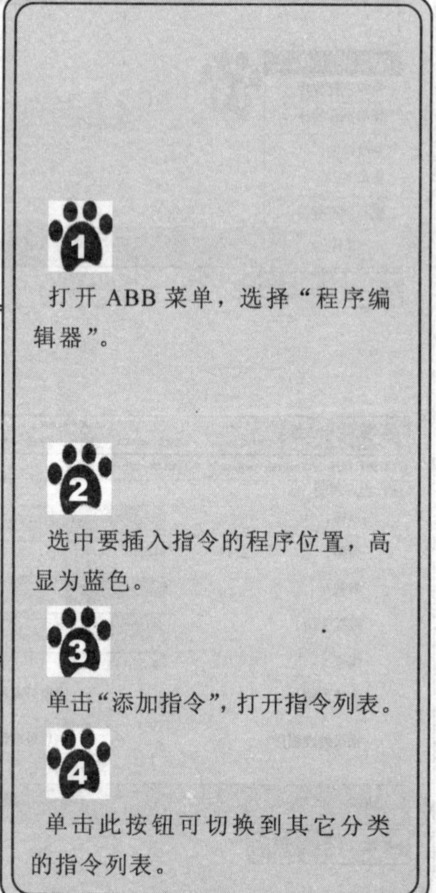

5.3.1　赋值指令

“:=”赋值指令用于对程序数据进行赋值。赋值可以是一个常量或数学表达式。下面就以添加一个常量赋值与数学表达式赋值说明此指令的使用：

常量赋值：reg1:=5;

数学表达式赋值：reg2:=reg1+4;

1. 添加常量赋值指令的操作

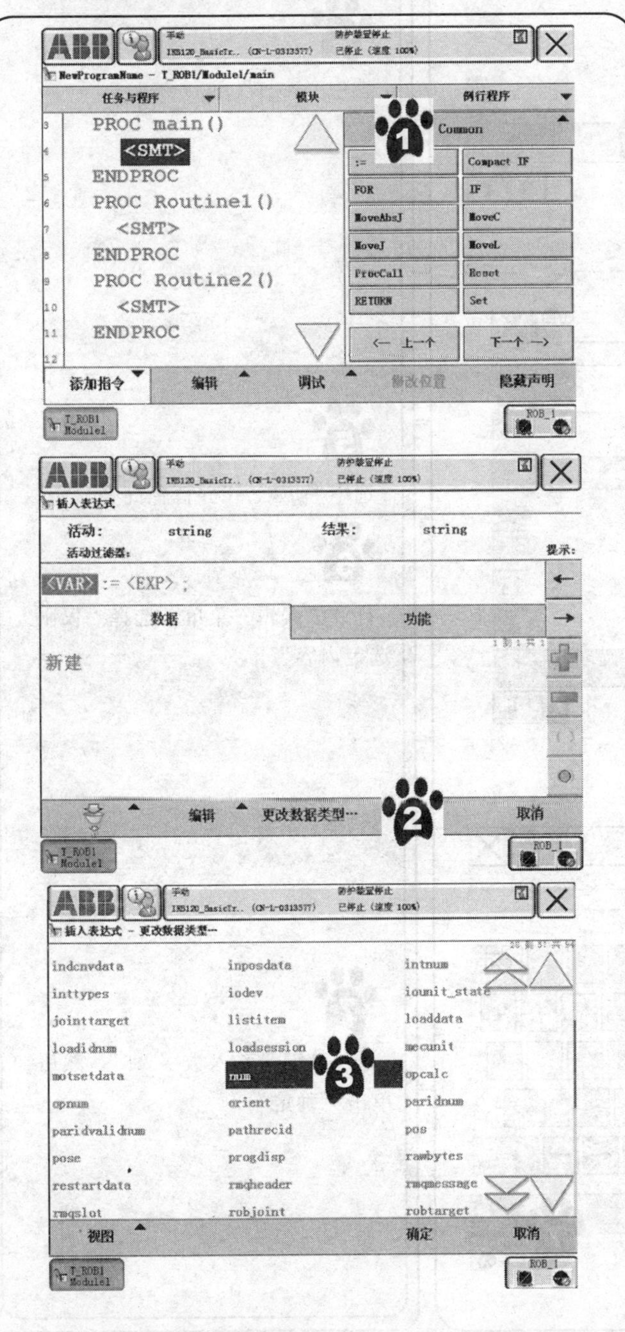

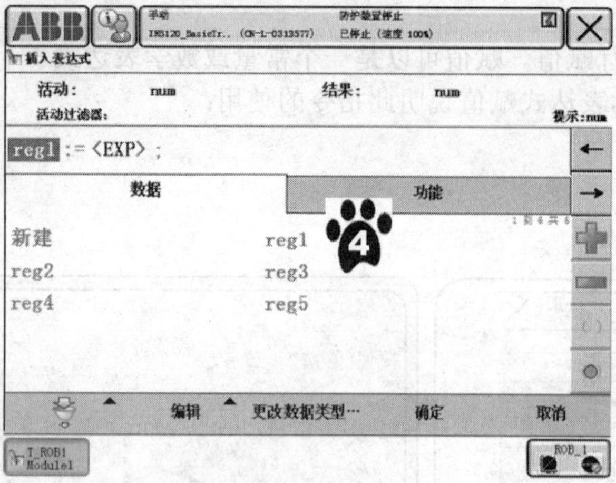

4 选中“reg1”。

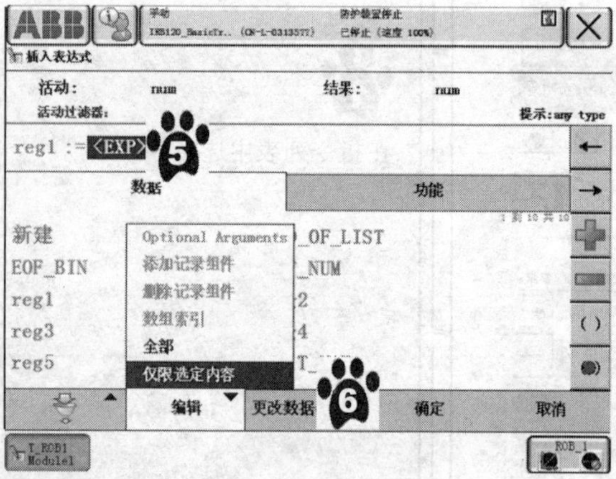

5 选中“<EXP>”并蓝色高亮显示。

6 打开“编辑”菜单，选择“仅限选定内容”。

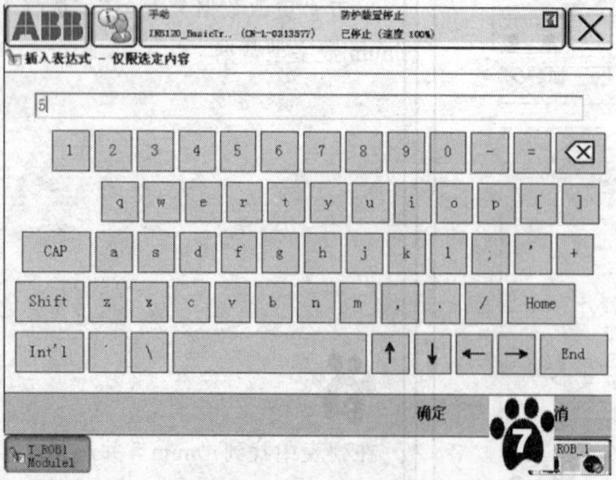

7 通过软键盘输入数字“5”，然后单击“确定”。

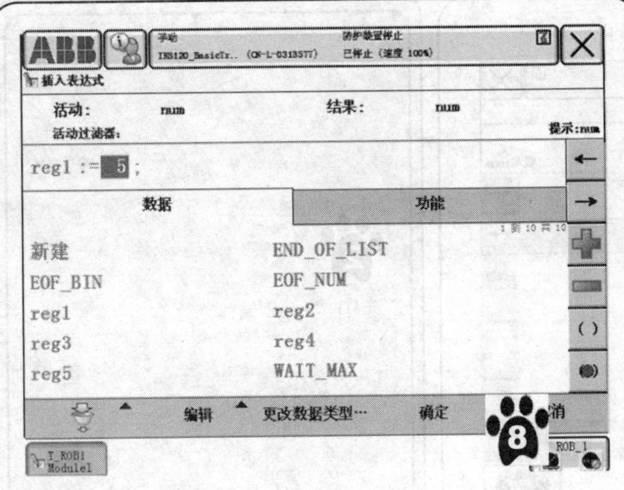

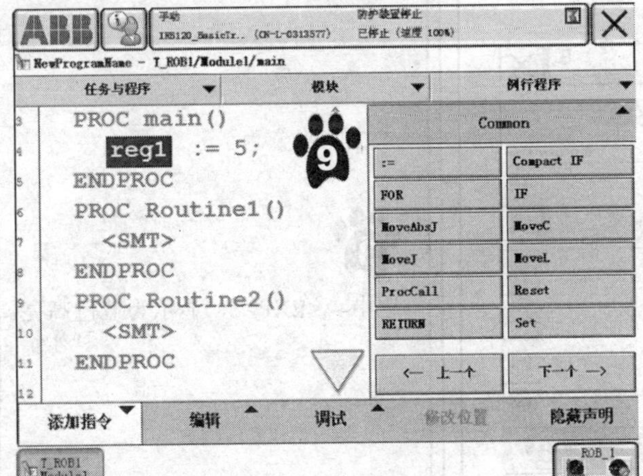

2. 添加带数学表达式的赋值指令的操作

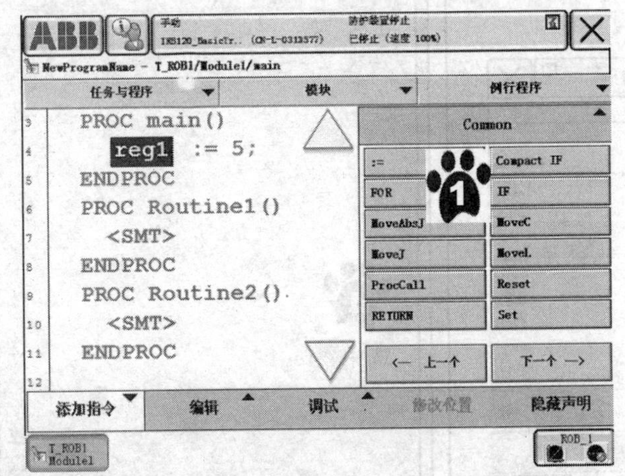

8

单击“确定”。

9

在这里就能看到所增加的指令。

1

在指令列表中选择“:=”。

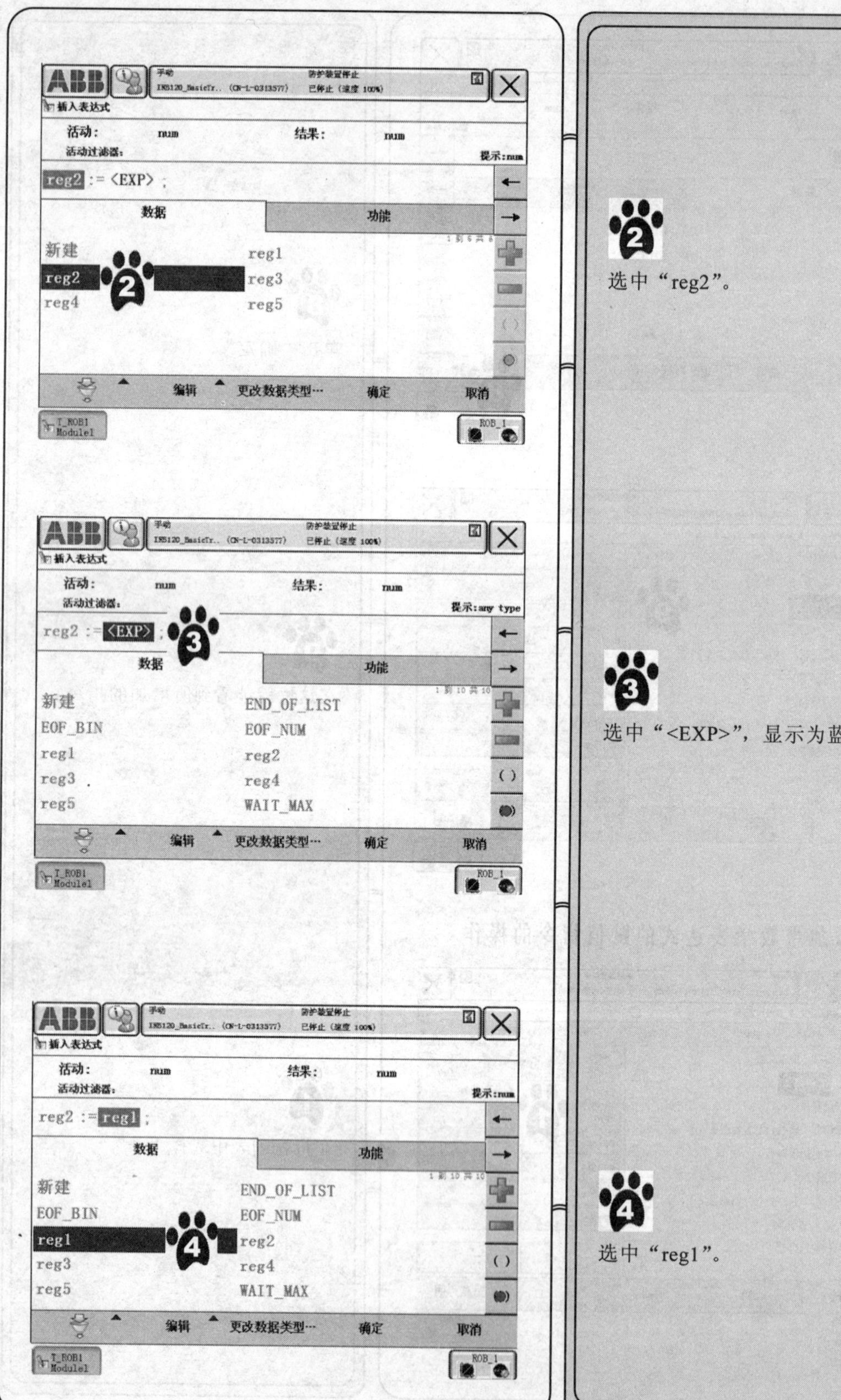

选中“reg2”。

选中“<EXP>”，显示为蓝色高亮。

选中“reg1”。

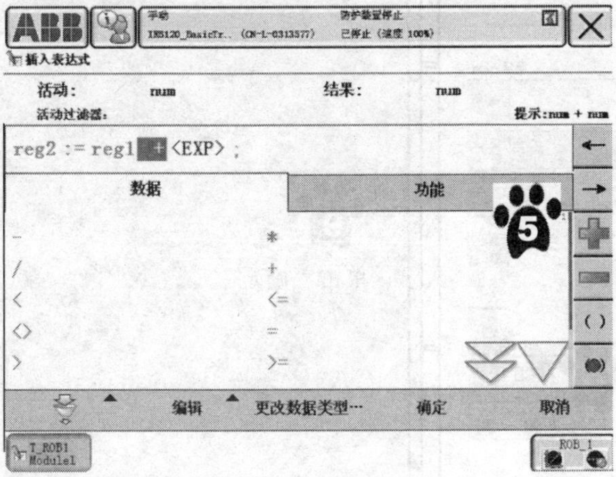

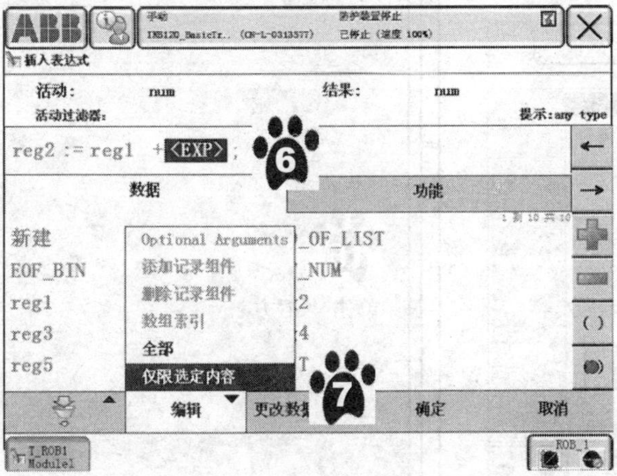

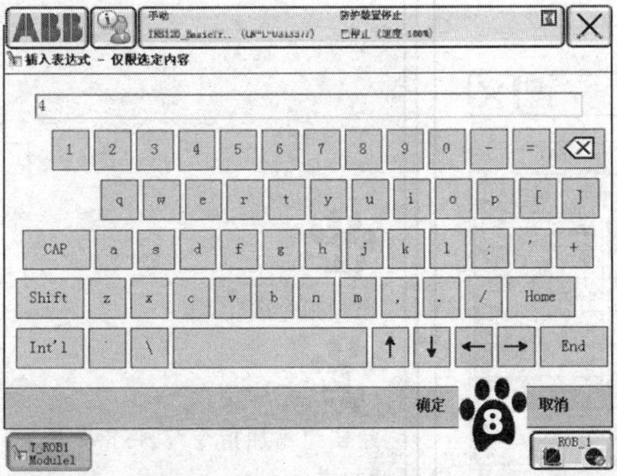

单击“+”按钮。

选中“<EXP>”，显示为蓝色高亮。

打开“编辑”菜单，选择“仅限选定内容”。

通过软键盘输入数字“4”，然后单击“确定”。

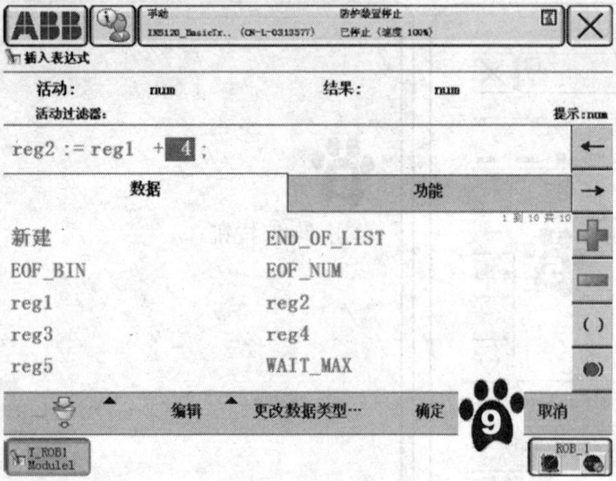

9 单击“确定”。

10 单击“下方”。

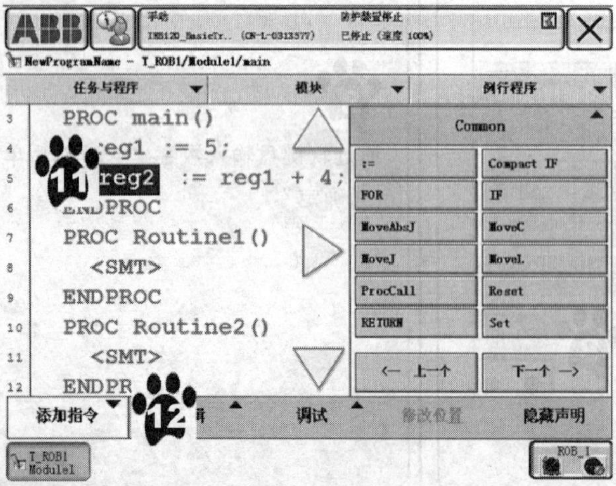

11 添加指令成功。

12 单击“添加指令”，将指令列表收起来。

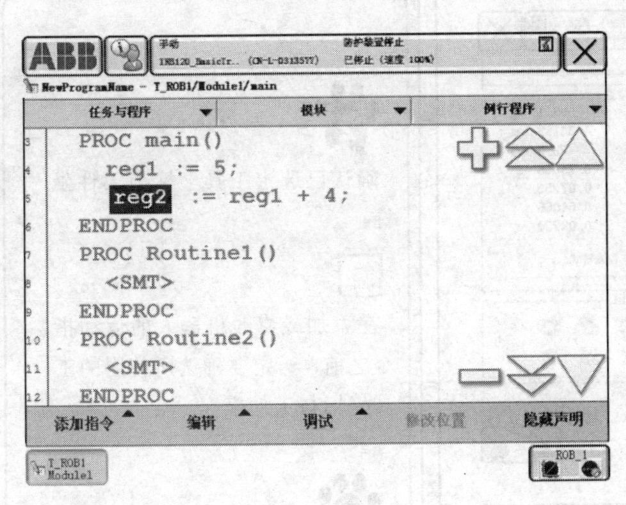

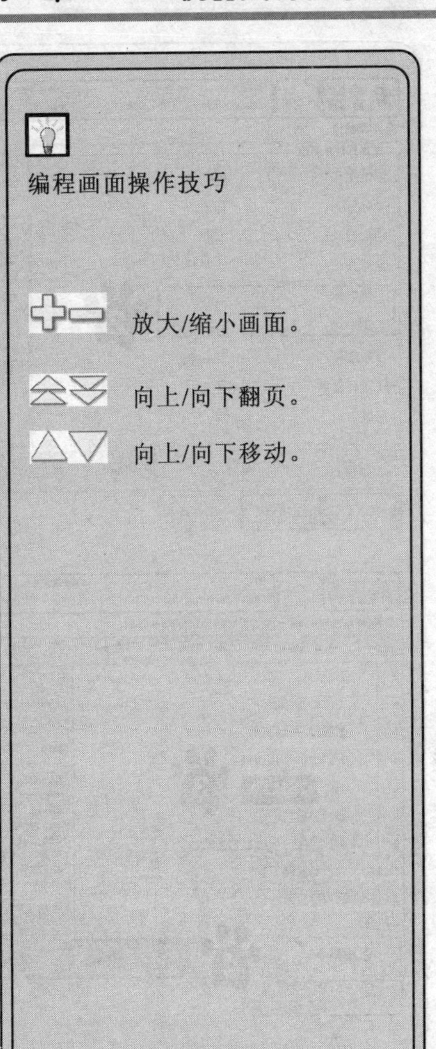

编程画面操作技巧

放大/缩小画面。

向上/向下翻页。

向上/向下移动。

5.3.2　机器人运动指令

机器人在空间中运动主要有关节运动（MoveJ）、线性运动（MoveL）、圆弧运动（MoveC）和绝对位置运动（MoveAbsJ）四种方式。

下面就来看看如何使用与设定这些运动指令。

1. 绝对位置运动指令

选择“手动操纵”。

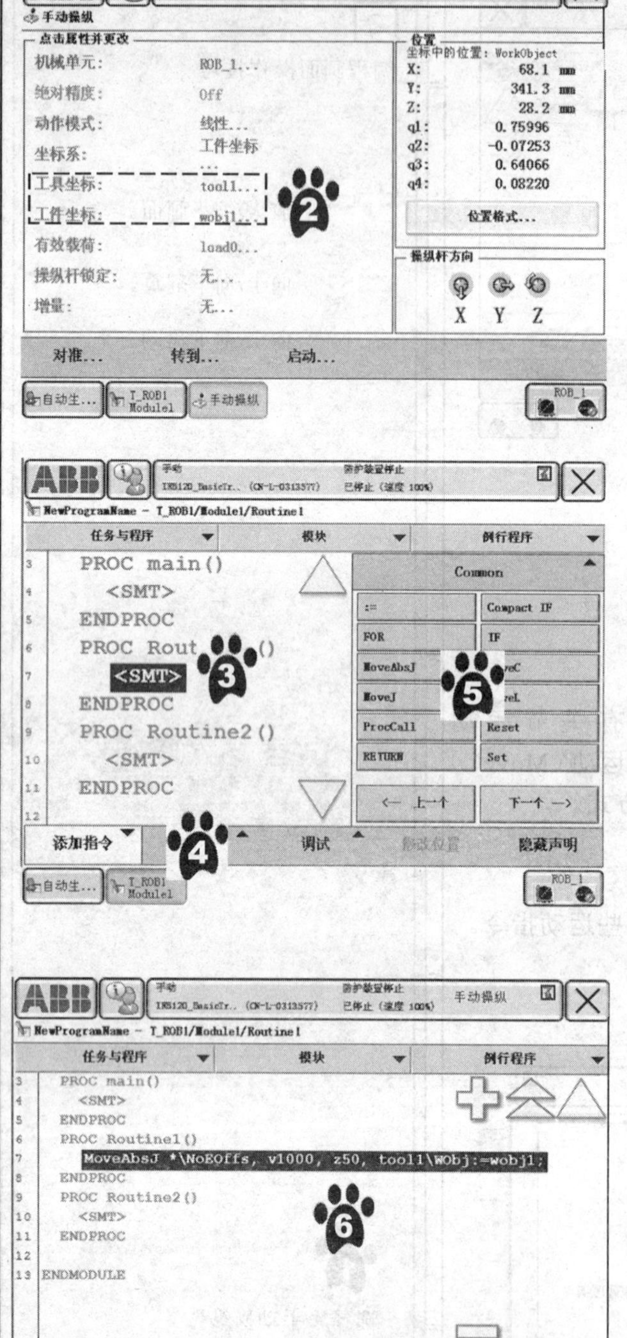

绝对位置运动指令是机器人的运动使用六个轴和外轴的角度值来定义目标位置数据。

确认已选定工具坐标与工件坐标。

在添加或修改机器人的运动指令之前，一定要确认所使用的工具坐标与工件坐标。

选中“<SMT>”为添加指令的位置。

打开“添加指令”菜单。

选择“MoveAbsJ”指令。

指令解析

参　数	含　义
*	目标点位置数据
\NoEOffs	外轴不带偏移数据
v1000	运动速度数据，1000mm/s
z50	转弯区数据
tool1	工具坐标数据
wobj1	工件坐标数据

MoveAbsJ 常用于机器人六个轴回到机械零点（0°）的位置。

2. 关节运动指令

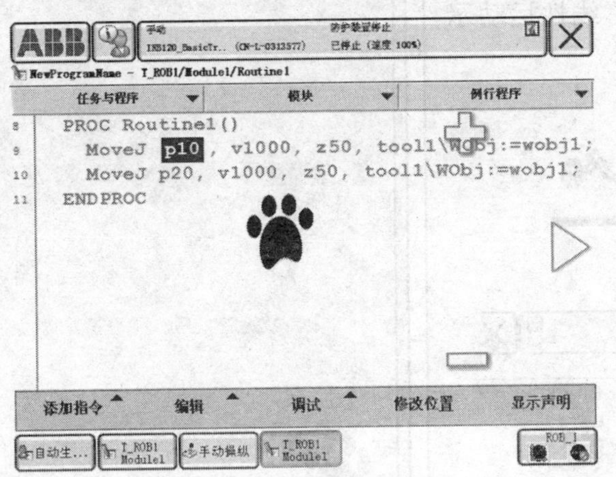

指令解析

参　数	含　义
p10、p20	目标点位置数据
v1000	运动速度数据

关节运动指令适合机器人大范围运动时使用，不容易在运动过程中出现关节轴进入机械死点的问题。

目标点位置数据　定义机器人TCP的运动目标，可以在示教器中单击“修改位置”进行修改。

运动速度数据　定义速度(mm/s)。

转弯区数据　定义转变区的大小mm。

工具坐标数据　定义当前指令使用的工具。

工件坐标数据　定义当前指令使用的工件坐标。

关节运动指令是在对路径精度要求不高的情况下，机器人的工具中心点 TCP 从一个位置移动到另一个位置，两个位置之间的路径不一定是直线。关节运动示意图如图 5-2 所示。

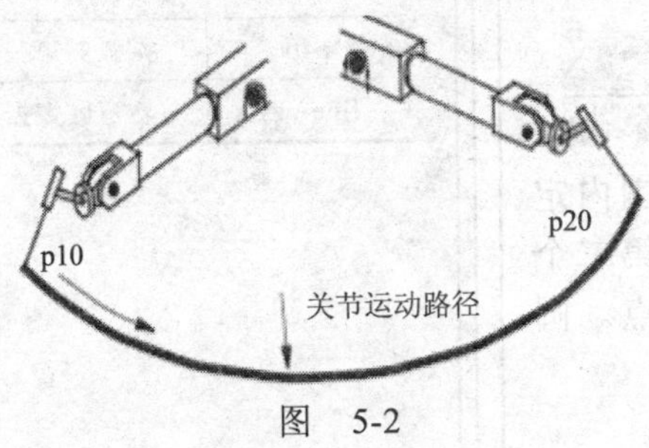

图　5-2

3. 线性运动指令

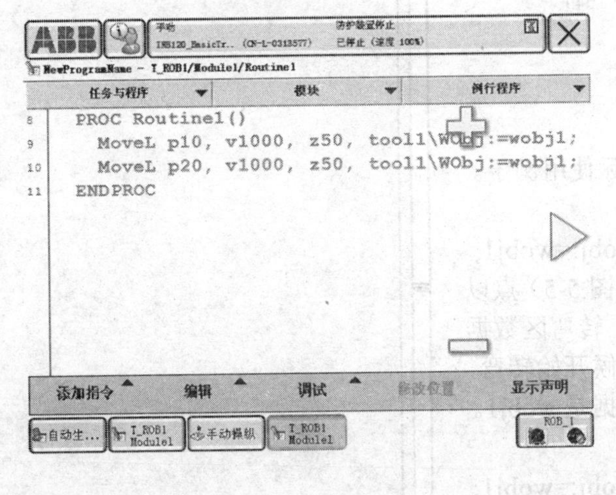

线性运动是机器人的 TCP 从起点到终点之间的路径始终保持为直线。一般如焊接、涂胶等应用对路径要求高的场合使用此指令。线性运动示意图如图 5-3 所示

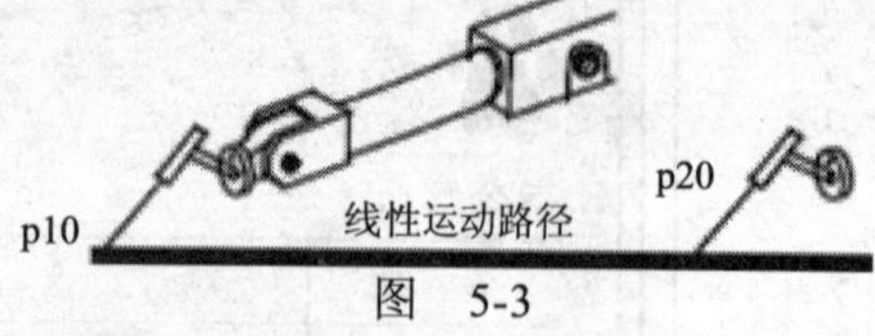

图 5-3

4. 圆弧运动指令

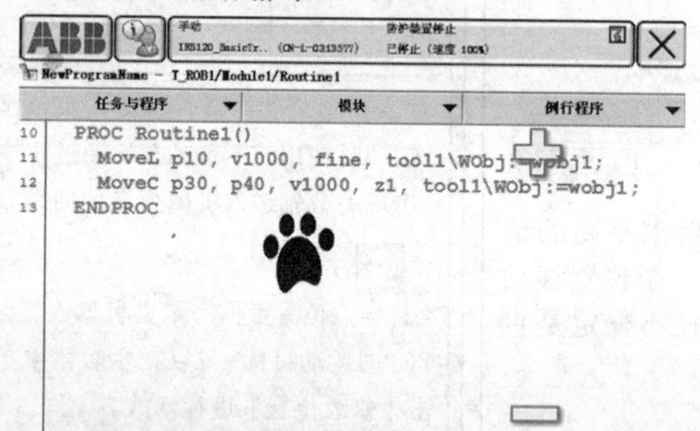

指令解析

参　数	含　义
p10	圆弧的第一个点
p30	圆弧的第二个点
p40	圆弧的第三个点
fine \ z1	转弯区数据

圆弧路径是在机器人可到达的空间范围内定义三个位置点，第一个点是圆弧的起点，第二个点用于圆弧的曲率，第三个点是圆弧的终点。圆弧运动示意图如图 5-4 所示。

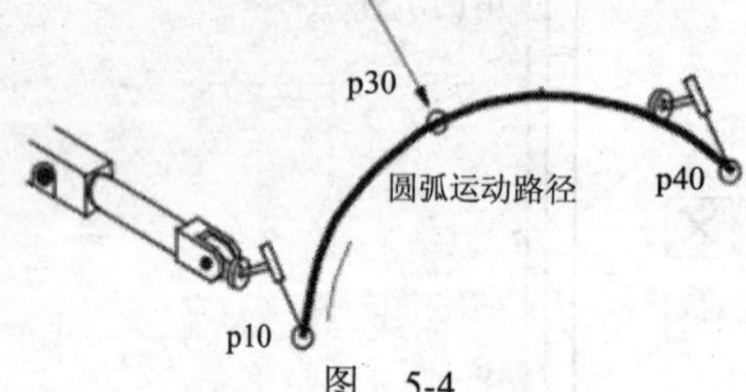

图 5-4

接着来看看这几种运动指令的实际使用例子。

指令：

MoveL p1，v200，z10，tool1\Wobj:=wobj1;

机器人的 TCP 从当前位置向 p1（图 5-5）点以线性运动方式前进，速度是 200mm/s，转弯区数据是 10mm，距离 p1 点还有 10mm 的时候开始转弯，使用的工具数据是 tool1，工件坐标数据是 wobj1。

指令：

MoveL p2，v100，fine，tool1\Wobj:=wobj1;

机器人的 TCP 从 p1 向 p2（图 5-5）点以线性运动方式前进，速度是 100mm/s，转弯区数据是 fine，机器人在 p2 点稍作停顿，使用的工具数据是 tool1，工件坐标数据是 wobj1。

指令：

MoveJ p3，v500，fine，tool1\Wobj:=wobj1;

机器人的 TCP 从 p2 向 p3（图 5-5）点以关节运动方式前进，速度是 500mm/s，转弯区数据是 fine，机器人在 p3 点停止，使用的工具数据是 tool1，工件坐标数据是 wobj1。

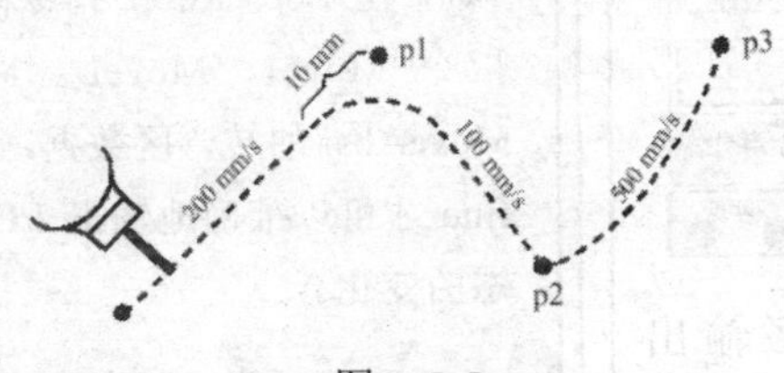

图 5-5

- **关于速度**

✧ 速度一般最高为 5000mm/s。

✧ 在手动限速状态下，所有的运动速度被限速在 250mm/s。

- **关于转弯区**

✧ fine 指机器人 TCP 达到目标点，在目标点速度降为零。机器人动作有所停顿然后再向下运动，如果是一段路径的最后一个点，一定要为 fine。

✧ 转弯区数值越大，机器人的动作路径就越圆滑与流畅。

5.3.3 I/O 控制指令

I/O 控制指令用于控制 I/O 信号，以达到与机器人周边设备进行通信的目的。

下面介绍基本的 I/O 控制指令。

1. Set 数字信号置位指令

Set 数字信号置位指令用于将数字输出（Digital Output）置位为“1”。

指令解析

参 数	含 义
do1	数字输出信号

2．Reset 数字信号复位指令

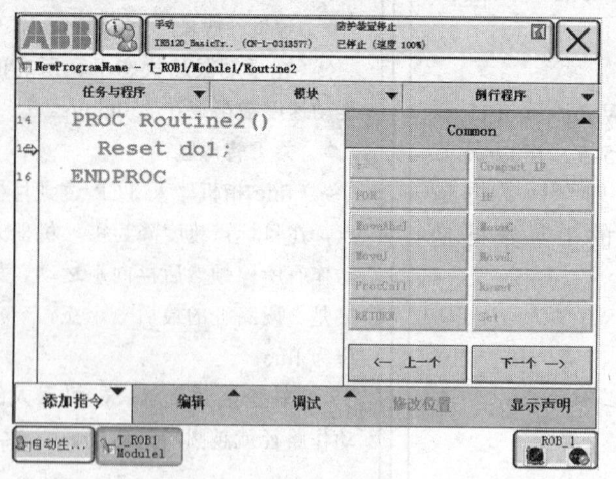

Reset 数字信号复位指令用于将数字输出（Digital Output）置位为“0”。

如果在 Set、Reset 指令前有运动指令 MoveJ、MoveL、MoveC、MoveAbsj 的转弯区数据，必须使用 fine 才可以准确地输出 I/O 信号状态的变化。

3．WaitDI 数字输入信号判断指令

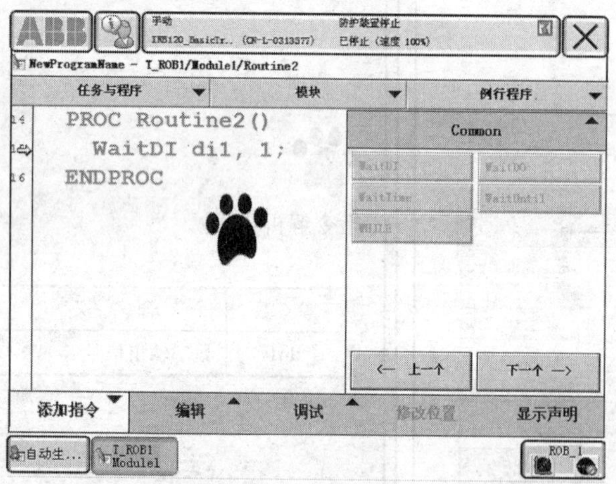

WaitDI 数字输入信号判断指令用于判断数字输入信号的值是否与目标一致。

指令解析

参　数	含　义
di1	数字输入信号
1	判断的目标值

在例子中，程序执行此指令时，等待 di1 的值为 1。如果 di1 为 1，则程序继续往下执行；如果到达最大等待时间 300s（此时间可根据实际进行设定）以后，di1 的值还不为 1，则机器人报警或进入出错处理程序。

4．WaitDO 数字输出信号判断指令

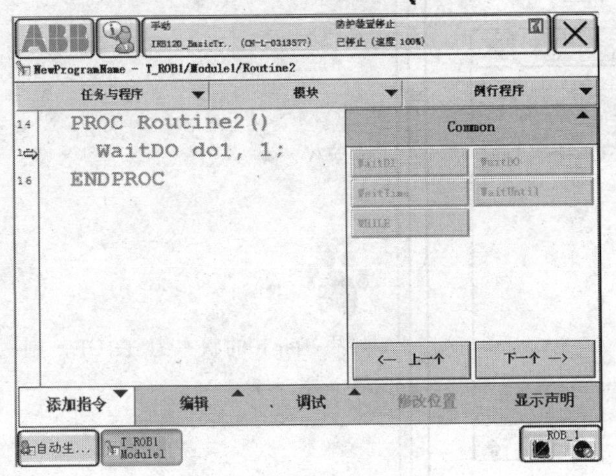

在例子中，程序执行此指令时，等待 do1 的值为 1。如果 do1 为 1，则程序继续往下执行；如果到达最大等待时间 300s（此时间可根据实际进行设定）以后，do1 的值还不为 1，则机器人报警或进入出错处理程序。

WaitDO 数字输出信号判断指令用于判断数字输出信号的值是否与目标一致。

5．WaitUntil 信号判断指令

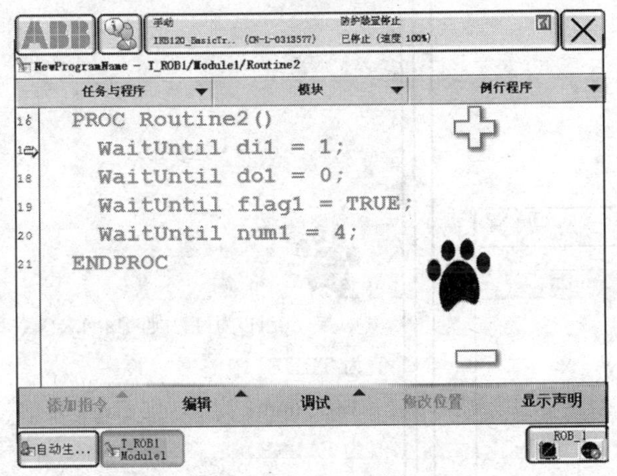

指令解析

参　数	含　义
flag1	布尔量
num1	数字量

WaitUntil 信号判断指令可用于布尔量、数字量和 I/O 信号值的判断，如果条件到达指令中的设定值，程序继续往下执行，否则就一直等待，除非设定了最大等待时间。

5.3.4 条件逻辑判断指令

条件逻辑判断指令用于对条件进行判断后，执行相应的操作，是 RAPID 中重要的组成部分。

1．Compact IF 紧凑型条件判断指令

Compact IF 紧凑型条件判断指令用于当一个条件满足了以后，就执行一句指令。

如果 flag1 的状态为 TRUE，则 do1 被置位为 1。

2．IF 条件判断指令

IF 条件判断指令，就是根据不同的条件去执行不同的指令。

如果 num1 为 1，则 flag1 会赋值为 TRUE。

如果 num1 为 2，则 flag1 会赋值为 FALSE。

除了以上两种条件之外，则执行 do1 置位为 1。

条件判定的条件数量可以根据实际情况进行增加与减少。

3．FOR 重复执行判断指令

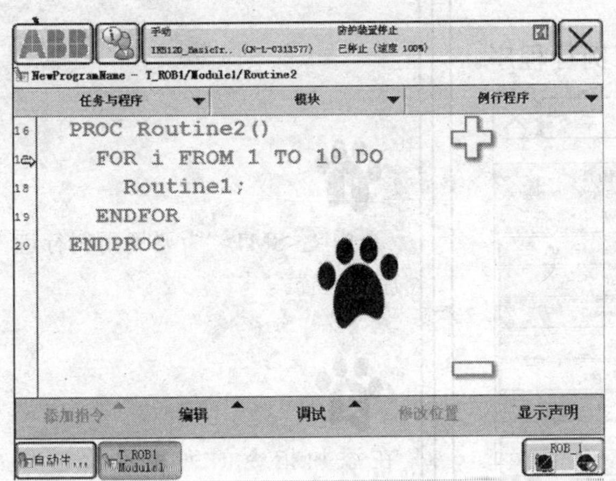

FOR 重复执行判断指令，是用于一个或多个指令需要重复执行数次的情况。

例行程序 Routine1，重复执行 10 次。

4．WHILE 条件判断指令

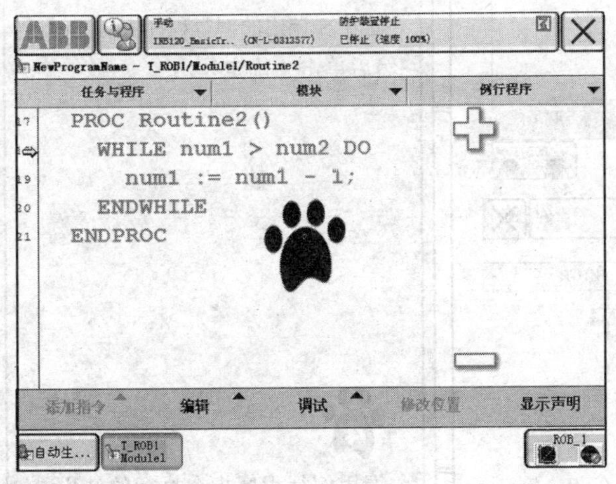

WHILE 条件判断指令，用于在给定条件满足的情况下，一直重复执行对应的指令。

当 num1>num2 的条件满足的情况下，就一直执行 num1:=num1-1 的操作。

5.3.5 其它的常用指令

1. ProcCall 调用例行程序指令

通过使用此指令在指定的位置调用例行程序。

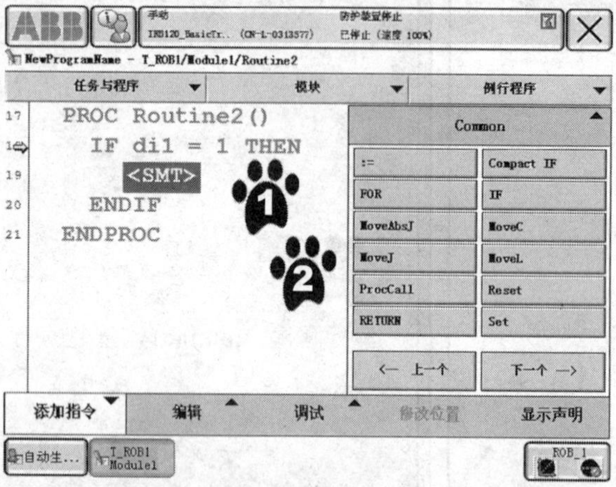

选中“<SMT>”为要调用例行程序的位置。

在添加指令的列表中，选择“ProcCall”指令。

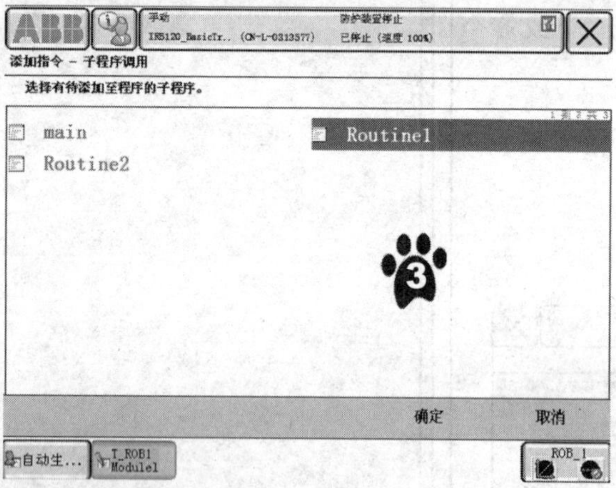

选中要调用的例行程序 Routine1，然后单击“确定”

调用例行程序指令执行的结果。

2．RETURN 返回例行程序指令

当 di1=1 时，执行 RETURN 指令，程序指针返回到调用 Routine2 的位置并继续向下执行 Set do1 这个指令。

RETURN 返回例行程序指令，当此指令被执行时，则马上结束本例行程序的执行，返回程序指针到调用此例行程序的位置。

3．WaitTime 时间等待指令

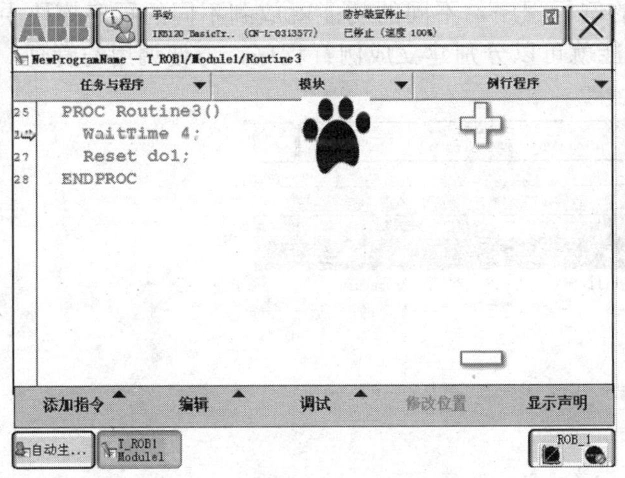

等待 4s 以后，程序向下执行 Reset do1 指令。

WaitTime 时间等待指令，用于程序在等待一个指定的时间以后，再继续向下执行。

5.4 建立一个可以运行的基本 RAPID 程序

在之前的章节中，已大概了解 RAPID 程序编程的相关操作及基本的指令。现在就通过一个实例来体验一下 ABB 机器人便捷的程序编辑。

编制一个程序的基本流程是这样的（图 5-6、图 5-7）：

1）确定需要多少个程序模块。多少个程序模块是由应用的复杂性所决定的，比如可以将位置计算、程序数据、逻辑控制等分配到不同的程序模块，方便管理。

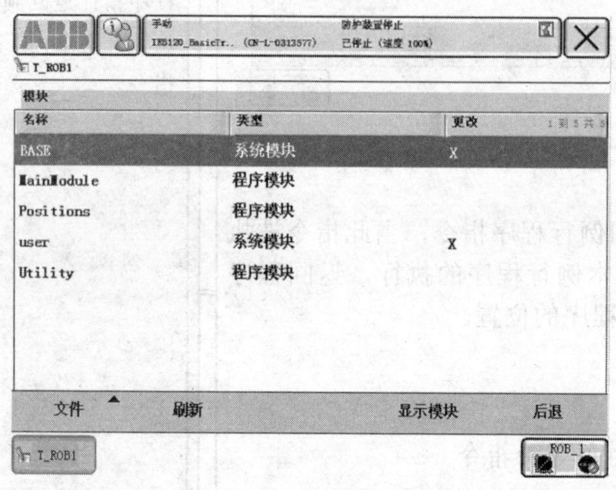

图 5-6

2）确定各个程序模块中要建立的例行程序，不同的功能就放到不同的程序模块中去，如夹具打开、夹具关闭这样的功能就可以分别建立成例行程序，方便调用与管理。

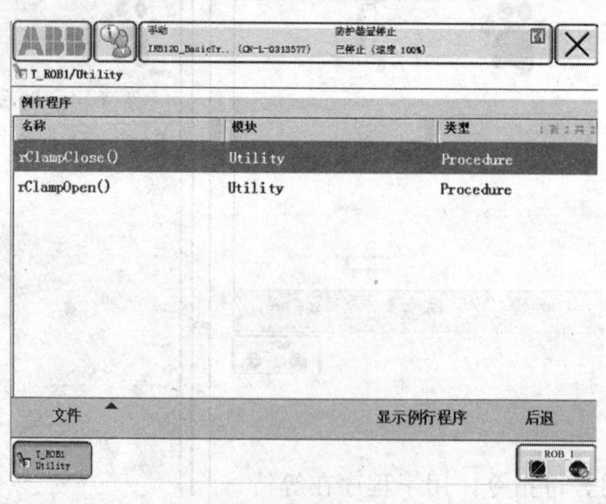

图 5-7

5.4.1　建立 RAPID 程序实例

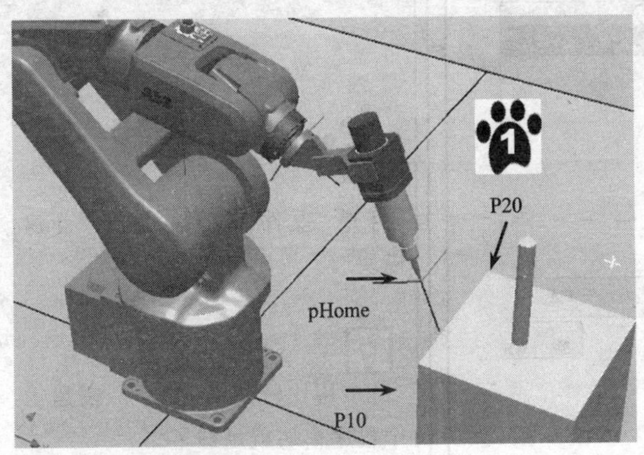

确定工作要求：

✧　机器人空闲时，在位置点 pHome 等待。

✧　如果外部信号 di1 输入为 1 时，机器人沿着物体的一条边从 p10 到 p20 走一条直线，结束以后回到 pHome 点。

选择“程序编辑器”。

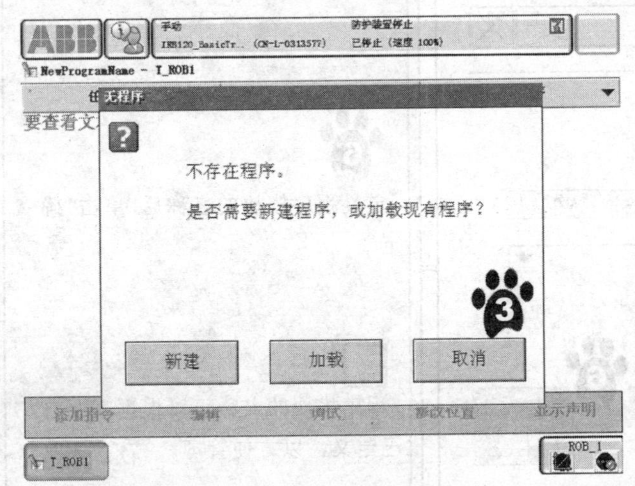

单击“取消”。

打开“文件”菜单，选择“新建模块”。

此应用比较简单，所以只需建一个程序模块就足够了。

单击“是”进行确定。

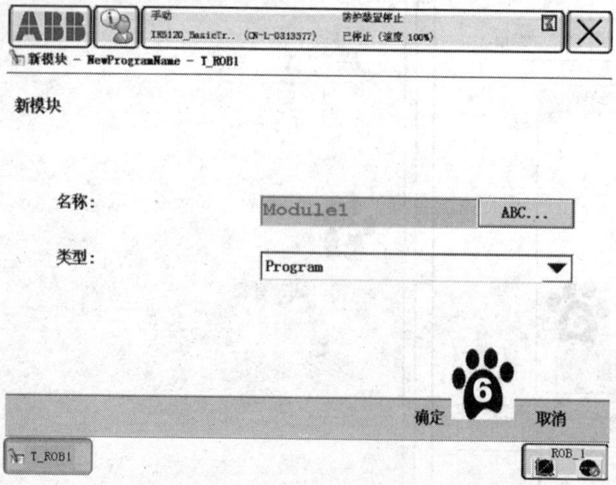

定义程序模块的名称后，单击“确定”。

程序模块的名称可以根据需要自己定义，以方便管理。

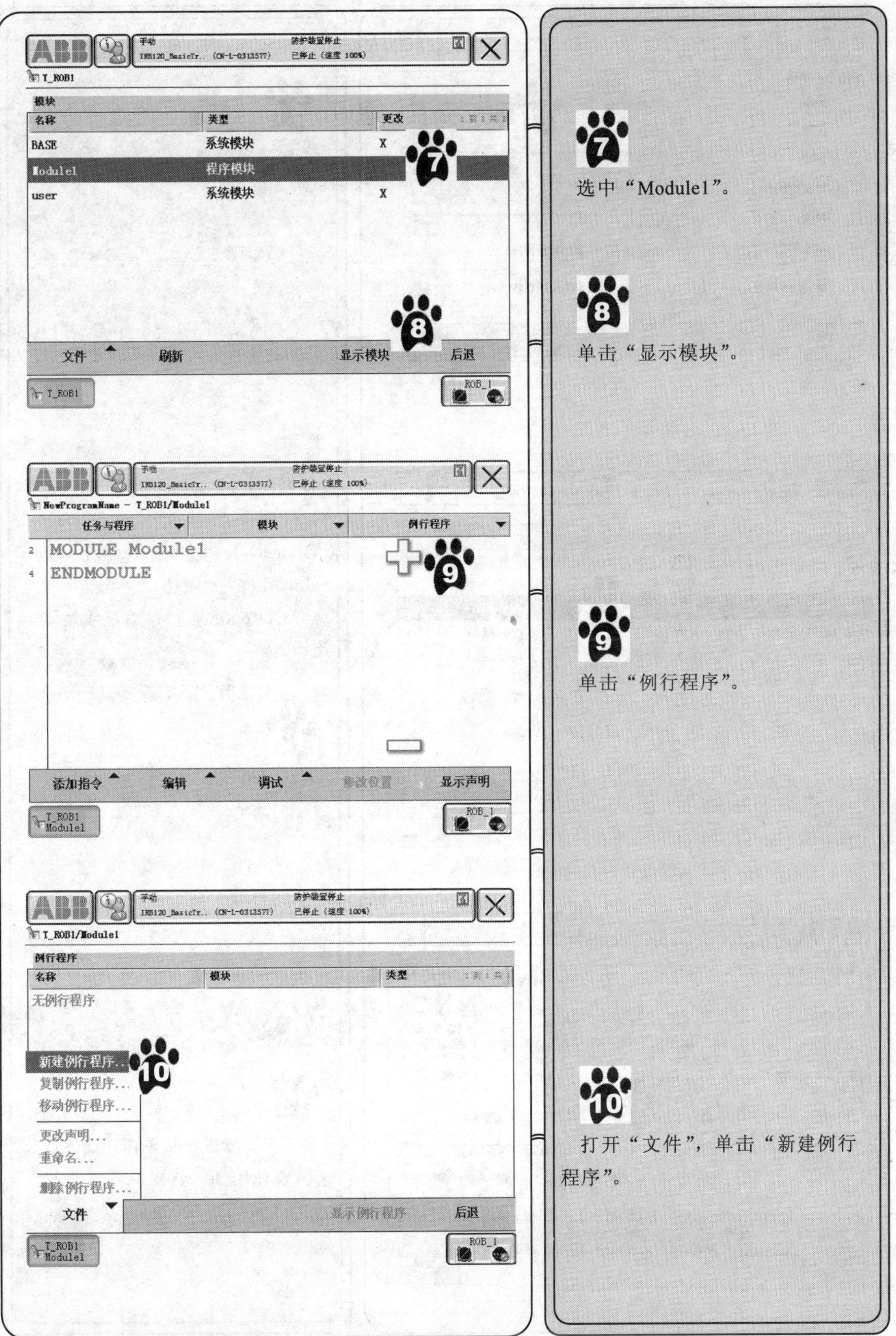

7 选中“Module1”。

8 单击“显示模块”。

9 单击“例行程序”。

10 打开“文件”，单击“新建例行程序”。

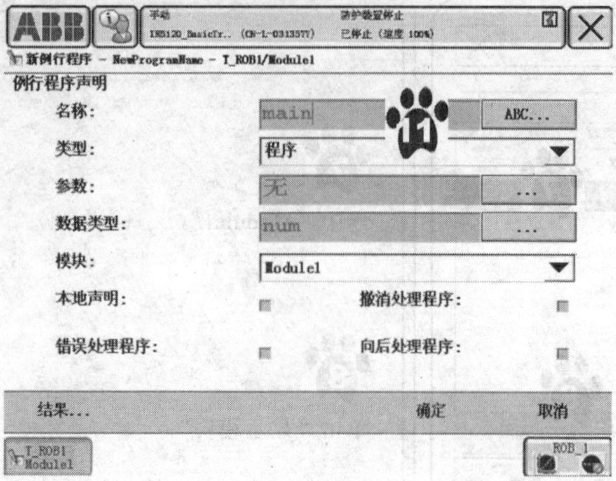

11

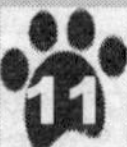

首先建立一个主程序 main，然后单击“确定”。

根据第 10、11 步骤建立相关的例行程序。

rHome()　用于机器人回等待位。

rInitAll()　初始化。

rMoveRoutine()　存放直线运动路径。

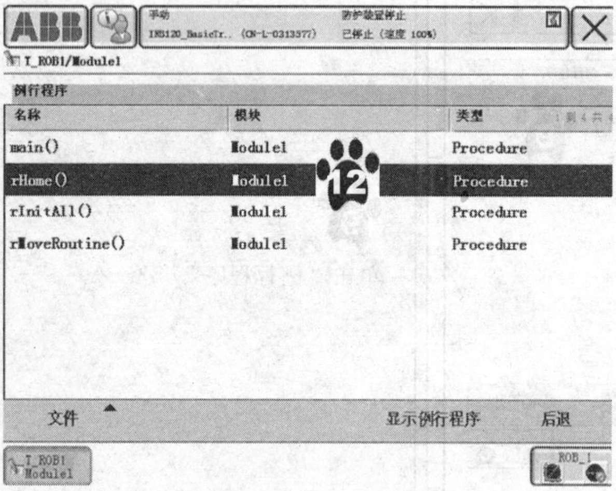

12

选择“rHome”，然后单击“显示例行程序”。

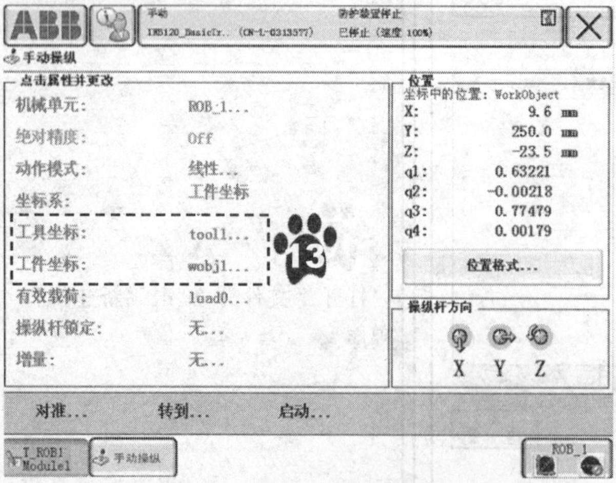

13

到“手动操纵”菜单内，确认已选中要使用的工具坐标与工件坐标。

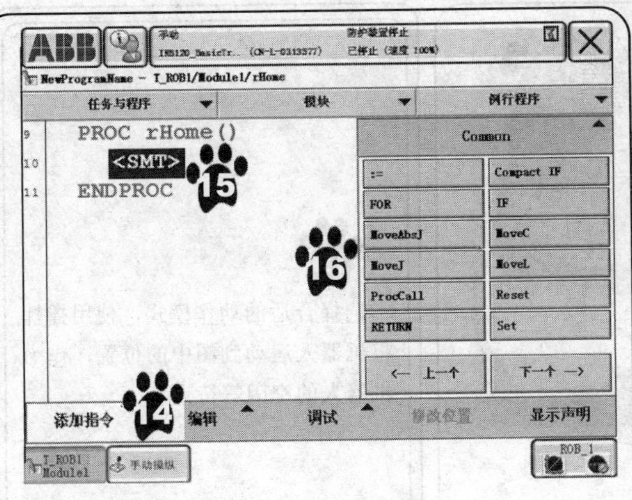

回到程序编辑器，单击“添加指令”，打开指令列表。

选中“<SMT>”为插入指令的位置。

在指令列表中选择 MoveJ

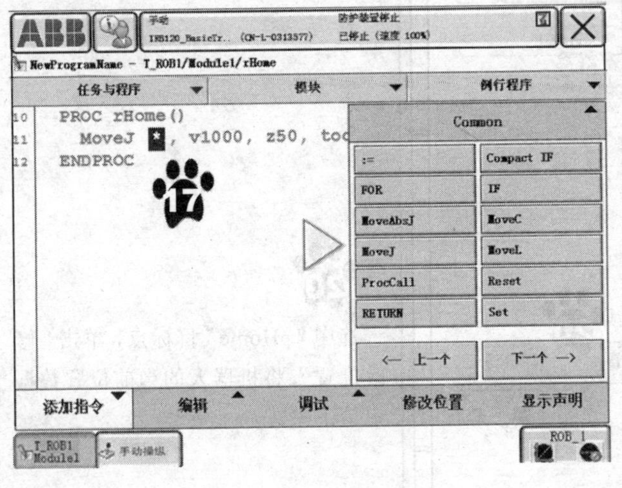

双击“*”，进入指令参数修改画面。

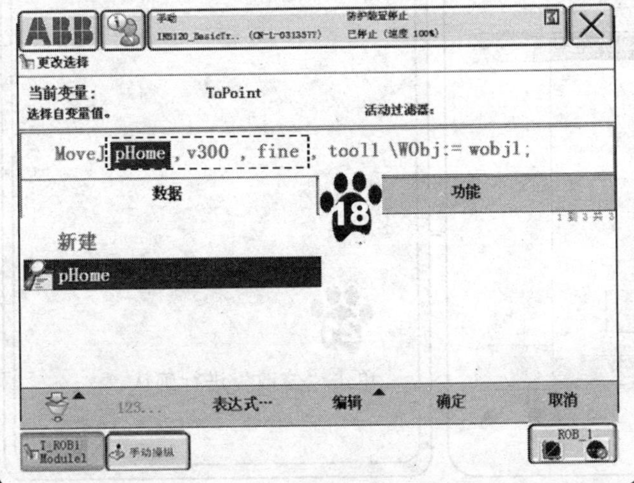

通过新建或选择对应的参数数据，设定为图中虚线框中所示的数值。

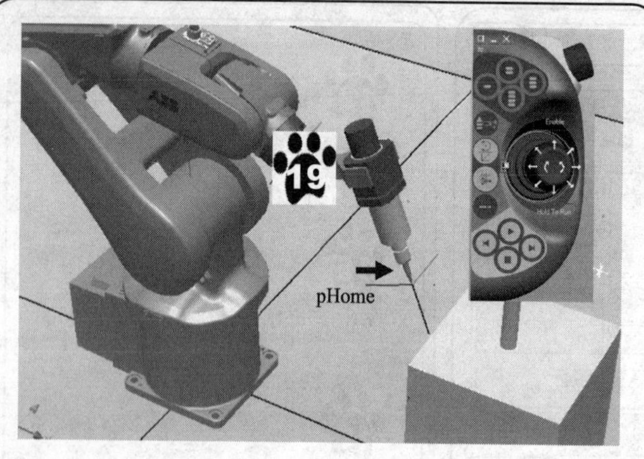

选择合适的动作模式，使用摇杆将机器人运动到图中的位置，作为机器人的空闲等待点。

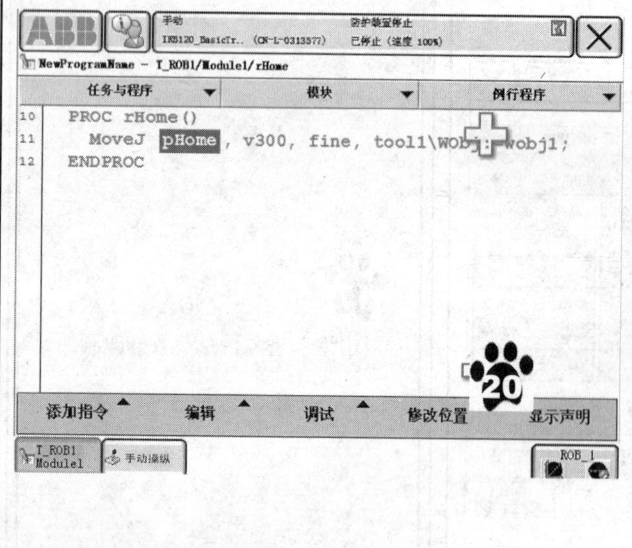

20

选中“pHome”目标点，单击“修改位置”，将机器人的当前位置数据记录下来。

21

单击“修改”进行确认。

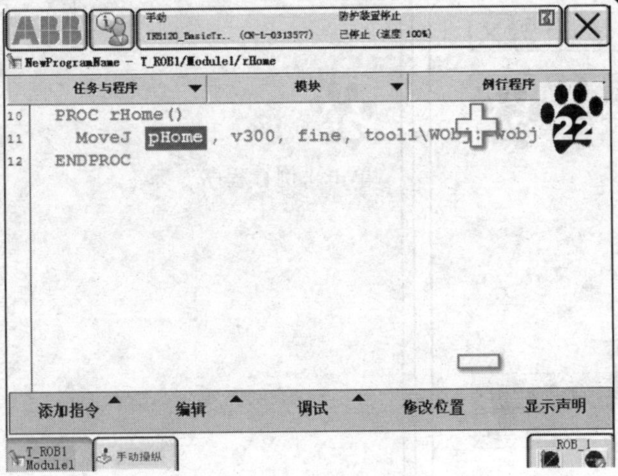

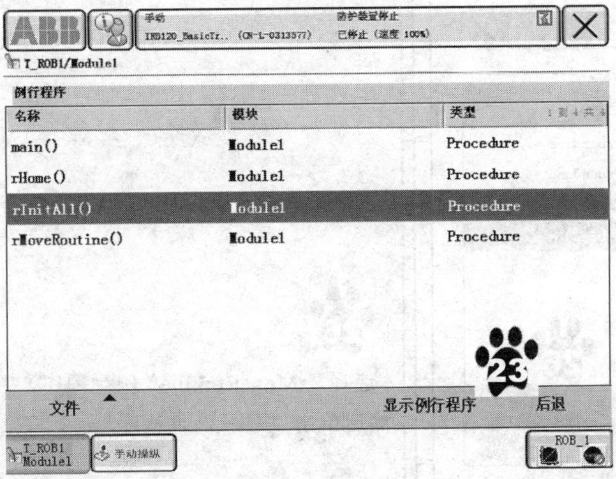

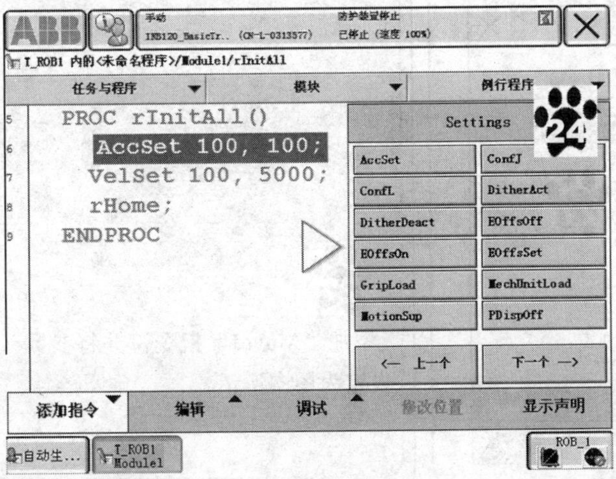

```
PROC rHome()
  MoveJ pHome, v300, fine, tool1\WObj:=wobj
ENDPROC
```

单击“例行程序”标签。

名称	模块	类型
main()	Module1	Procedure
rHome()	Module1	Procedure
rInitAll()	Module1	Procedure
rMoveRoutine()	Module1	Procedure

选中“rInitAll”例行程序，然后单击“显示例行程序”。

```
PROC rInitAll()
  AccSet 100, 100;
  VelSet 100, 5000;
  rHome;
ENDPROC
```

在此例行程序中，加入在程序正式运行前，需要作初始化的内容，如速度限定、夹具复位等。具体根据需要添加。

在此例行程序 rInitAll 中只增加了两条速度控制的指令（在添加指令列表的 Settings 类别中）和调用了回等待位的例行程序 rHome。

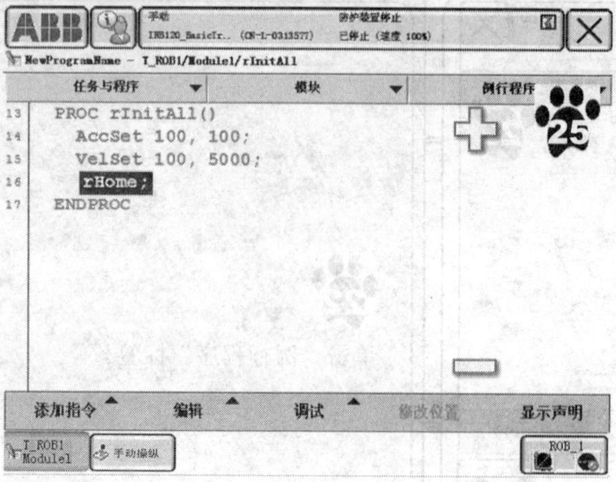

手动
IRB120_BasicTr.. (CN-L-0313577)
防护装置停止
已停止 (速度 100%)
NewProgramName - T_ROB1/Module1/rInitAll
任务与程序
模块
例行程序
PROC rInitAll()
AccSet 100, 100;
VelSet 100, 5000;
rHome;
ENDPROC
添加指令
编辑
调试
修改位置
显示声明
T_ROB1
Module1
手动操纵
ROB_1
25

25

单击“例行程序”标签。

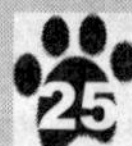

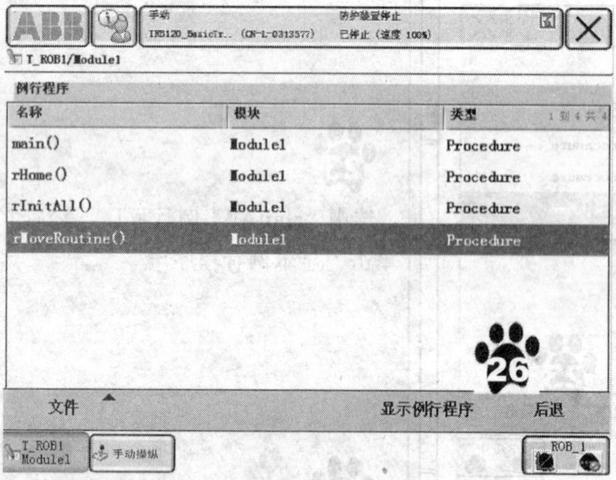

手动
IRB120_BasicTr.. (CN-L-0313577)
防护装置停止
已停止 (速度 100%)
T_ROB1/Module1
例行程序
名称
模块
类型
1 到 4 共 4
main()
Module1
Procedure
rHome()
Module1
Procedure
rInitAll()
Module1
Procedure
rMoveRoutine()
Module1
Procedure
文件
显示例行程序
后退
T_ROB1
Module1
手动操纵
ROB_1
26

26

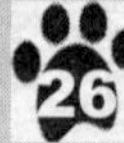

选择“rMoveRoutine”例行程序，然后单击“显示例行程序”。

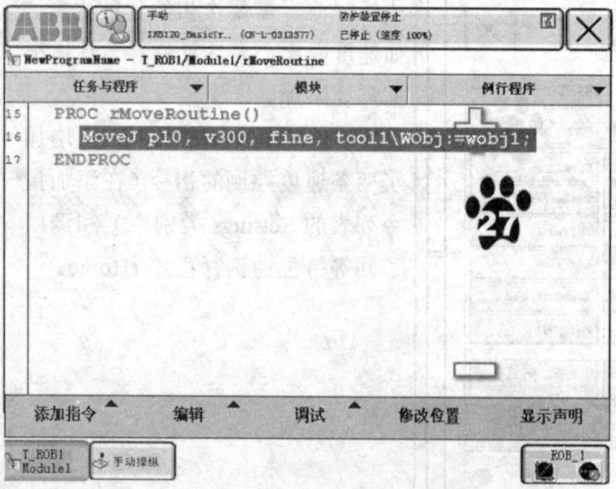

手动
IRB120_BasicTr.. (CN-L-0313577)
防护装置停止
已停止 (速度 100%)
NewProgramName - T_ROB1/Module1/rMoveRoutine
任务与程序
模块
例行程序
PROC rMoveRoutine()
MoveJ p10, v300, fine, tool1\WObj:=wobj1;
ENDPROC
添加指令
编辑
调试
修改位置
显示声明
T_ROB1
Module1
手动操纵
ROB_1
27

27

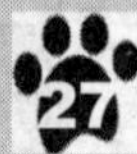

添加“MoveJ”指令，并将参数设定为图中所示。

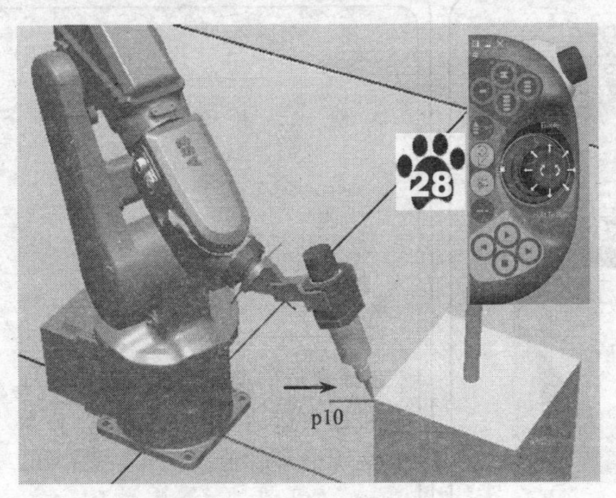

选择合适的动作模式，使用摇杆将机器人运动到图中的位置，作为机器人的 p10 点。

选中“p10”点，单击“修改位置”，将机器人的当前位置记录到 p10 中去。

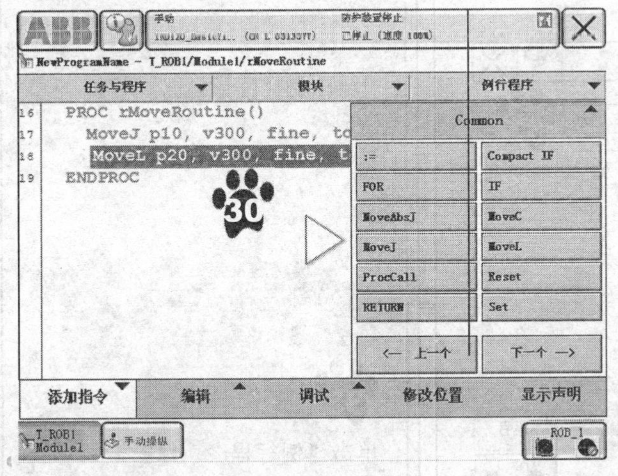

添加“MoveL”指令，并将参数设置为如图所示。

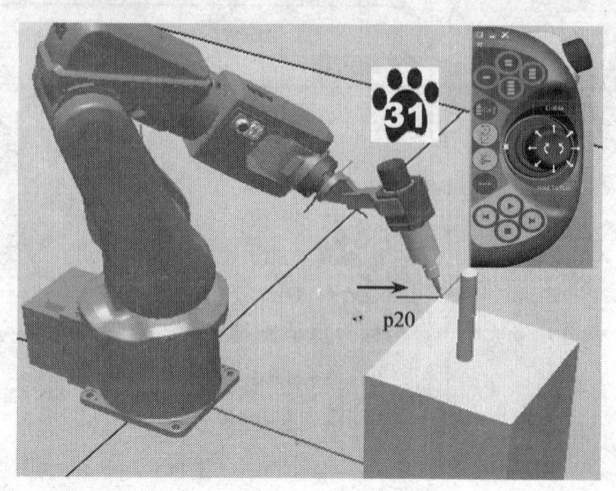

选择合适的动作模式，使用摇杆将机器人运动到图中的位置，作为机器人的 p20 点。

选中“p20”点，单击“修改位置”，将机器人的当前位置记录到 p20 中去。

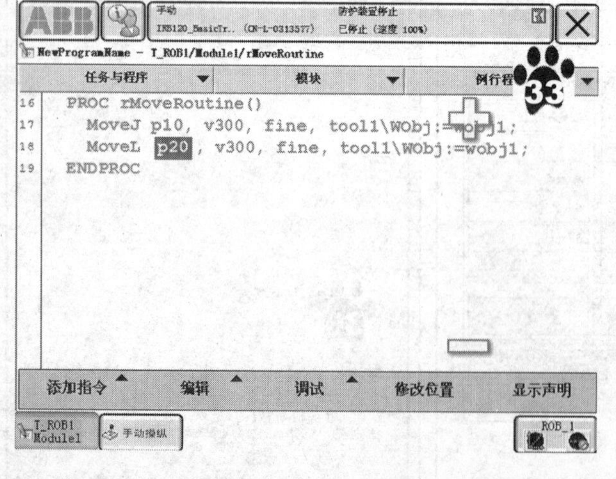

单击“例行程序”标签。

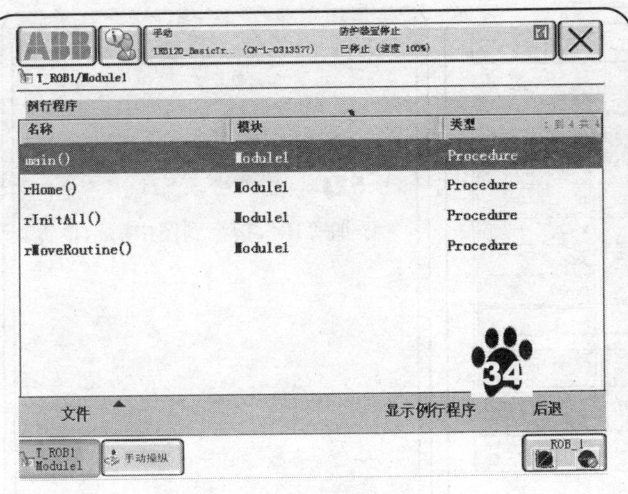

选中“main”主程序，进行程序执行主体架构的设定。

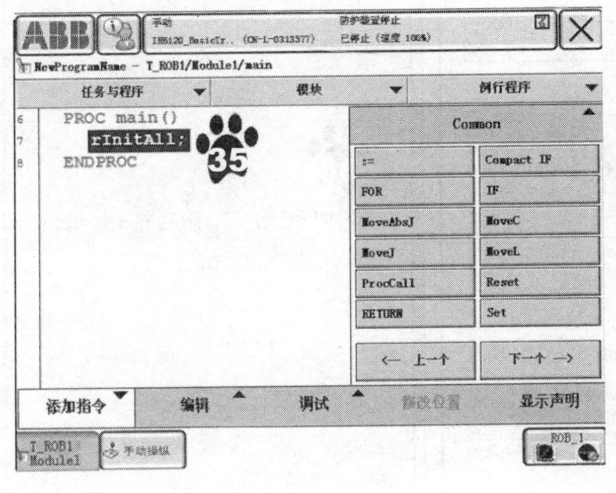

在开始位置调用初始化例行程序。

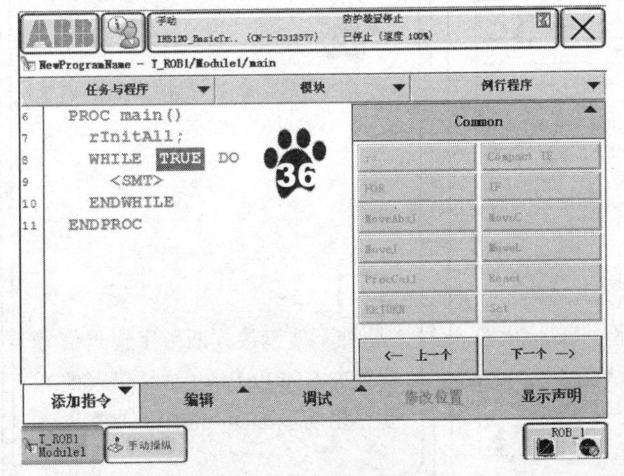

添加“WHILE”指令，并将条件设定为“TRUE”。

使用 WHILE 指令构建一个死循环的目的在于将初始化程序与正常运行的路径程序隔离开。初始化程序只在一开始时执行一次，然后就根据条件循环执行路径运动。

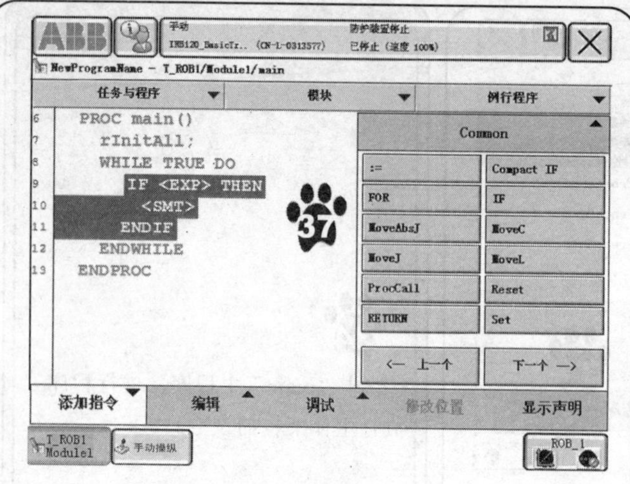

添加“IF”指令到图中所示位置。

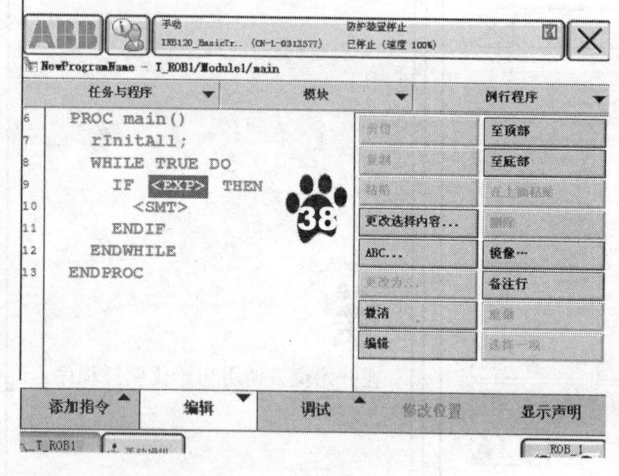

选中“<EXP>”，然后打开“编辑”菜单，选择“ABC…”。

使用软键盘输入“di1=1”，然后单击“确定”。

此处不能直接判断数字输出信号的状态，如do1=1（这是错误的），要使用功能DOutput( )。

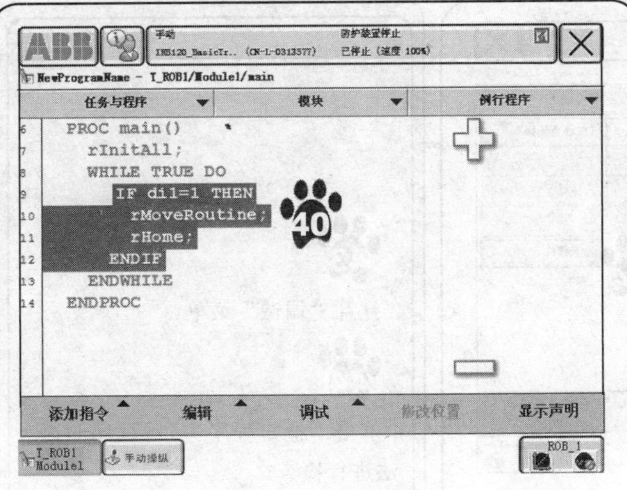

在 IF 指令的循环中，调用两个例行程序 rMoveRoutine 和 rHome。

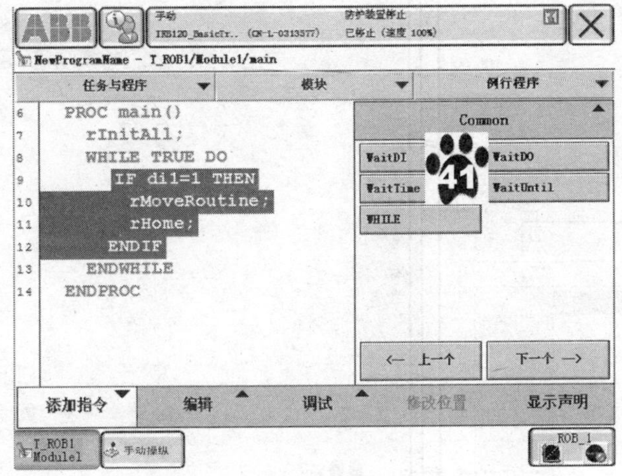

在选中 IF 指令的下方，添加 WaitTime 指令，参数是 0.3s。

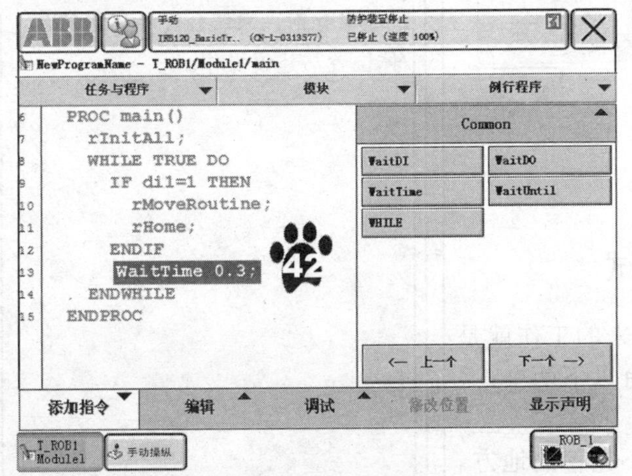

主程序解读：

1）首先进入初始化程序进行相关初始化的设置。

2）进行 WHILE 的死循环，目的是将初始化程序隔离开。

3）如果 di1=1，则机器人执行对应的路径程序。

4）等待 0.3s 的这个指令的目的是防止系统 CPU 过负荷而设定的。

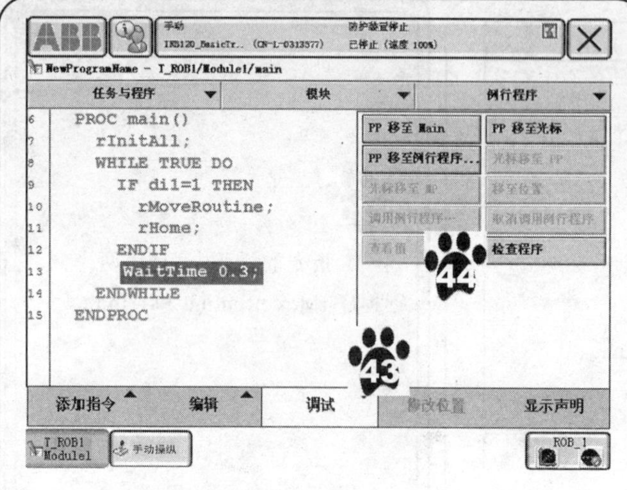

打开“调试”菜单。

单击“检查程序”，对程序的语法进行检查。

单击“确定”完成。

如果有错，系统会提示出错的具体位置与建议操作。

5.4.2 对 RAPID 程序进行调试

在完成了程序的编辑以后，接下来的工作就是对这个程序进行调试，调试的目的有以下两个：

1）检查程序的位置点是否正确。

2）检查程序的逻辑控制是否有不完善的地方。

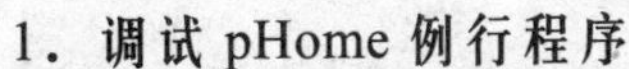

1. 调试 pHome 例行程序

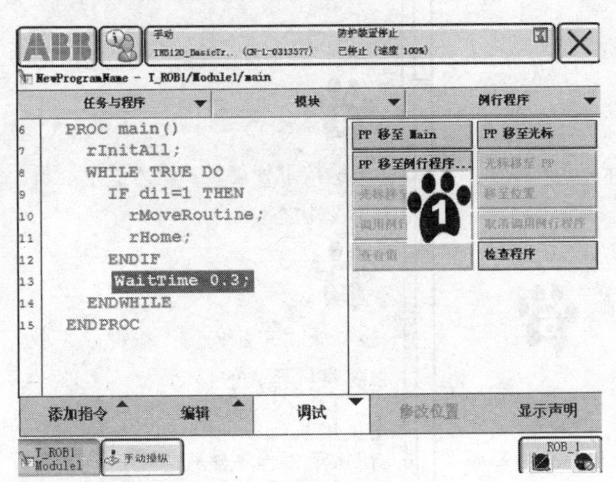

打开“调试”菜单，选择“PP 移至例行程序”。

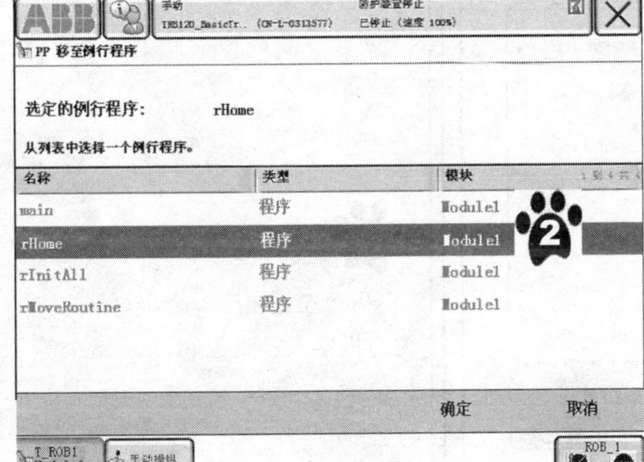

选中“rHome”例行程序，然后单击“确定”。

PP 是程序指针（黄色小箭头）的简称。程序指针永远指向将要执行的指令。所以图中的指令将会是被执行的指令。

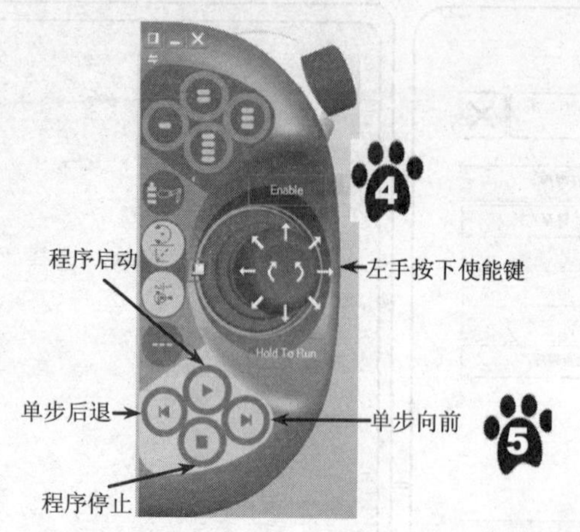

左手按下使能键，进入“电动机开启”状态。

按一下“单步向前”按键，并小心观察机器人的移动。

在按下“程序停止”键后，才可松开使能键。

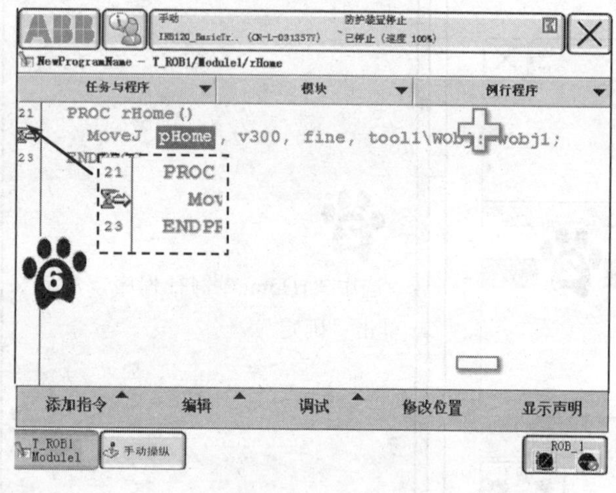

在指令左侧出现一个小机器人，说明机器人已到达 pHome 这个等待位置。

机器人回到 pHome 点

机器人回到了 pHome 这个等待位置。

2. 调试 rMoveRoutine 例行程序

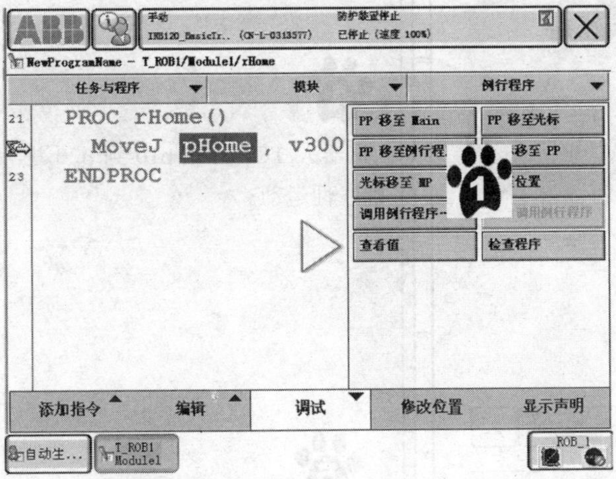

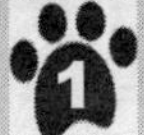

1 打开“调试”菜单，选择“PP 移至例行程序”。

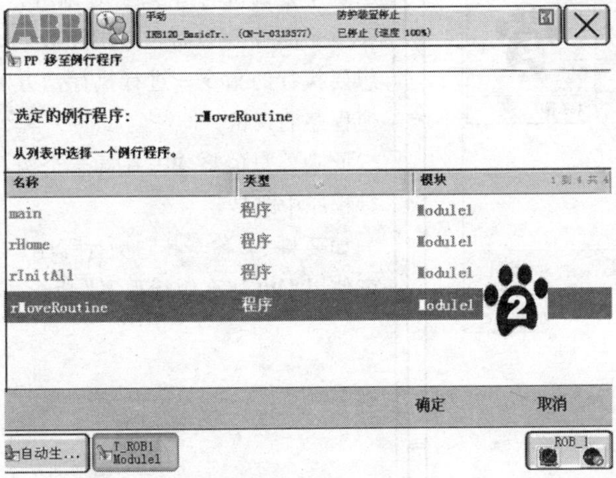

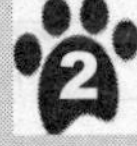

2 选中“rMoveRoutine”例行程序，然后单击“确定”。

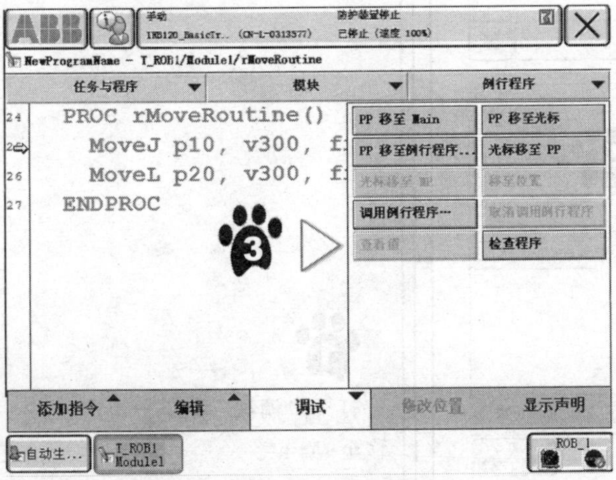

3 单步进行调试运动指令的位置是否合适。

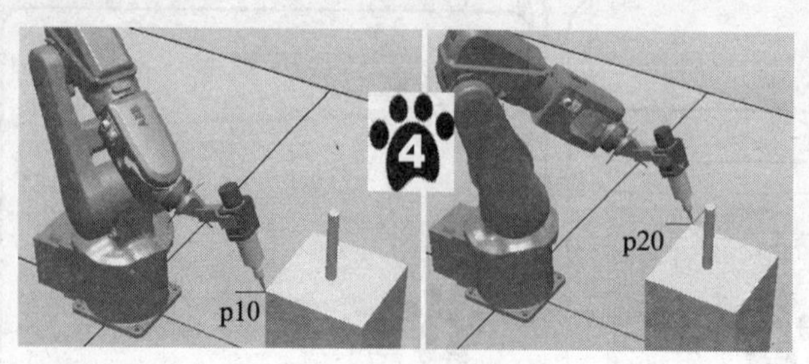

机器人 TCP 点从 p10 到 p20 进行线性运动。

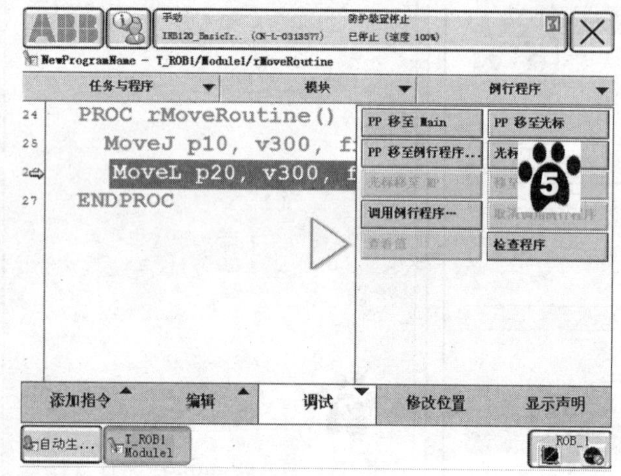

选中要调试的指令后，使用“PP 移至光标”，可以将程序指针移至想要执行的指令，进行执行，方便程序的调试。

此功能只能将 PP 在同一个例行程序中跳转。

如要将 PP 移至其它例行程序，可使用“PP 移至例行程序”功能。

3．调试 main 主程序

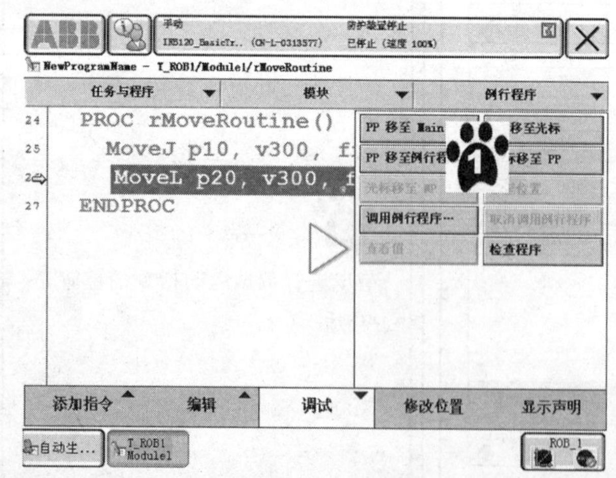

打开“调试”菜单，单击“PP 移至 Main”。

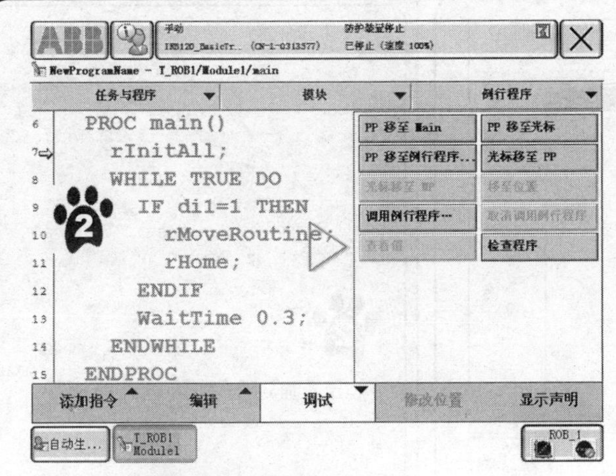

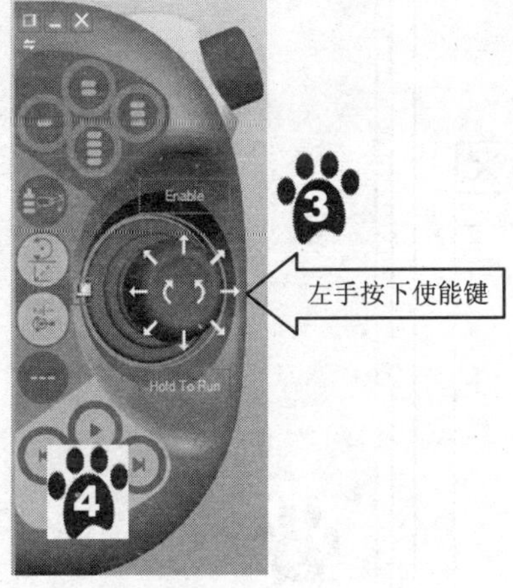

2

PP 便会自动指向主程序的第一句指令。

3

左手按下使能键，进入“电动机开启”状态。

按一下“程序启动”按键，并小心观察机器人的移动。

在按下“程序停止”键后，才可松开使能键。

5.4.3　RAPID 程序自动运行的操作

在手动状态下，完成了调试确认运动与逻辑控制正确之后，就可以将机器人系统投入自动运行状态，以下就 RAPID 程序自动运行的操作：

将状态钥匙左旋至左侧的自动状态。

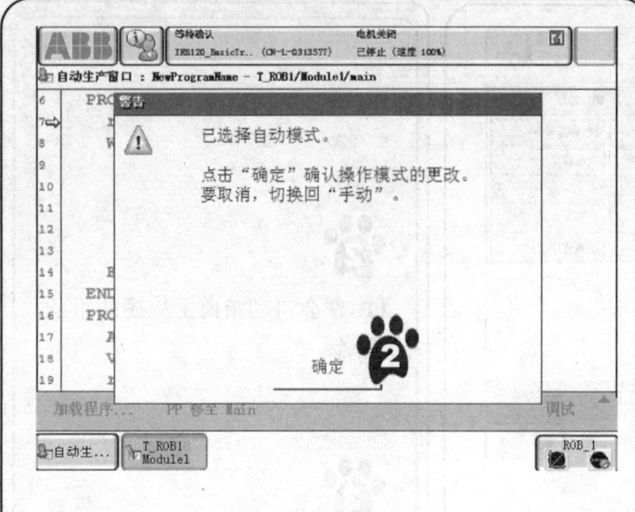

单击"确定"，确认状态的切换。

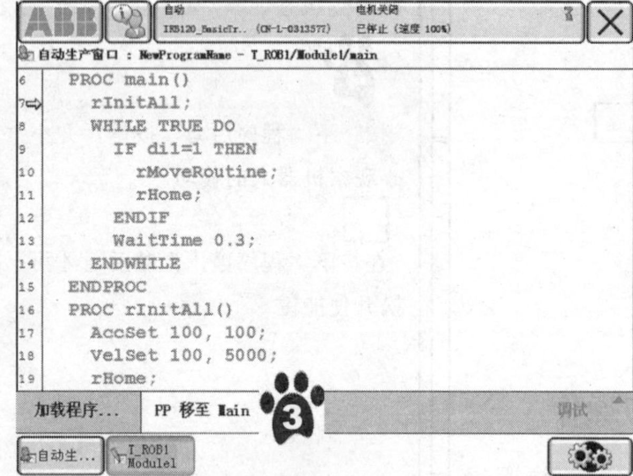

单击"PP 移至 Main"，将 PP 指向主程序的第一句指令。

单击"是"。

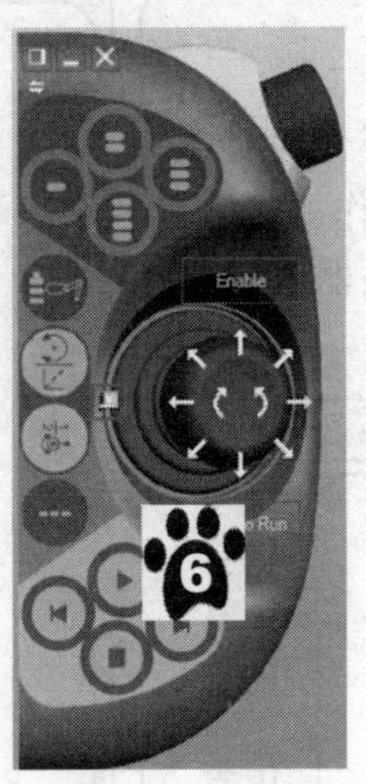

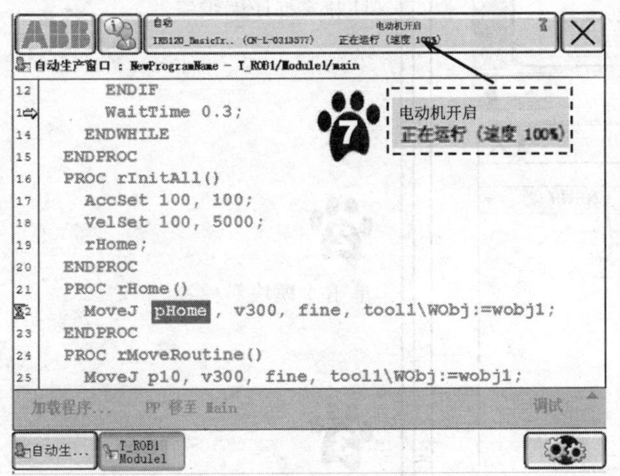

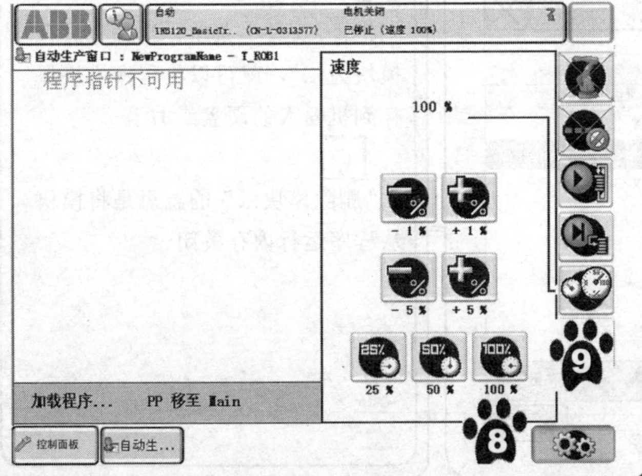

按下白色按钮，开启电动机。

按下“程序启动”按钮。

这时，可以观察到程序已在自动运行过程中。

单击“快捷菜单”按钮。

单击“速度”按钮（第 5 个按钮），就可以在此设定程序中机器人运动的速度。

5.4.4 RAPID程序模块的保存

在调试完成并且在自动运行确认符合设计要求后，就要对程序模块做一个保存的操作。

可以根据需要将程序模块保存在机器人的硬盘或U盘上。

打开“程序编辑器”。

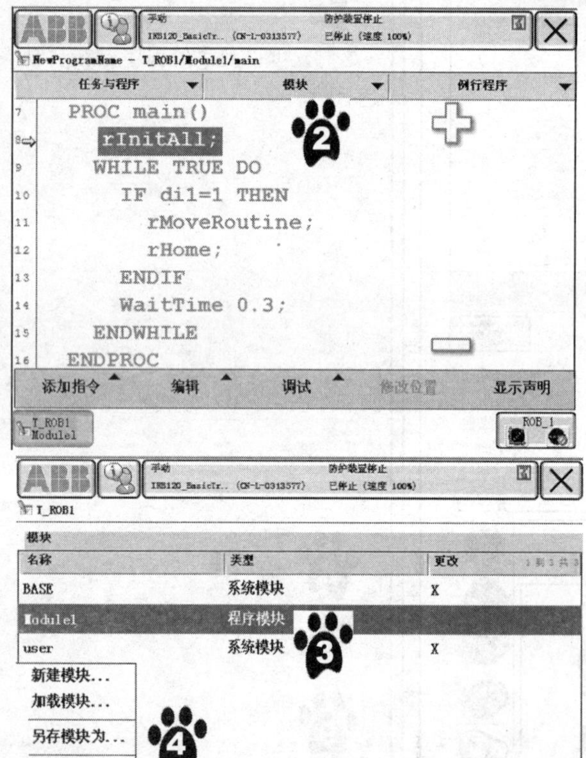

单击“模块”标签。

选中需要保存的程序模块。

打开“文件”菜单，选择“另存模块为...”，就可以将程序模块保存到机器人的硬盘或U盘。

“删除模块...”的意思是将模块从程序运行内存关闭。

5.5　功能的使用介绍

ABB 机器人 RAPID 编程中的功能（FUNCTION）相似于指令并且在执行完了以后可以返回一个数值。

使用功能可以有效地提高编程和程序执行的效率。

功能 Abs、Offs 如图 5-7、图 5-8 所示。

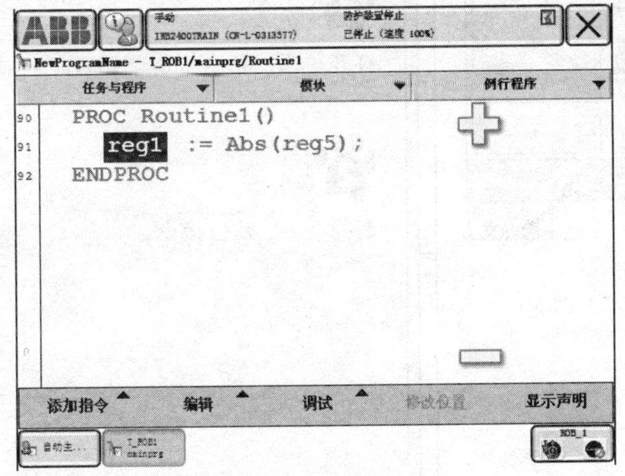

图　5-7

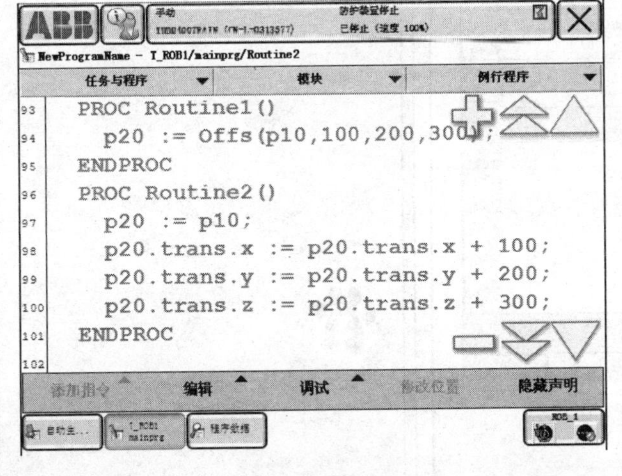

图　5-8

功能“Abs”是对操作数 reg5 进行取绝对值的操作，然后将结果赋予 reg1。

在 Routine1 中，功能“Offs”的作用是基于位置目标点 p10 在 X 方向偏移 100mm，Y 方向偏移 200mm，Z 方向偏移 300mm。

在 Routine2 中，所做的操作结果与 Routine1 一样，但执行的效率就不如 Routine1 了。

下面介绍添加功能 Abs、Offs 的操作方法。

1．功能 “reg1 : = Abs(reg2);”

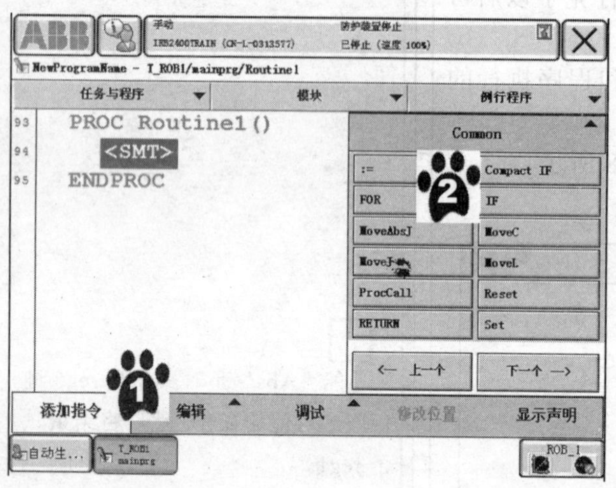

打开“添加指令”菜单列表。

选择“:=”赋值指令。

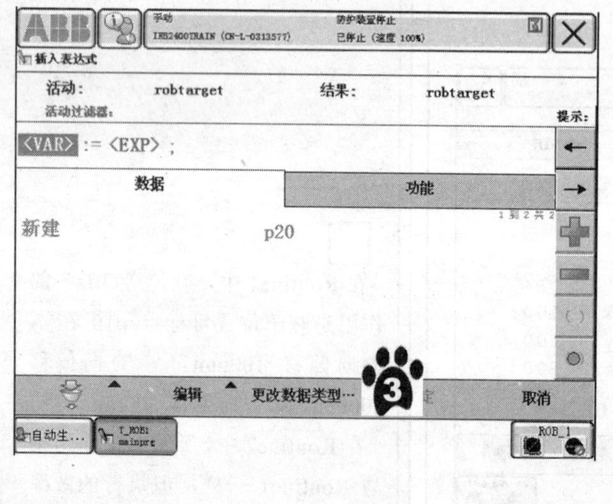

单击“更改数据类型…”

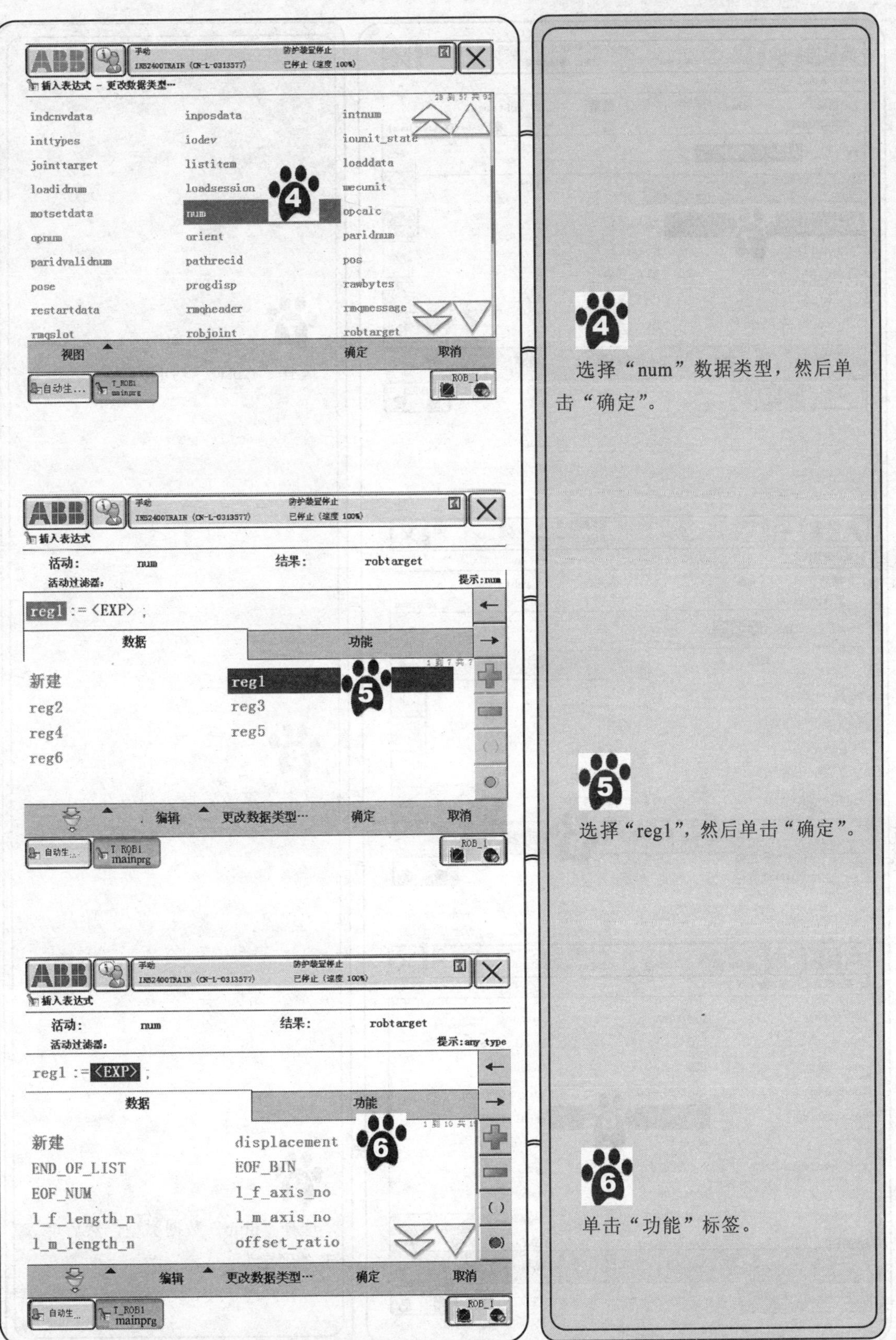

4 选择“num”数据类型，然后单击“确定”。

5 选择“reg1”，然后单击“确定”。

6 单击“功能”标签。

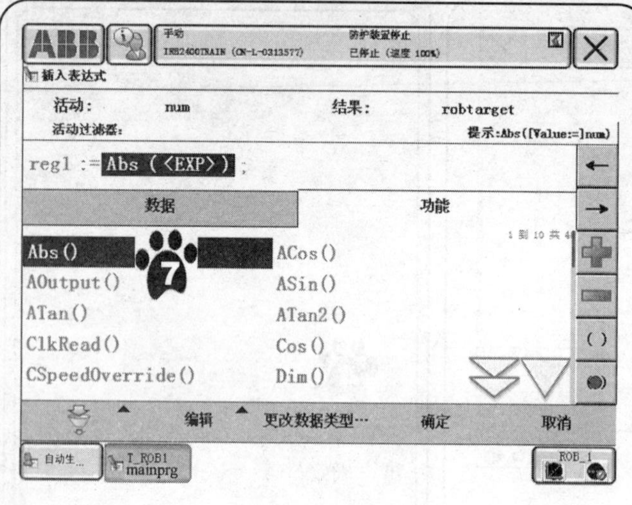

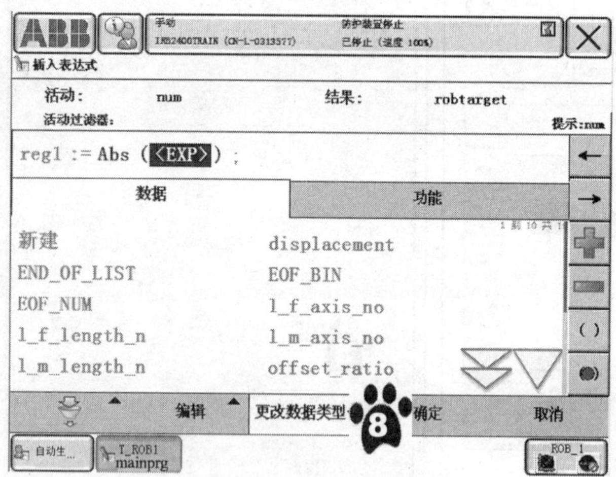

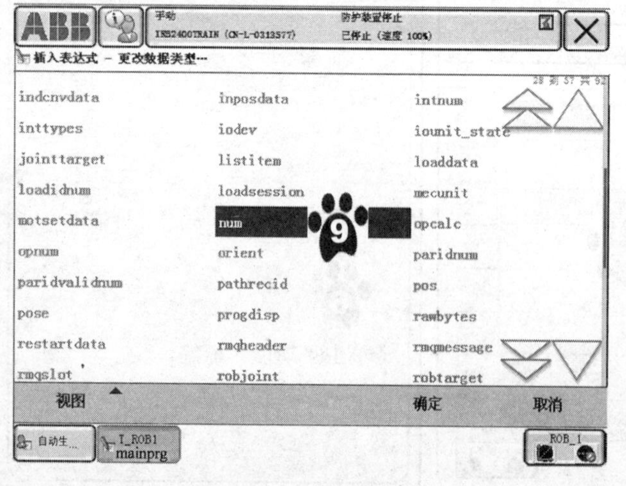

7 选择“Abs()”功能。

8 单击“更改数据类型…”

9 选择“num”数据类型，然后单击“确定”。

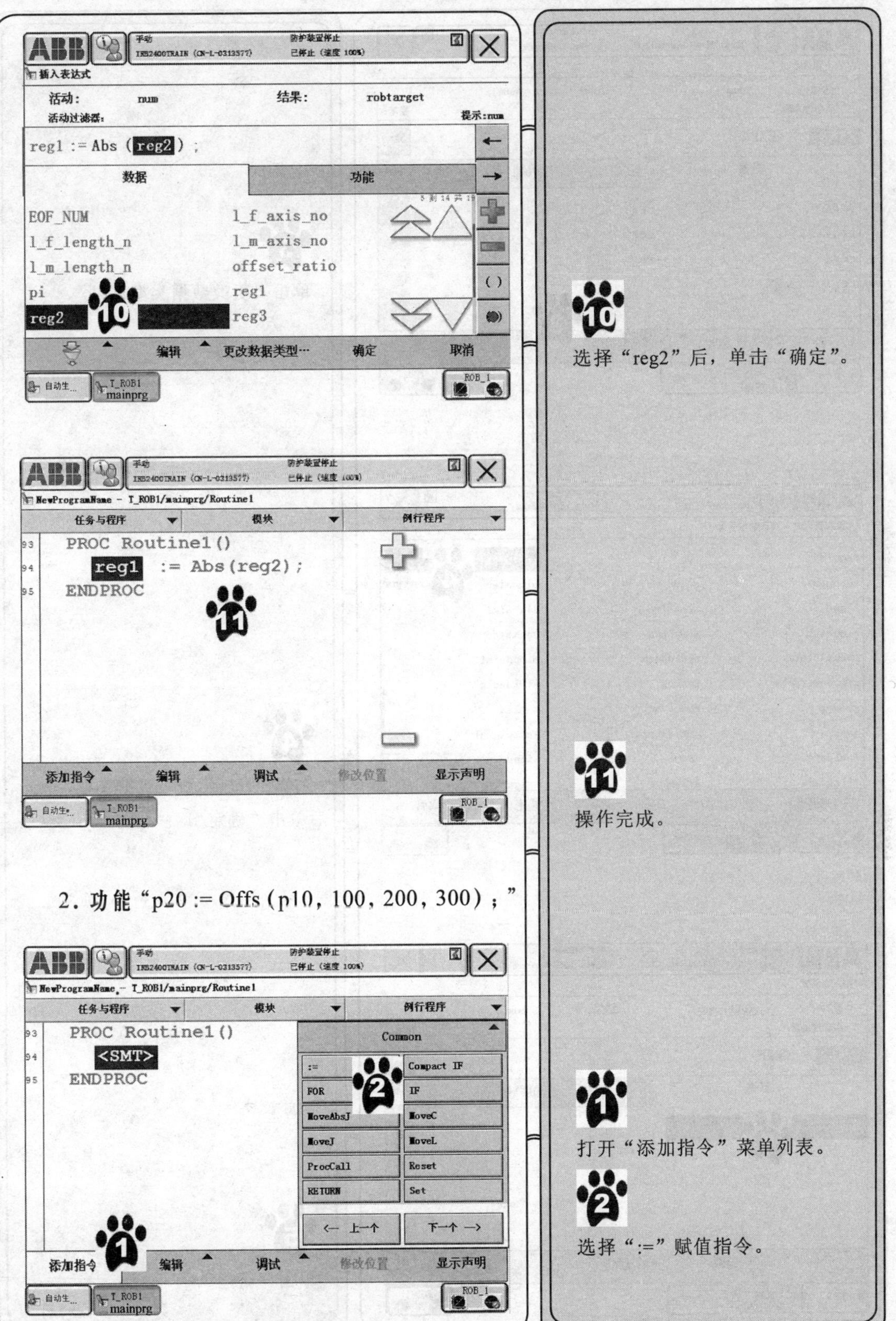

10 选择“reg2”后，单击“确定”。

11 操作完成。

2. 功能“p20 := Offs (p10, 100, 200, 300) ;”

1 打开“添加指令”菜单列表。

2 选择“:=”赋值指令。

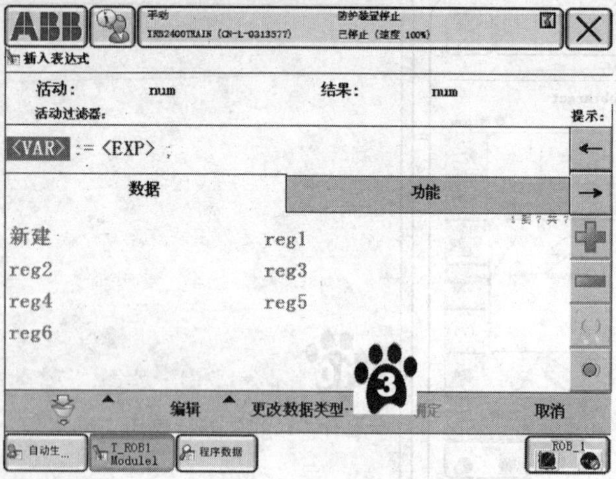

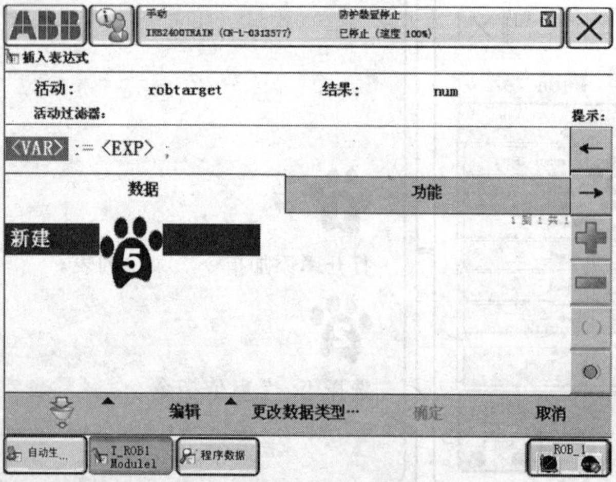

3 单击“更改数据类型...”。

4 选择“robtarget”数据类型，然后单击“确定”。

5 单击“新建”。

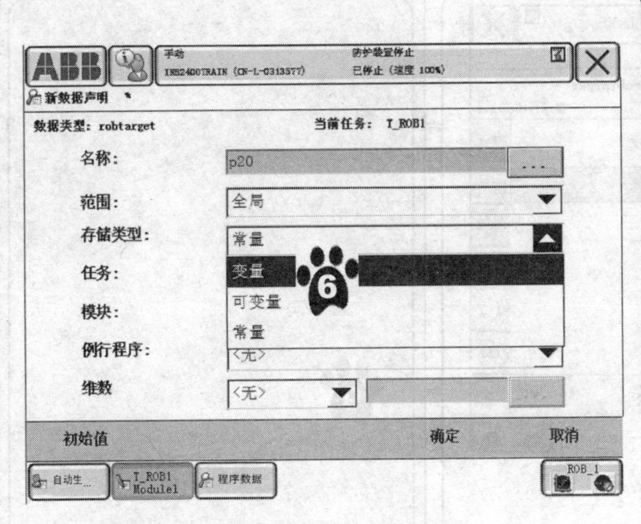

选择“变量“的存储类型。

在 RAPID 程序中，常量是不可以通过赋值指令进行赋值的，所以要根据情况选择存储类型为“变量”或“可变量”。

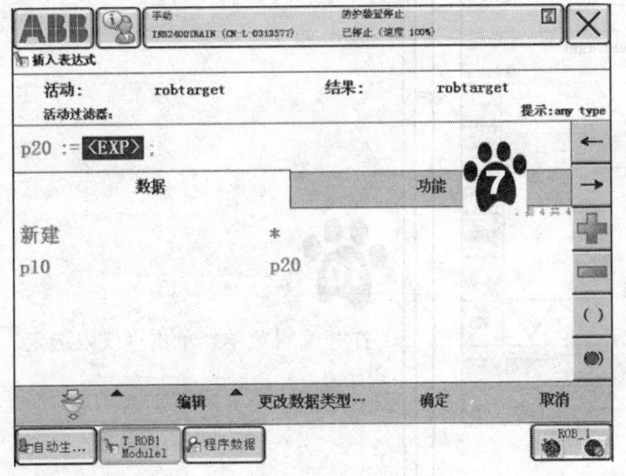

单击“功能”标签。

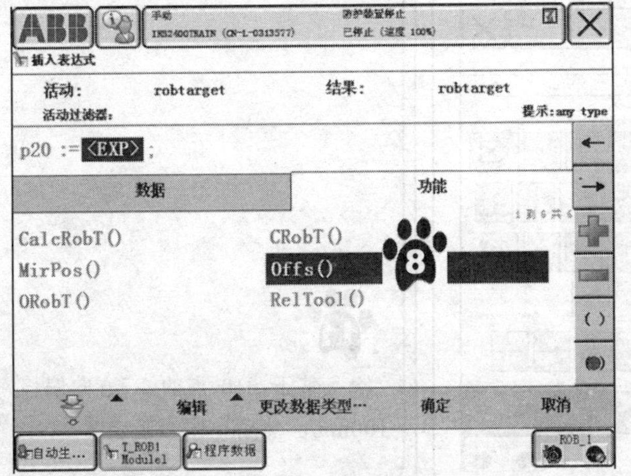

选择功能“Offs()”。

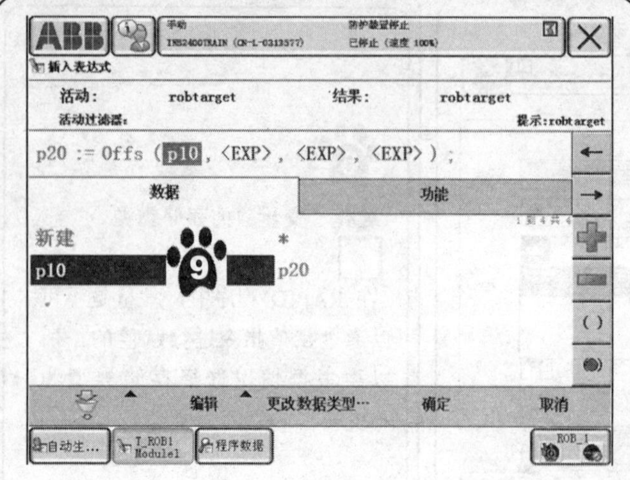

选择“p10”。

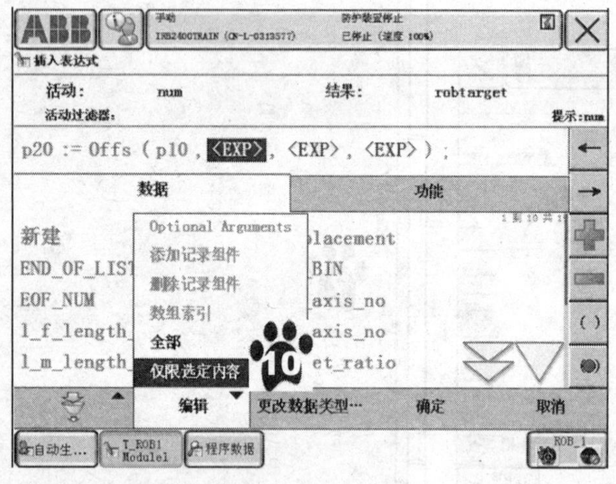

打开编辑菜单，单击“仅限选定内容”。

输入基于 p10 点的 X 方向偏移 100mm，然后单击“确定”。

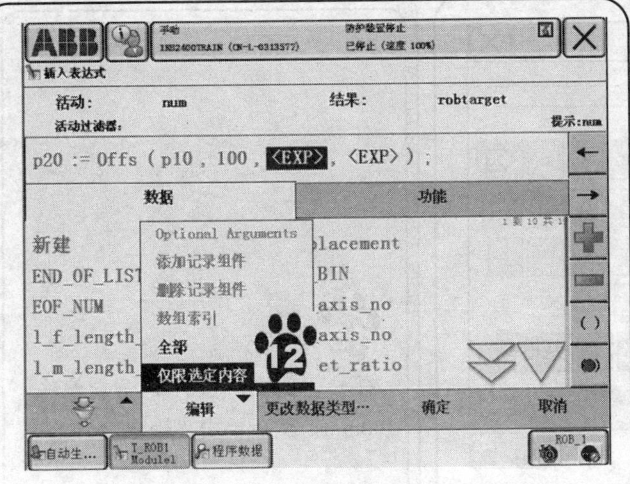

打开编辑菜单，单击“仅限选定内容”。

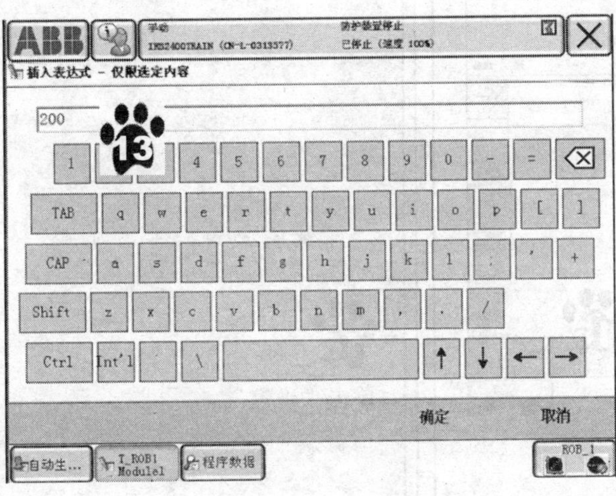

输入基于 p10 点的 Y 方向偏移 200mm，然后单击“确定”。

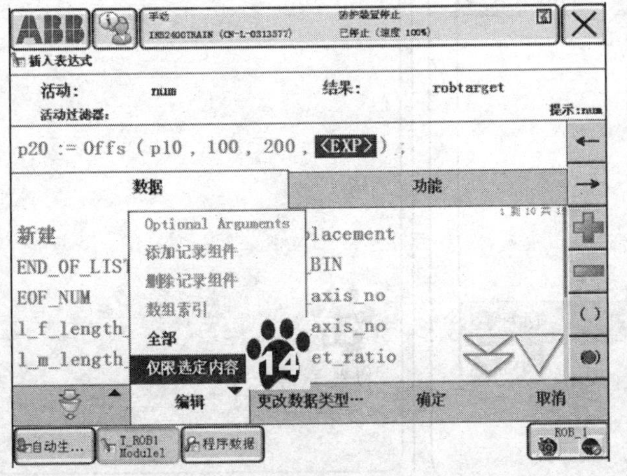

14

打开编辑菜单，单击“仅限选定内容”。

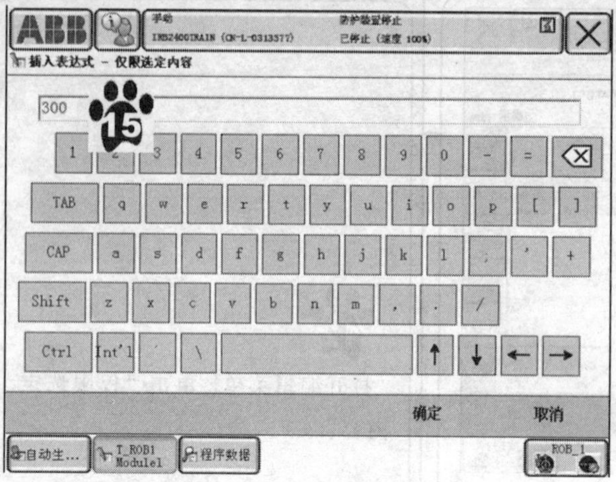

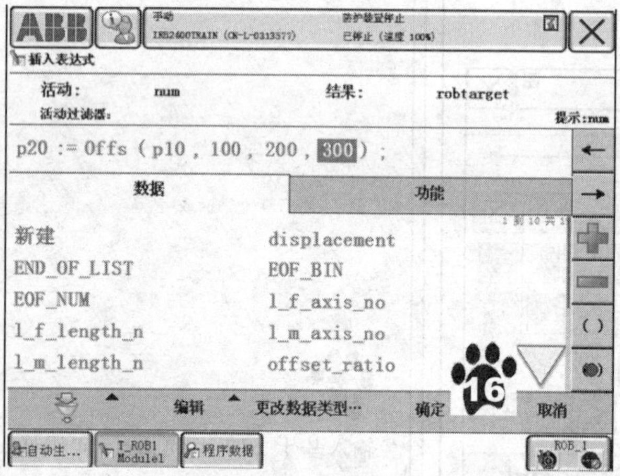

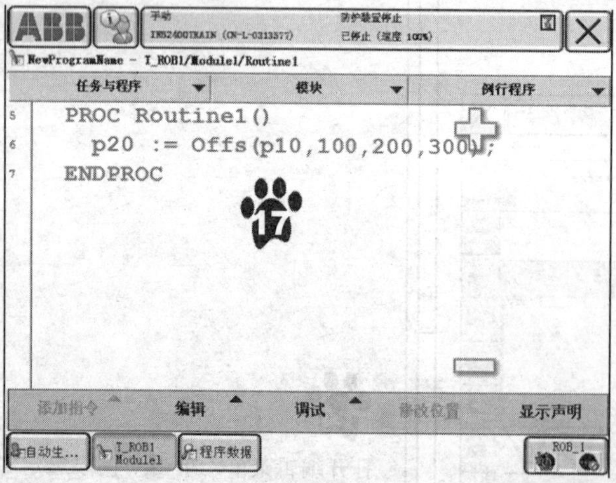

15 输入基于 p10 点的 Z 方向偏移 300mm，然后单击“确定”。

16 单击“确定”。

17 操作完成。

5.6　RAPID 程序指令与功能

ABB 机器人提供了丰富的 RAPID 程序指令，方便了大家对程序的编制，同时也为复杂应用的实现提供了可能。以下就按照 RAPID 程序指令、功能的用途进行了一个分类，并对每个指令的功能作一个说明，如需对指令的使用与参数进行详细的了解，可以查看 ABB 机器人随机光盘说明书中的详细说明。

5.6.1　程序执行的控制

1. 程序的调用（指令及说明见表 5-1）

表　5-1

指　　令	说　　明
ProcCall	调用例行程序
CallByVar	通过带变量的例行程序名称调用例行程序
RETURN	返回原例行程序

2. 例行程序内的逻辑控制（指令及说明见表 5-2）

表　5-2

指　　令	说　　明
Compact IF	如果条件满足，就执行一条指令
IF	当满足不同的条件时，执行对应的程序
FOR	根据指定的次数，重复执行对应的程序
WHILE	如果条件满足，重复执行对应的程序
TEST	对一个变量进行判断，从而执行不同的程序
GOTO	跳转到例行程序内标签的位置
Label	跳转标签

3. 停止程序执行（指令及说明见表 5-3）

表　5-3

指　　令	说　　明
Stop	停止程序执行
EXIT	停止程序执行并禁止在停止处再开始
Break	临时停止程序的执行，用于手动调试
SystemStopAction	停止程序执行与机器人运动
ExitCycle	中止当前程序的运行并将程序指针 PP 复位到主程序的第一条指令。如果选择了程序连续运行模式，程序将从主程序的第一句重新执行

5.6.2　变量指令

变量指令主要用于以下的方面：

1）对数据进行赋值。

2）等待指令。

3）注释指令。

4）程序模块控制指令。

1．赋值指令（指令及说明见表 5-4）

表 5-4

指令	说明
:=	对程序数据进行赋值

2．等待指令（指令及说明见表 5-5）

表 5-5

指令	说明
WaitTime	等待一个指定的时间，程序再往下执行
WaitUntil	等待一个条件满足后，程序继续往下执行
WaitDI	等待一个输入信号状态为设定值
WaitDO	等待一个输出信号状态为设定值

3．程序注释（指令及说明见表 5-6）

表 5-6

指令	说明
comment	对程序进行注释

4．程序模块加载（指令及说明见表 5-7）

表 5-7

指令	说明
Load	从机器人硬盘加载一个程序模块到运行内存
UnLoad	从运行内存中卸载一个程序模块
Start Load	在程序执行的过程中，加载一个程序模块到运行内存中
Wait Load	当 Start Load 使用后，使用此指令将程序模块连接到任务中使用
CancelLoad	取消加载程序模块
CheckProgRef	检查程序引用
Save	保存程序模块
EraseModule	从运行内存删除程序模块

5．变量功能（指令及说明见表 5-8、表 5-9）

表 5-8

指令	说明
TryInt	判断数据是否是有效的整数

表 5-9

功能	说明
OpMode	读取当前机器人的操作模式
RunMode	读取当前机器人程序的运行模式
NonMotionMode	读取程序任务当前是否无运动的执行模式
Dim	获取一个数组的维数
Present	读取带参数例行程序的可选参数值
IsPers	判断一个参数是不是可变量
IsVar	判断一个参数是不是变量

6. 转换功能（指令及说明见表5-10）

表 5-10

指令	说明
StrToByte	将字符串转换为指定格式的字节数据
ByteToStr	将字节数据转换成字符串

5.6.3 运动设定

1. 速度设定（指令及说明见表5-11、表5-12）

表 5-11

功能	说明
MaxRobSpeed	获取当前型号机器人可实现的最大TCP速度

表 5-12

指令	说明
VelSet	设定最大的速度与倍率
SpeedRefresh	更新当前运动的速度倍率
AccSet	定义机器人的加速度
WorldAccLim	设定大地坐标中工具与载荷的加速度
PathAccLim	设定运动路径中TCP的加速度

2. 轴配置管理（指令及说明见表5-13）

表 5-13

指令	说明
ConfJ	关节运动的轴配置控制
ConfL	线性运动的轴配置控制

3. 奇异点的管理（指令及说明见表5-14）

表 5-14

指令	说明
SingArea	设定机器人运动时，在奇异点的插补方式

4. 位置偏置功能（指令及说明见表 5-15、表 5-16）

表 5-15

指令	说明
PDispOn	激活位置偏置
PDispSet	激活指定数值的位置偏置
PDispOff	关闭位置偏置
EOffsOn	激活外轴偏置
EOffsSet	激活指定数值的外轴偏置
EOffsOff	关闭外轴位置偏置

表 5-16

功能	说明
DefDFrame	通过三个位置数据计算出位置的偏置
DefFrame	通过六个位置数据计算出位置的偏置
ORobT	从一个位置数据删除位置偏置
DefAccFrame	从原始位置和替换位置定义一个框架

5. 软伺服功能（指令及说明见表 5-17）

表 5-17

指令	说明
SoftAct	激活一个或多个轴的软伺服功能
SoftDeact	关闭软伺服功能

6. 机器人参数调整功能（指令及说明见表 5-18）

表 5-18

指令	说明
TuneServo	伺服调整
TuneReset	伺服调整复位
PathResol	几何路径精度调整
CirPathMode	在圆弧插补运动时，工具姿态的变换方式

7. 空间监控管理（指令及说明见表 5-19）

表 5-19

指令	说明
WZBoxDef	定义一个方形的监控空间
WZCylDef	定义一个圆柱形的监控空间
WZSphDef	定义一个球形的监控空间
WZHomeJointDef	定义一个关节轴坐标的监控空间
WZLimJointDef	定义一个限定为不可进入的关节轴坐标监控空间
WZLimSup	激活一个监控空间并限定为不可进入
WZDOSet	激活一个监控空间并与一个输出信号关联
WZEnable	激活一个临时的监控空间
WZFree	关闭一个临时的监控空间

注：这些功能需要选项“World zones”配合。

5.6.4　运动控制

1．机器人运动控制（指令及说明见表 5-20）

表　5-20

指　　令	说　　明
MoveC	TCP 圆弧运动
MoveJ	关节运动
MoveL	TCP 线性运动
MoveAbsJ	轴绝对角度位置运动
MoveExtJ	外部直线轴和旋转轴运动
MoveCDO	TCP 圆弧运动的同时触发一个输出信号
MoveJDO	关节运动的同时触发一个输出信号
MoveLDO	TCP 线性运动的同时触发一个输出信号
MoveCSync	TCP 圆弧运动的同时执行一个例行程序
MoveJSync	关节运动的同时执行一个例行程序
MoveLSync	TCP 线性运动的同时执行一个例行程序

2．搜索功能（指令及说明见表 5-21）

表　5-21

指　　令	说　　明
SearchC	TCP 圆弧搜索运动
SearchL	TCP 线性搜索运动
SearchExtJ	外轴搜索运动

3．指定位置触发信号与中断功能（指令及说明见表 5-22）

表　5-22

指　　令	说　　明
TriggIO	定义触发条件在一个指定的位置触发输出信号
TriggInt	定义触发条件在一个指定的位置触发中断程序
TriggCheckIO	定义一个指定的位置进行 I/O 状态的检查
TriggEquip	定义触发条件在一个指定的位置触发输出信号，并对信号响应的延迟进行补偿设定
TriggRampAO	定义触发条件在一个指定的位置触发模拟输出信号，并对信号响应的延迟进行补偿设定
TriggC	带触发事件的圆弧运动
TriggJ	带触发事件的关节运动
TriggL	带触发事件的线性运动
TriggLIOs	在一个指定的位置触发输出信号的线性运动
StepBwdPath	在 RESTART 的事件程序中进行路径的返回
TriggStopProc	在系统中创建一个监控处理，用于在 STOP 和 QSTOP 中需要信号复位和程序数据复位的操作
TriggSpeed	定义模拟输出信号与实际 TCP 速度之间的配合

4．出错或中断时的运动控制（指令及说明见表 5-23、表 5-24）

表 5-23

指令	说明
StopMove	停止机器人运动
StartMove	重新启动机器人运动
StartMoveRetry	重新启动机器人运动及相关的参数设定
StopMoveReset	对停止运动状态复位，但不重新启动机器人运动
StorePath①	储存已生成的最近路径
RestoPath①	重新生成之前储存的路径
ClearPath	在当前的运动路径级别中，清空整个运动路径
PathLevel	获取当前路径级别
SyncMoveSuspend①	在 StorePath 的路径级别中暂停同步坐标的运动
SyncMoveResume①	在 StorePath 的路径级别中重返同步坐标的运动

① 这些功能需要选项“Path recovery”配合。

表 5-24

功能	说明
IsStopMoveAct	获取当前停止运动标志符

5．外轴的控制（指令及说明见表 5-25、表 5-26）

表 5-25

指令	说明
DeactUnit	关闭一个外轴单元
ActUnit	激活一个外轴单元
MechUnitLoad	定义外轴单元的有效载荷

表 5-26

功能	说明
GetNextMechUnit	检索外轴单元在机器人系统中的名字
IsMechUnitActive	检查一个外轴单元状态是关闭/激活

6．独立轴控制（指令及说明见表 5-27、表 5-28）

表 5-27

指令	说明
IndAMove	将一个轴设定为独立轴模式并进行绝对位置方式运动
IndCMove	将一个轴设定为独立轴模式并进行连续方式运动
IndDMove	将一个轴设定为独立轴模式并进行角度方式运动
IndRMove	将一个轴设定为独立轴模式并进行相对位置方式运动
IndReset	取消独立轴模式

注：这些功能需要选项“Independent movement”配合。

表 5-28

功能	说明
IndInpos	检查独立轴是否已到达指定位置
IndSpeed	检查独立轴是否已到达指定的速度

注：这些功能需要选项“Independent movement”配合。

7. 路径修正功能（指令及说明见表 5-29、表 5-30）

表　5-29

指　　令	说　　明
CorrCon	连接一个路径修正生成器
CorrWrite	将路径坐标系统中的修正值写到修正生成器
CorrDiscon	断开一个已连接的路径修正生成器
CorrClear	取消所有已连接的路径修正生成器

注：这些功能需要选项“Path offset or RobotWare-Arc sensor”配合。

表　5-30

功　　能	说　　明
CorrRead	读取所有已连接的路径修正生成器的总修正值

注：此功能需要选项“Path offset or RobotWare-Arc sensor”配合。

8. 路径记录功能（指令及说明见表 5-31、表 5-32）

表　5-31

指　　令	说　　明
PathRecStart	开始记录机器人的路径
PathRecStop	停止记录机器人的路径
PathRecMoveBwd	机器人根据记录的路径作后退运动
PathRecMoveFwd	机器人运动到执行 PathRecMoveBwd 这个指令的位置上

注：这些功能需要选项“Path recovery”配合。

表　5-32

功　　能	说　　明
PathRecValidBwd	检查是否已激活路径记录和是否有可后退的路径
PathRecValidFwd	检查是否有可向前的记录路径

注：这些功能需要选项“Path recovery”配合。

9. 输送链跟踪功能（指令及说明见表 5-33）

表　5-33

指　　令	说　　明
WaitWObj	等待输送链上的工件坐标
DropWObj	放弃输送链上的工件坐标

注：这些功能需要选项“Conveyor tracking”配合。

10. 传感器同步功能（指令及说明见表 5-34）

表　5-34

指　　令	说　　明
WaitSensor	将一个在开始窗口的对象与传感器设备关联起来
SyncToSensor	开始/停止机器人与传感器设备的运动同步
DropSensor	断开当前对象的连接

注：这些功能需要选项“Sensor synchronization”配合。

11．有效载荷与碰撞检测（指令及说明见表 5-35）

表 5-35

指　令	说　明
MotionSup①	激活/关闭运动监控
LoadId	工具或有效载荷的识别
ManLoadId	外轴有效载荷的识别

①此功能需要选项“Collision detection”配合。

12．关于位置的功能（指令及说明见表 5-36）

表 5-36

功　能	说　明
Offs	对机器人位置进行偏移
RelTool	对工具的位置和姿态进行偏移
CalcRobT	从 jointtarget 计算出 robtarget
CPos	读取机器人当前的 X、Y、Z
CRobT	读取机器人当前的 robtarget
CJointT	读取机器人当前的关节轴角度
ReadMotor	读取轴电动机当前的角度
CTool	读取工具坐标当前的数据
CWObj	读取工件坐标当前的数据
MirPos	镜像一个位置
CalcJointT	从 robtarget 计算出 jointtarget
Distance	计算两个位置的距离
PFRestart	检查当路径因电源关闭而中断的时候
CSpeedOverride	读取当前使用的速度倍率

5.6.5　输入/输出信号的处理

机器人可以在程序中对输入/输出信号进行读取与赋值，以实现程序控制的需要。

1．对输入/输出信号的值进行设定（指令及说明见表 5-37）

表 5-37

指　令	说　明
InvertDO	对一个数字输出信号的值置反
PulseDO	数字输出信号进行脉冲输出
Reset	将数字输出信号置为 0
Set	将数字输出信号置为 1
SetAO	设定模拟输出信号的值
SetDO	设定数字输出信号的值
SetGO	设定组输出信号的值

2. 读取输入/输出信号值（指令及说明见表 5-38、表 5-39）

表 5-38

功　能	说　明
AOutput	读取模拟输出信号的当前值
DOutput	读取数字输出信号的当前值
GOutput	读取组输出信号的当前值
TestDI	检查一个数字输入信号已置 1
ValidIO	检查 I/O 信号是否有效

表 5-39

指　令	说　明
WaitDI	等待一个数字输入信号的指定状态
WaitDO	等待一个数字输出信号的指定状态
WaitGI	等待一个组输入信号的指定值
WaitGO	等待一个组输出信号的指定值
WaitAI	等待一个模拟输入信号的指定值
WaitAO	等待一个模拟输出信号的指定值

3. IO 模块的控制（指令及说明见表 5-40）

表 5-40

指　令	说　明
IODisable	关闭一个 I/O 模块
IOEnable	开启一个 I/O 模块

5.6.6 通信功能

1. 示教器上人机界面的功能（指令及说明见表 5-41）

表 5-41

指　令	说　明
TPErase	清屏
TPWrite	在示教器操作界面上写信息
ErrWrite	在示教器事件日志中写报警信息并储存
TPReadFK	互动的功能键操作
TPReadNum	互动的数字键盘操作
TPShow	通过 RAPID 程序打开指定的窗口

2. 通过串口进行读写（指令及说明见表 5-42、表 5-43）

表 5-42

指　令	说　明
Open	打开串口
Write	对串口进行写文本操作
Close	关闭串口
WriteBin	写一个二进制数的操作
WriteAnyBin	写任意二进制数的操作
WriteStrBin	写字符的操作
Rewind	设定文件开始的位置
ClearIOBuff	清空串口的输入缓冲
ReadAnyBin	从串口读取任意的二进制数

表 5-43

功　能	说　明
ReadNum	读取数字量
ReadStr	读取字符串
ReadBin	从二进制串口读取数据
ReadStrBin	从二进制串口读取字符串

3．Sockets 通信（指令及说明见表 5-44、表 5-45）

表 5-44

指　令	说　明
SocketCreate	创建新的 socket
SocketConnect	连接远程计算机
SocketSend	发送数据到远程计算机
SocketReceive	从远程计算机接收数据
SocketClose	关闭 socket

表 5-45

功　能	说　明
SocketGetStatus	获取当前 socket 状态

5.6.7　中断程序

1．中断设定（指令及说明见表 5-46）

表　5-46

指　　令	说　　明
CONNECT	连接一个中断符号到中断程序
ISignalDI	使用一个数字输入信号触发中断
ISignalDO	使用一个数字输出信号触发中断
ISignalGI	使用一个组输入信号触发中断
ISignalGO	使用一个组输出信号触发中断
ISignalAI	使用一个模拟输入信号触发中断
ISignalAO	使用一个模拟输出信号触发中断
ITimer	计时中断
TriggInt	在一个指定的位置触发中断
IPers	使用一个可变量触发中断
IError	当一个错误发生时触发中断
IDelete	取消中断

2. 中断的控制（指令及说明见表 5-47）

表　5-47

指　　令	说　　明
ISleep	关闭一个中断
IWatch	激活一个中断
IDisable	关闭所有中断
IEnable	激活所有中断

5.6.8　系统相关的指令

时间控制（指令及说明见表 5-48、表 5-49）

表　5-48

指　　令	说　　明
ClkReset	计时器复位
ClkStart	计时器开始计时
ClkStop	计时器停止计时

表 5-49

功　能	说　明
ClkRead	读取计时器数值
CDate	读取当前日期
CTime	读取当前时间
GetTime	读取当前时间为数字型数据

5.6.9 数学运算

1．简单运算（指令及说明见表 5-50）

表 5-50

指　令	说　明
Clear	清空数值
Add	加或减操作
Incr	加 1 操作
Decr	减 1 操作

2．算术功能（指令及说明见表 5-51）

表 5-51

功　能	说　明
Abs	取绝对值
Round	四舍五入
Trunc	舍位操作
Sqrt	计算二次根
Exp	计算指数值 e^x
Pow	计算指数值
ACos	计算圆弧余弦值
ASin	计算圆弧正弦值
ATan	计算圆弧正切值[-90,90]
ATan2	计算圆弧正切值[-180，180]
Cos	计算余弦值
Sin	计算正弦值
Tan	计算正切值
EulerZYX	从姿态计算欧拉角
OrientZYX	从欧拉角计算姿态

5.7　中断程序 TRAP

在 RAPID 程序执行过程中，如果出现需要紧急处理的情况，机器人会中断当前的执行，程序指针 PP 马上跳转到专门的程序中对紧急的情况进行相应的处理，处理结束后程序指针 PP 返回到原来被中断的地方，继续往下执行程序。这种专门用来处理紧急情况的专门程序，称作中断程序（TRAP）。

中断程序经常会用于出错处理、外部信号的响应这种实时响应要求高的场合。

现以对一个传感器的信号进行实时监控为例编写一个中断程序：

1）在正常情况下，di1 的信号为 0。

2）如果 di1 的信号从 0 变为 1，就对 reg1 数据进行加 1 的操作。

选择“程序编辑器”。

单击“例行程序”标签。

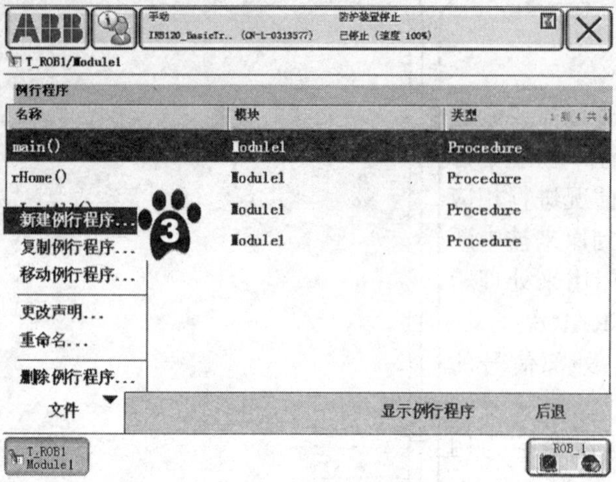

ABB 手动 IRB120_BasicTr.. (CN-L-0313577) 防护装置停止 已停止（速度 100%）

T_ROB1/Module1

例行程序

名称	模块	类型
main()	Module1	Procedure
rHome()	Module1	Procedure
rInitAll()	Module1	Procedure
rMoveRoutine()	Module1	Procedure

新建例行程序...
复制例行程序...
移动例行程序...
更改声明...
重命名...
删除例行程序...

文件　显示例行程序　后退

打开“文件”菜单，然后选择“新建例行程序...”

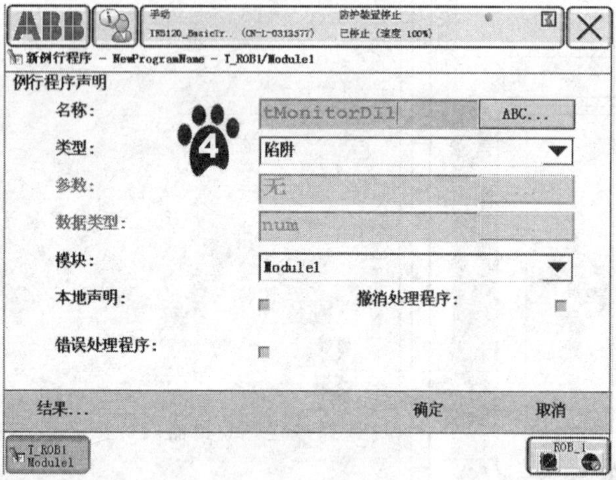

ABB 手动 IRB120_BasicTr.. (CN-L-0313577) 防护装置停止 已停止（速度 100%）

新例行程序 - NewProgramName - T_ROB1/Module1

例行程序声明

名称：tMonitorDI1　ABC...
类型：陷阱
参数：无
数据类型：num
模块：Module1
本地声明：　撤消处理程序：
错误处理程序：

结果...　确定　取消

设定一个名称。在“类型”中选择“陷阱”，然后单击“确定”。

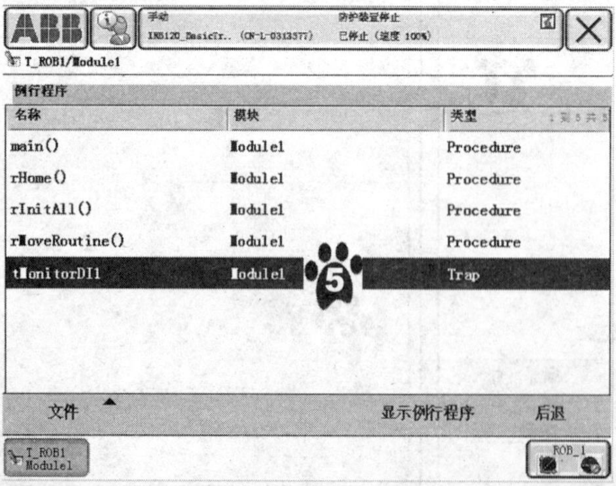

ABB 手动 IRB120_BasicTr.. (CN-L-0313577) 防护装置停止 已停止（速度 100%）

T_ROB1/Module1

例行程序

名称	模块	类型
main()	Module1	Procedure
rHome()	Module1	Procedure
rInitAll()	Module1	Procedure
rMoveRoutine()	Module1	Procedure
tMonitorDI1	Module1	Trap

文件　显示例行程序　后退

选中刚新建的中断程序“tMonitor DI1”，然后单击“显示例行程序”。

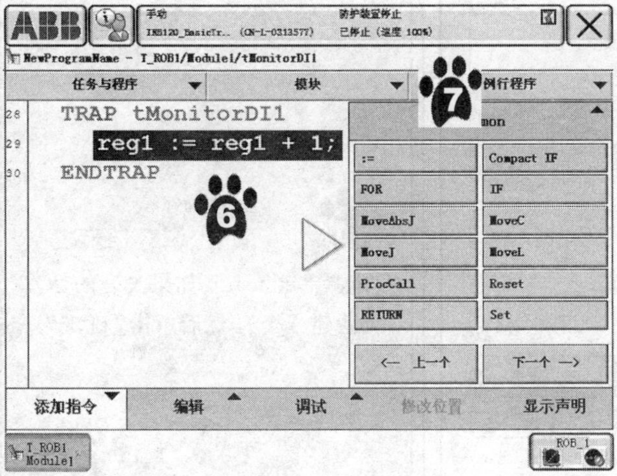

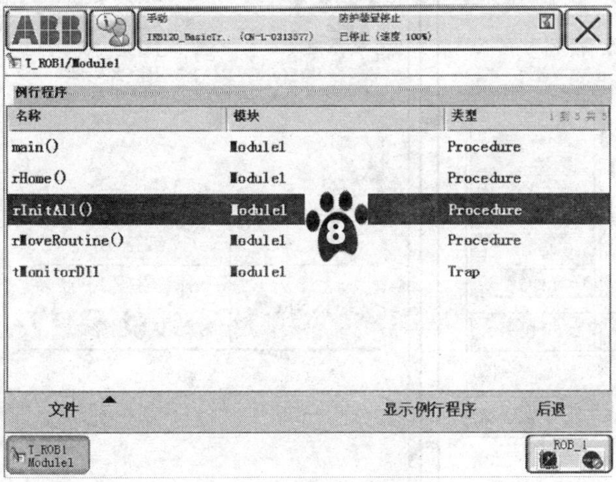

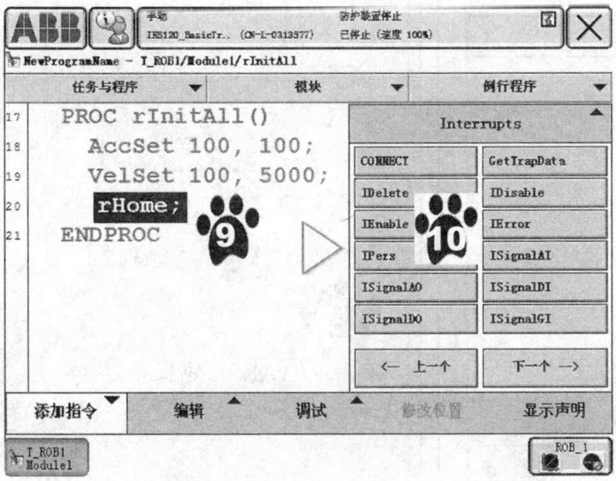

手动 防护装置停止
IRB120_BasicTr.. (CN-L-0313577) 已停止（速度 100%）
NewProgramName - T_ROB1/Module1/tMonitorDI1
任务与程序 模块 例行程序

```
TRAP tMonitorDI1
  reg1 := reg1 + 1;
ENDTRAP
```

Common
:= | Compact IF
FOR | IF
MoveAbsJ | MoveC
MoveJ | MoveL
ProcCall | Reset
RETURN | Set
← 上一个 | 下一个 →
添加指令 编辑 调试 修改位置 显示声明

手动 防护装置停止
IRB120_BasicTr.. (CN-L-0313577) 已停止（速度 100%）
T_ROB1/Module1
例行程序

名称	模块	类型
main()	Module1	Procedure
rHome()	Module1	Procedure
rInitAll()	Module1	Procedure
rMoveRoutine()	Module1	Procedure
tMonitorDI1	Module1	Trap

文件 显示例行程序 后退

手动 防护装置停止
IRB120_BasicTr.. (CN-L-0313577) 已停止（速度 100%）
NewProgramName - T_ROB1/Module1/rInitAll
任务与程序 模块 例行程序

```
PROC rInitAll()
  AccSet 100, 100;
  VelSet 100, 5000;
  rHome;
ENDPROC
```

Interrupts
CONNECT | GetTrapData
IDelete | IDisable
IEnable | IError
IPers | ISignalAI
ISignalAO | ISignalDI
ISignalDO | ISignalGI
← 上一个 | 下一个 →
添加指令 编辑 调试 修改位置 显示声明

在中断程序中，添加如图中所示的指令。

单击“例行程序”标签。

选择用于初始化处理的例行程序“rInitAll()”，然后单击“显示例行程序”。

选中“rHome”，此例行程序下面进行添加指令。

在“添加指令”列表中选择“IDelete”。

指 令	说 明
IDelete	取消指定的中断

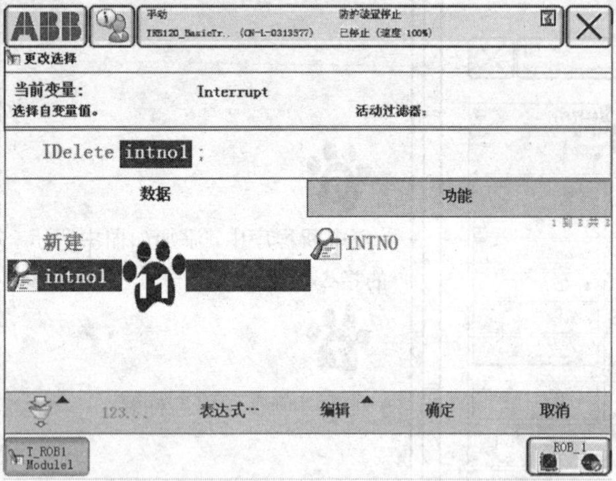

选择“intno1”(如果没有的话，就新建一个)，然后单击“确定”。

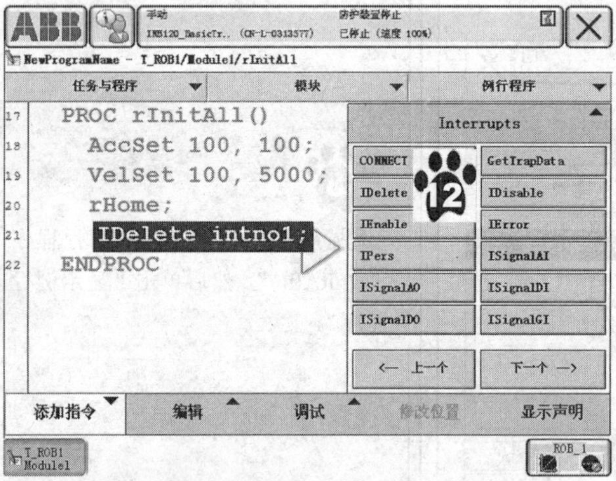

选择“CONNECT”指令。

指　令	说　明
CONNECT	连接一个中断符号到中断程序

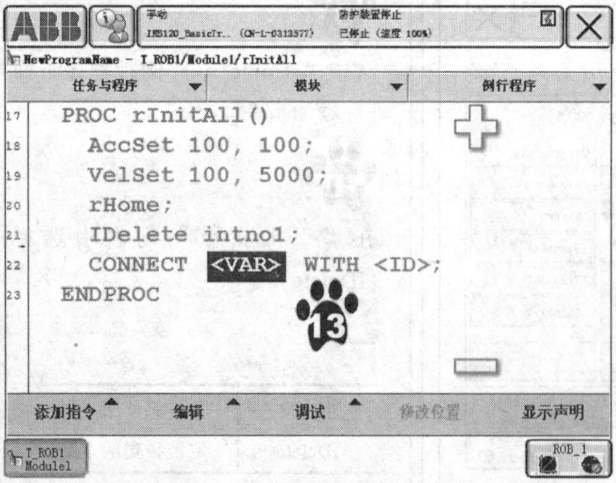

双击“<VAR>”进行设定。

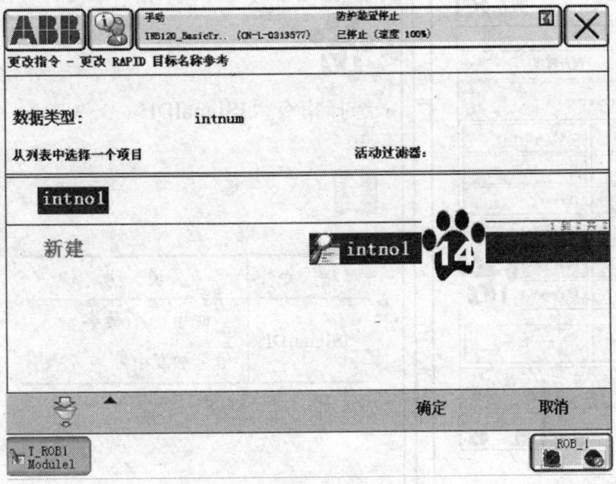

手动 防护装置停止
IRB120_BasicTr.. (CN-L-0313577) 已停止（速度 100%）

更改指令 – 更改 RAPID 目标名称参考

数据类型: intnum

从列表中选择一个项目 活动过滤器:

intno1

新建 intno1

确定 取消

T_ROB1 Module1 ROB_1

选中“intno1”，然后单击“确定”。

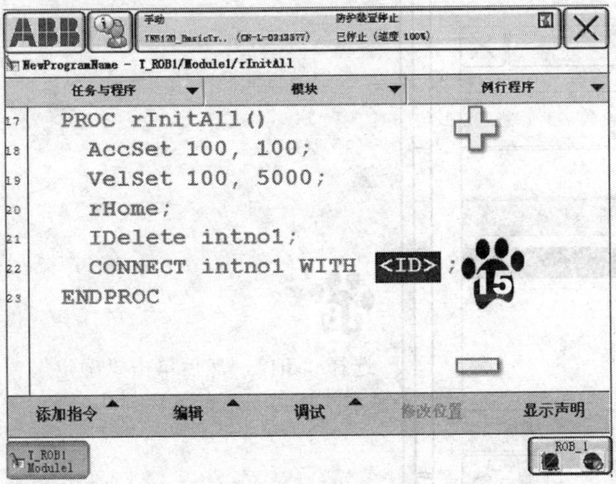

手动 防护装置停止
IRB120_BasicTr.. (CN-L-0313577) 已停止（速度 100%）

NewProgramName – T_ROB1/Module1/rInitAll

任务与程序 模块 例行程序

```
PROC rInitAll()
  AccSet 100, 100;
  VelSet 100, 5000;
  rHome;
  IDelete intno1;
  CONNECT intno1 WITH <ID>;
ENDPROC
```

添加指令 编辑 调试 修改位置 显示声明

T_ROB1 Module1 ROB_1

双击“<ID>”进行设定。

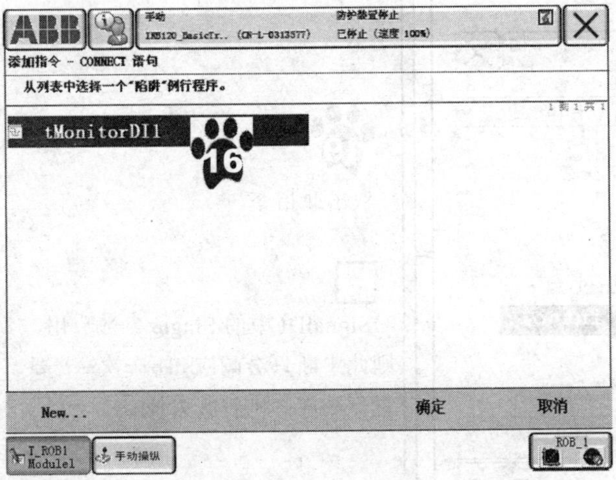

手动 防护装置停止
IRB120_BasicTr.. (CN-L-0313577) 已停止（速度 100%）

添加指令 – CONNECT 语句

从列表中选择一个“陷阱”例行程序。

tMonitorDI1

New... 确定 取消

T_ROB1 Module1 手动操纵 ROB_1

选择要关联的中断程序“tMonitorDI1”，然后单击“确定”。

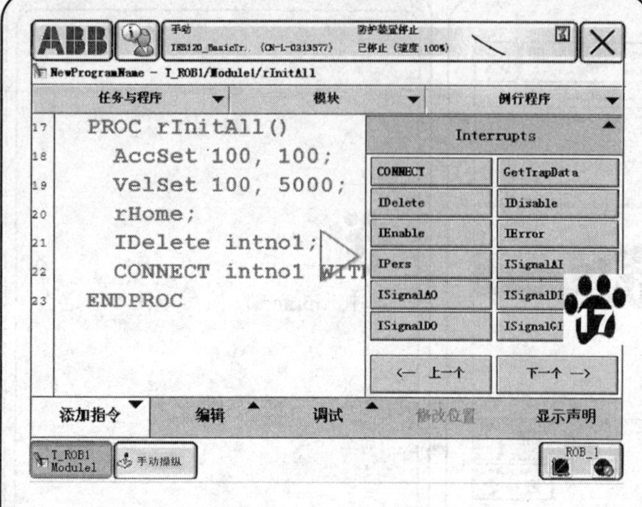

选择指令“ISignalDI”。

指　令	说　明
ISignalDI	使用一个数字输入信号触发中断

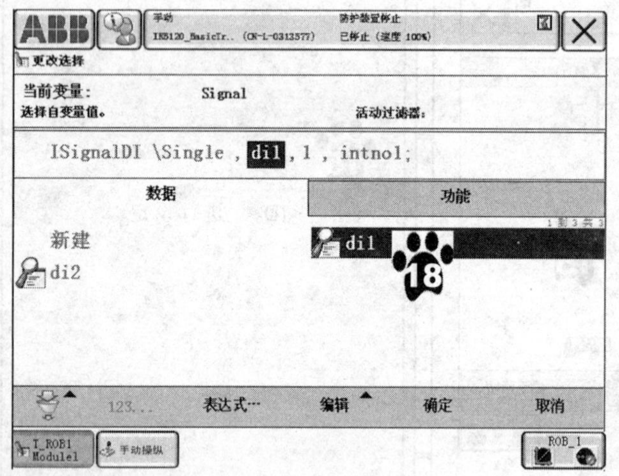

选择“di1”，然后单击“确定”。

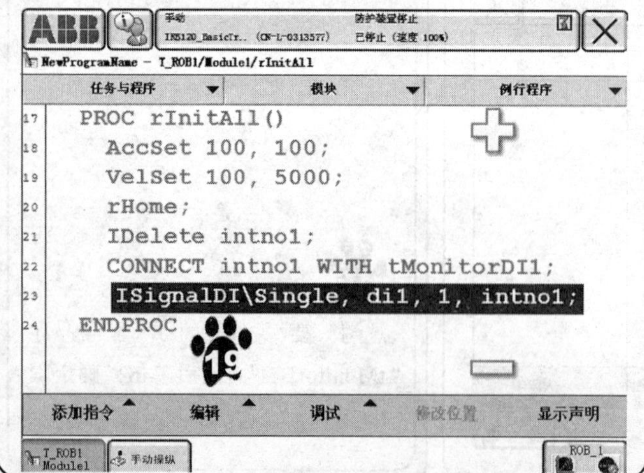

双击此指令。

ISignalDI 中的 Single 参数启用，则此中断只会响应 di1 一次；若要重复响应，则将其去掉。

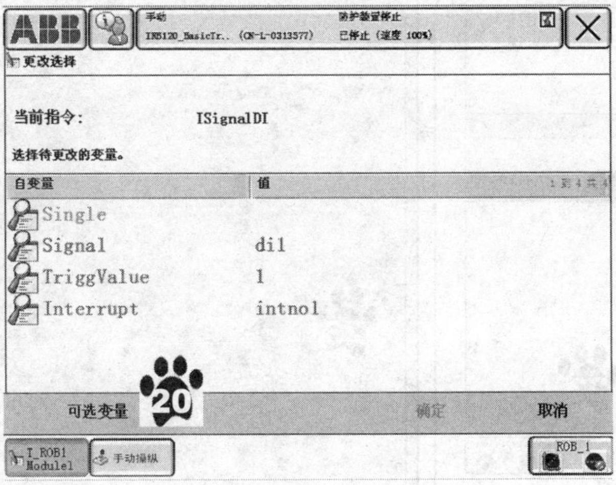

当前指令: ISignalDI

选择待更改的变量。

自变量	值
Single	
Signal	di1
TriggValue	1
Interrupt	intno1

可选变量　确定　取消

20 单击“可选变量”。

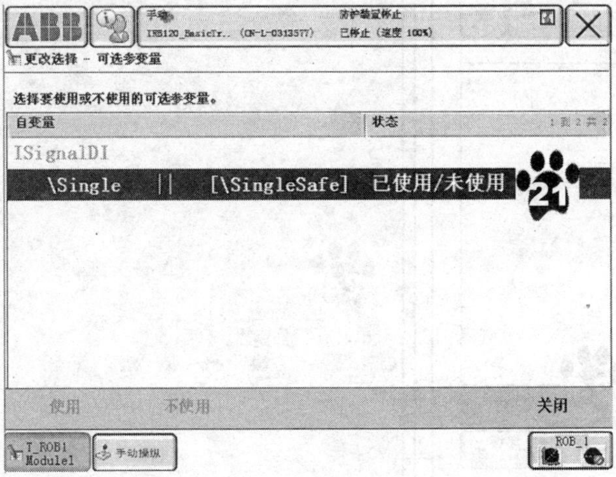

更改选择 - 可选参变量

选择要使用或不使用的可选参变量。

自变量	状态
ISignalDI	
\Single || [\SingleSafe]	已使用/未使用

使用　不使用　关闭

21 单击“\Single”进入设定画面。

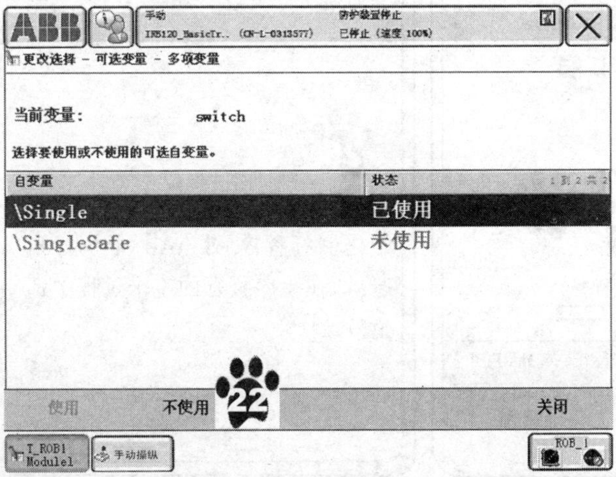

更改选择 - 可选变量 - 多项变量

当前变量: switch

选择要使用或不使用的可选自变量。

自变量	状态
\Single	已使用
\SingleSafe	未使用

使用　不使用　关闭

22 选中“\Single”，然后单击“不使用”。

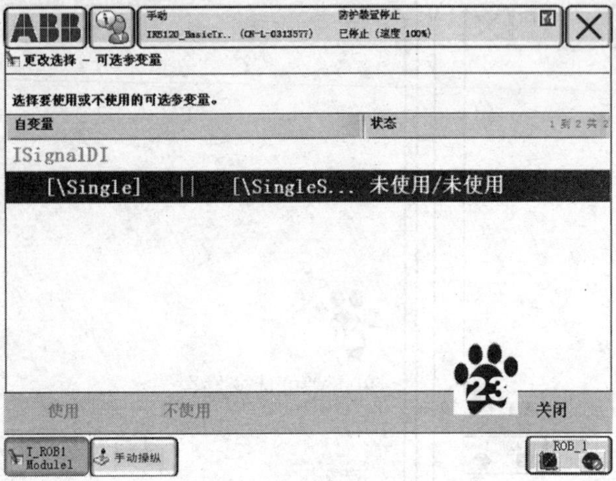

23 单击“关闭”。

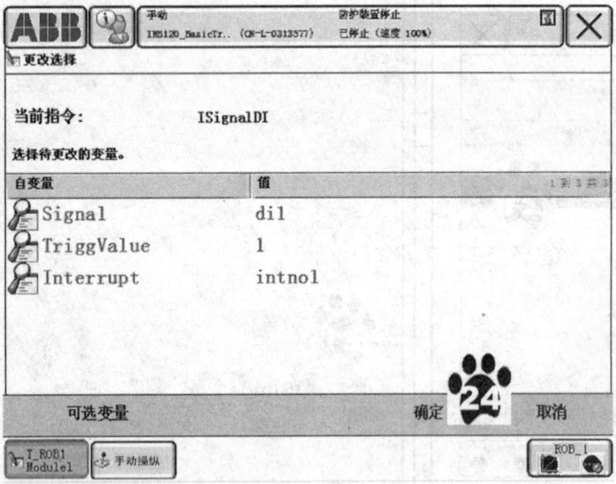

24 单击“确定”。

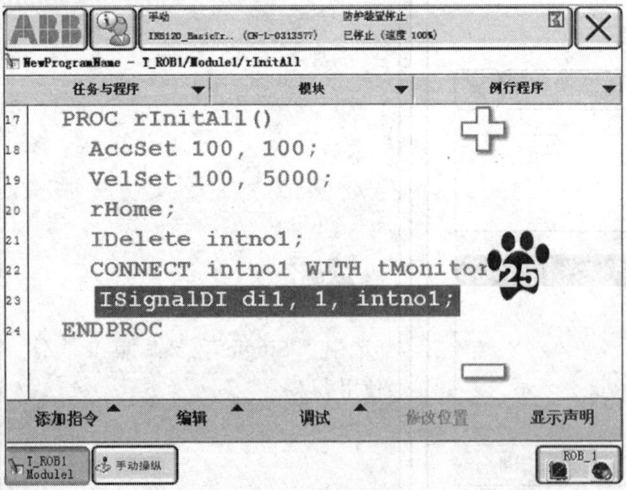

```
PROC rInitAll()
  AccSet 100, 100;
  VelSet 100, 5000;
  rHome;
  IDelete intno1;
  CONNECT intno1 WITH tMonitor
  ISignalDI di1, 1, intno1;
ENDPROC
```

25 设定完成，此中断程序只需在初始化例行程序 rInitAll 中执行一遍，即在程序执行的整个过程中都生效。

第6章 ABB机器人的硬件连接

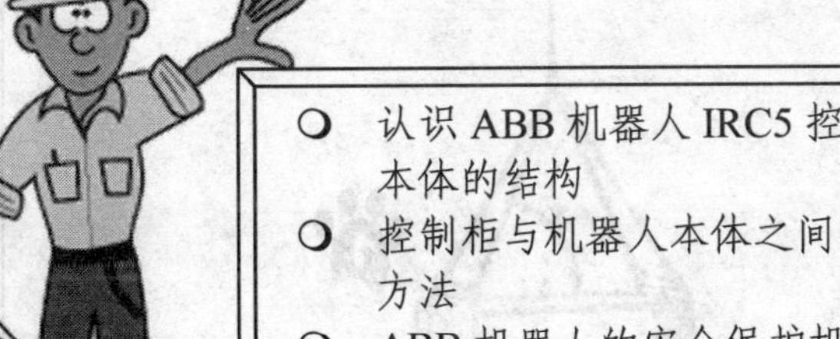

- 认识 ABB 机器人 IRC5 控制柜与本体的结构
- 控制柜与机器人本体之间的连接方法
- ABB 机器人的安全保护机制以及更换 SMB 电池的方法

6.1 ABB 机器人的控制柜

本节主要介绍ABB机器人控制柜的安装以及其内部的主要构造。

1. ABB 机器人控制柜的安装

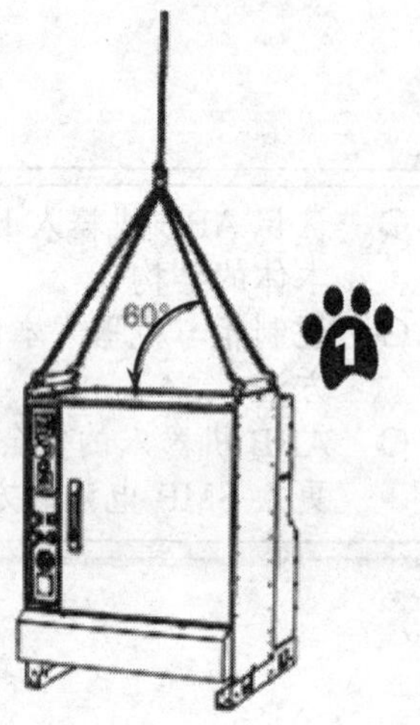

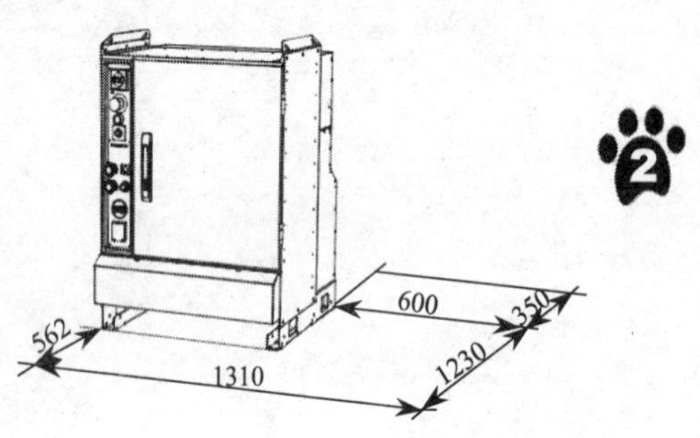

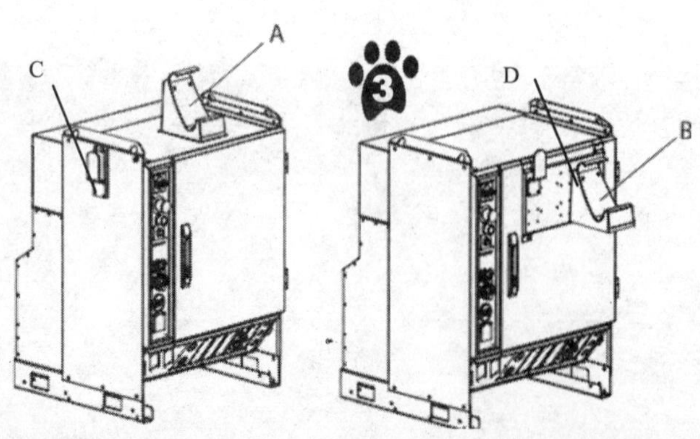

按照图中的吊装方式，将控制柜移动到安装的位置。

按照图中的位置要求，对机器人的安装位置进行布置。

A和B为示教器架子的安装方式。

C和D为示教器电缆架子的安装方式。

2．ABB 机器人控制柜的构造

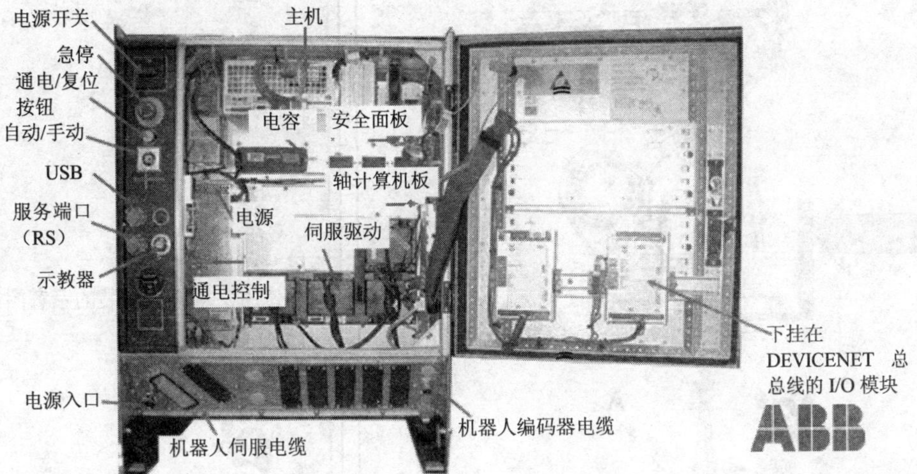

6.2 ABB 机器人的本体

本节主要介绍 ABB 机器人本体的吊装以及其连接接口的说明。

1）ABB 机器人 IRB 6640 本体的吊装示例。不同机器人的吊装方式有所差异，具体请查看 ABB 机器人随机光盘说明书。

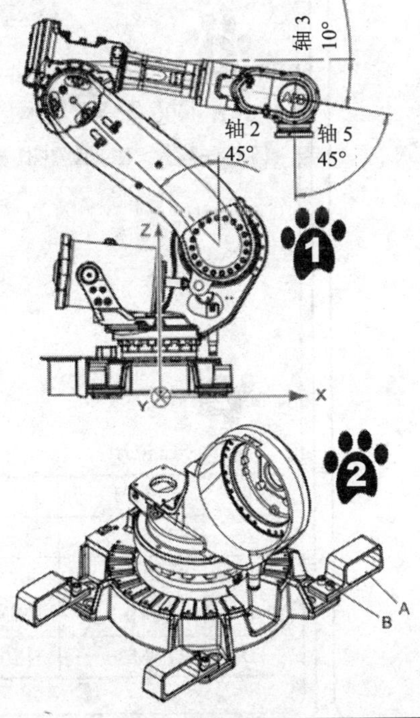

根据图中所示，将轴 2、轴 3 和轴 5 运动至指定的位置。

如果使用叉车的话，安装专用的工具。

A 专用工具。

B 固定螺钉。

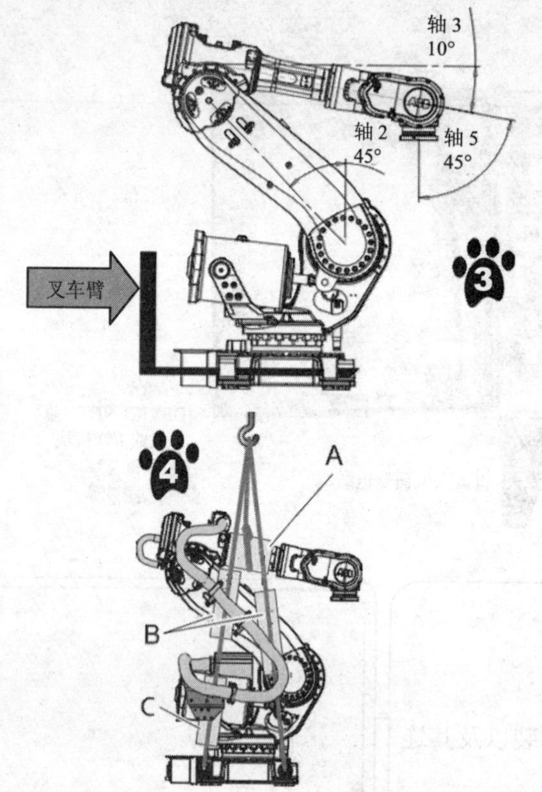

使用叉车进行吊装的示意图。

使用吊车进行吊装的示意图。

在 A、B 和 C 处应添加覆盖物，预防线索对机器人本体的损坏。

2）ABB 机器人 IRB 4600 本体的连接接口说明。不同机器人的连接接口有所差异，具体请查看 ABB 机器人随机光盘说明书。

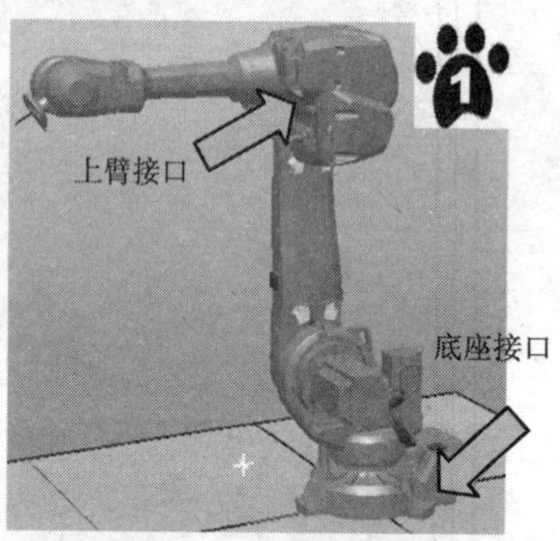

IRB 4600 机器人本体上，上臂接口与底座接口的示意图。

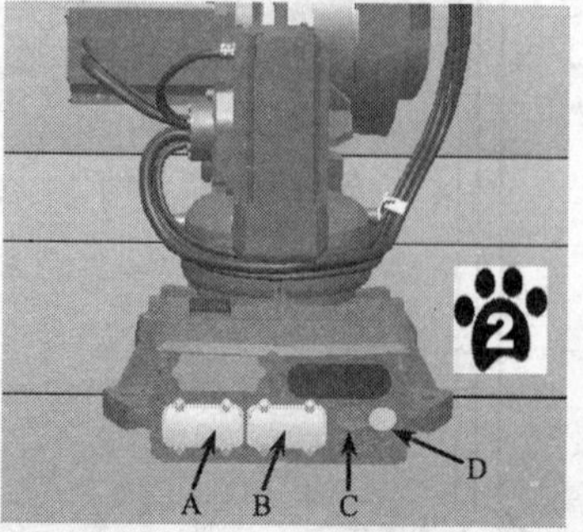

底座接口说明：

标识	编号	说明
A	R1.CP/CS	用户电缆接口
B	R1.MP	电动机动力电缆
C	Air M16 ×1.5	压缩空气接口
D	R1.SMB	转数计数器电缆

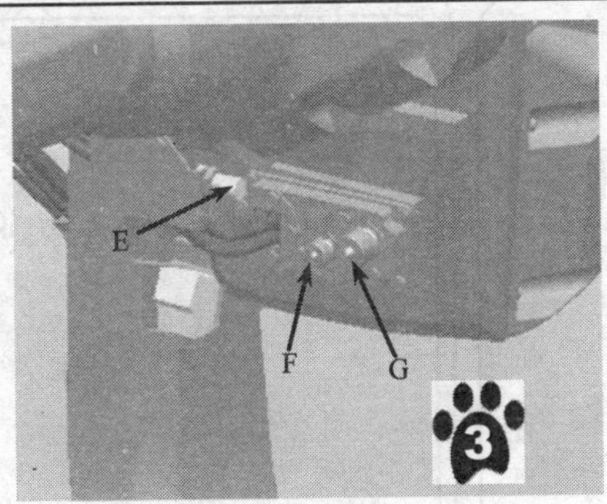

上臂接口说明：

标识	编号	说明
E	Air M16 ×1.5	压缩空气接口
F	R2.CP	用户电缆CP
G	R2.CS	用户电缆CS

底座接口的用户电缆、压缩空气接口是与上臂接口的用户电缆、压缩空气接口直接连通的。

这样只需将 I/O 板信号与供气气管连接到底座接口，第六轴法兰盘上夹具或工具的信号与气管连接到上臂接口，就能实现连通了。

6.3 ABB 机器人的本体与控制柜的连接

下面以 ABB 机器人 IRB 6640 为例，介绍机器人本体与控制柜连接的操作：

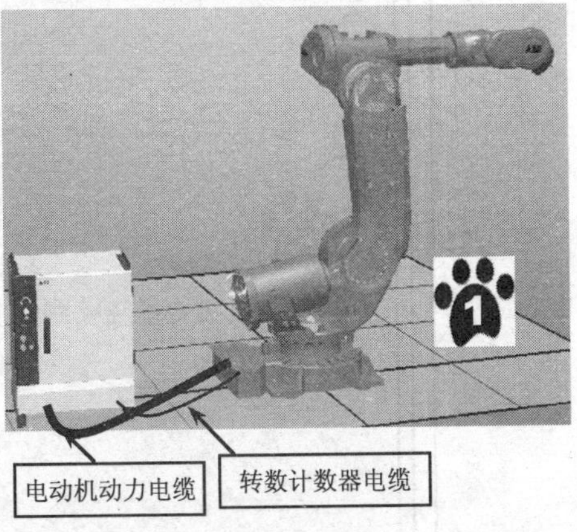

机器人本体与控制柜之间的连接主要是电动机动力电缆与转数计数器电缆、用户电缆的连接。

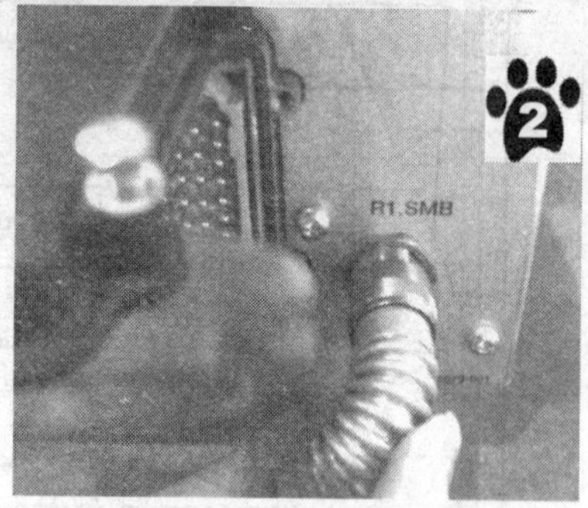

转数计数器电缆连接到机器人本体底座接口。

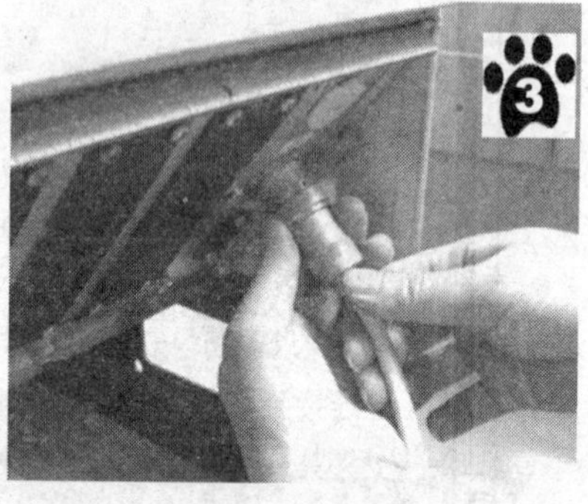

转数计数器电缆连接到控制柜接口。

电动机动力电缆连接到机器人本体底座接口。

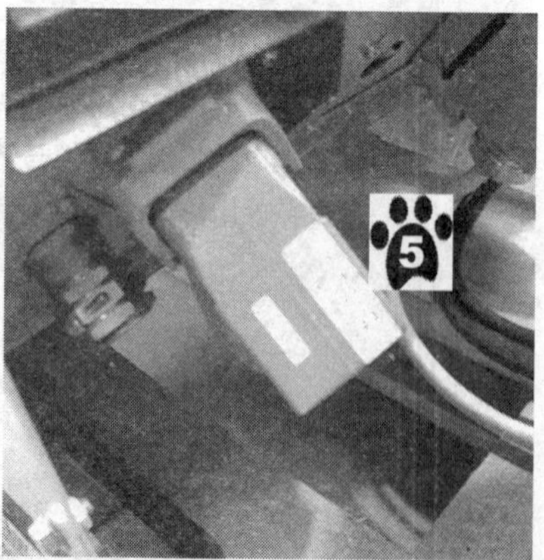

电动机动力电缆连接到控制柜接口。

用户电缆连接到机器人本体底座接口。

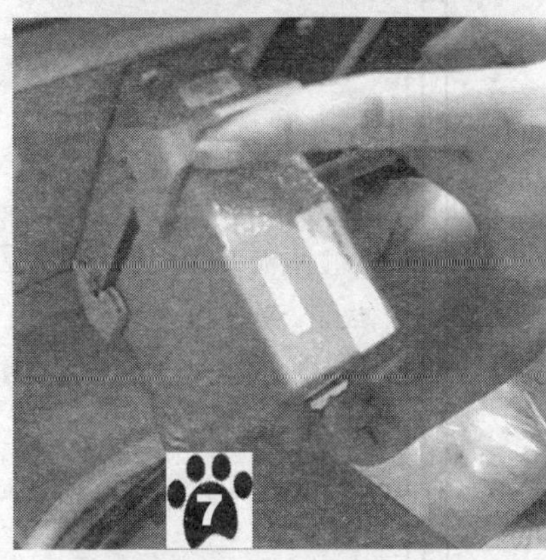

用户电缆连接到控制柜接口。

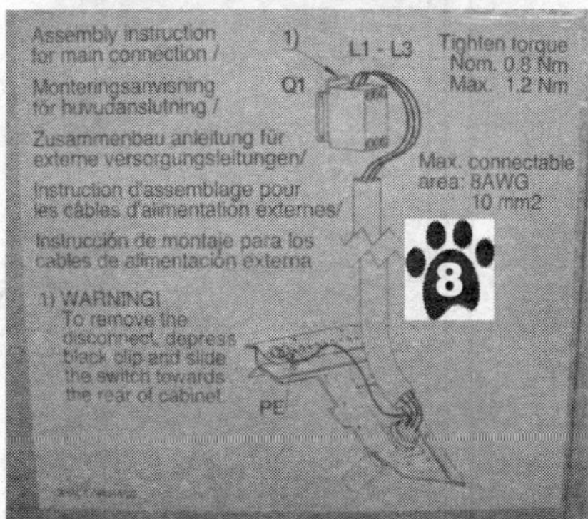

在控制柜门内侧，贴有一张主电源连接指引。

ABB 机器人使用 380V 三相四线制。

IRB 120 的输入电压请查看对应的电气图。

主电源电缆从此接口接入。

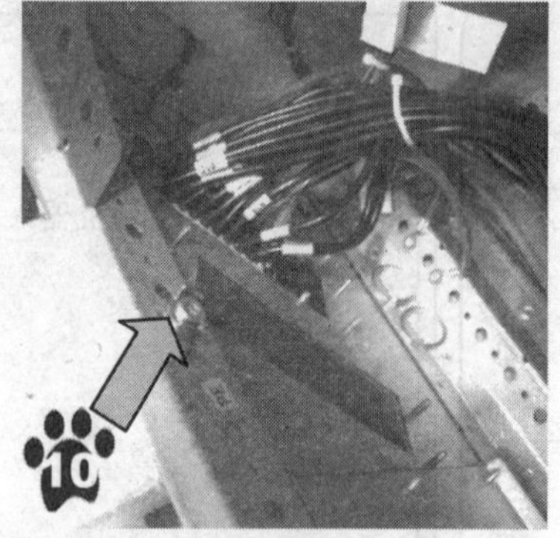

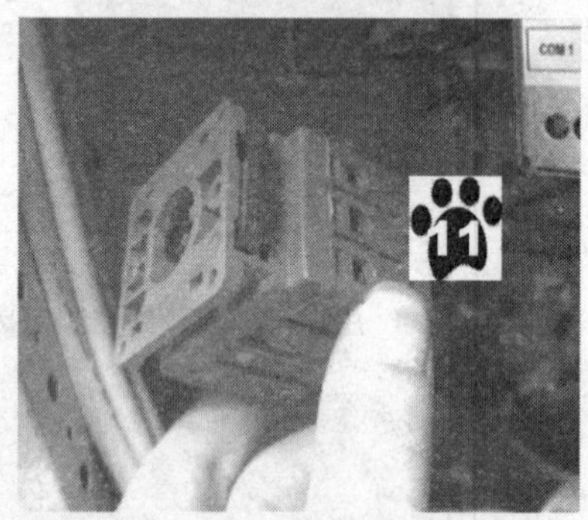

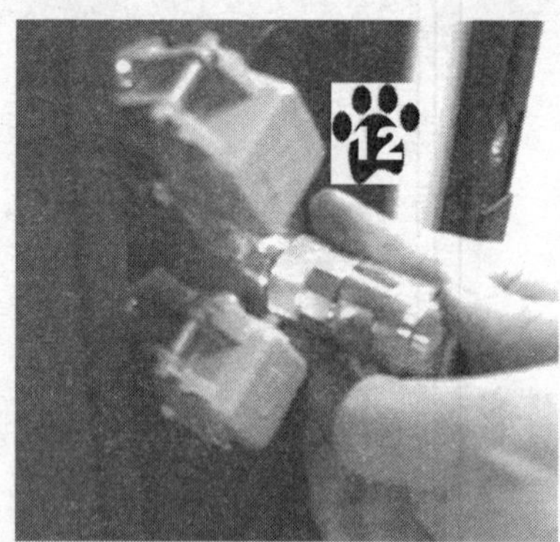

主电源接地点 PE。

主电源开关，接入 380V 三相电线。

示教器连接到控制柜。

控制柜接口连接完成。

机器人本体底座接口连接完成。

不同的机器 s 人本体接口会有所差异，请参考 ABB 机器人随机光盘说明书。

在检查主电源输入正常后，合上控制柜上的主电源开关，开始进行调试的工作。

6.4 ABB 机器人的安全保护机制

机器人系统可以配备各种各样的安全保护装置，例如门互锁开关、安全光幕和安全垫等。最常用的是机器人单元的门互锁开关，打开此装置可暂停机器人。

控制器有四个独立的安全保护机制，分别为常规模式安全保护停止（GS）、自动模式安全保护停止（AS）、上级安全保护停止（SS）和紧急停止（ES），见表 6-1。

表 6-1

安 全 保 护	保 护 机 制
GS	在任何操作模式下都有效
AS	在自动操作模式下有效
SS	在任何操作模式下都有效
ES	在急停按钮被按下有效

6.4.1 ES 与 AS 的应用示例

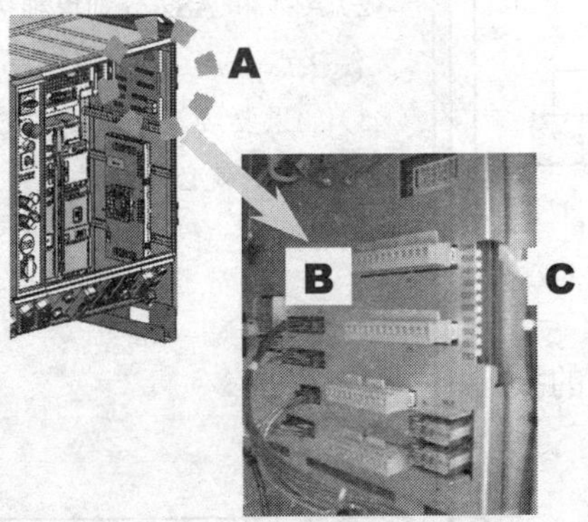

A 控制柜里右侧的安全面板负责安全保护机制的控制。

B 4个绿色接线端子用于接入安全保护机制的控制信号。

C 信号灯指示安全保护机制的状态。

1. 机器人紧急停止安全保护机制应用示例

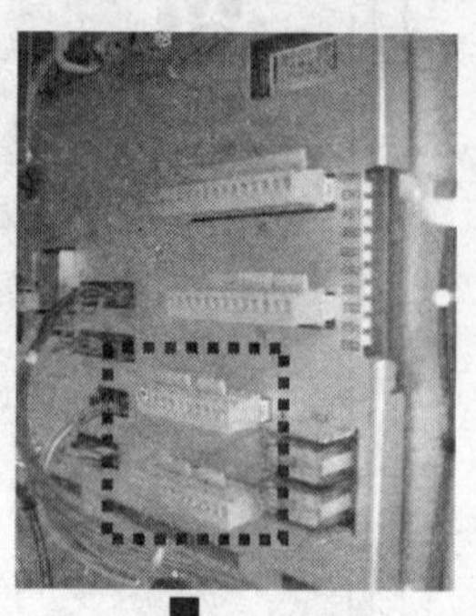

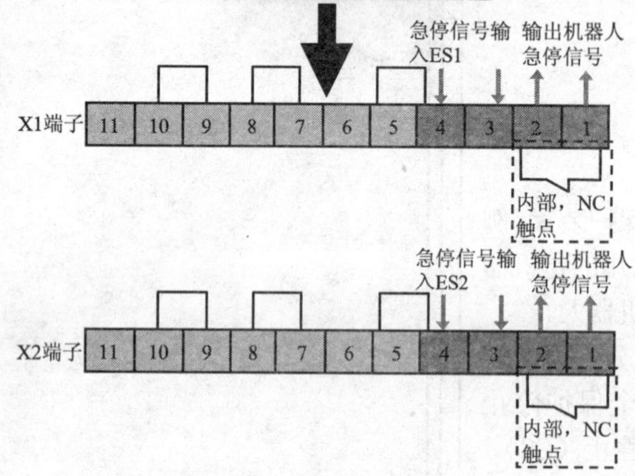

控制原理：当 3-4 之间断开后，机器人进入急停状态，1-2 的 NC 触点断开。

- 连接说明

1）将 X1 和 X2 端子第 3 脚的短接片剪掉。

2）ES1 和 ES2 分别单独接入 NC 无源接点。

3）如果要输入急停信号，就必须同时使用 ES1 和 ES2。

2. 机器人自动模式下 AS 安全保护机制应用示例

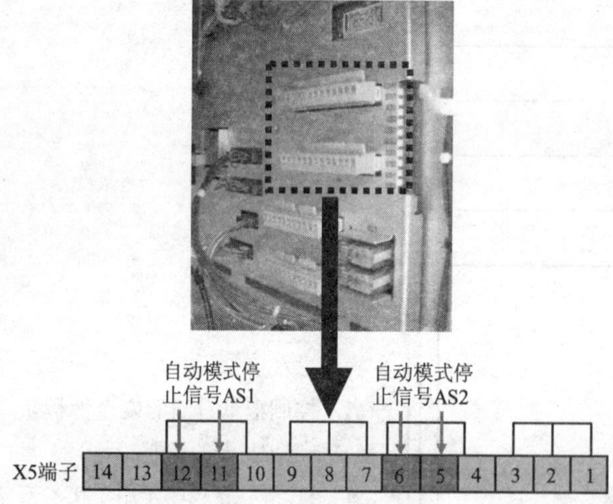

控制原理：当 5-6、11-12 之间断开后，在自动状态下的机器人进入自动模式安全保护停止状态。

- 连接说明

1）将第 5、11 脚的短接片剪掉。

2）AS1 和 AS2 分别单独接入 NC 无源接点。

3）如果要接入自动模式安全保护停止信号，就必须同时使用 AS1 和 AS2。

6.4.2 紧急停止后的恢复操作

机器人系统在紧急停止后，需要进行以下的操作后才可恢复到正常的状态。

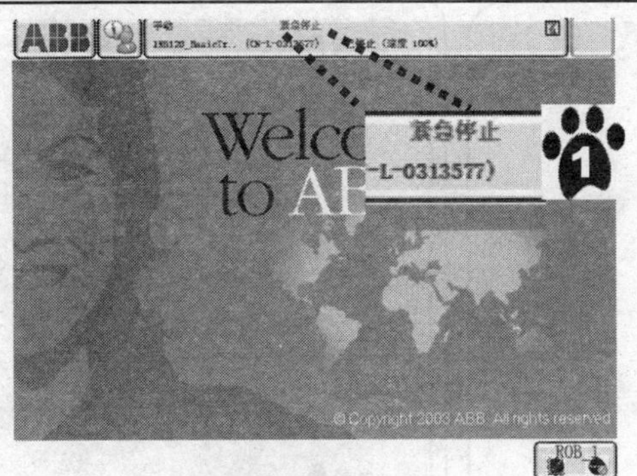

机器人处于紧急停止状态。

松开急停按钮。

按下复位按钮。

机器人系统恢复到正常状态。

6.5　ABB 机器人 SMB 电池的更换

ABB 机器人在关掉控制柜主电源后，六个轴的位置数据是由电池提供电能进行保存的，所以在电池即将耗尽之前，需要对其进行更换，否则，每次主电源断电后再次通电，就要进行机器人转数计数器更新的操作。

ABB 机器人 IRB 6640 更换 SMB 电池的操作如下：

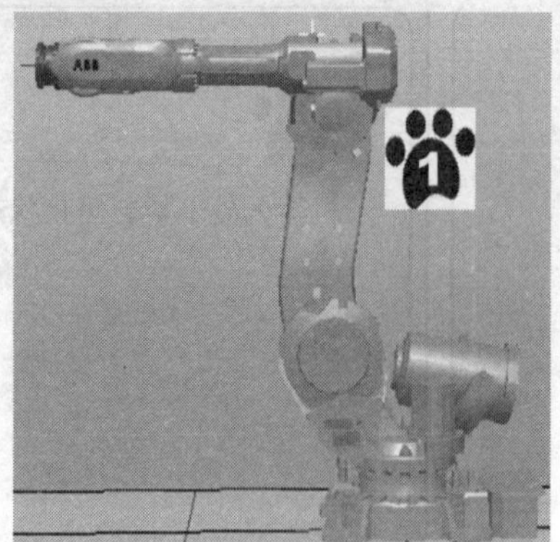

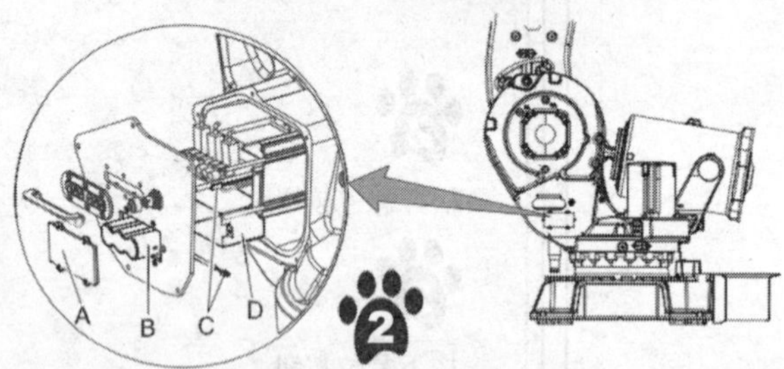

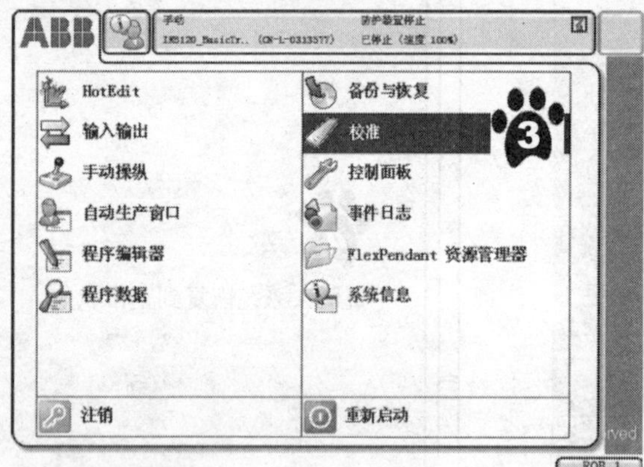

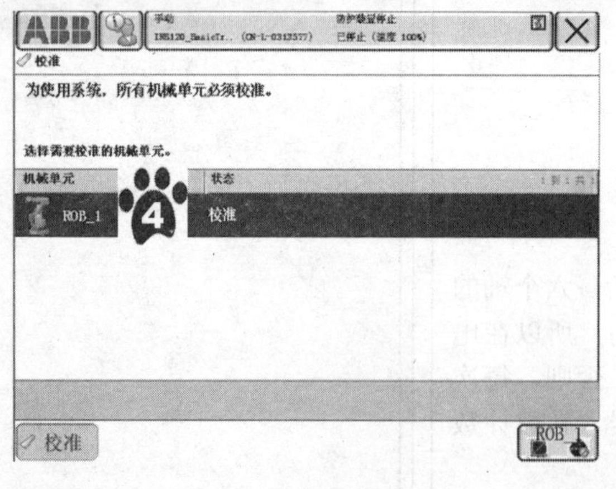

使用手动操纵，让机器人六个轴回到机械原点刻度位置。

具体操作方法，可参考本书 2.5 节的内容。

编　号	部　件
A	电池盖
B	电池
C	电池连接线
D	电池架

更换电池的顺序：

1）关闭总电源。

2）打开电池盖 A。

3）取出旧电池 B，然后换上新电池。

4）装回电池盖 A。

5）打开总电源。

选择“校准”。

单击“ROB_1”。

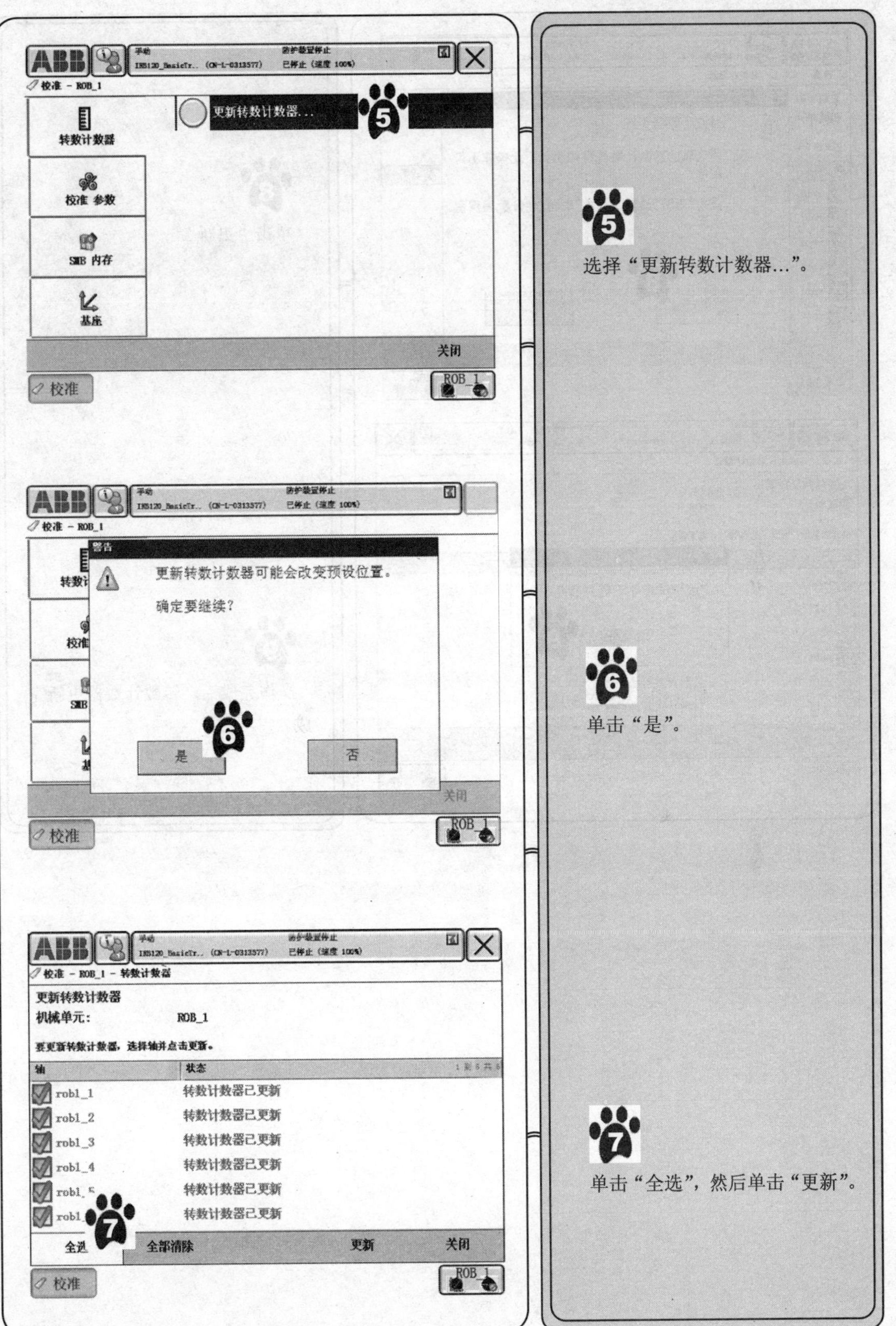

5

选择“更新转数计数器...”。

6

单击“是”。

7

单击“全选”，然后单击“更新”。

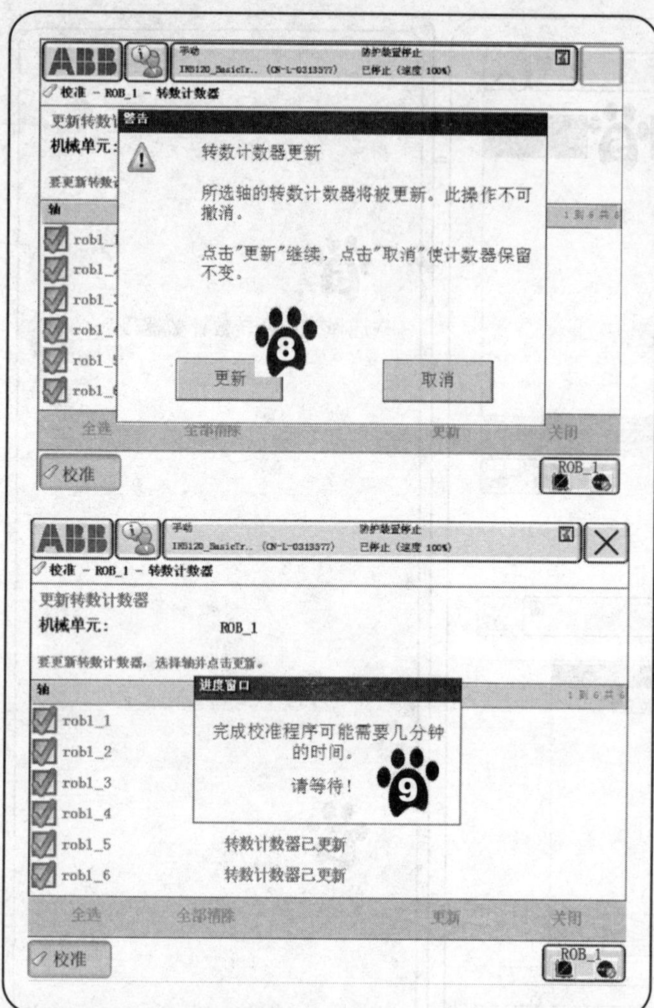

8

单击“更新”。

9

操作完成后，转数计数器更新完成。

第7章 ABB机器人RobotStudio的应用

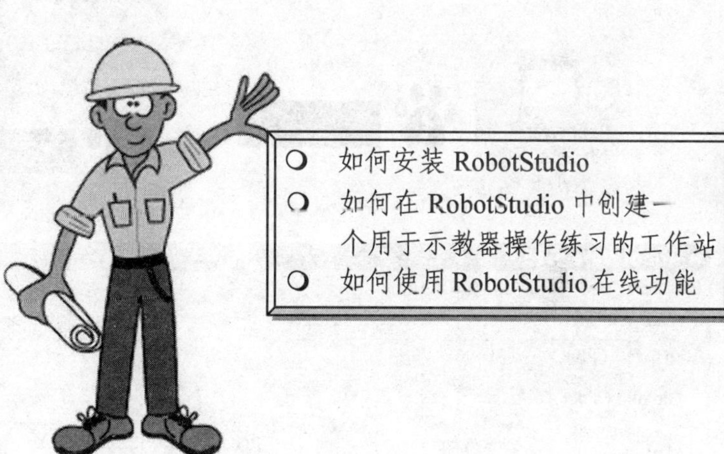

7.1 安装 RobotStudio

RobotStudio 是 ABB 公司专门开发的工业机器人离线编程软件。RobotStudio 代表了目前最新的工业机器人离线编程的水平，它以其操作简单、界面友好和功能强大而得到广大机器人工程师的一致好评。

下面介绍安装 RobotStudio 的步骤。

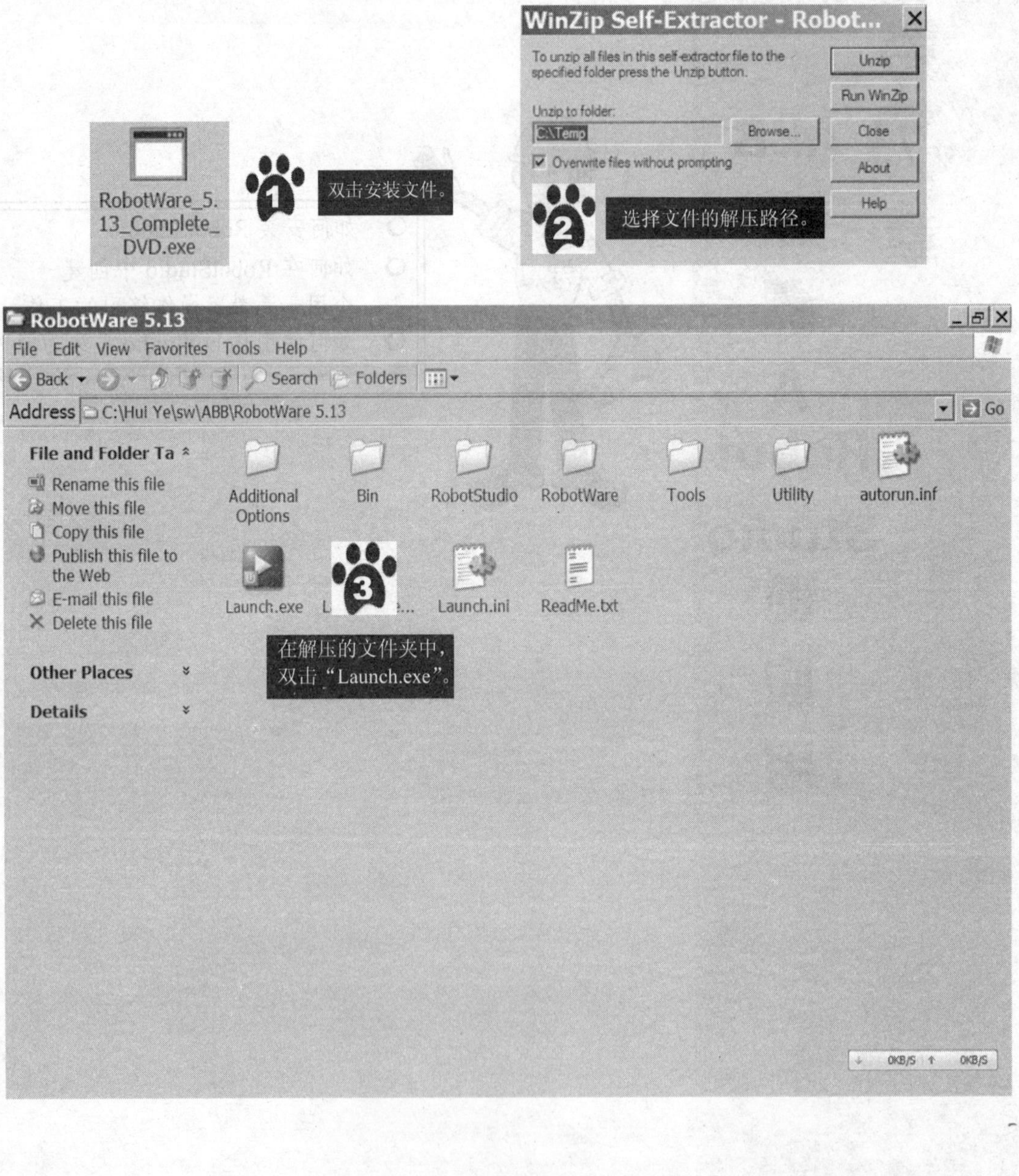

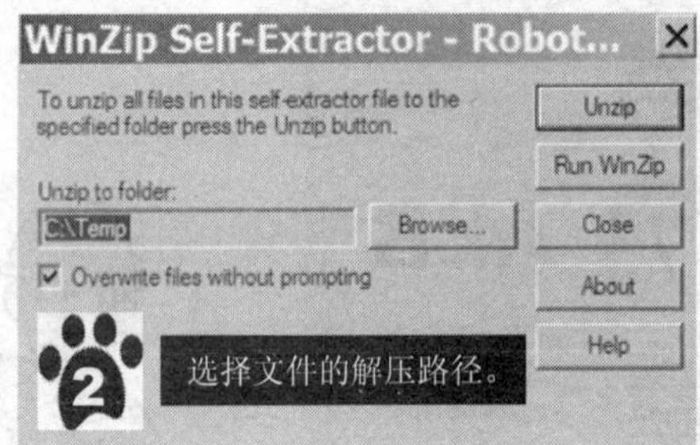

在解压的文件夹中，双击"Launch.exe"。

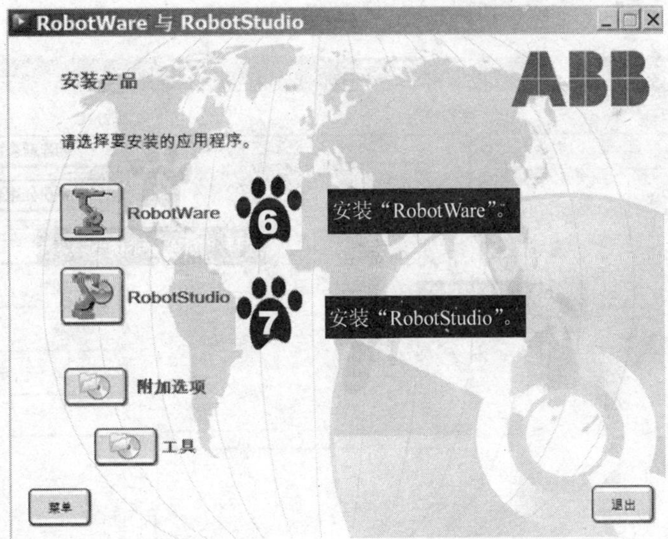

7.2　在 RobotStudio 中建立练习用工作站

RobotStudio 提供了在计算机中进行 ABB 机器人示教器操作练习的功能。下面介绍如何在 RobotStudio 中建立练习用工作站。

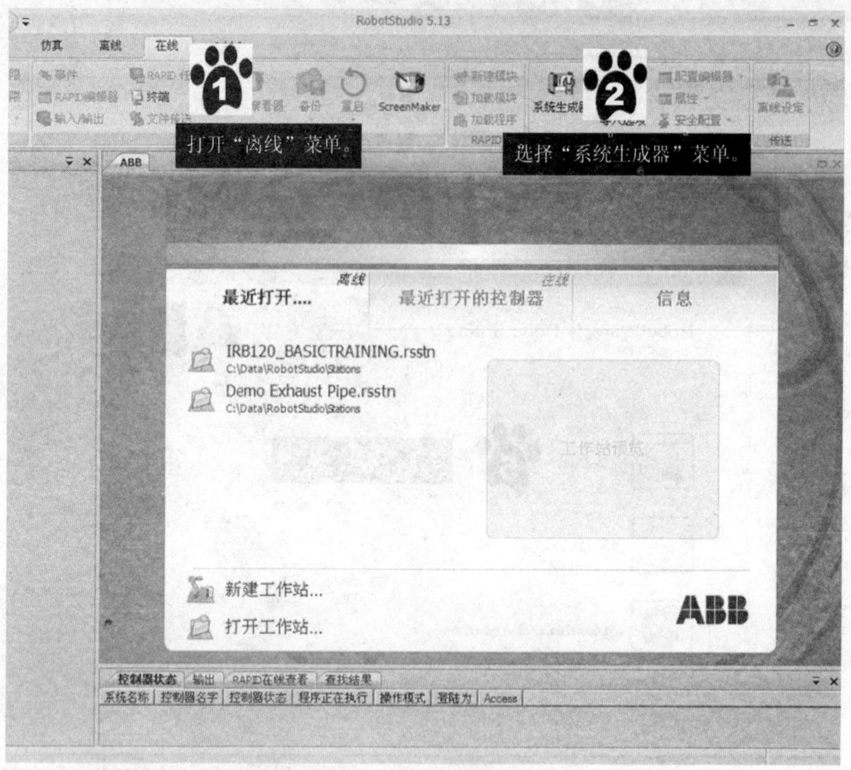

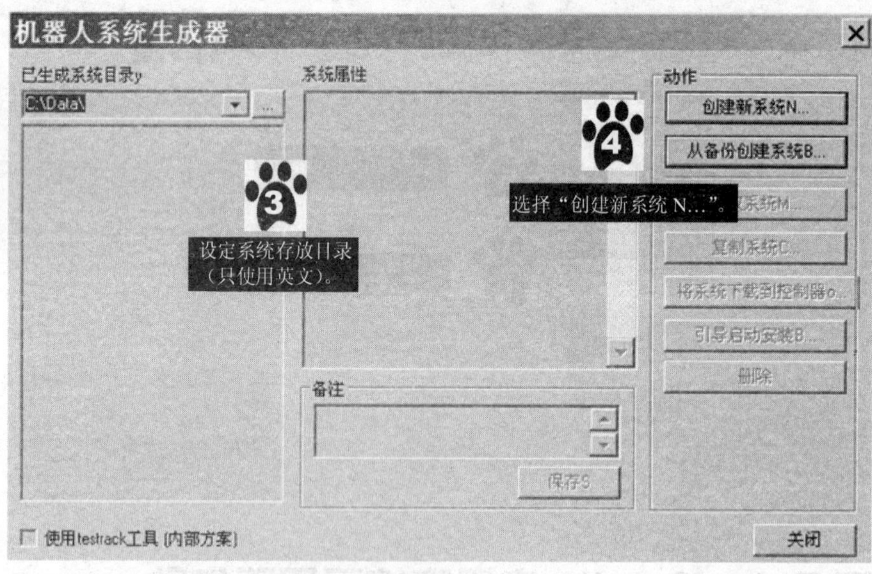

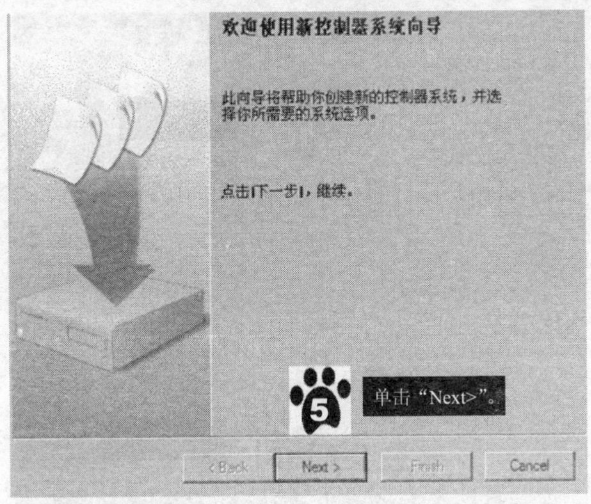
欢迎使用新控制器系统向导
此向导将帮助你创建新的控制器系统，并选择你所需要的系统选项。
点击[下一步]，继续。
5
单击“Next>”。
< Back
Next >
Finish
Cancel

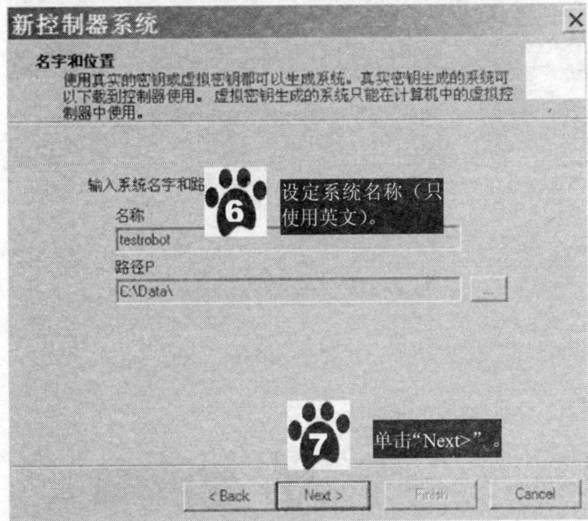
新控制器系统
名字和位置
使用真实的密钥或虚拟密钥都可以生成系统。真实密钥生成的系统可以下载到控制器使用。虚拟密钥生成的系统只能在计算机中的虚拟控制器中使用。
6
设定系统名称（只使用英文）。
名称
testrobot
路径P
C:\Data\
7
单击“Next>”。
< Back
Next >
Finish
Cancel

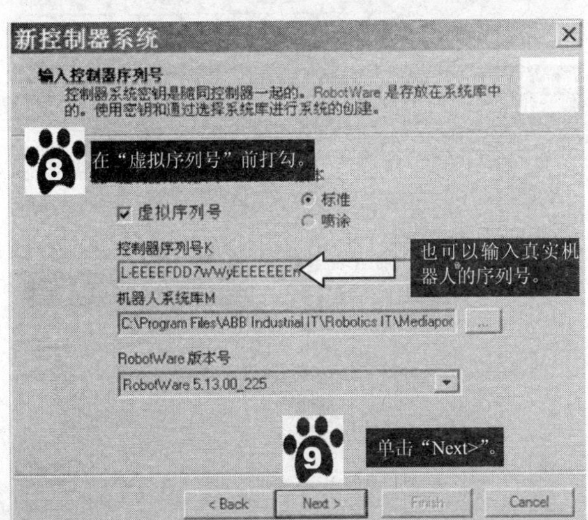
新控制器系统
输入控制器序列号
控制器系统密钥是随同控制器一起的。RobotWare 是存放在系统库中的。使用密钥和通过选择系统库进行系统的创建。
8
在“虚拟序列号”前打勾。
虚拟序列号
标准
喷涂
控制器序列号K
L-EEEEFDD7WWyEEEEEEE
也可以输入真实机器人的序列号。
机器人系统库M
C:\Program Files\ABB Industrial IT\Robotics IT\Mediapoo
RobotWare 版本号
RobotWare 5.13.00_225
9
单击“Next>”。
< Back
Next >
Finish
Cancel

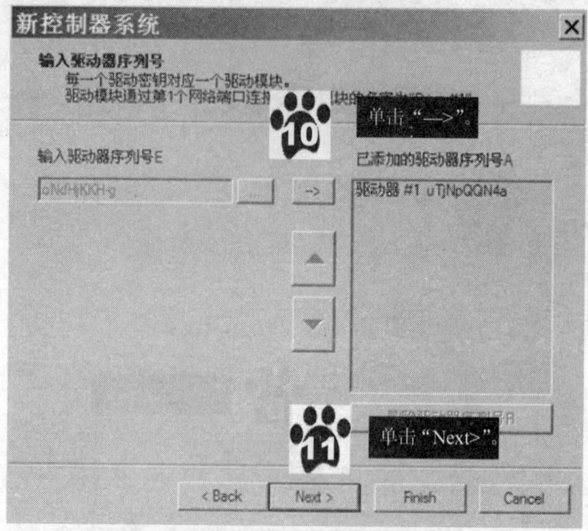
新控制器系统
输入驱动器序列号
每一个驱动密钥对应一个驱动模块。
驱动模块通过第1个网络端口连接
单击“—>”。
输入驱动器序列号E
已添加的驱动器序列号A
->
驱动器 #1 uTjNpQQN4a
单击“Next>”。
< Back
Next >
Finish
Cancel

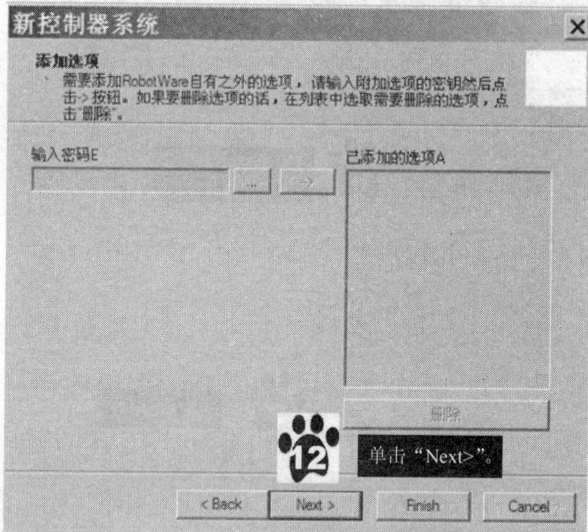
新控制器系统
添加选项
需要添加RobotWare自有之外的选项，请输入附加选项的密钥然后点击-> 按钮。如果要删除选项的话，在列表中选取需要删除的选项，点击"删除"。
输入密码E
已添加的选项A
删除
单击“Next>”。
< Back
Next >
Finish
Cancel

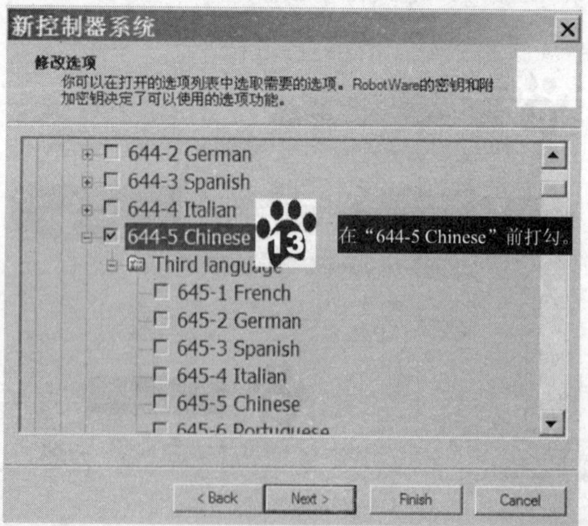
新控制器系统
修改选项
你可以在打开的选项列表中选取需要的选项。RobotWare的密钥和附加密钥决定了可以使用的选项功能。
644-2 German
644-3 Spanish
644-4 Italian
644-5 Chinese
在“644-5 Chinese”前打勾。
645-1 French
645-2 German
645-3 Spanish
645-4 Italian
645-5 Chinese
< Back
Next >
Finish
Cancel

新控制器系统
修改选项
你可以在打开的选项列表中选取需要的选项。RobotWare的密钥和附加密钥决定了可以使用的选项功能。
644-17 Hungarian
Hardware
709-x DeviceNet
14
在“709-X DeviceNet”前打勾。
Master/Slave
709-1 Master/Slave Single
709-2/709-5 Master/Slave Dual
709-4 Master/Slave Quadruple
748-1 DeviceNet Lean
711-1 Profibus DP Master/Slave
888-1 ProfiNet IO M/S
< Back
Next >
Finish
Cancel

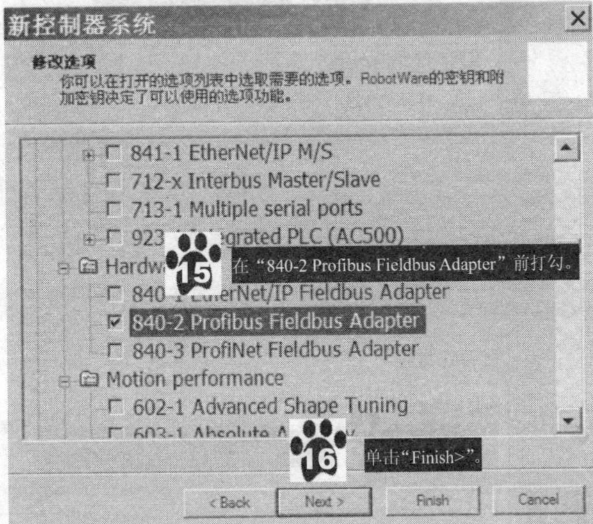
新控制器系统
修改选项
你可以在打开的选项列表中选取需要的选项。RobotWare的密钥和附加密钥决定了可以使用的选项功能。
841-1 EtherNet/IP M/S
712-x Interbus Master/Slave
713-1 Multiple serial ports
15
在“840-2 Profibus Fieldbus Adapter”前打勾。
840-2 Profibus Fieldbus Adapter
840-3 ProfiNet Fieldbus Adapter
Motion performance
602-1 Advanced Shape Tuning
16
单击“Finish>”。
< Back
Next >
Finish
Cancel

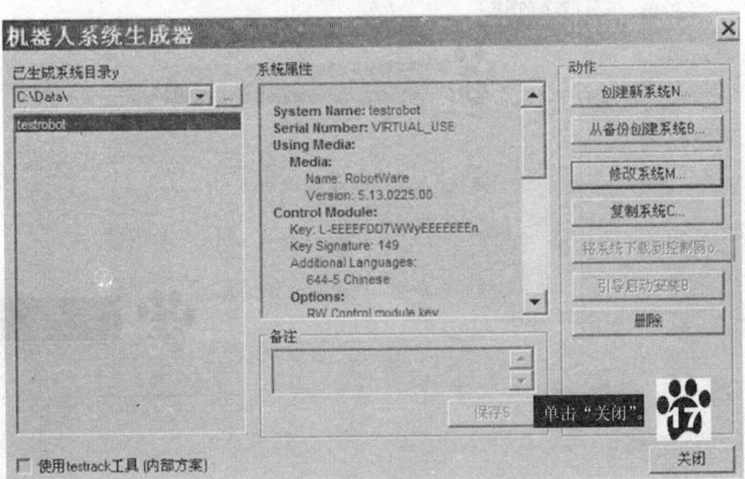
机器人系统生成器
已生成系统目录y
C:\Data\
testrobot
系统属性
System Name: testrobot
Serial Number: VIRTUAL_USE
Using Media:
Media:
Name: RobotWare
Version: 5.13.0225.00
Control Module:
Key: L-EEEEFDD7WWyEEEEEEEn
Key Signature: 149
Additional Languages:
644-5 Chinese
Options:
动作
创建新系统N...
从备份创建系统B...
修改系统M...
复制系统C...
将系统下载到控制器o...
引导启动安装B...
删除
备注
保存S
单击“关闭”。
17
关闭
使用testrack工具 (内部方案)

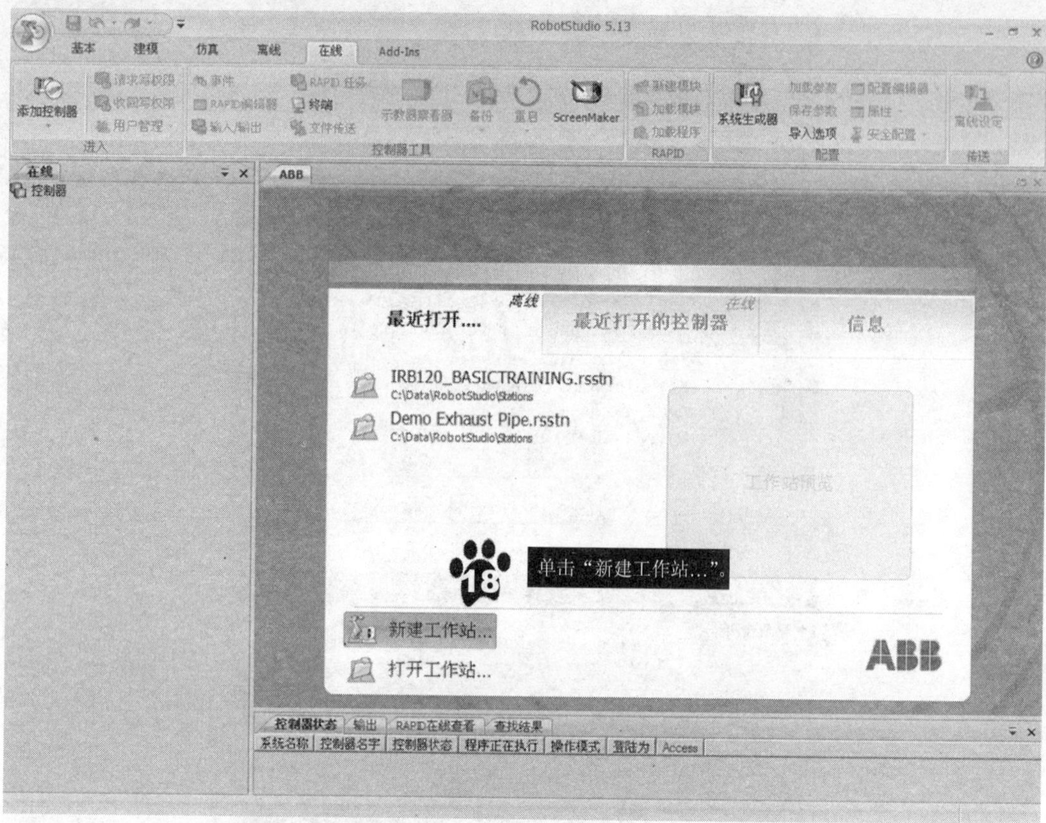
RobotStudio 5.13
基本
建模
仿真
离线
在线
Add-Ins
添加控制器
控制器工具
RAPID
系统生成器
导入选项
配置
ScreenMaker
在线
控制器
ABB
离线
最近打开....
在线
最近打开的控制器
信息
IRB120_BASICTRAINING.rsstn
C:\Data\RobotStudio\Stations
Demo Exhaust Pipe.rsstn
C:\Data\RobotStudio\Stations
18
单击"新建工作站..."。
新建工作站...
打开工作站...
ABB
控制器状态
输出
RAPID在线查看
查找结果
系统名称
控制器名字
控制器状态
程序正在执行
操作模式
登陆为
Access

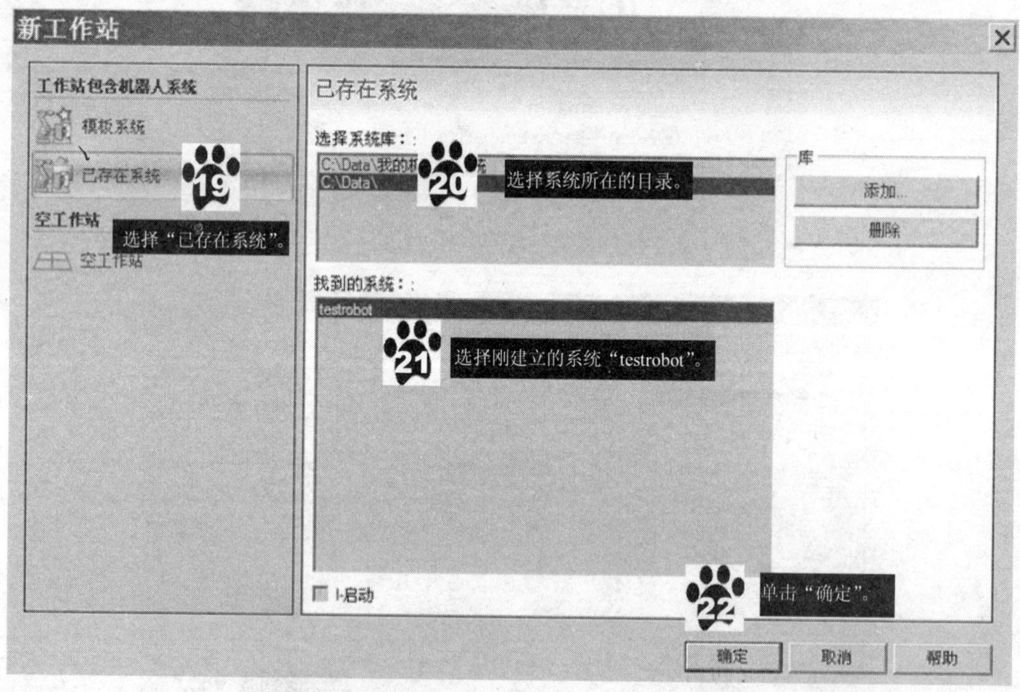
新工作站
工作站包含机器人系统
模板系统
已存在系统
19
选择"已存在系统"。
空工作站
空工作站
已存在系统
选择系统库：
C:\Data\
20
选择系统所在的目录。
库
添加...
删除
找到的系统：
testrobot
21
选择刚建立的系统"testrobot"。
I-启动
22
单击"确定"。
确定
取消
帮助

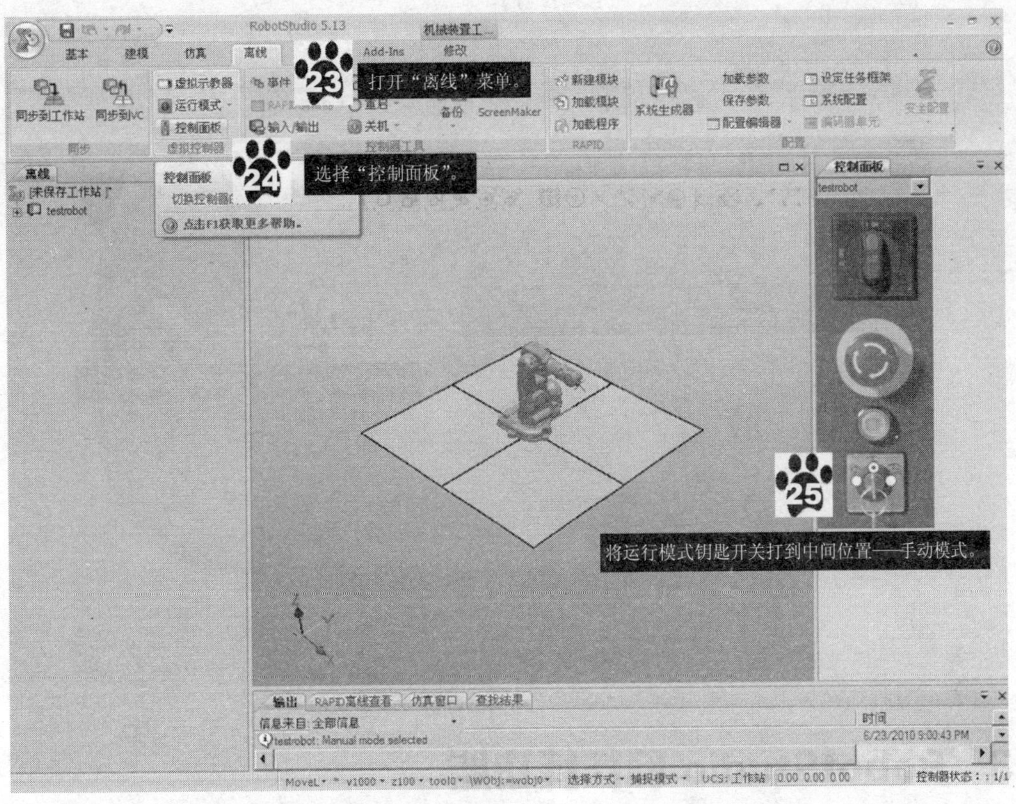
23 打开“离线”菜单。
24 选择“控制面板”。
25 将运行模式钥匙开关打到中间位置——手动模式。

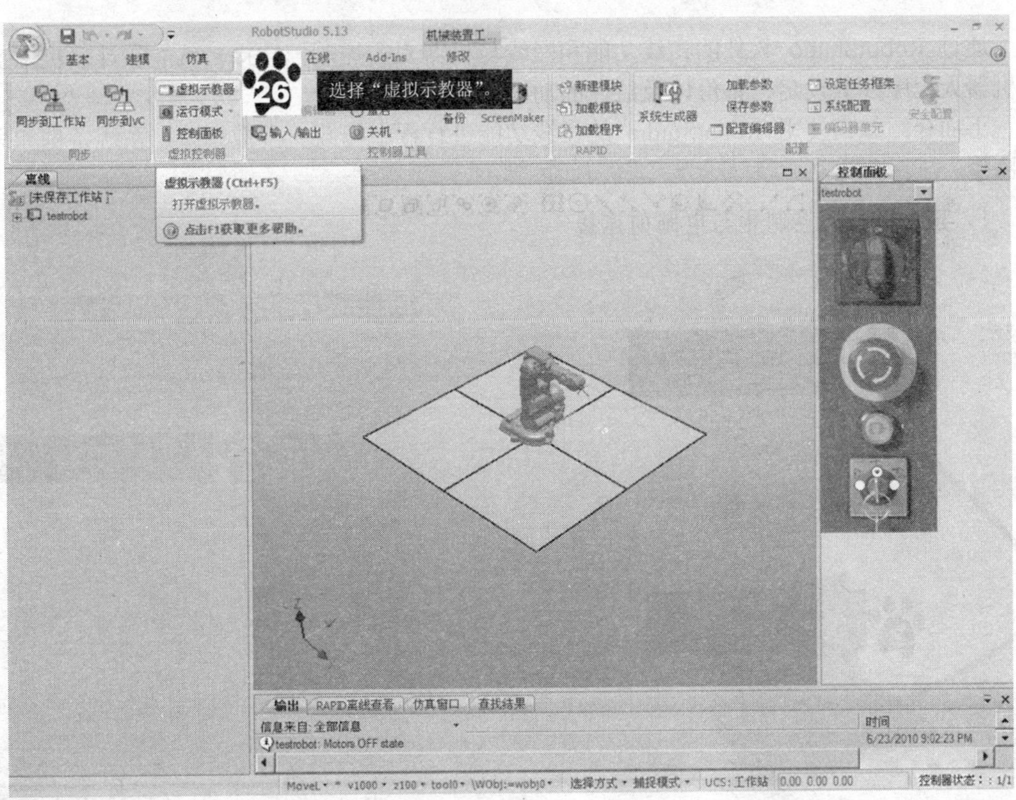
26 选择“虚拟示教器”。

7.3 RobotStudio 的在线功能

通过 RobotStudio 软件的在线功能和网线与机器人的控制柜连接，就能在计算机上实现机器人程序参数设定、备份以及监控的功能。

下面介绍如何使用 RobotStudio 的在线功能进行程序修改、参数修改、系统备份和系统监控。

1. 建立机器人控制柜与电脑的连接

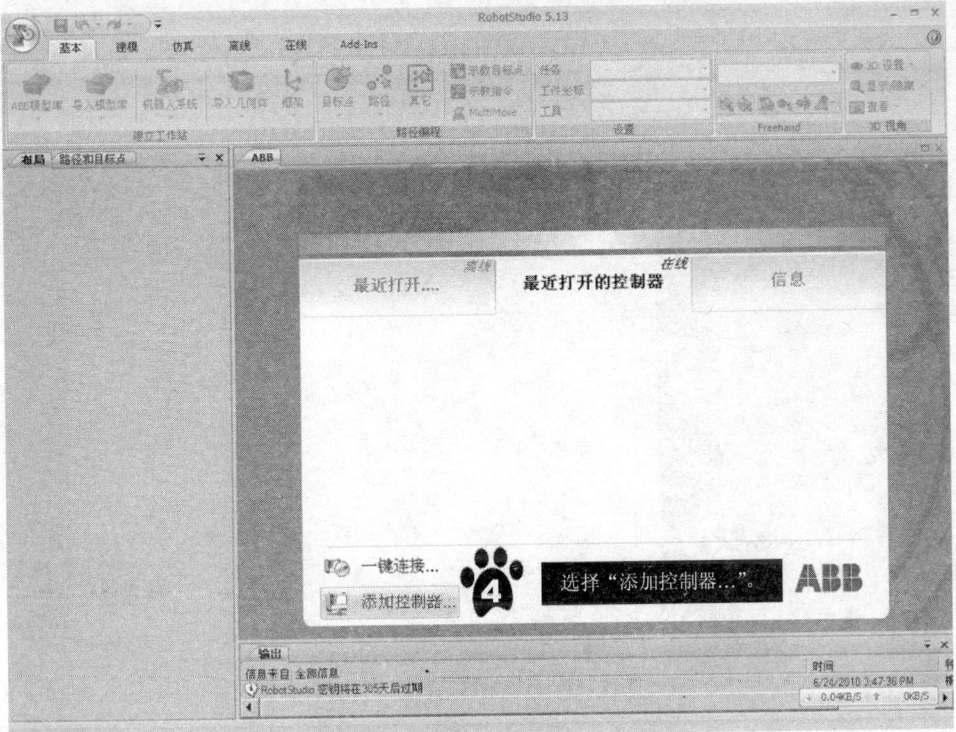
RobotStudio 5.13
最近打开....
最近打开的控制器
信息
一键连接...
添加控制器...
选择“添加控制器...”。
ABB

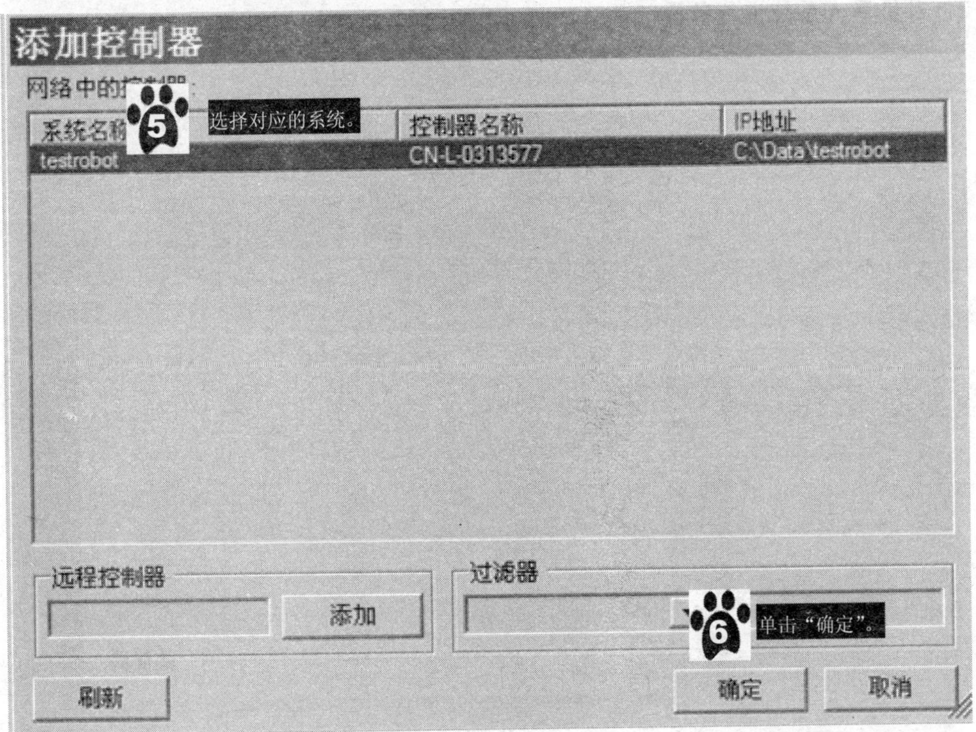
添加控制器
系统名称
选择对应的系统。
控制器名称
IP地址
testrobot
CN-L-0313577
C:\Data\testrobot
远程控制器
添加
过滤器
单击“确定”。
刷新
确定
取消

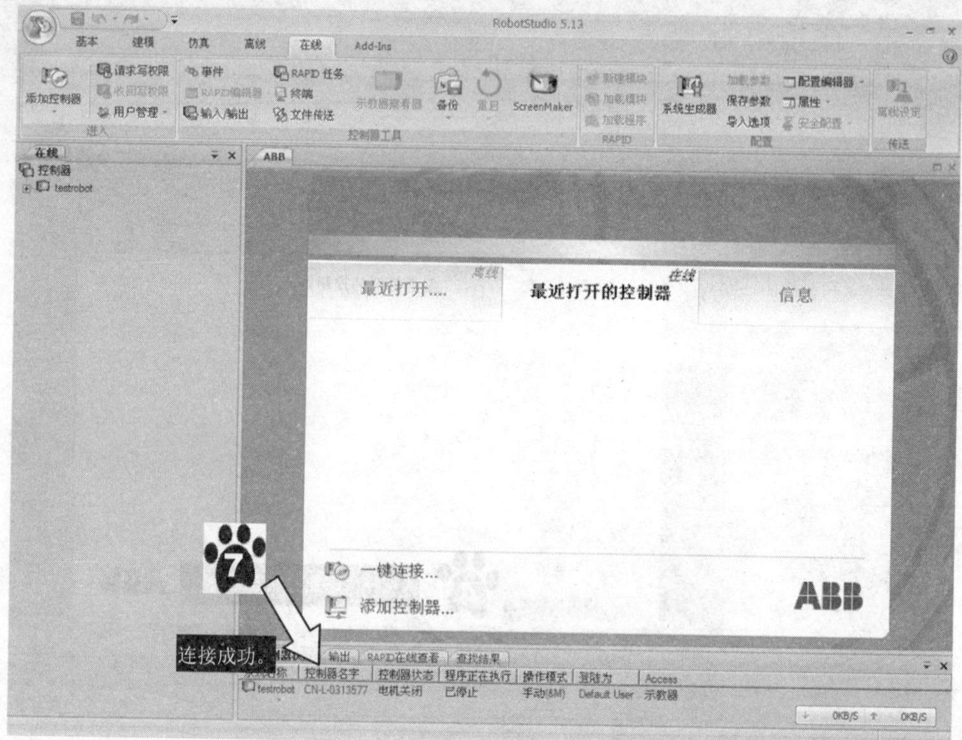

2. 对机器人系统进行备份

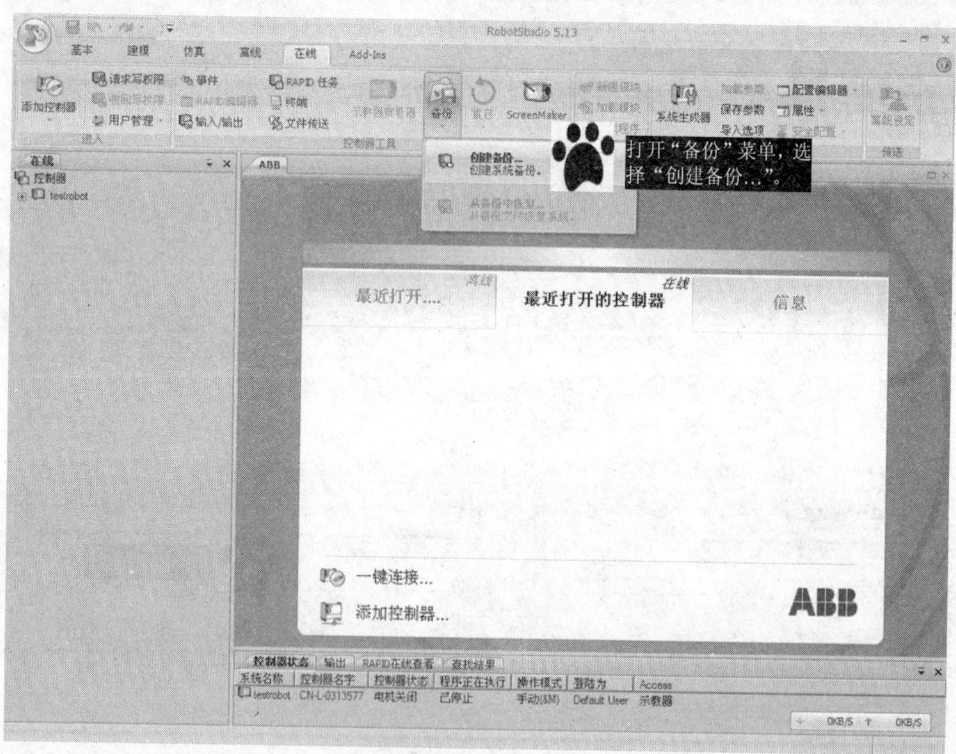

3．在线编辑 RAPID 程序

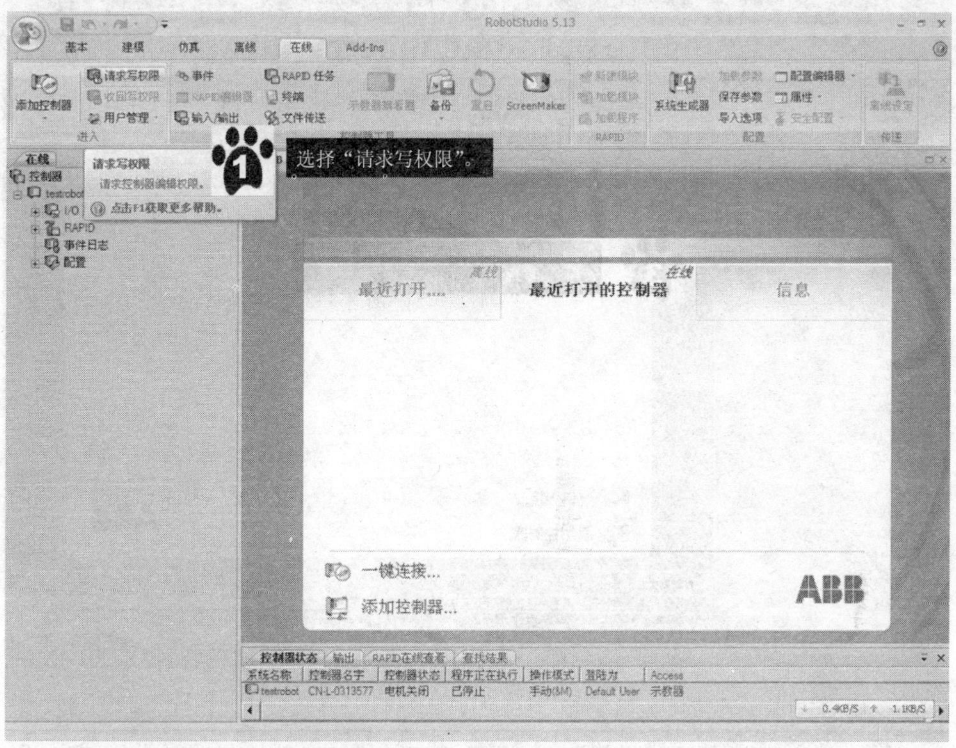

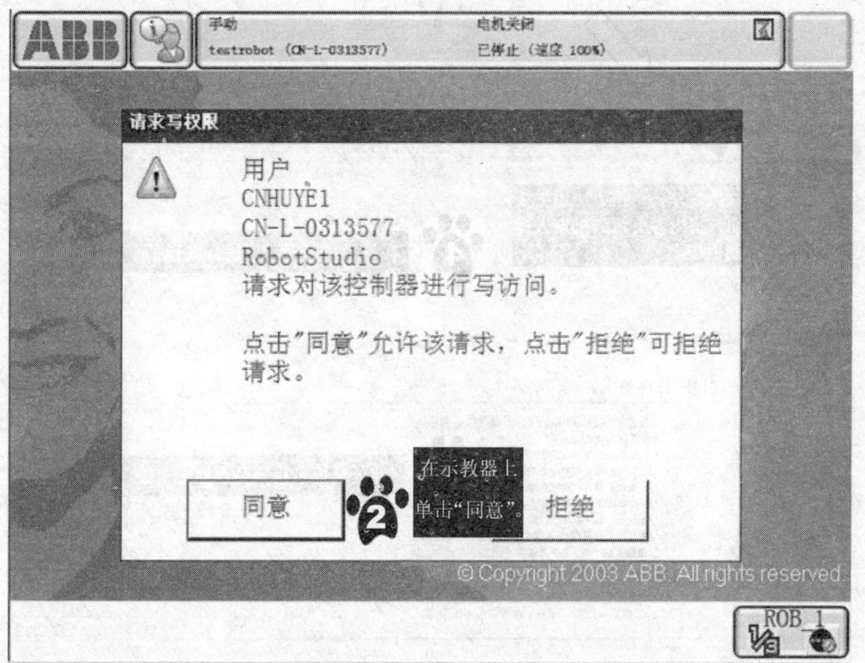

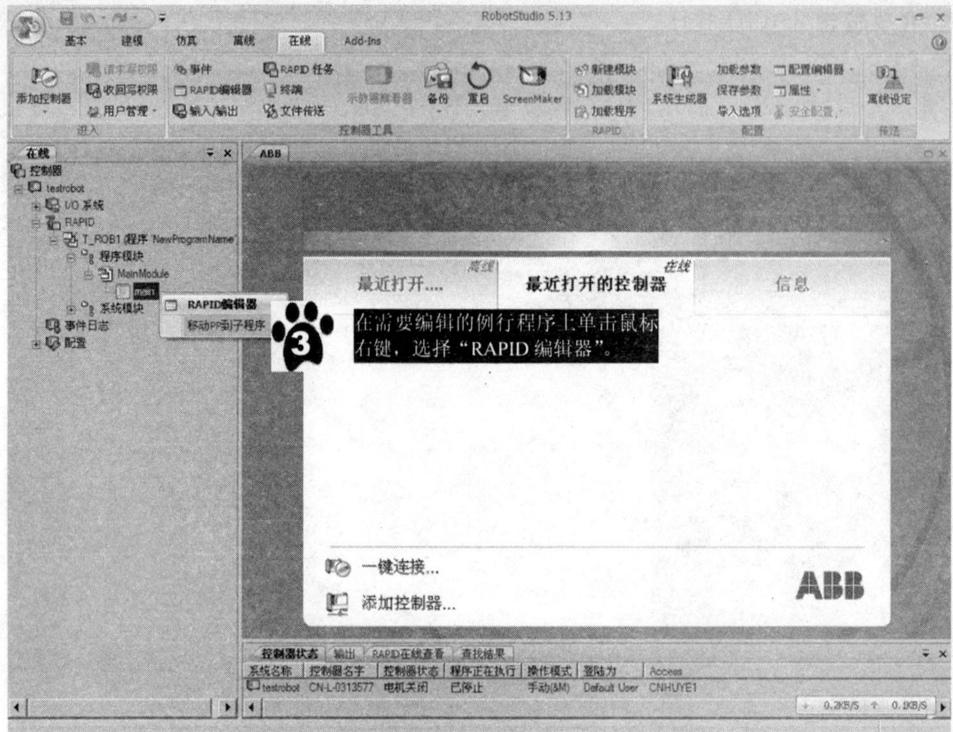
3
在需要编辑的例行程序上单击鼠标右键，选择“RAPID 编辑器”。

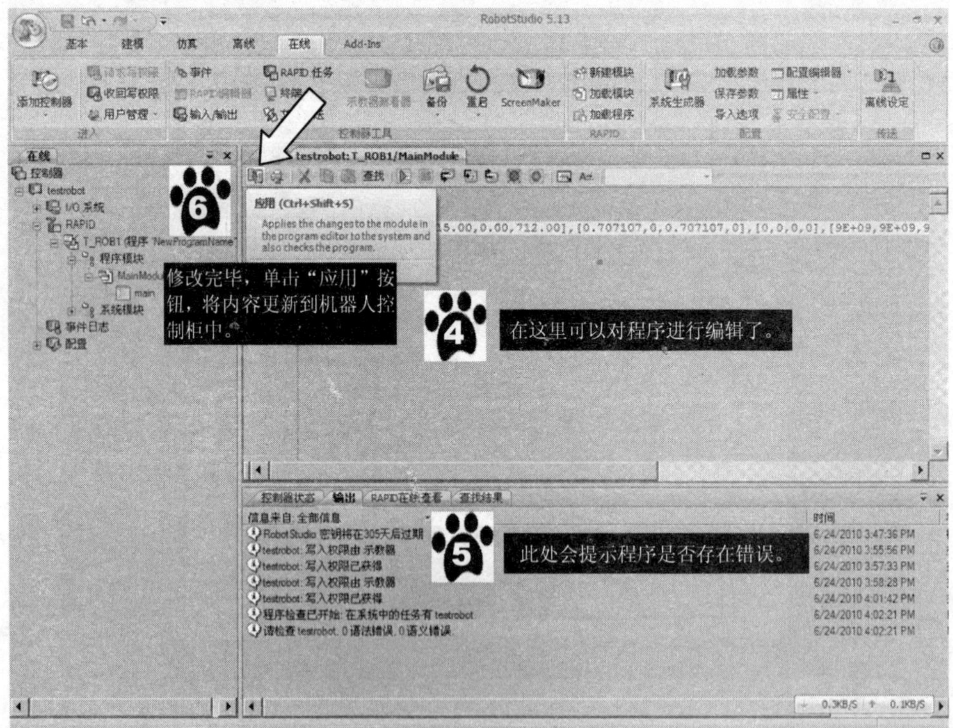
6
修改完毕，单击“应用”按钮，将内容更新到机器人控制柜中。
4
在这里可以对程序进行编辑了。
5
此处会提示程序是否存在错误。

4．在线设定机器人系统的参数

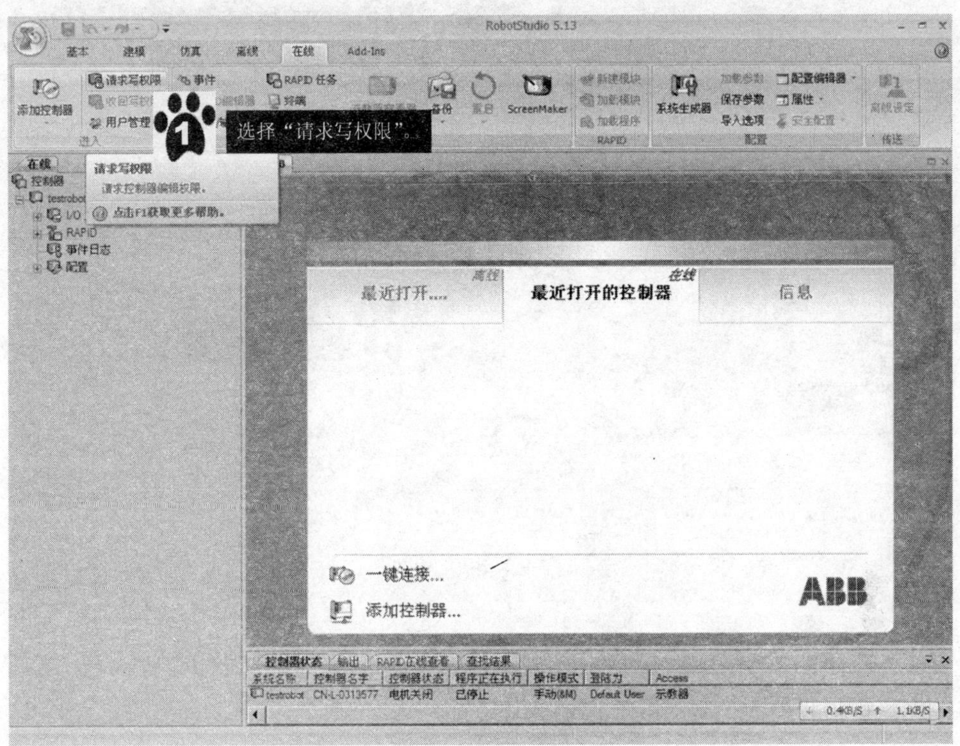

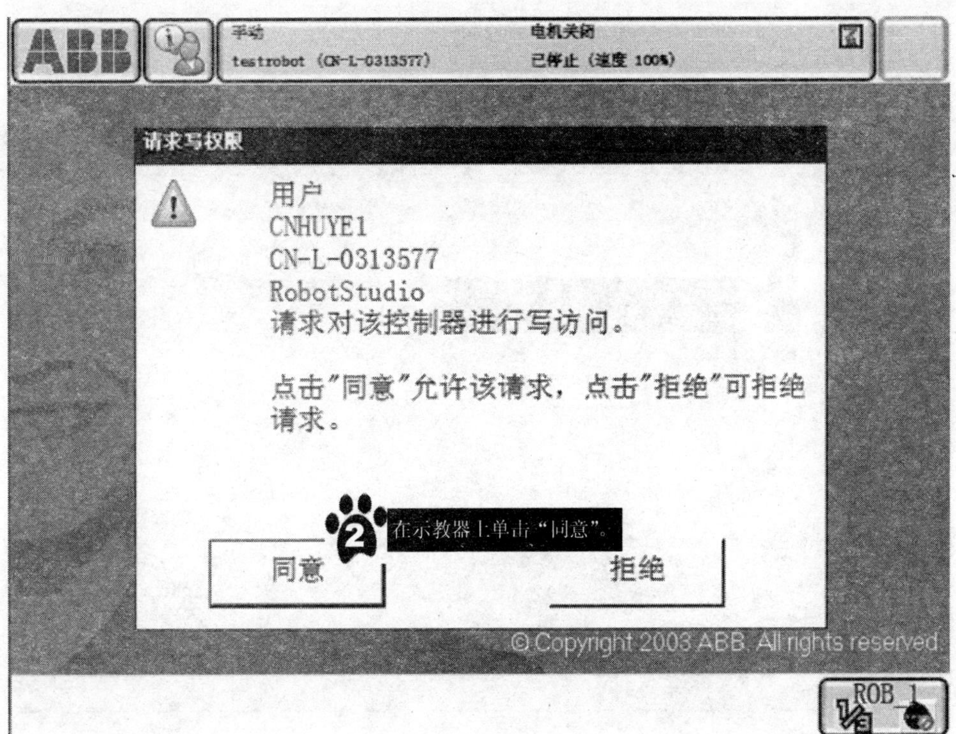

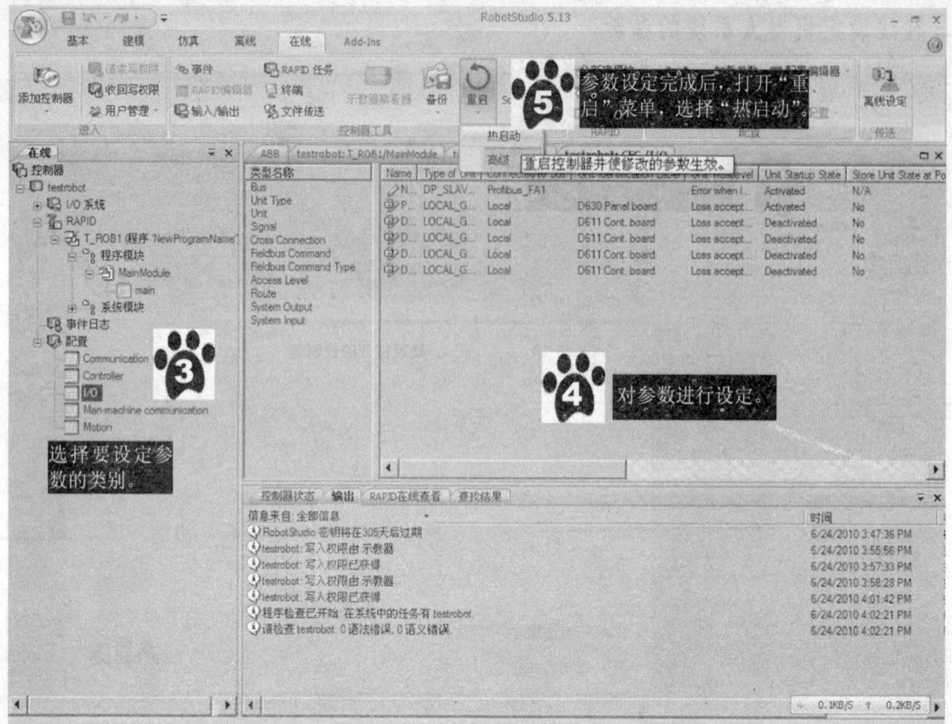

5. 在线监控机器人的运行状态

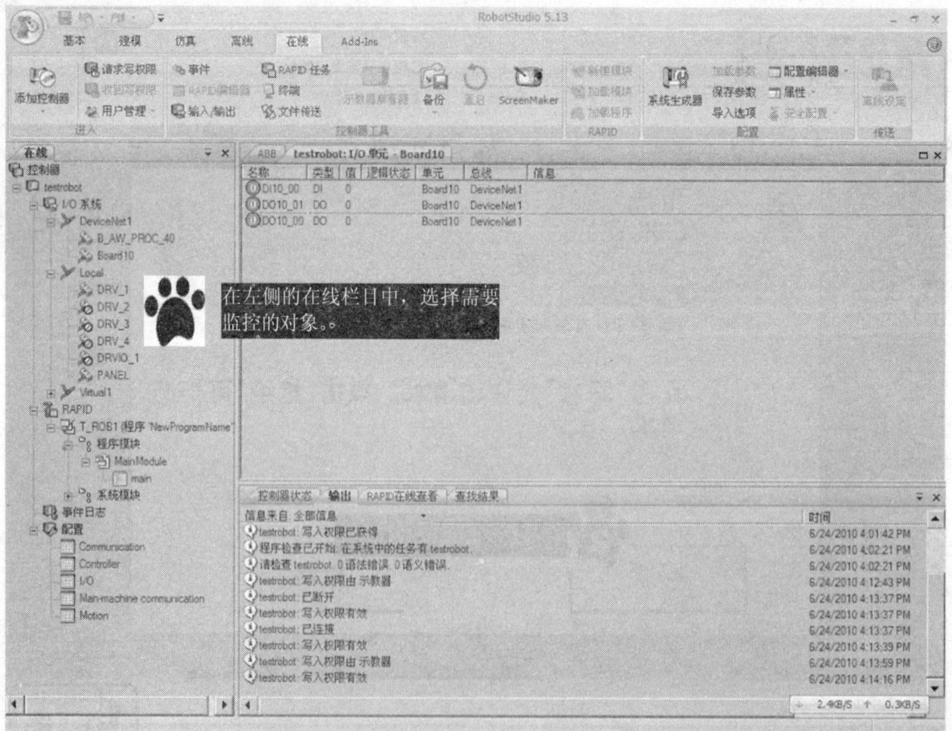

第 8 章 ABB 机器人进阶功能

- 安装调试 ABB 机器人的一般步骤
- 查看 ABB 机器人系统信息
- ABB 机器人的重新启动功能
- ABB 机器人系统的控制面板
- 阅读 ABB 机器人随机光盘说明书

8.1 ABB 机器人安装调试的一般步骤

经过之前的内容学习，现在大家就具备了进行 ABB 机器人基本调试的能力。现在为大家介绍 ABB 机器人安装调试的一般步骤，并列出安装调试过程中涉及到的知识点在书中的位置，方便读者完成安装调试的工作，具体见表 8-1。

表 8-1

序 号	安装调试内容	参考内容
1	将机器人本体与控制柜吊装到位	6.1 节、6.2 节
2	机器人本体与控制柜之间的电缆连接	6.3 节
3	示教器与控制柜连接	6.3 节
4	接入主电源	6.3 节
5	检查主电源正常后，通电	
6	机器人六个轴机械原点的校准操作	2.5 节
7	I/O信号的设定	3.3 节
8	安装工具与周边设备	4.4 节
9	编程调试	5.4 节
10	投入自动运行	5.4 节

8.2 ABB 机器人系统信息的查看

系统信息显示了控制器和正在运行系统的相关信息，可以查看到当前正在使用的 RobotWare 版本和选项、控制和驱动模块的当前密匙以及网络连接等信息。

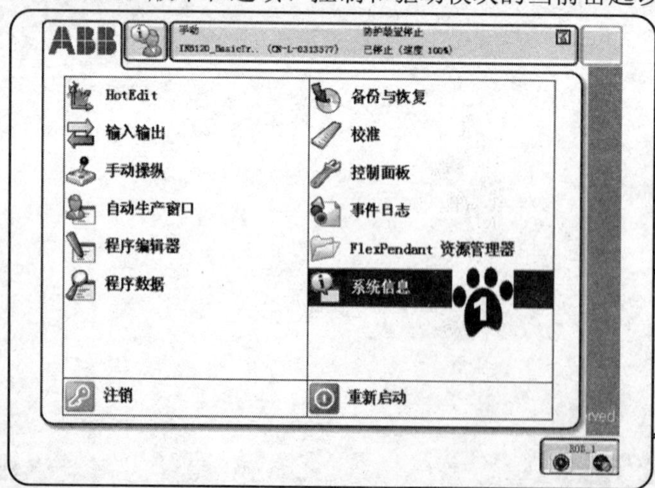

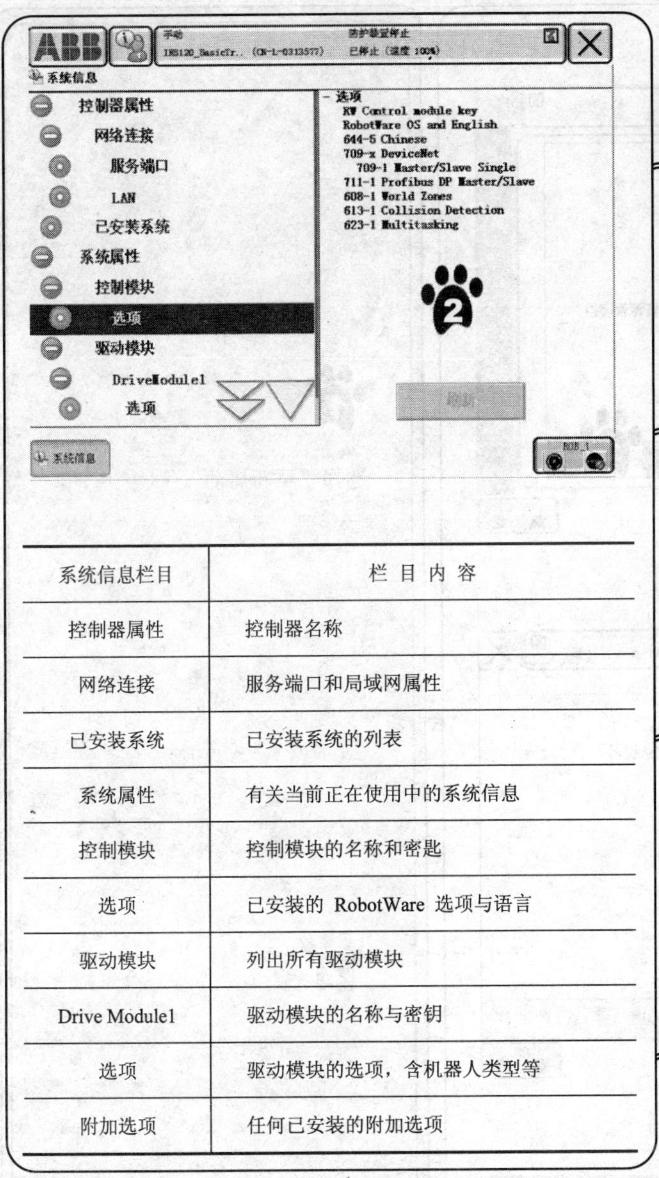

系统信息栏目	栏 目 内 容
控制器属性	控制器名称
网络连接	服务端口和局域网属性
已安装系统	已安装系统的列表
系统属性	有关当前正在使用中的系统信息
控制模块	控制模块的名称和密匙
选项	已安装的 RobotWare 选项与语言
驱动模块	列出所有驱动模块
Drive Module1	驱动模块的名称与密钥
选项	驱动模块的选项，含机器人类型等
附加选项	任何已安装的附加选项

系统信息画面。

8.3 ABB 机器人的重新启动功能

ABB 机器人系统可以长时间无人操作。无需定期重新启动运行的系统。但以下情况下需重新启动机器人系统：

1）安装了新的硬件。

2）更改了机器人系统配置参数。

3）出现系统故障（SYSFAIL）。

4）RAPID 程序出现程序故障。

以下是几种常用的重新启动功能的操作。

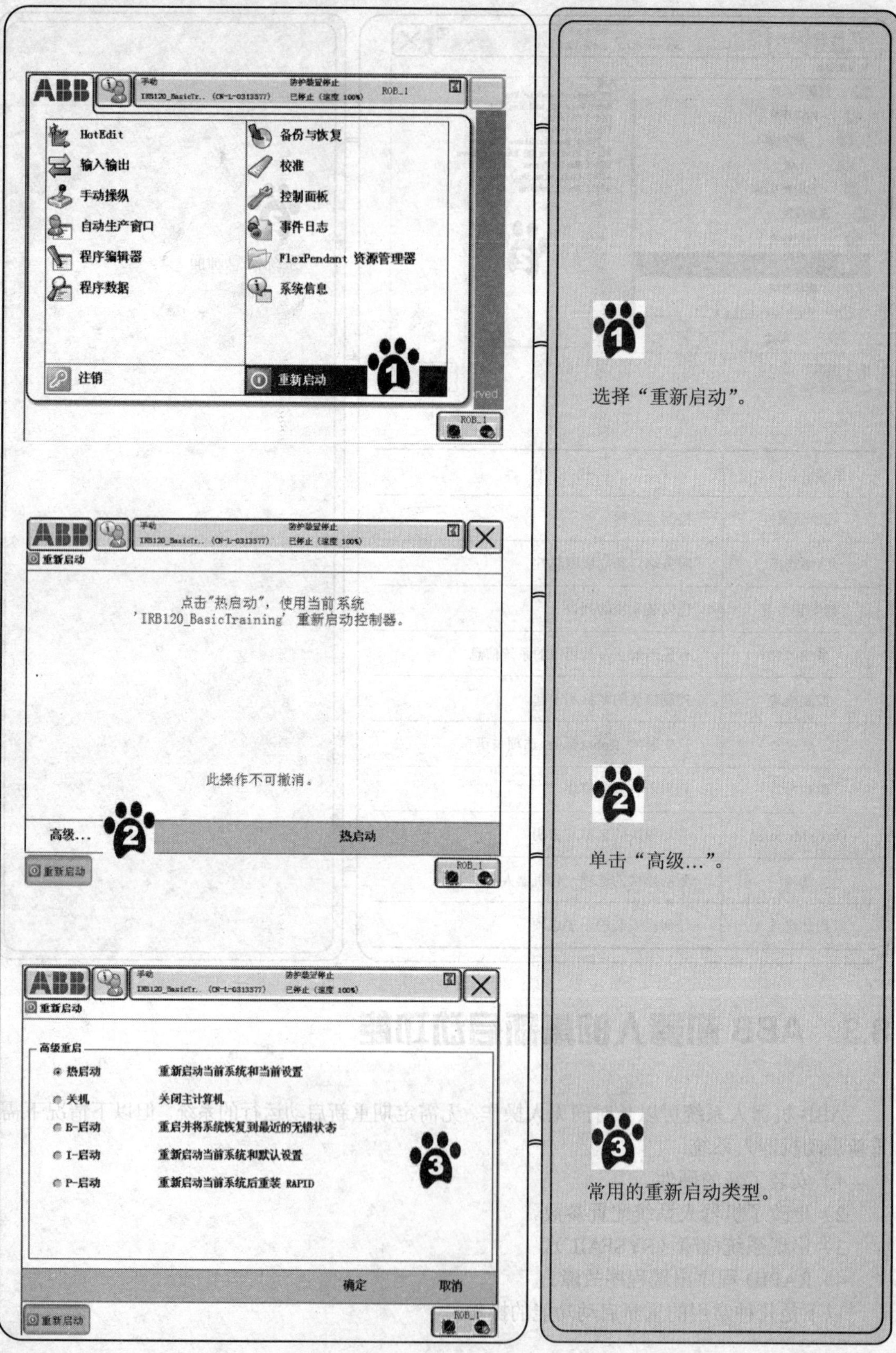

选择“重新启动”。

单击“高级...”。

常用的重新启动类型。

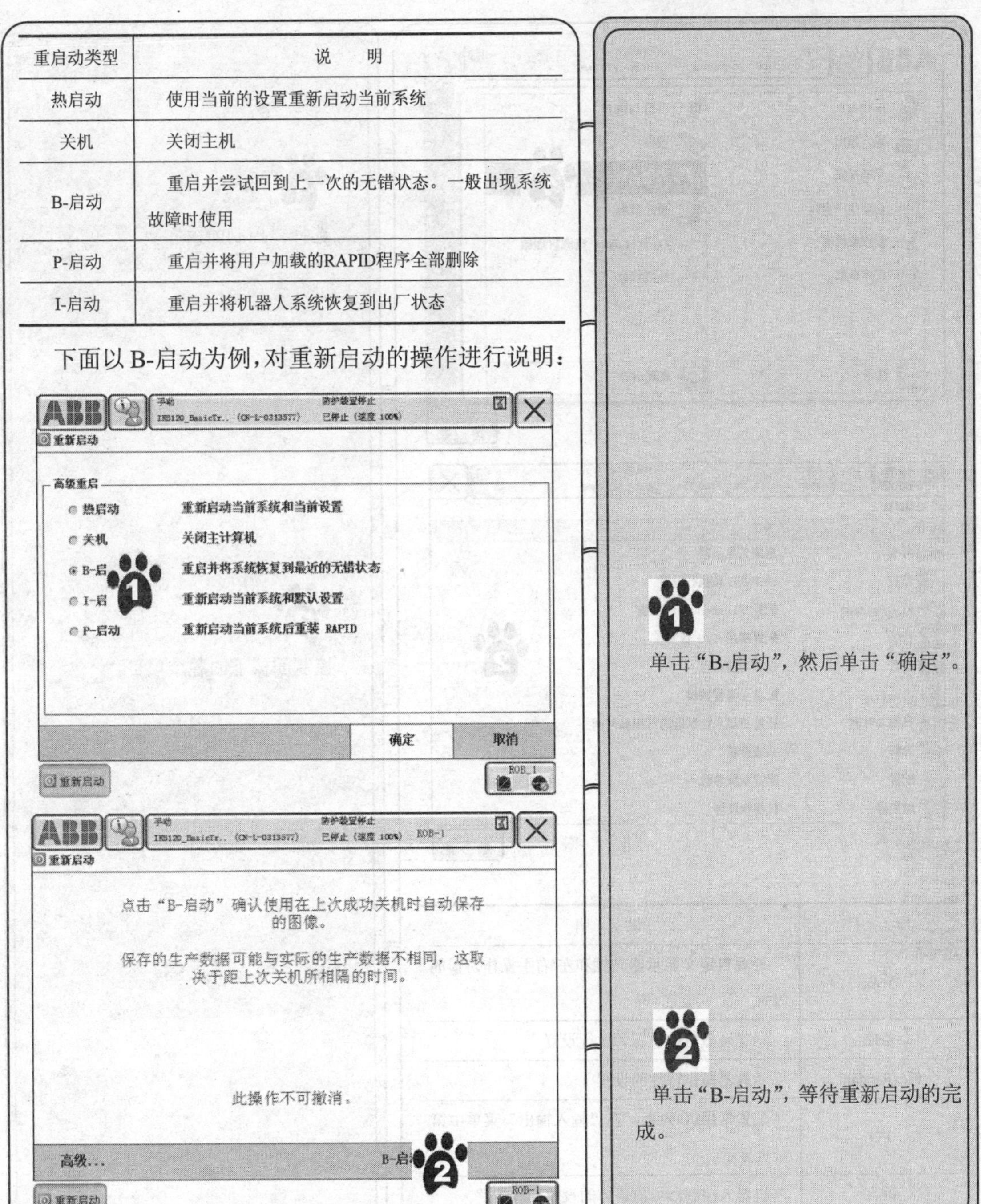

重启动类型	说　明
热启动	使用当前的设置重新启动当前系统
关机	关闭主机
B-启动	重启并尝试回到上一次的无错状态。一般出现系统故障时使用
P-启动	重启并将用户加载的RAPID程序全部删除
I-启动	重启并将机器人系统恢复到出厂状态

下面以B-启动为例，对重新启动的操作进行说明：

1 单击“B-启动”，然后单击“确定”。

2 单击“B-启动”，等待重新启动的完成。

8.4　ABB 机器人系统的控制面板

ABB 机器人系统的控制面板中包含了对机器人和示教器进行设定的相关功能。以下是控制面板中各项目的说明。

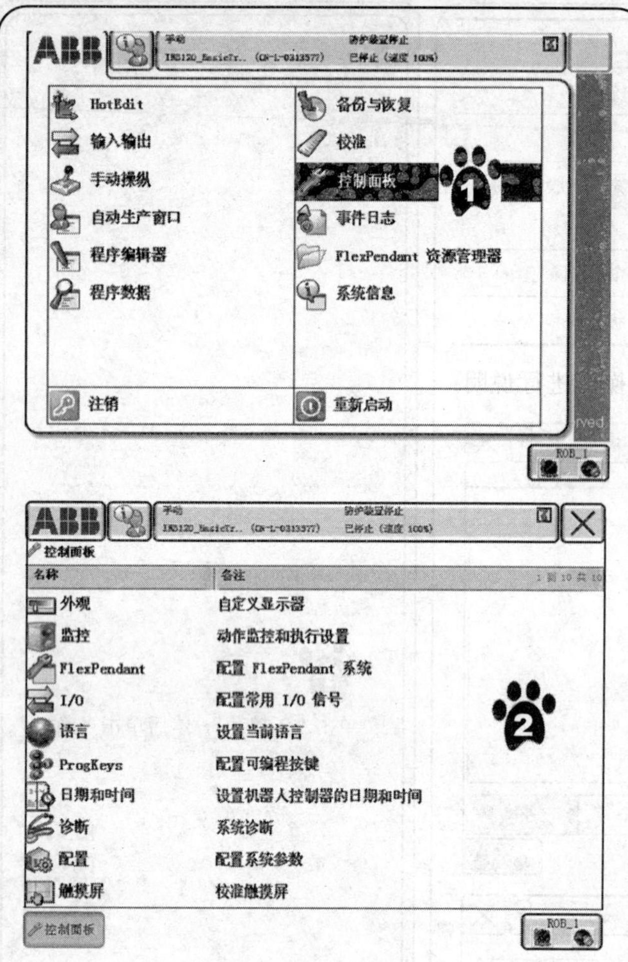

1 选择“控制面板”。

2 控制面板下的各个项目。

项　目	说　明
外观	外观自定义显示器亮度和左/右手操作习惯的设置
监控	动作碰撞监控设置和执行设置
FlexPendant	示教器操作特性的设置
I/O	配置常用I/O列表，在“输入输出”菜单中第一页显示
语言	机器人控制器当前语言的设置
ProgKeys	为可编程按钮指定输入输出信号
日期和时间	机器人控制器的日期和时间设置
诊断	创建诊断文件以利于故障排除
配置	配置系统参数设置
触摸屏	触摸屏重新校准设置

8.5　ABB 机器人随机光盘说明书的阅读

ABB 机器人将全套的电子版说明书附带在随机光盘中，此套电子版说明书的内容包括了 ABB 机器人从安装、调试、使用以及维修的方方面面。

为了更有效地使用此套说明书，以下对其各说明书的用途进行介绍。

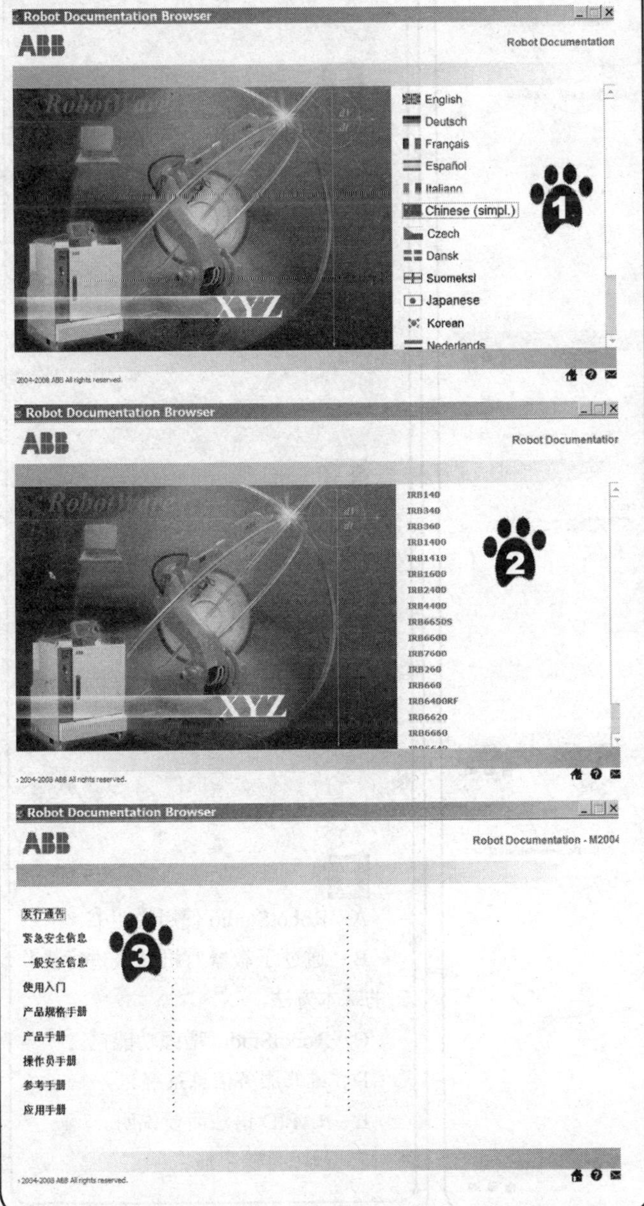

语言选择“Chinese(simpl.)”。

根据需要选择对应的机器人型号。

发行通告—— 相关的版本信息。

紧急安全信息—— 安全相关的信息。

一般安全信息—— 安全相关的信息。

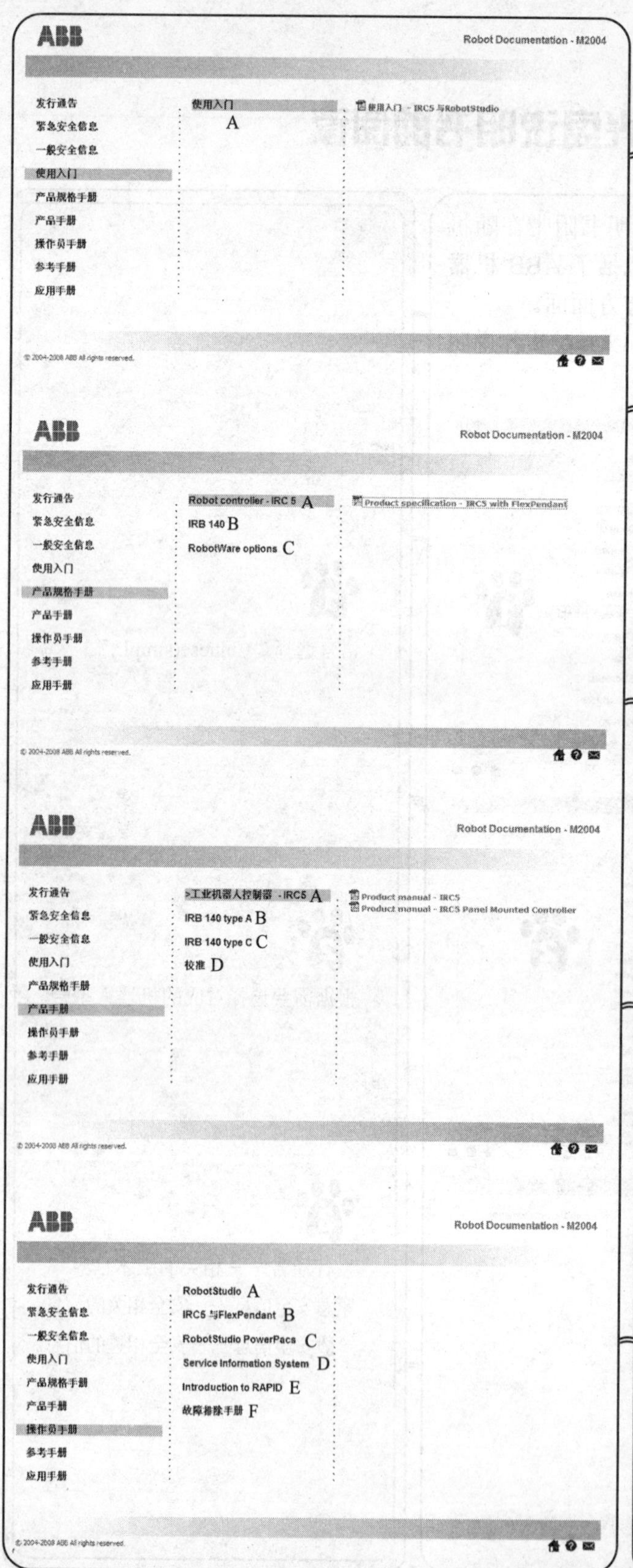

A　对什么是机器人系统、示教器、系统库、RobotStudio、RobotWare 进行了说明。

A　IRC5 控制柜的硬件以及软件的概要介绍。

B　机器人本体的硬件概要介绍，包括安装尺寸等。

C　机器人软件选项概要介绍，例如 WorldZone。

A　IRC5 控制柜安装、使用与维修的说明，包括控制柜电路图。

B、C　机器人本体安装、使用与维修的说明，包括机器人本体电路图。

D　使用 Pendulum 进行校准的方法说明。

A　RobotStudio 使用说明书。

B　通过示教器对机器人进行操作的基本方法。

C　RobotStudio 增强功能包。

D　维修服务信息系统。

E　RAPID 语法简要说明。

F　故障排除手册。

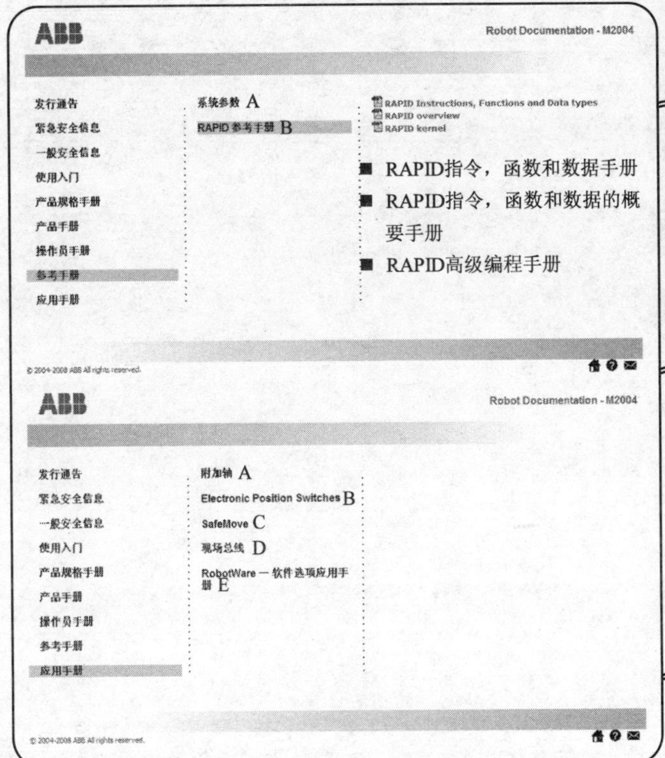

A 机器人系统参数详细说明。

B RAPID 程序编程参考手册。

A 附加轴及单独控制器使用手册。

B 电子位置开关使用手册。

C SafeMove 使用手册。

D 现场总线使用手册，包括 Devicenet、Profibus。

E 机器人系统软件选项应用手册。

第9章 工业机器人的典型应用

目前弧焊机器人、点焊机器人、装配机器人、喷涂机器人及搬运机器人等工业机器人已被大量应用于汽车制造业、机械加工业、电子工业及塑料加工业中。本章将介绍工业机器人的一些典型应用。

9.1 搬运应用

工业机器人的搬运应用主要用于工厂中一些工序的上、下料操作等。这类工业机器人精度要求相对低一些，但是负荷较大，运动速度较高。随着工厂自动化程度的不断提高和生产节奏的加快，搬运工业机器人使用的越来越多。一些高精尖产品的加工和装配，更需要工业机器人的参与。其搬运工件的方式也主要采取抓取和吸取两种方式，无论采用何种工作方式均需相应的气动元件配合操作。

9.1.1 利用气动抓手抓取工件

1. 搬运应用功能描述

本应用是利用气动抓手（简称气抓）从工件摆放区抓取工件，按照规格要求以及操作的不同方式摆放到工作台中，如图 9-1 所示。

图 9-1

机器人将工件从右边的盘子取出，然后按照需要放到左边的盘子中。

在选择机器人的运行轨迹和操作方法时，采用设置示教点的方法，在机器人的运行轨迹上设置一些示教点，然后通过机器人三条编程指令 MoveL、MoveJ 和 MoveC 的配合使用，使得机器人的运行轨迹能够精确和安全到达。在编程时，要注意程序的可读性和结构的合理性，通常采用结构化程序设计的方法。

2．应用操作流程

本搬运应用的操作流程如图 9-2 所示。从机器人起动到搬运工件完毕回到工作原点，本操作选取一系列的示教点，然后在这些示教点之间使用 MoveL、MoveJ 和 MoveC 指令。图 9-3 所示为机器人已将工件按照需要放到左边盘子上。

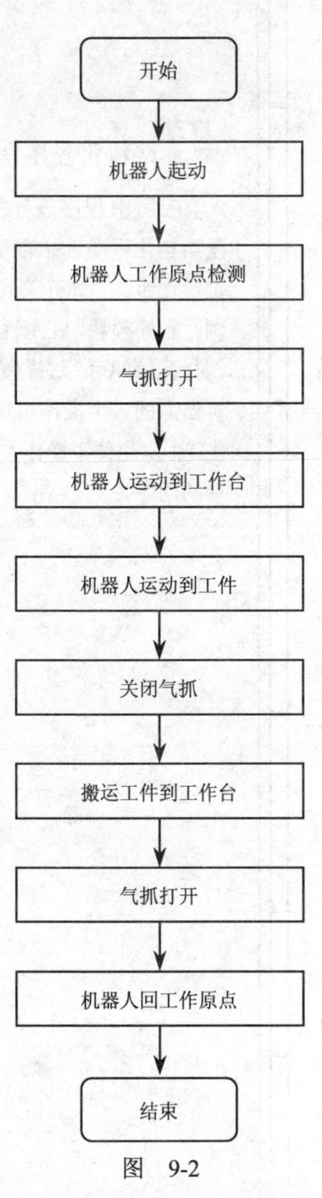

图　9-2

机器人如何抓取工件

在机器人的六轴末端添加一个气动抓手，利用气动阀门来控制抓手的开合。当需要抓取工件时，采用气动控制使气动抓手闭合；当机器人运行到位置需要松开工件时，则把气动抓手打开即可。

机器人姿态的调整

机器人在运行过程中，需要根据工作要求不断调整姿态，这时机器人手动操作进行线性运动的同时，也要使用重定位运动进行姿态的调整，以满足工作的要求。

图 9-3

3．应用注意事项

1）机器人在接近工件时，手动操纵的速度要尽可能的慢，在路径上多添加一些示教点，以便加强路径的可控性。

2）当气抓闭合抓紧工件时，要使机器人垂直上升，这时使用功能 Offs 就可以实现 Z 方向偏移的操作。切记不要让机器人运行轨迹发生倾斜，发生碰撞。

3）在不同工位调整机器人的姿态时，尽量让机器人在路径上一边运动一边调整姿态。

4）当机器人离开工作区运动时，可以加快运行速度，节省操作时间。这需要在示教编程时根据实际情况来设定。

9.1.2 挡风玻璃搬运

1．应用功能描述

本应用是利用吸盘搬运汽车三角玻璃，从工作架 A 的某层（共三层）上根据需要搬运到工作架 B 的某层上，如图 9-4 所示。

本应用中，工业机器人采用吸盘的方式进行汽车玻璃的搬运。这种方式常用于比较光滑、易碎工件的搬运。机器人通过安装在第六轴末端的吸盘，利用气动控制原理真空吸附在汽车玻璃平面上，然后进行玻璃的搬运。

结构化程序设计方法

本应用中程序设计的方法采用的是结构化程序设计的方法，把一些关键操作步骤，如开关气抓等，编制成例行程序模块，在主程序中调用这些例行程序即可。这样做的目的可以使机器人的各个操作相互独立，不会产生干扰，也便于操作人员发现程序设计的问题。

图 9-4

应用组成包括：ABB 工业机器人（1410）、工作台架 A 和 B（分别用来放置汽车三角玻璃）。

2．应用操作流程

本应用是把汽车三角玻璃从 A 架的某层上搬运到 B 架的某层上，在搬运过程中需要考虑避开碰撞和机器人姿态的调整等方面的因素。操作流程如图 9-5 所示。图 9-6 为机器人在进行玻璃的取出。

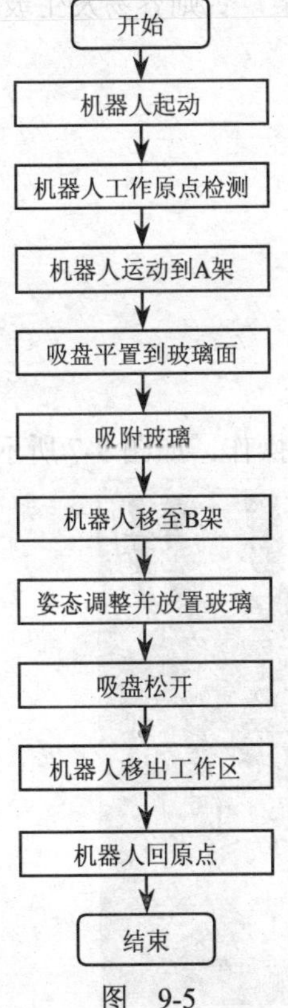

图 9-5

如何让机器人吸盘能够吸附光滑平面

采用的方法是让三个吸盘分别吸附在中心平面上，三个吸盘呈三角形排列，形成一个平面，这样就能使吸盘比较稳的吸附光滑的玻璃平面。

吸盘工作原理

吸盘是利用气动阀门控制排空吸盘内气体来吸附物体，然后通过变向排气来使得吸盘松开吸附。

每个吸盘的皱褶在吸紧之前都有一段行程，要确认行程走到尽头才能保证吸盘吸紧玻璃，在操作过程中要注意观察。

机器人如何判断已经吸紧玻璃

主要是通过安装在吸盘上的真空吸力传感器把信号传给机器人，以此来判断玻璃是否已吸好。

图 9-6

3．应用注意事项

1）要注意调整机器人的姿态，使得三个吸盘尽量在同一水平面，这样可使吸盘吸附的效果最好。

2）每个吸盘都有一个缓冲行程距离，尽量不要让吸盘的行程距离走完，以免发生漏气，造成吸附效果不好。

3）机器人进入台架时要注意采用增量微动方式，防止发生碰撞。在每一个关键位置都要设置示教点，实现路径可控。

4）当放置玻璃时，要保证玻璃平面完全接触到台架，否则容易发生玻璃破碎。

9.2 喷胶应用

9.2.1 汽车玻璃涂胶

1．应用功能描述

本应用是利用涂胶机器人对汽车挡风玻璃进行涂胶操作，如图 9-7 所示。

图 9-7

2．应用操作流程

本应用是利用机器人涂胶系统对汽车玻璃进行涂胶操作。在涂胶过程中要保持出胶的均匀度和路径的完整度。系统应用操作流程如图 9-8 所示。涂胶机器人操作如图 9-9 所示。

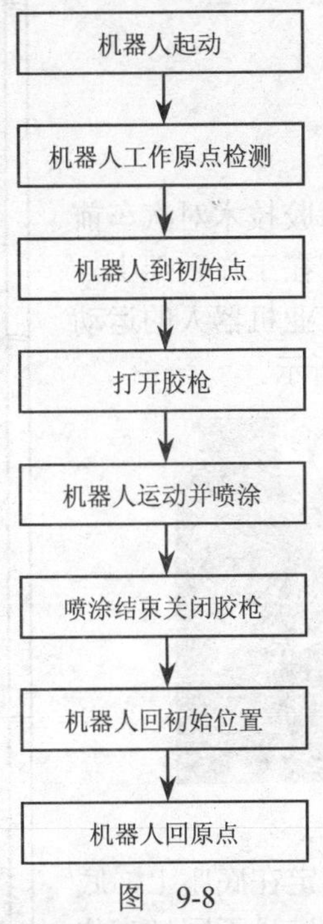

图　9-8

图　9-9

3．应用注意事项

1）在机器人进行喷涂过程中要使胶枪始终垂直于玻璃平面，这样做的目的是使机器人的涂胶比较均匀。由于玻璃平面本身的弧度不同，因此在机器人运行过程中要不断调整机器人的姿态。

2）轨迹编程时，由于玻璃边角不是标准的直角，因此在用 MoveL 设计机器人轨迹时，采用适当的转弯区数据（zonedata）。

3）本应用中要保证胶枪喷胶的速度稳定，防止造成出胶不均匀。

9.2.2　汽车灯壳涂胶

1．应用功能描述

本应用是利用工业机器人的涂胶技术对汽车前大灯壳进行涂胶操作。将灯壳固定在工作台架上，胶枪固定在工业机器人上，利用工业机器人的运动对灯壳进行涂胶操作，如图 9-10 所示。

图　9-10

在汽车前大灯涂胶中，灯壳固定在底座上，底座圆盘共有六个刻度可以转动，以满足不同灯壳位置的涂胶需求。按动圆盘下方的按钮即可实现底座的转动，所有这些操作都是靠气动装置来控制的。

2．应用操作流程

本应用中工业机器人和自动涂胶设备配合，首先利用工业机器人的示教功能对灯壳的边界进行路径选取，尽量多地添加目标点，让路径最大限度地接近灯壳的外形，如图 9-11 所示。

图　9-11

应用操作流程如图 9-12 所示。

改变灯壳位置后进行目标点示教修改时，一定要低速，避免碰撞。示教完的程序需要先在手动、低速下运行一遍，以确保其正确性。

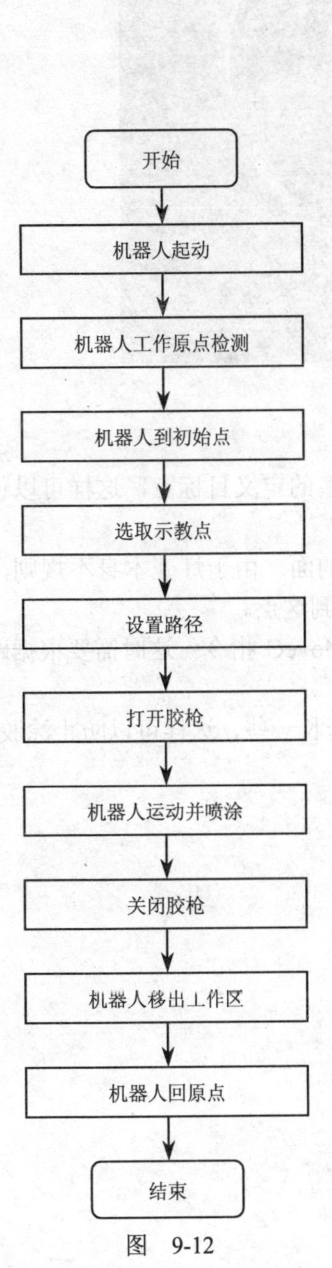

图 9-12

在机器人设置路径时，尽量让喷头处于灯壳缝隙的中间，且距离灯壳的高度要保持一致，速度也要保持匀速，这样才能使得涂胶的厚度均匀。

如何设置机器人的路径

由于灯壳边缘是不规则的圆形，因此在设置路径时可以用MoveC指令，也可以用 MoveL 指令。使用 MoveL 指令时，要使用转弯区数据来适当调整枪的轨迹。

胶枪的控制也是由程序来控制的，通过使用脉冲信号来控制胶枪打开或者关闭。在出胶和关闭时，要有适当的延时操作，以防涂胶不均匀。涂胶操作效果如图 9-13 所示。

图 9-13

3．应用注意事项

1）选取路径时，在围绕灯壳的圆周上尽可能多的定义目标点，这样可以使工业机器人的路径接近灯壳的外缘，提高涂胶的效果。

2）涂胶过程中要使胶枪始终垂直于灯壳所在的面。由于灯壳本身不规则，因此在涂胶的同时要调节机器人的姿态，在示教编程时要注意到这点。

3）在进行机器人编程时，要使用 MoveL 和 MoveC 指令。这时需要根据路径的特点和涂胶的需要来选取。

4）在打开和关闭胶枪时，尽量使脉冲时间多延长一些，这样可以防止涂胶厚度不均匀。